U0102039

LA FRANJA Y LA RUTA Y AMERICA LATINA:

NUEVAS OPORTUNIDADES Y NUEVOS DESAFIOS

GUO CUNHAI

CAROLINA MERA

EDITORES

China Intercontinental Press

图书在版编目（CIP）数据

一带一路和拉丁美洲：新机遇与新挑战：西班牙文 /
郭存海,（阿根廷）卡罗琳娜·梅拉主编 . –– 北京：五
洲传播出版社，2018.11
ISBN 978-7-5085-3999-7

Ⅰ.①一… Ⅱ.①郭… ②卡… Ⅲ.① "一带一路"
—国际合作—研究—中国、拉丁美洲—西班牙文 Ⅳ.
① F125.573

中国版本图书馆 CIP 数据核字 (2018) 第 186312 号

"一带一路" 和拉丁美洲：新机遇与新挑战 （西班牙文）

主　　编：郭存海　（阿根廷）卡罗琳娜·梅拉
译　　者：林　越　罗慧玲
审　　校：（秘鲁）迈克尔·萨拉特
出 版 人：荆孝敏
责任编辑：姜　珊
助理编辑：宋　歌
封面设计：祝东平
版式设计：高　洁
出版发行：五洲传播出版社
地　　址：北京市海淀区北三环中路 31 号生产力大楼 B 座 6 层
邮　　编：100088
店　　话：010-82005927，82007837
网　　址：www.cicc.org.cn, http://es.thatsbooks.com/
印　　刷：北京圣彩虹科技有限公司
开　　本：710×1000　1/16
印　　张：32.5
版　　次：2019 年 1 月第 1 版第 1 次印刷
定　　价：188.00 元

购书咨询：（010）82007837 电子邮箱：liuyang@cicc.org.cn
如有印刷、装订质量问题，请与出版社联系
联系电话：（010）82005927 电子邮箱：taoyuzheng@cicc.org.cn
制售盗版必究 举报查实奖励

Índice

Parte III Análisis de cinco países

Parte IV Nuevos horizontes

Un nuevo horizonte para la Franja y la Ruta

Jorge Barakat Pitty

Ministro de Asuntos Marítimos

y administrador de la Autoridad Marítima de Panamá

El siglo XXI ha significado el reencuentro de dos grandes civilizaciones. En estas dos primeras décadas, América Latina y China han logrado dar pasos agigantados en el desarrollo y fortalecimiento de su compleja relación, superando así retos propios del desconocimiento cultural, la brecha geográfica y la asimetría económica y sociopolítica entre ambos actores.

Naturalmente complementaria, la relación sino-latinoamericana ha trascendido aspectos históricos para fundamentarse en elementos concretos: el incremento del comercio bilateral, la cooperación para el desarrollo industrial, la creación de mecanismos de financiación, la inversión en infraestructura pública y el fomento del diálogo político. Estos elementos han propiciado la transición estratégica de una relación que se enfrenta a los retos que posan los nuevos patrones de la globalización.

Este marcado proceso de transición estratégica tiene sus raíces en los cambios profundos que se están desarrollando a nivel doméstico en China, por un lado, y, por el otro, a nivel regional en América Latina. En el primero, la matriz económica está adaptándose a las nuevas exigencias y competencias en la producción industrial global, y a la necesidad de incrementar el consumo interno; en el segundo, el insostenible modelo de crecimiento económico basado en la extracción y exportación de materias primas está obligando a los Gobiernos latinoamericanos a reformular sus estrategias de desarrollo económico para que beneficien de una forma más equitativa a su gente.

Es así que América Latina y China –con poco más de un cuarto de la población mundial y un comercio bilateral, en 2017, de más de 247.381 millones de dólares– han convergido frente a nuevas oportunidades y nuevos desafíos, dando paso a la creación e implementación de diversos mecanismos, propuestos en su mayoría por China. En 2014, en Brasilia, el presidente Xi Jinping –como orador de fondo en el Encuentro de Líderes de China-América Latina y el Caribe, propuso a los líderes de la región construir juntos una comunidad de destino compartido. El Plan de Cooperación China-América Latina fue el preámbulo que sentó las bases y allanó el camino para lograr canalizar la incorporación de América Latina en una macroplataforma que hoy se ha convertido en la punta de lanza de China en el mundo: la Iniciativa de la Franja y la Ruta.

La Iniciativa de la Franja y la Ruta, hoy, no se limita a sus dos corredores originales –la Franja Económica de la Ruta de la Seda y la Ruta Marítima de la Seda del Siglo XXI– a través del territorio de Eurasia y bordeando la costa de la misma, sino que se redefine al considerar a América Latina su extensión natural, tal como lo señaló el ministro de Relaciones Exteriores de China, Wang Yi, durante su visita oficial a Panamá en septiembre de 2017, tres meses después del establecimiento de relaciones diplomáticas.

Sin lugar a dudas, el paso dado por Panamá y China ha consolidado la incorporación de América Latina en la Iniciativa de la Franja y la Ruta, la misma que exige una respuesta más concreta de parte de los Gobiernos de la región en cuanto a la concretización de diversos proyectos de desarrollo, mediante la elaboración de una política unificada hacia China.

Va sin decir que ambos actores, América Latina y China, se encuentran en el nivel más alto de su relación en las últimas seis décadas, y que el resultado de la extensión de la Iniciativa de la Franja y la Ruta hacia América Latina y el Caribe determinará el futuro inmediato y a largo plazo de esta relación en lo que resta del siglo.

Este trabajo académico titulado "La Franja y la Ruta y América Latina: nuevas oportunidades y nuevos desafíos", presenta análisis puntuales necesarios para ayudarnos a comprender la magnitud del nuevo horizonte de la dinámica relación entre América Latina y China.

La primera parte de esta obra nos brinda una clara introducción sobre el marco histórico y teorético que sustenta el enlace entre esta iniciativa china y nuestra región. La segunda parte ahonda en cinco análisis profundos de los elementos concretos sobre los cuales se fundamenta la relación contemporánea de estos dos actores, todos enmarcados en mejorar la comunicación de los mismos. Los casos de estudios de cinco países latinoamericanos *vis a vis* la Iniciativa de la Franja y la Ruta son desarrollados en la tercera parte de este libro. Mientras que la última parte explora nuevos horizontes que impactarían en la manera de hacer negocios en Latinoamérica.

Esta contribución académica se convierte en lectura obligada para los diversos actores comprometidos con el éxito del reencuentro entre América Latina y China.

La Franja y la Ruta:
América Latina frente al tren de la historia

Diego Ramiro Guelar

Embajador de la Argentina ante la República Popular China

El escenario mundial actual ya no es el que conocimos a finales del siglo XX y ni siquiera el que vivimos, apenas ayer, a principios del siglo XXI. Una multitud de factores determinan reacomodamientos de los actores del sistema internacional, nuevas alianzas y ruptura de viejas sociedades que repercuten en la estructura del sistema internacional mismo.

En el momento en que escribo estas líneas, asistimos a una inédita "guerra comercial" en donde China, otrora un país cerrado sobre sí mismo, ha devenido en paladín de la defensa del libre flujo comercial y financiero global. A pesar de los temores de muchos de los actores estatales y privados que han quedado involucrados en esta puja, y a pesar también del calificativo de "guerra comercial" que se ha instalado en la prensa y que personalmente uso con cierta reticencia –de ahí el entrecomillado–, soy de la opinión de que no estamos asistiendo a una batalla por la hegemonía, sino a un reacomodamiento de esa sociedad, alguna vez definida como el G-2, de los dos países líderes del escenario global actual: China y los Estados Unidos.

Este "reacomodamiento societario" es, sin embargo, un hecho coyuntural:

no caben dudas de que China, ese "primus inter pares" de los países en desarrollo, está llamada a liderar el siglo XXI, que será su siglo, como lo fue el XX de los Estados Unidos o el XIX del Reino Unido. El hecho verdaderamente estructural que subyace más allá de la espuma de la coyuntura es ese proyecto de orden mundial que China propone para este (su) siglo; ese proyecto que se articula, qué duda cabe, en la Iniciativa de la Franja y la Ruta (OBOR, por sus siglas en inglés).

Si bien el discurso oficial de la República Popular rehúsa definir a China como potencia global e insiste en su condición de país en vías de desarrollo, la iniciativa OBOR es, sin embargo, la iniciativa propia de un hegemón que, consciente de los deberes de su próximo liderazgo, ofrece al mundo una propuesta de desarrollo, un "guion" para articular sus relaciones.

Esta iniciativa está lejos de ser un simple plan para articular económicamente al nuevo-viejo centro del mundo con las periferias, va mucho más allá. China es plenamente consciente de la multidimensionalidad que el papel de liderazgo requiere, de la importancia del *soft power* cultural, de la necesidad de que los actores del orden mundial se conozcan y se desarrollen conjuntamente para así configurar una verdadera comunidad de intereses. Puede parecer una proposición idealista viniendo de un país tan realista como China, pero la dicotomía idealismo-realismo tal vez sea otra de las tantas que debemos repensar ahora que, desde nuestra Latinoamérica, la periferia de Occidente, nos encontramos con el nuevo papel de China.

Más allá de la teoría, no caben dudas de que esta iniciativa representa para América Latina un vergel de oportunidades de desarrollo. China es hoy el mayor mercado, banquero e inversor de América Latina. Pero a diferencia de viejos imperialismos, también es un transferente de tecnologías y *know-how*.

A veces, en los momentos en que me dejo ganar por el pesimismo, me pregunto si América Latina ha comprendido cabalmente la ventana de oportunidades que la alianza estratégica con China abre. Cuando leo artículos como los que componen este libro, con su multitud de perspectivas y con la diversidad de orígenes geográficos y disciplinares de sus autores, creo que sí, que América Latina está comprendiendo las oportunidades que el nuevo escenario global ofrece y la importancia de no dejar pasar, una vez más, el tren de la historia.

Mucho se ha hecho en las últimas décadas para construir esa relación que hoy une a China con América Latina y el Caribe. Cuando en 1972 mi país, la Argentina, estableció relaciones diplomáticas con la República Popular era inimaginable una relación rica y multidimensional como la que disfrutamos actualmente. La mención de China como posible socio estratégico fundamental de la Argentina hubiera resultado inverosímil para los actores políticos de la época. Creo que esta afirmación puede, lícitamente, hacerse extensiva a las relaciones de la mayor parte de los países de la región con la República Popular. Sin embargo, transcurridas cuatro décadas, se trata de un hecho consumado: China no solo es nuestro gran aliado sino una superpotencia que ha cambiado al mundo en un proceso virtuoso e inédito en la historia, así como el principal socio comercial de 120 países. La relación de América Latina con China no se agota en lo comercial, alcanza también el campo cultural, la educación, la cooperación técnica y el intercambio académico, entre muchos otros ejes.

A pesar del camino transitado, es justo decir que queda mucho trecho por recorrer. Frente a la iniciativa OBOR, América Latina se encuentra ante una oportunidad única, pero también –parafraseando el título de uno de los artículos de este volumen– ante varios desafíos. Uno de ellos, el mayor, es no caer en la vieja articulación de centro-periferia, resignándonos a un mero papel de exportadores de materias primas. Es fundamental, para poder construir una relación más justa, un proceso de comunidad de intereses real, que los países de América Latina agreguemos valor a nuestras producciones primarias, diversifiquemos nuestra oferta, orientemos nuestras producciones industriales y de servicios a nichos específicos del mercado chino, e incentivemos el intercambio tecnológico y científico como estrategia de desarrollo.

China y América Latina se encuentran frente a una oportunidad histórica para construir el período más fértil y relevante de la historia de sus relaciones. Tenemos la responsabilidad de sentar las bases para un relacionamiento estructural, profundo, maduro y de largo plazo.

Creo sinceramente que obras como esta contribuyen a esta tarea. Por eso no puedo dejar de agradecer a las autoridades de la Comunidad de Estudios Chinos y Latinoamericanos (CECLA) y, en particular, al estimado Ph. D. Diego Guo (Guo Cunhai), director y cofundador de la CECLA, por impulsar esta iniciativa; y, claro está, felicitar a cada uno de los autores que con sus reflexiones contribuyen a cimentar ese relacionamiento profundo y maduro al que aspiramos.

Introducción I

Guo Cunhai

Cofundador y director de la Comunidad de Estudios Chinos y Latinoamericanos

(CECLA)

Este 2018 se celebra el quinto aniversario de la Iniciativa de la Franja y la Ruta. En los últimos cinco años, la Franja y la Ruta ha pasado de ser un ideal a una acción, de ser un deseo a una realidad, de ser una estrategia a una iniciativa y, lo que es más importante, es una propuesta abierta a todos los 65 Estados y regiones a lo largo de la ruta que comparten los mismos ideales. Hasta el momento, la Franja y la Ruta ha completado su magnífico giro como un producto público mundial, y ha proporcionado al mundo la sabiduría china y el proyecto chino para resolver los problemas mundiales.

En marzo de 2015, el Gobierno chino formuló y publicó especialmente el documento "Promover la visión y la acción de construir conjuntamente la Franja Económica de la Ruta de la Seda y la Ruta Marítima de la Seda del Siglo XXI". Su publicación ha atraído la atención y ha generado una respuesta positiva por parte de todo el mundo, incluida la región latinoamericana, la zona más alejada de China. Originalmente, debido a que se consideraba que la Iniciativa de la Franja y la Ruta estaba dirigida principalmente a los países a lo largo de la ruta, se desencadenó dentro de China un debate sobre si América Latina estaba "involucrada" dentro de la iniciativa. Independientemente del resultado del debate, un hecho real es que desde que se propuso oficialmente la Franja y la Ruta, esta iniciativa ya ha conseguido atraer poderosamente la atención en América Latina, lo que en otras palabras quiere decir que, aunque Latinoamérica no fue inicialmente incluida dentro de la cobertura de la Franja y la Ruta, nunca estuvo ausente.

El 18 de abril de 2017, en una reunión informativa para los medios de comunicación chinos y extranjeros durante el Foro de la Franja y la Ruta para la Cooperación Internacional, el ministro de Relaciones Exteriores, Wang Yi, afirmó claramente que la Franja y la Ruta es esencialmente una iniciativa de cooperación internacional, y China no tiene intención de establecer unos límites geográficos, sino que ella está abierta a todos los países y regiones que compartan el mismo ideal. Siempre que se esté de acuerdo con el espíritu de la Ruta de la Seda, cualquiera puede participar en la construcción conjunta de la Franja y la Ruta de la manera que considere más apropiada y compartir oportunidades de desarrollo gracias a esta iniciativa [1]. Esta declaración del ministro de Relaciones Exteriores, Wang Yi, ha proporcionado la legitimidad básica para que todos los países, incluidos los de América Latina, participen en la Franja y la Ruta.

Del 14 al 15 de mayo de 2017 se celebró en Beijing el primer Foro de la Franja y la Ruta para la Cooperación Internacional. El presidente de Argentina, Mauricio Macri, la entonces presidenta de Chile, Michelle Bachelet, así como ministros de Perú, Brasil, México, Uruguay y más de veinte otros países latinoamericanos participaron en el foro. En su discurso, el presidente

---

[1]　Wang Yi: "La Franja y la Ruta" está abierta a todos los países y regiones que comparten los mismos ideales, Xinhuanet, http://www.xinhuanet.com/world/2017-04/18/c_1120833185.htm, fecha de consulta: 5 de junio de 2018.

Macri afirmó que la Franja y la Ruta es una buena oportunidad que no se debe perder y que, gracias a esta iniciativa, Sudamérica puede reforzar la interconexión regional, llegando de esta manera a promover el desarrollo social y el crecimiento económico [1] . La presidenta Bachelet declaró que: "Nuestra presencia hoy aquí demuestra nuestro apoyo a esta iniciativa. (…) 'La Franja y la Ruta' es el camino para acortar la distancia entre distintas regiones y establecer una interconexión moderna". [2] Alicia Bárcena, secretaria ejecutiva de la Comisión Económica para América Latina y el Caribe (CEPAL), también afirmó que la Franja y la Ruta es una iniciativa civilizada que abre el camino hacia la interconexión y la prosperidad común, y que América Latina y el Caribe no pueden ser dejados atrás [3] .

De hecho, no sería posible dejar atrás a América Latina y el Caribe. En el Comunicado Conjunto de la Mesa Redonda de Dirigentes del Foro de la Franja y la Ruta para la Cooperación Internacional, publicado el 15 de mayo de 2017, se indica que "dicha iniciativa fortalece la interconexión entre Asia y Europa, y al mismo tiempo está abierta a otras regiones como África y Latinoamérica". En el sexto punto de este comunicado se enumeran 21 iniciativas y marcos de cooperación nacionales, regionales e internacionales, donde se incluye la Iniciativa para la Integración de la Infraestructura Regional Suramericana

---

[1] El Presidente expuso en el foro "Una Franja y una Ruta para la Cooperación Internacional", 15 de mayo de 2017, https://www.casarosada.gob.ar/slider-principal/39552-el-presidente-expuso-en-el-foro-una-franja-y-una-ruta-para-la-cooperacion-internacional

[2] Speech by H.E. Ms. Michelle Bachelet Jeria, Republic of Chile's President, by participating in the Plenary Session of "One Belt One Road" High Level Dialogue, Beijing, 14 de mayo de 2017, https://prensa.presidencia.cl/lfi-content/uploads/2017/05/may142015achina-one-belt-one-road-forum.pdf

[3] "One Belt One Road" is a Civilizing Proposal of Interconnectedness and Shared Prosperity, ECLAC, 15 de mayo de 2017, https://www.cepal.org/en/comunicados/la-franja-la-ruta-es-propuesta-civilizatoria-conectividad-prosperidad-compartida-cepal

(IIRSA). Dicho comunicado hace hincapié en la necesidad de "realizar esfuerzos para promover el establecimiento de alianzas entre Europa, Asia, Sudamérica y África".[1]

El 17 de mayo, cuando el presidente Xi Jinping se reunió con su homólogo Mauricio Macri, hizo especial énfasis en que América Latina es una extensión natural de la Ruta Marítima de la Seda del Siglo XXI. Xi valoró el apoyo de Argentina y su participación activa en la construcción de la Franja y la Ruta, y manifestó que iba a profundizar la integración de intereses entre China y Argentina y a promover la Iniciativa de la Franja y la Ruta para lograr su integración con el plan de desarrollo de Argentina. El 17 de noviembre de 2017, Xi Jinping, junto con el primer presidente panameño en visitar China, Juan Carlos Varela, insistió una vez más en que América Latina es un participante indispensable e importante en la construcción de la Franja y la Ruta.

En enero de 2018 se celebró en Santiago de Chile la II Reunión Ministerial del Foro China-CELAC. La Declaración Especial sobre la Iniciativa de la Franja y la Ruta, publicada después de la reunión, confirmó oficialmente la inclusión de América Latina en la construcción conjunta de la Franja y la Ruta. De esta manera se puso fin a la controversia sobre si América Latina estaba "involucrada" en esta iniciativa.

En los últimos cinco años, la postura de América Latina hacia la Franja y la Ruta ha experimentado un proceso ascendente desde una actitud de expectativa hasta una de atención, y desde un interés en la comunicación hasta un acoplamiento. El 2017, año en el que se produjo el cambio clave, es incluso percibido como el "primer año de la conexión de China y América Latina con

---

[1] "Comunicado Conjunto de la Mesa Redonda de Dirigentes del Foro de la Franja y la Ruta para la Cooperación Internacional", publicado en el Diario del Pueblo, n.º 5, 16 de mayo de 2017.

la Franja y la Ruta" [①] . El 17 de noviembre de 2017, durante la visita a China del presidente de Panamá, Juan Carlos Varela, los Gobiernos de ambos países firmaron un "Memorándum de entendimiento para promover conjuntamente la construcción de la Franja Económica de la Ruta de la Seda y la Ruta Marítima de la Seda del Siglo XXI". Este es el primer documento de cooperación que ha firmado China con un país de América Latina y el Caribe para la construcción conjunta de la Franja y la Ruta, y también un acontecimiento histórico en el que China y Latinoamérica buscan el acoplamiento a la estrategia de desarrollo y la promoción sustantiva de la construcción conjunta de la Franja y la Ruta. Partiendo de esto, hasta noviembre de 2018, China había firmado documentos de cooperación con trece países de América Latina y el Caribe para la construcción conjunta de dicha iniciativa: Panamá (noviembre de 2017), Trinidad y Tobago (mayo de 2018), Surinam (mayo de 2018), Antigua y Barbuda (junio de 2018), Bolivia (junio de 2018), Guyana (julio de 2018), La Mancomunidad de Dominica (julio de 2018), Uruguay (agosto de 2018), Costa Rica (septiembre de 2018), Venezuela (septiembre de 2018), Granada (septiembre de 2018), El Salvador (noviembre de 2018), Chile (noviembre de 2018) y La República Dominicana (noviembre de 2018). En vista de la actitud positiva de otros países, hay muchas razones para creer que el número de naciones latinoamericanas participantes en la Iniciativa de la Franja y la Ruta continuará expandiéndose.

Posiblemente se abrirá una nueva era en las relaciones sino-latinoamericanas, en la que se construirá conjuntamente la Franja y la Ruta. Tal y como escribió el presidente Xi Jinping en su carta de felicitación enviada

---

① Xie Wenze, "Construcción conjunta de 'la Franja y la Ruta': abriendo una nueva era de las relaciones sino-latinoamericanas", publicado en *Libro Amarillo de Latinoamérica: Informe sobre el Desarrollo de América Latina y el Caribe (2017-2018)*, editado por Yuan Dongzhen y Liu Weiguang, Social Sciences Academic Press (CHINA), Beijing, 2018, p. 439.

a la II Reunión Ministerial del Foro China-CELAC: "En la historia, nuestros antepasados atravesaron olas, cruzaron vastos océanos e iniciaron la 'Ruta Marítima de la Seda del Pacífico'. Hoy queremos impulsar un nuevo plan para construir conjuntamente la Franja y la Ruta, para crear un camino de cooperación que atraviese el océano Pacífico y conecte de forma más estrecha las dos ricas tierras de China y América Latina"[1]. Esto indica que el presente y los próximos años son un período clave para acelerar y promover el acoplamiento entre China y América Latina con la Franja y la Ruta y establecer un consenso sobre su construcción conjunta[2].

A pesar de que ya se ha ideado el plan, parece ser más desafiante llegar a un consenso sobre la construcción conjunta de la Franja y la Ruta. Esta iniciativa sigue siendo un concepto relativamente poco familiar para el pueblo de la lejana región latinoamericana, e incluso existen muchas dudas y malentendidos al respecto. Esto se evidencia en los estudios de los informes sobre dicha iniciativa realizados por los principales medios de comunicación de las tres potencias latinoamericanas: Brasil, México y Argentina.

Los reportes sobre la Franja y la Ruta de los principales medios de comunicación brasileños no son objetivos ni completos; además, el número de informes es relativamente limitado, centrándose solo en el impacto potencial de la iniciativa en la economía brasileña y su importancia visible a corto plazo. Por otra parte, todavía hay reportes que incluso comparan la Iniciativa de la Franja

---

[1] "Xi Jinping escribe una carta para felicitar la inauguración de la segunda reunión ministerial del Foro China-CELAC", publicado en el *Diario del Pueblo*, n.º 1, 13 de enero de 2018.

[2] Xie Wenze, "Construcción conjunta de 'la Franja y la Ruta': Abriendo una nueva era en las relaciones sino-latinoamericanas", publicado en *Libro Amarillo de Latinoamérica: Informe sobre el Desarrollo de América Latina y el Caribe (2017-2018)*, editado por Yuan Dongzhen y Liu Weiguang, Social Sciences Academic Press (CHINA), Beijing, 2018, p. 439

y la Ruta con la "teoría de la amenaza china" y la "teoría de la penetración económica global de China". El enfoque de la prensa mexicana en la iniciativa también se centra en el sector económico, pero la mayoría de los informes son básicamente de tono afirmativo y positivo, a pesar de que aún existen dudas sobre la Franja y la Ruta, y se utilizan con frecuencia términos como "penetración económica" y "expansionismo" [1]. Los reportes sobre la Franja y la Ruta por parte de los principales medios de comunicación de Argentina tienen una frecuencia creciente y se enfocan fundamentalmente en los proyectos de cooperación específicos entre China y Argentina. La actitud de los medios argentinos sobre el tema ha experimentado un cambio gradual de actitud: desde una inicial preocupación hasta una aceptación y un incremento de expectativas. No obstante, cabe mencionar que la opinión pública argentina por lo general cree que, a pesar de la gran oportunidad que conlleva dicha iniciativa, se debe estar atento a los riesgos potenciales en la cooperación [2].

La actitud hacia la Iniciativa de la Franja y la Ruta por parte de los principales medios de comunicación de los tres países antes mencionados refleja a nivel general la sensibilidad de la sociedad latinoamericana. En resumen, la aparición de estos problemas debe atribuirse, antes de todo, a la falta de conocimiento sobre la cuestión; en segundo lugar, a la carencia de comunicación, diálogos o debates sobre la Franja y la Ruta en la prensa y los círculos académicos latinoamericanos, los cuales son necesarios para aumentar la confianza y disipar dudas; y en tercer lugar, es aún débil la fuerza de difusión

---

[1]   Xu Sihai, Zhang Haibo, "Investigación sobre las características de los informes de los medios de comunicación mexicanos sobre la Franja y la Ruta", publicada en *Comunicación Internacional*, n.º 2, 2018, pp. 51-59.

[2]   Jia Shihui, Zhang Fan, "La perspectiva de los medios de comunicaciones argentinos sobre la Franja y la Ruta: foco, opinión pública y marco de reportaje", publicado en *Comunicación Internacional*, n.º 2, 2018, pp. 60-68.

de la iniciativa china en esta región, el contenido es insuficiente y su canal de transmisión es muy simple. Esto quiere decir que no solo es imperativo, sino también urgente, fortalecer la difusión, el diálogo y la comunicación sobre la Iniciativa de la Franja y la Ruta entre China y América Latina, especialmente entre los medios de comunicación y el mundo académico.

Este libro es parte del esfuerzo realizado para responder a las demandas de nuestra época, construir un puente de comunicación entre China y América Latina a través de la Franja y la Ruta, y promover de esta manera un pensamiento consensuado.

Proporcionar una completa introducción de la Franja y la Ruta y su relación con América Latina a los lectores chinos y latinoamericanos ha sido nuestro objetivo original y nuestra motivación fundamental. No ha pasado mucho tiempo desde el acoplamiento de Latinoamérica con la Franja y la Ruta, por lo que los medios de comunicación y los académicos que son relativamente sensibles a los asuntos internacionales aún no saben mucho al respecto, ni mucho menos el público general. Con base en esto, hemos tenido en cuenta las necesidades de los lectores de diferentes campos y niveles, y nos hemos esforzado en escribir un buen libro que les cuente a los lectores latinoamericanos la historia de la Franja y la Ruta de una manera comprensible y con profundidad.

En cuanto al estilo de redacción, este libro combina el rigor de la argumentación con la accesibilidad de la interpretación. Los autores de los artículos provienen de China y América Latina, son especialistas prestigiosos en sus respectivos campos y algunos son líderes empresariales con una amplia experiencia. Todos ellos exploran la relación entre la Franja y la Ruta y América Latina tanto desde el punto de vista teórico como desde el práctico. Además de mantener un rigor académico, se esfuerzan en explicar cuestiones de profundidad con un lenguaje accesible. Asimismo, para mantener la fluidez de la lectura, el libro excluye resúmenes, glosarios y referencias, conservando solo algunas fuentes de anotación muy necesarias.

En términos de estructura y contenido, el presente libro ha tenido en consideración tanto la difusión de conocimientos como el desarrollo de debates. Dividido en cuatro partes, la primera se enfoca en el análisis de la relación entre la Franja y la Ruta y América Latina desde perspectivas teóricas e históricas. En el primer artículo, los académicos chinos explican primero qué es la Franja y la Ruta, el contexto en el que se propuso dicha iniciativa, así como su objetivo, pertinencia e importancia para el mundo y para América Latina. Seguidamente, los académicos latinoamericanos explican la racionalidad en la proposición de que "América Latina es una extensión natural de la Ruta Marítima de la Seda del Siglo XXI" desde una perspectiva histórica y cultural, e identifican las rutas marítimas y terrestres y las ciudades y puertos que funcionan como punto de apoyo después de la expansión de la "Ruta Marítima de la Seda del Pacífico" hasta América Latina.

En la segunda parte, los académicos chinos explican los cinco contenidos principales de la Iniciativa de la Franja y la Ruta y su desempeño y desarrollo actual en América Latina desde las perspectivas de la "comunicación política", la "conectividad vial", el "comercio sin obstáculos", la "circulación monetaria", y la "comprensión entre los pueblos" (es decir, "los cinco factores de conectividad"). De hecho, esta segunda parte es la continuación, expansión y materialización del primer artículo de la primera parte del libro. Esta parte, que pertenece a la interpretación de la Franja y la Ruta, ha sido escrita por académicos chinos por estar más familiarizados con el tema. Sobre esta base, los artículos de esta segunda parte discuten las posibles conexiones o avances en sus respectivos campos con América Latina.

La tercera parte del libro se enfoca en el estudio de la situación en algunos países. Cinco académicos latinoamericanos exploran el significado de la Franja y la Ruta para Brasil, Argentina, México, Chile y Perú, y el posible acoplamiento de las estrategias de desarrollo en el marco de dicha iniciativa desde la perspectiva de sus propios países de origen. La elección de estos cinco países se basa en la consideración exhaustiva de distintos factores, tales como la fuerza y la influencia como países troncales, el grado de respuesta a la Franja y la Ruta, y el potencial de acoplamiento y cooperación con grandes proyectos.

En la cuarta parte se intenta expandir un nuevo horizonte y espacio que ha traído consigo el acoplamiento de América Latina con la Iniciativa de la Franja y la Ruta: el comercio electrónico y las pymes. Durante mucho tiempo, el comercio sino-latinoamericano se ha desarrollado principalmente entre grandes empresas y se ha centrado fundamentalmente en los campos de las materias primas, la energía y la minería. El potencial y la vitalidad de la cooperación entre las pymes de China y América Latina no han sido explorados completamente. Es posible que el éxito del comercio electrónico transfronterizo conlleve una revolución para el comercio sino-latinoamericano: por ejemplo, conectando a las pequeñas y medianas empresas de ambos territorios y permitiendo que las pymes, que representan más del 95% de las empresas en América Latina, puedan participar y disfrutar de los beneficios de la globalización. Originalmente se planeó que los académicos chinos y latinoamericanos escribieran por separado un artículo sobre el comercio electrónico transfronterizo y las pymes, con el objetivo de explorar este campo ignorado durante mucho tiempo pero que ahora está emergiendo. Sin embargo, la carencia de datos del comercio electrónico transfronterizo entre China y América Latina nos obligó a renunciar a este plan, por lo que nos hemos centrado únicamente en explorar el potencial y el espacio para la cooperación entre las pymes chinas y latinoamericanas en el marco de la Franja y la Ruta.

Finalmente, se deben aclarar especialmente dos aspectos:

En primer lugar, este libro no está dirigido simplemente a lectores chinos y latinoamericanos, sino que tiene un doble objetivo: por una parte, el de ayudar a los lectores latinoamericanos a comprender el significado y la connotación de la Franja y la Ruta, y su relación y acoplamiento con América Latina. Y, por otra, ayudar a los lectores chinos, especialmente a los encargados de tomar decisiones, a conocer el grado de aceptación de la Iniciativa de la Franja y la Ruta en América Latina, así como la opinión y las expectativas de la comunidad académica latinoamericana sobre dicha iniciativa. Partiendo de esta perspectiva, el libro ha sido publicado en dos idiomas, con una versión en chino y otra en castellano, para promover un consenso más amplio entre China y Latinoamérica sobre la construcción conjunta de la Franja y la Ruta.

En segundo lugar, se puede afirmar que este libro es la primera monografía sobre la Franja y la Ruta y América Latina escrita conjuntamente por académicos chinos y latinoamericanos. Es también la primera obra publicada en dos idiomas que trata dicho tema. Por esta razón, el presente libro es esencialmente una intensa exploración académica, por lo que es inevitable que tenga algunas imperfecciones e incluso defectos. No obstante, eso no nos impide continuar con nuestro objetivo. No nos sobresalta realizar pruebas, cometer errores o el surgimiento de discrepancias. Por el contrario, nos complace escuchar las opiniones y críticas de nuestros lectores y de nuestros compañeros en el mundo académico, a quienes desde ya agradecemos por sus sinceros comentarios.

Introducción II

Carolina Mera

Decana de la Facultad de Ciencias Sociales de la Universidad de Buenos Aires

La República Popular China constituye, en sí misma, una de las experiencias sociales más relevantes de la historia de la humanidad. Su capacidad a lo largo de la historia de generar diferentes sistemas de gobierno y de organización política, cultural y económica en una tendencia dinámica y compleja que acompañe y tensione las coyunturas y cambios de época, la hacen un objeto preciado para la reflexión académica e intelectual. Hoy vuelve a proponer al mundo un diálogo que invita a pensar el futuro a largo plazo, desafiando los equilibrios inestables que los poderes internacionales vienen sosteniendo luego de la caída de la Unión Soviética. Las implicancias de la Iniciativa de la Franja y la Ruta (conocida como OBOR, por sus siglas en inglés) así lo demuestran. Esta propuesta plantea un diálogo con el mundo que trasciende lo económico y financiero, para adentrarse en la educación, en la cultura y en el diálogo histórico-identitario entre los pueblos. ¿Está China, de esta manera, proponiendo una forma de intercambio más en el contexto de producción capitalista contemporáneo? ¿O acaso intenta ofrecer un nuevo pacto civilizatorio entre las naciones? Tal vez a esas dudas e incertidumbres apuntan el conjunto de contribuciones que componen este libro.

América Latina y la República Popular China han mantenido intercambios culturales, comerciales y políticos desde hace varios siglos, de diferente manera según cada país de la región. Sin embargo, la coyuntura actual pone a toda la región ante un nuevo desafío. La relevancia de China a nivel global y el hecho de ser el principal motor del crecimiento mundial; la creciente importancia de su mercado doméstico, el sector servicios, la producción industrial y sus implicancias para todo el mundo; su acelerado proceso de urbanización y cambios en los estilos de vida y de consumo; su presencia y compromisos en los foros y organismos internacionales, entre otros aspectos, son elementos que incrementaron la intensidad de sus relaciones con el mundo, que abrieron nuevas iniciativas y diversificaron los intercambios.

Es en este contexto, y en el marco de las relaciones bilaterales de los distintos países de la región de América Latina, que debemos entender la Iniciativa de la Franja y la Ruta, delineada por el presidente Xi Jinping en 2013. La Franja y la Ruta (OBOR, One belt-One Road) se propone incrementar la cooperación de China con países de Asia, África y Europa tanto en las relaciones políticas, de infraestructura, comerciales, financieras y socioculturales entre los pueblos. Si OBOR propone una invitación compleja y sofisticada de cooperación, que coordina política, conectividad, comercio, integración financiera y el vínculo persona-persona, esto representa un desafío para la región latinoamericana. La Iniciativa de la Franja y la Ruta incluye a América Latina y el Caribe desde 2015, cuando el presidente Xi Jinping consideró a la región como una suerte de extensión de la Ruta Marítima de la Seda del Siglo XXI, y desde entonces China ha desplegado diferentes estrategias en la región que podríamos decir van en esa dirección.

En este sentido, tiene aún más relevancia la propuesta del libro "La Franja y la Ruta y América Latina: nuevas oportunidades y nuevos desafíos" para promover desde las ciencias sociales miradas más complejas que permitan avanzar en vínculos más profundos y a largo plazo. La presente publicación desborda en riqueza y variedad de temas, enfoques y posiciones respecto al tema abordado. Esta multiplicidad es producto de la trayectoria y procedencias disciplinares y nacionales de los distintos autores. Cada una de las contribuciones del libro se centra en las historias, intereses y desafíos que esta nueva iniciativa del "País del centro" representa para la región, así como para nuestras economías y formas de vida, en la medida que podría impactar en nuestros modelos de desarrollo en diferentes aspectos. Las reflexiones del libro nos brindan lecturas sobre aspectos culturales, teóricos y políticos de estos diálogos. Ofrece un abanico que va desde las reflexiones acerca de aquella presencia olvidada de la Ruta de la Seda en los tiempos coloniales, pasando por las implicancias para las *mipymes* y economías locales y regionales, las inversiones chinas, la cooperación económico-comercial y el futuro de los acuerdos de libre comercio, hasta las especulaciones acerca de desafíos y oportunidades que brinda esta coyuntura, planteando también ciertas prevenciones de riesgos posibles. También ofrece un interesante aporte sobre el rol del campo de la comunicación política en esta relación de intercambio integral que es la Franja y la Ruta. En virtud de ello, abre una serie de debates teóricos sobre la propuesta y su importancia para América Latina, lo que representa un elemento fundamental para que el campo académico e intelectual local participe y aporte en la construcción de los marcos culturales e ideológicos de esta promesa. Así, el último artículo que delinea los significados, objetivos y posibles vías del diálogo entre las civilizaciones china y latinoamericana pone el eje en la perspectiva del desarrollo sostenible de las relaciones entre China y América Latina como respuesta a la "nueva perspectiva de civilización" que propone China, para la cual nuestra región adquiere un nuevo dinamismo.

En este contexto, las contribuciones del libro vienen a complementar los estudios sobre Asia y China, evidenciando la necesidad de impulsar estudios desde la historia, las identidades culturales, las relaciones entre los pueblos y sus idiosincrasias. Religión, arte, sistema familiar, sistemas educativos, estructuras y funcionamiento jurídico, políticas públicas, patrones de consumo, entre otros, son elementos de igual importancia para la aproximación compleja que el mundo contemporáneo requiere.

Además, la relevancia cada vez mayor de China en la nueva lógica de poder político y económico internacional ha generado, también en la región, nuevos debates, intereses, inquietudes y necesidades, que estimulan el conocimiento y la difusión de su cultura. La coyuntura exige un fuerte impulso en la promoción, profundización y formalización de estos estudios para promover el intercambio horizontal y cooperativo. Por esto considero que el libro es un aporte imprescindible y felicito a las autoridades de la CECLA (Comunidad de Estudios Chinos y Latinoamericanos) por contribuir y dar un paso en este desafío.

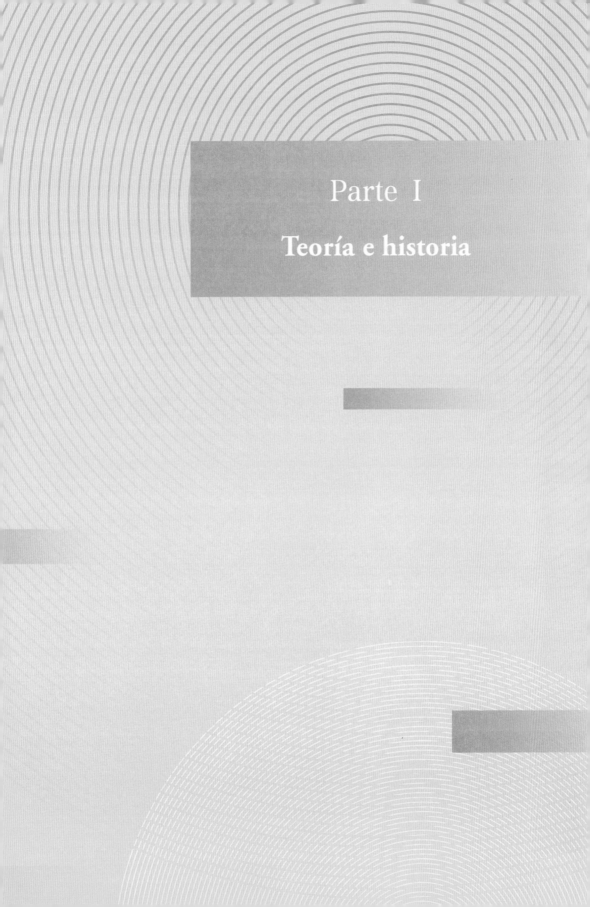

Parte I

Teoría e historia

Capítulo 1

La connotación teórica de la Franja y la Ruta y su importancia para América Latina

Wang Yiwei [1]

Desde la amplia perspectiva de la historia humana, una vez que las grandes potencias ascienden, lo más probable es que propongan iniciativas de cooperación y valores que sirvan para guiar el futuro del mundo. Y podemos decir que la Iniciativa de la Franja y la Ruta emprende dicha misión. La propuesta de esta iniciativa refleja que China empieza a desempeñar un papel importante en la gobernanza mundial y que está realizando todos los esfuerzos posibles para resolver los problemas mundiales al aportar su propia sabiduría y sus proyectos. La Franja y la Ruta muestra que China no solo se centra en sus propios intereses, sino que integra estos intereses con los intereses globales de forma orgánica. Esta es una comunidad de destino común y la Iniciativa de la Franja y la Ruta supone un importante paso en la construcción de dicha

---

[1] Wang Yiwei es profesor y asesor doctoral en la Escuela de Relaciones Internacionales de la Universidad Renmin de China. También es investigador y director del Centro de Investigación de los Problemas de Europa/Centro de Investigación de la UE y vicedecano de la Academia de Investigación del Socialismo con Peculiaridades Chinas de la Nueva Era de Xi Jinping de la Universidad Renmin de China. Sus principales líneas de investigación son: la Iniciativa de la Franja y la Ruta, la diplomacia de China, la integración europea, las relaciones entre China y Europa y la diplomacia pública. Algunas obras escritas por Wang Yiwei: *La Tierra es redonda: la lógica de la Franja y la Ruta, La Franja y la Ruta: oportunidades y desafíos*, entre otras.

comunidad. A medida que esta iniciativa fue evolucionando de la idea a la acción, extendiéndose desde los Estados ubicados a lo largo de esta ruta hasta América Latina, la Franja y la Ruta también ha logrado vincular estrechamente a China con Latinoamérica y se ha vuelto cada vez más importante para esta región.

1. La Franja y la Ruta: origen y connotación

La Ruta de la Seda fue el nombre propuesto por el alemán Ferdinand von Richthofen, en 1877, para referirse al camino de intercambio comercial y cultural entre Oriente y Occidente en la antigüedad. La misionera británica Alice Mildred Cable llegó a escribir lo siguiente durante su largo viaje por la Ruta de la Seda: "Las anchas y profundas huellas de rueda se separaban y se unían constantemente, como si fueran unos remolinos en el río. Durante miles de años han pasado innumerables personas por este camino, y han formado una cadena de vida sin fin".

Con el ascenso del Imperio Otomano en 1453, se cortó el puente de comercio e intercambio cultural entre Oriente y Occidente (conocido históricamente como el "Muro Otomano"). Los europeos se vieron obligados a avanzar hacia el mar, dando origen a una nueva era, con Occidente como centro, o, dicho de otra manera, se produjo una globalización oceánica. Cuando Estados Unidos se convirtió en una superpotencia y obtuvo la victoria en la Guerra Fría, afirmó que era el final de la historia y que la Tierra era plana, y esto llegó a crear el concepto más erróneo de todos nuestros tiempos. De hecho, la desigualdad entre los ricos y los pobres y la desunión entre las personas fueron desafíos apremiantes que todos los países tuvieron que afrontar. La llamada globalización es más una "globalización parcial" de las áreas costeras y de los grupos desarrollados. Hoy en día, la densidad de la población moderna ha aumentado partiendo de las decenas de millones en Europa, los cientos de millones en Estados Unidos y los miles de millones en los países emergentes. Las rutas marítimas establecidas por Europa y las reglas establecidas por Estados Unidos ya no son capaces de cargar con toda esta población.

Bajo estas circunstancias, el presidente Xi Jinping propuso en 2013 la iniciativa de colaboración internacional denominada "la Franja y la Ruta", que se podría resumir en seis puntos:

1. Un concepto: la Franja y la Ruta.

2. Dos alas: una terrestre y otra marítima, es decir, la Franja Económica de la Ruta de la Seda y la Ruta Marítima de la Seda del Siglo XXI.

3. Tres principios: negociar juntos (recurrir a todas las opiniones útiles-comunidad de intereses), construir juntos (reunir la sabiduría y los esfuerzos de todos-comunidad de responsabilidad) y disfrutar juntos (el pueblo se beneficia-comunidad de destino compartido).

4. Cuatro grandes Rutas de la Seda: una Ruta de la Seda verde, sana, inteligente y pacífica.

5. Cinco direcciones: la comunicación política, la uniformidad de las instalaciones, el comercio sin obstáculos, la financiación y la unión de las almas de los pueblos.

6. Los seis corredores y las seis rutas, multinacional y multipuerto: los "seis corredores" se refieren a los Seis Grandes Corredores Económicos (el Nuevo Puente de Tierra de Eurasia, el Corredor Económico Trilateral de China, Mongolia y Rusia, el Corredor Económico de China con Asia Central y Asia Occidental, el Corredor Económico China-Península Indochina, el Corredor Económico Chino-Pakistaní y el Corredor Económico Bangladés-China-India-Myanmar); las "seis rutas" simbolizan los ferrocarriles, las carreteras, las rutas fluviales, las aerovías, los oleoductos y la infraestructura de la información; "multinacional" significa desarrollar una serie de países de apoyo; y "multipuerto", construir una serie de puertos de apoyo.

La Iniciativa de la Franja y la Ruta refleja el papel que desempeña China a nivel mundial tras su ascenso, y al mismo tiempo indica que la tendencia del mundo no avanza hacia una globalización unidimensional, sino hacia el renacimiento de la civilización. La interconexión, representada por las "cinco direcciones" de comunicación política, uniformidad de las instalaciones, comercio sin obstáculos, financiación y unión de las almas de los pueblos, es la base para configurar la comunidad de destino de la humanidad y promover una "globalización inclusiva", es decir, una globalización universal y equilibrada que pueda arraigar. En este sentido, la Iniciativa de la Franja y la Ruta no solo ha planificado el camino para el gran renacimiento de la nación china, sino que también ha empujado a más Estados a salir de la pobreza, llegando a crear un nuevo modelo de cooperación regional e internacional en el siglo XXI.

El nombre completo de la Franja y la Ruta es "Franja Económica de la Ruta de la Seda y Ruta Marítima de la Seda del Siglo XXI". Aquí se encuentran tres palabras o conceptos clave y el primero es "siglo XXI". La Franja y la Ruta es una red de transportes de interconexión integrada tridimensional que consta de ferrocarriles, carreteras, aviación, navegación marítima, oleoductos, redes eléctricas y redes de comunicación; y la palabra clave es interconexión. La segunda palabra clave es "franja", quiere decir, la franja económica, el corredor económico y la franja de desarrollo económico, y es un reflejo del modelo de la reforma y apertura de China. La construcción conjunta de la Franja Económica de la Ruta de la Seda consiste en promover gradualmente la cooperación empezando desde puntos concretos, ampliando hasta líneas y por último extendiendo hasta regiones más grandes. La tercera palabra clave es la "ruta". Los chinos tienen un dicho: "Para hacerse rico, primero hay que reparar caminos; para enriquecerse rápidamente, hay que reparar las autopistas; para enriquecer como relámpago, hay que conectarse a Internet". En resumen, las palabras "la Franja y la Ruta" tienen connotaciones profundas: "franja" se refiere al cinturón de desarrollo económico, es la condensación de los 40 años de experiencia de la reforma y apertura de China, y es, en palabras de Xi Jinping, "promover gradualmente la cooperación regional a través del desarrollo de las regiones más pequeñas hasta las más grandes" [1] ; la palabra "ruta" simboliza los más de 170 años de experiencia en exploración de la historia reciente, y alienta a los países a seguir un camino de desarrollo adecuado con sus propias condiciones nacionales.

Durante los 40 años de la política de reforma y apertura, China ha sacado a 700 millones de personas de la pobreza, y esto ha representado el 70% de la contribución a la reducción de la pobreza dentro de los Objetivos de Desarrollo del Mileno, llevado a cabo por las Naciones Unidas. Esta es la motivación más directa que anima a los países en desarrollo a seguir a China e integrarse activamente en la Franja y la Ruta. Sin infraestructura es difícil lograr la industrialización. Sin la industrialización la democratización está condenada al fracaso.

De los 1.100 millones de personas en África, 400 millones sufren por la pobreza y 500 millones de africanos aún siguen sin tener acceso a la electricidad. No se ha comenzado con la industrialización o esta todavía se encuentra en su etapa inicial; por ello, África valora altamente la experiencia de China y

---

[1]   Discurso de Xi Jinping en la Universidad Nazarbayev (texto completo), 7 de septiembre de 2013, Xinhuanet, http://www.xinhuanet.com/politics/2013-09/08/c_117273079.htm

responde activamente a la iniciativa china de "tres redes y una industrialización", es decir, construir redes de carreteras, redes de ferrocarriles de alta velocidad y redes de aviación regional, mientras se realiza la industrialización de las infraestructuras. África contempla la esperanza de la industrialización y la modernización agrícola a través de la conexión de la Franja y la Ruta, y esta iniciativa promovería la finalización de la Agenda 2030 para el Desarrollo Sostenible de la ONU.

En la nueva era, la Franja y la Ruta promueve la apertura, la inclusión, el equilibrio, el beneficio general y la globalización sostenible, aboga por la interconexión del mundo y de los mercados fragmentados, para así formar un marco de cooperación horizontal y equitativo, resolver la apertura unidireccional de los países en desarrollo hacia los países desarrollados promovida internacionalmente por las empresas trasnacionales, o resolver los problemas de desequilibrio e injusticia causados principalmente por la globalización de los vínculos entre los países desarrollados; promover la conexión estratégica, conectar a los países desarrollados, los países en desarrollo y los países emergentes ampliamente, y hacer realidad la gran integración entre el este y el oeste, el norte y el sur, China y los países extranjeros, lo antiguo y lo moderno.

La construcción de la Franja y la Ruta es una iniciativa propuesta por el presidente Xi Jinping en 2013. El contenido central de dicha iniciativa es promover la construcción de infraestructuras y la interconexión, vincular las políticas nacionales con las estrategias de desarrollo, profundizar en la cooperación pragmática, promover el desarrollo coordinado y lograr la prosperidad común [1].

---

[1] Declaraciones de Xi Jinping en la apertura de la Reunión de Mesa Redonda del Foro de la Franja y la Ruta para la Cooperación Internacional, 15 de mayo de 2017, Xinhuanet, http://www.xinhuanet.com/politics/2017-05-15/15/c_1120976082.htm.

La infraestructura, la interconexión, la vinculación estratégica, la capacidad de producción nacional y la cooperación en la fabricación de equipos, y el desarrollo coordinado e interconectado, todas estas son palabras clave de por qué es viable la Iniciativa de la Franja y la Ruta. Al promover la interconexión de las infraestructuras, la Franja y la Ruta consigue curar los males generados por la globalización neoliberal, inyectar dinero en la economía real y eliminar la fuente de la crisis financiera mundial. Además, la Franja y la Ruta se ha convertido en una importante iniciativa de cooperación para promover el cumplimiento de los objetivos de la Agenda 2030 para el Desarrollo Sostenible de la ONU, al permitir que la globalización beneficie a un gran número de pueblos. Algunos ejemplos típicos podrían ser la propuesta de exploración de la interconexión de la energía global y la promoción del uso de la energía limpia o verde para satisfacer las necesidades de electricidad global, todos llevados a cabo por dicha iniciativa.

La interconexión de la infraestructura demuestra plenamente la nueva ventaja comparativa de China. China tiene ventajas comparativas inigualables en diseño, construcción, operación, administración, capital, tecnología y recursos humanos en todas las áreas de la infraestructura tradicional y emergente como las del ferrocarril y carreteras, las redes eléctricas, las terrestres, las marítimas y las aéreas, la interacción persona-computadora y el Internet de las cosas (IoT, por sus siglas en inglés). Detrás de esto se encuentra una manifestación integral de las poderosas empresas estatales chinas, la diligencia y la sabiduría de los chinos, así como sus capacidades de planificación y coordinación. La Franja y la Ruta promueve una red tridimensional de interconexión de transporte, la construcción del panorama de "cuatro en uno" de las redes terrestres, marítimas, aéreas y eléctricas, la tendencia de desarrollo "cinco en uno" de los ferrocarriles, las carreteras, los puertos, las zonas de desarrollo y el comercio, llegando a compensar la insuficiencia del capital privado occidental, que no puede invertir ni invertirá en la infraestructura de un Estado inmaduro, y que tampoco sería capaz de formar una red de infraestructuras.

En resumen, la Franja y la Ruta integra la antigüedad y la actualidad, comunica a China con el resto del mundo, conecta el norte, el sur, el este y el oeste, aprovecha el desarrollo como una llave maestra que sirve para resolver todas las dificultades, sostiene la clave principal de la interconexión de la infraestructura, demuestra el encanto del modelo chino de tracción en dos ruedas de "mercado+Gobierno", está resolviendo el problema de la pobreza en las personas, la desigualdad entre los ricos y los pobres, y las dificultades de gobernanza. Estas son las razones fundamentales por las que atrae la participación de cada vez más países.

2. El importante significado de la Franja y la Ruta y el impacto de largo alcance causado por esta iniciativa

"Una gran era necesita un gran panorama, y un gran panorama necesita de una gran sabiduría" [1] . El 17 de agosto de 2016, el secretario general del Partido Comunista de China, Xi Jinping, señaló en su discurso en el simposio sobre la promoción del trabajo de construcción de la Franja y la Ruta que se debía fortalecer la investigación académica, el apoyo teórico y la construcción del sistema discursivo de la Franja y la Ruta. Esta iniciativa abarca numerosos contenidos y disciplinas; entonces, ¿sería posible trascender los límites de la ciencia moderna como disciplina y crear una teoría que pueda entenderse en los sistemas occidentales convencionales?

---

[1] "Discurso de Xi Jinping en la Ceremonia de Apertura de la Cumbre de CEO de APEC", Xinhuanet.com, 9 de noviembre de 2014, http://www.xinhuanet.com/politics/2014-11/09/c_1113174791.htm

Dicho de manera más profunda, aún existen tres preguntas básicas que deben ser respondidas: ¿Cuál es la relación entre la antigua Ruta de la Seda y la Iniciativa de la Franja y la Ruta? ¿Qué países incluye la Franja y la Ruta; en concreto, cómo se podría distribuir y cómo debería América Latina aprovechar esta oportunidad? ¿Cómo se desarrollará la Franja y la Ruta en el futuro, cuál es su relación con el modelo chino y la globalización, y cómo se podrían resolver los problemas mundiales a través de la resolución de los problemas de China? Estos problemas fundamentales siguen causando mucha confusión entre la opinión pública en China y en otros países, por lo que se necesitan respuestas efectivas y una investigación prospectiva.

En "Transcender las relaciones internacionales: interpretación cultural de la teoría de las relaciones internacionales" se han propuesto tres dimensiones para analizar las relaciones internacionales: la dimensión temporal, la dimensión espacial y la dimensión de autodesarrollo. Además de la dimensión espacio-temporal, todas las cosas tienen sus propias leyes de desarrollo; al igual que tras la creación de una organización, esta tiene su propio nacimiento, vejez, enfermedad y muerte, es decir, tiene una dimensión de autodesarrollo [1]. Antes de que se propusiera la Iniciativa de la Franja y la Ruta, había muchos otros proyectos e ideas, por ello, esta iniciativa no es completamente novedosa.

A continuación se intentará comprender la Franja y la Ruta utilizando el paradigma de análisis de las tres dimensiones.

2.1 La dimensión temporal de la Franja y la Ruta

¿Por qué no se utilizó como nombre la "Nueva Ruta de la Seda"? ¿Cuál es la relación entre la Iniciativa de la Franja y la Ruta y la antigua Ruta de la Seda?

---

[1]   Wang Yiwei: Transcender las relaciones internacionales: interpretación cultural de la teoría de las relaciones internacionales, World Affairs Press, 2007.

Expresiones como "la Franja y la Ruta" y la "Nueva Ruta de la Seda" no son originarias de China, sino que provienen del extranjero. La Franja y la Ruta simplemente se ha apoyado en la imaginación de la Ruta de la Seda para promover la iniciativa de cooperación con el exterior. No se trata solo de revivir la antigua Ruta de la Seda, sino que se activa una memoria histórica común y se revive su espíritu de cooperación pacífica, abierta y tolerante, un espíritu de la Ruta de la Seda de aprendizaje y de beneficio mutuo, en el que se diseña una cadena industrial global.

Desde la perspectiva de la historia de la civilización humana, la Iniciativa de la Franja y la Ruta carga con la misión histórica de promover el gran retorno de la civilización humana.

Lo primero es promover el regreso de Eurasia al centro de la civilización humana. Después de que la antigua Ruta de la Seda fuera cortada por el "Muro Otomano", Europa se dirigió hacia el mar y la globalización se abrió camino gracias a la colonización. La civilización oriental se volvió cerrada y conservadora, mientras que la parte occidental entró al llamado mundo moderno de centrismo occidental; hasta que, con el ascenso de Estados Unidos, el centro de Occidente se desplazó de Europa a Estados Unidos, y Europa quedó debilitada. Después de la integración europea, Europa siguió siendo incapaz de detener esta tendencia en declive. Hoy en día, Europa se ha encontrado con la oportunidad histórica de regresar al centro del mundo a través del renacimiento de Eurasia. El desarrollo de la integración de Eurasia como "isla mundial" daría como resultado el efecto estratégico, desarrollado por Zbigniew Brzezinski en su libro "El gran tablero mundial", del regreso de Estados Unidos al estado de "isla solitaria" y el efecto geográfico en el que Eurasia volvería al centro de la civilización humana, y esto reconfiguraría el mapa global geopolítico y de globalización.

Y esto, por consiguiente, cambiaría la lógica modernizada de ascenso de los países periféricos. Desde los tiempos modernos, Portugal, España, los Países Bajos e Inglaterra emergieron sucesivamente desde el océano y establecieron su hegemonía mundial con la era de los descubrimientos y la colonización marítima, llegando hasta Estados Unidos después de la Segunda Guerra Mundial. Sin embargo, estos países no eran civilizaciones milenarias que se encontraran en el centro de la civilización humana, sino que se trataba de países periféricos o marítimos pertenecientes al continente euroasiático de la "isla mundial". Por lo tanto, el ciclo de hegemonía de estos Estados no superó en ningún caso los 130 años. La Iniciativa de la Franja y la Ruta promueve el renacimiento de la civilización fluvial y de las antiguas civilizaciones, por lo que está cambiando la historia de ascenso de los países periféricos de la modernidad, y está corrigiendo la situación en la que el océano domina al continente, y los países periféricos dominan a los centrales.

La Franja y la Ruta no solo supera la globalización oceánica, sino también la antigua Ruta de la Seda. La antigua Ruta de la Seda se extendía de Oriente a Occidente, pero Asia Central era un simple corredor, una tierra baja, por lo que no se consiguió la prosperidad común. Con la Franja y la Ruta se desea eliminar estas desigualdades entre ricos y pobres, y conseguir realmente que los destinos de los países a lo largo de la ruta se unan. El destino debe estar en las manos de cada Estado y estos deben conectarse para conformar una comunidad de destino común.

La Franja y la Ruta conecta las cuatro grandes civilizaciones antiguas (la egipcia, la china, la hindú y la de Mesopotamia) a través de una estructura de interconexión tridimensional compuesta por ferrocarriles, carreteras, vías aéreas, vías marítimas, oleoductos, redes eléctricas y redes de comunicación; promueve el renacimiento de la civilización fluvial y de las civilizaciones del interior de la Tierra, impulsa a los países en desarrollo a que salgan de la pobreza y promueve el continuo ascenso de los países emergentes. En resumen, la lógica del renacimiento de la civilización ha superado la lógica de competencia de la modernidad, llegando a marcar el tono de la política internacional del siglo XXI y poniendo un nombre al sueño chino.

2.2 La dimensión espacial de la Franja y la Ruta

En términos de espacio, ¿qué países están incluidos en la Franja y la Ruta? ¿Cómo están distribuidos? Actualmente se afirma que están incluidos 65 países, que representarían el 29% de la economía mundial y el 63% de la población del planeta, lo que significa que la iniciativa está integrada por países comparativamente atrasados. Sin embargo, la Iniciativa de la Franja y la Ruta es una iniciativa de cooperación internacional abierta a todos los países y regiones con ideas afines. Muchas personas no comprenden la razón por la que en el pasado la reforma y apertura se centraba en los países desarrollados, mientras que ahora la atención comienza a fijarse en los países en desarrollo. También hay personas que opinan que la Franja y la Ruta es una iniciativa para derrochar dinero en el exterior, que es equivalente a ayudar a los países extranjeros, pero este es un gran malentendido. Aunque estos países no son lo suficientemente ricos, tienen un gran potencial de desarrollo. Sus necesidades son las mismas que tenía China respecto a los países desarrollados durante la etapa inicial de la reforma y apertura: ellos necesitan capital y tecnología, y nosotros un mercado. Por lo tanto, si se implementa la Franja y la Ruta, tanto los encargados de la formulación de políticas como el pueblo deben cambiar sus conceptos e ideas.

Primero, deben cambiar su concepto de desarrollo. En "Memorias históricas: cronología de los seis reinos", se menciona: "Oriente, lugar donde se originan las cosas; Occidente, lugar donde maduran las cosas. Los que actúan seguramente se encuentren en el sureste, y los exitosos están a menudo en el noroeste". La reforma y apertura están abiertas principalmente a Occidente, y especialmente a Estados Unidos, pero este modelo de desarrollo no es sostenible. Después de la crisis financiera, los consumidores occidentales estaban atados de manos y no eran capaces de comprar muchos productos *Made in China*, pero China había producido en exceso y no conseguía vender todos los productos. Esto demuestra que no sería suficiente fijarse únicamente en el mercado de los países desarrollados. Los economistas propusieron, además de la circulación en los países desarrollados, establecer una nueva circulación en la cadena industrial con los numerosos países en desarrollo, especialmente con los países vecinos, y formar así una "doble circulación" para protegerse de los riesgos de los mercados desarrollados. Este fue el primer prototipo de la Iniciativa de la Franja y la Ruta [1].

Segundo, deben cambiar su concepto de espacio-tiempo. La propuesta de la Franja y la Ruta superó la gran estrategia de "obtener tiempo a través del espacio". En la visión que China tenía del mundo, el espacio no era lo más importante, ya que "toda tierra bajo el cielo pertenece al soberano". Pero hoy en día se ha realizado un avance importante en el tiempo y el espacio a la vez, en el que se combina tierra y mar, y Oriente y Occidente actúan en coordinación. En los tiempos modernos, Li Hongzhang y Zuo Zongtang debatieron qué era lo más importante, la defensa marítima o la defensa de las fronteras. Tras la propuesta de la Franja y la Ruta, se demostró que ambas eran importantes, por lo que se debería comprender la iniciativa desde una amplia perspectiva de espacio y tiempo.

---

[1] Supervisado por Liu Wei y Guo Lian: "La Franja y la Ruta: el beneficio mutuo regional conseguido gracias a la doble circulación de los valores globales", Peking University Press, diciembre de 2015, p. 3.

Tercero, deben cambiar su visión del mundo. En el pasado, los estadounidenses decían que la "Tierra era plana", pero en realidad la "Tierra era redonda". Si comenzamos a leer el "Romance de los Tres Reinos", en la primera frase se afirma que "bajo el dominio del Cielo, los largos periodos de unión preceden a la división, y tras un largo periodo de división, se tiende a la unión". Tras el fin de la Guerra Fría se promovió el globalismo occidental, que incluía la promoción de los valores universales y la democracia en la política, y el sistema mundial capitalista en economía. Estados Unidos puso todo su empeño para la globalización en distintos aspectos como la política y la economía de acuerdo con el modelo occidental, pero aun así no logró este objetivo de occidentalización global. Además, la globalización económica ha llevado la riqueza y el poder a manos de los propietarios de capital de nivel superior, lo que vació la base industrial y amplió la brecha entre ricos y pobres. El hecho es que los estratos superiores de Occidente han manipulado la globalización, mientras que los estratos más bajos de la sociedad han dirigido su atención a la globalización y a los globalizadores exitosos como China, intentando combatir y abandonar por completo la globalización de modo que esta comenzó a fragmentarse. La propuesta de la Franja y la Ruta utiliza la interconexión como una nueva unión para liderar la globalización hacia una dirección de desarrollo que sea abierta, inclusiva, equilibrada y que beneficie a todos.

Se podría afirmar que la Iniciativa de la Franja y la Ruta tiene "su origen en China pero pertenece a todo el mundo". "El sistema económico internacional se ha globalizado, pero la estructura política mundial todavía se basa en Estados nación". Esta es la parte más vulnerable de la gobernanza global. Henry Kissinger llegó a escribir en su libro "Orden mundial" que: "Al juzgar a cada generación, se tiene en cuenta si esta se ha enfrentado a los problemas más grandes e importantes de la sociedad humana"[1]. El éxito de la Franja y la Ruta depende de su capacidad para resolver los problemas más grandes e importantes de la sociedad humana. La Franja y la Ruta trata los problemas de China al mismo tiempo que los del mundo, y la solución de los problemas del mundo también significa solucionar los problemas de China.

La propuesta de la Iniciativa de la Franja y la Ruta ha logrado extender la política internacional desde una política geográfica a una economía geográfica, llegando hasta una civilización geográfica.

2.3 La dimensión de autodesarrollo de la Franja y la Ruta

¿Qué tipo de cambios profundos conllevaría la Franja y la Ruta para las relaciones entre China y el mundo? ¿Cómo se debería desarrollar la Franja y la Ruta en el futuro? ¿Cuál es su relación con el modelo chino y con la globalización?

2.3.1 Muestra el atractivo del modelo chino

Desde la perspectiva del nombre y la realidad, la Franja y la Ruta resalta el encanto de la cultura china y del modelo chino, y demuestra que las características chinas son cada vez más atractivas para otros países y que tienen un significado global.

"Para hacerse rico, primero hay que reparar caminos; para enriquecerse rápidamente, hay que reparar las autopistas; para enriquecerse como relámpago, hay que conectarse a Internet", esta expresión se ha convertido en un resumen claro de la experiencia de China para liberarse de la pobreza y alcanzar la prosperidad, y se está volviendo cada vez más popular en el mundo. La Franja y la Ruta permite al mundo aprovechar la experiencia de desarrollo de China y

---

[1] Henry Kissinger: *Orden mundial*-Prólogo, CITIC Publishing House, 2015.

a China, expandir su espacio de desarrollo, cuyo núcleo es la interconexión. El presidente Xi Jinping señaló que si se comparaba la Franja y la Ruta con las dos alas de despegue de Asia, entonces, la interconexión sería igual a las venas de estas alas[1]. Según la medicina china, si algo duele, no está libre de obstáculos; y si está libre de obstáculos, no duele. En el mundo de hoy, las limitaciones de la paz y el desarrollo son causadas por barreras. El mundo debe estar expedito, este es nuestro ideal. La idea principal de la Franja y la Ruta es la de alentar a todos los países a seguir un camino de desarrollo adecuado a sus propias condiciones nacionales. Antes del ascenso de China, esto se consideraba impracticable. Efectivamente, no hay caminos más largos que los pies, ni montañas más altas que los hombres.

Independientemente de los diseños de alto nivel o prácticas concretas, se han producido una serie de prácticas, experiencias y modelos con peculiaridades chinas en todas las fases de la revolución, construcción y reforma de China, proporcionando una abundante energía para la construcción de la Franja y la Ruta, especialmente, las reformas graduales, la apertura ordenada desde las zonas costeras hasta el interior y la experimentación de parques industriales y corredores económicos, los cuales posteriormente son resumidos y promovidos. Así se llega a crear una situación de difusión gradual, desde las zonas más pequeñas hasta las regiones más grandes, y finalmente, apoyándose en la integración del mercado chino, estas difusiones se van desarrollando hacia los alrededores y se termina conformando un nuevo patrón de integración de Eurasia.

En los últimos años, los numerosos países en desarrollo están cada vez

---

[1] Discurso del presidente Xi Jinping en la Reunión de Diálogo sobre el Refuerzo de la Conectividad y la Mejora de la Cooperación con los Países Vecinos de China, Xinhuanet, 8 de noviembre de 2014, http://www.xinhuanet.com/world/2014-11/08/c_127192119.htm

más decepcionados con el modelo occidental hasta el punto de desesperarse, pero al mismo tiempo, están cada vez más interesados en el modelo chino y admiran el milagro de China respecto a la liberación de la pobreza, el alcance de la prosperidad y el desarrollo con rapidez. El modelo chino incorporado en la Franja y la Ruta incluye:

- La doble impulsión llevada a cabo por el Gobierno y el mercado: los Estados sin litoral, aislados y pobres, como Uzbekistán, tienen muchas dificultades para obtener préstamos de instituciones financieras internacionales según la economía de mercado, pero han obtenido préstamos del Banco de Desarrollo de China, mostrando el atractivo del modelo chino de doble impulsión llevada a cabo por el "Gobierno+mercado". La razón por la cual la parte china venció a la parte japonesa en el desarrollo del tren de alta velocidad de Java (Indonesia) está en que China evitó el patrocinio del Gobierno de Indonesia y se apoyó en los bancos estatales chinos. El modelo chino mostró plenamente su eficacia en África. El primer ferrocarril electrificado multinacional según estándares chinos en África ha adoptado el modelo chino, desde el diseño hasta la construcción y la operación. Lo mismo ocurre con la construcción de la línea ferroviaria entre Mombasa y Nairobi en Kenia.

- La previa industrialización de las infraestructuras: en el pasado existía en China el dicho de "una vez suena el tren, trae consigo diez mil *liang* de oro". Durante la reforma y apertura también hubo que liberarse de la pobreza y alcanzar la prosperidad, y "para hacerse rico, primero hay que reparar caminos; para enriquecerse rápidamente, hay que reparar las autopistas; para enriquecerse como relámpago, hay que conectarse a Internet". Todo esto ha hecho cada vez más atractiva la Iniciativa de la Franja y la Ruta para las personas, sobre todo para los países en desarrollo. En 30 años, 700 millones de personas salieron de la pobreza y se enriquecieron, y este número representa el 70% de la contribución de la humanidad a la liberación de la pobreza y al enriquecimiento. Este es el aspecto que más ha alentado a numerosos países en desarrollo a seguir a China e integrarse activamente a la Franja y la Ruta. Sin infraestructura es difícil lograr la industrialización; sin la industrialización, la democratización está condenada al fracaso.

- El corredor económico: la reforma y apertura de China ha explorado un modelo de corredores industriales, corredores económicos y franjas de desarrollo económico, que se ha puesto previamente a prueba en las zonas costeras, y posteriormente se ha ido desarrollando y promoviendo en las regiones del interior. Esto ha formado polos de crecimiento económico, aglomeraciones urbanas y ha impulsado la reforma y apertura en toda China. Ahora, la Iniciativa de la Franja y la Ruta busca impulsar en África el desarrollo endógeno, formar una franja de desarrollo económico, llevar a cabo la industrialización y la modernización agrícola, y trabajar juntos para liberarse de la pobreza y enriquecerse partiendo de la interconexión de las infraestructuras ("cinco en uno": ferrocarriles, carreteras, puertos, zonas de desarrollo y comercio), un desarrollo que será llevado a cabo por el mercado africano partiendo de las zonas más pequeñas hasta llegar a las regiones más grandes.

- Financiamiento al desarrollo: a diferencia de las finanzas comerciales y el financiamiento de base política, el financiamiento al desarrollo no es solo una actividad financiera, sino también una actividad de construcción institucional. El sistema de economía de mercado de muchos de los países que forman parte de la Franja y la Ruta es imperfecto, y China espera ayudar a estos países a llevar a cabo una construcción institucional a través de la promoción de servicios financieros. En esto consiste el financiamiento al desarrollo.

- Modelo de zona de desarrollo: el uso del modelo de zona de desarrollo para invertir en los países participantes de la Franja y la Ruta ayuda a prevenir riesgos, resistir la interferencia externa y proteger a los desarrolladores e inversores. No solo los países en desarrollo están aprendiendo, sino también los países desarrollados. Los puertos de Sihanoukville, Kyaukpyu, Gwadar y Mombasa se han convertido en el "Shenzhen" de Camboya, Myanmar, Pakistán y Kenia, lo que promueve la reforma y apertura, la conexión terrestre-marítima y el despegue económico de estos países.

- Modelo de mercado de pequeños productos de Yiwu: este modelo es muy adecuado para el modo de plataforma de transacciones comerciales de los países en desarrollo. Hoy en día, en combinación con el comercio electrónico transfronterizo y la gestión financiera en línea, este modelo está mostrando plenamente su destreza en Trans-Eurasia Logística, lo que ha permitido una promoción eficaz del desarrollo hacia el exterior de las pymes y el fomento de la adaptación local de la globalización.

- Modelo de cooperación local: en el corto período de tres años desde que Trans-Eurasia Logística comenzara sus operaciones con la línea de ferrocarril Yu-Xin-Ou, se han establecido 39 conexiones Trans-Eurasia Logística entre 25 ciudades de China y 15 ciudades de 10 países de Europa. Se operan más de 2.000 trenes al año, lo que ha significado un verdadero milagro de la cooperación local. Aunque la competencia en rendimiento entre los líderes locales y el modelo de subsidios haya causado el fenómeno de los viajes de regreso vacíos, lo cual ha sido criticado por algunos europeos, tras la constatación del efecto escala y sistema, estos han promovido en gran medida la interconexión de Eurasia.

El modelo chino también se puede llamar modelo de desarrollo chino. Su núcleo es "un Gobierno que se compromete" y "un mercado efectivo" que juega el papel de "mano invisible" y "mano visible", que crea y cultiva el mercado llegando a permitir que el mercado desempeñe un papel decisivo, lo cual brinda una nueva opción a aquellos países que no han desarrollado completamente su economía de mercado, para que puedan tomar el camino de la industrialización y resuelvan problemas como los fallos del mercado, la dislocación de los mercados y las distorsiones en los mercados, que la economía de libre mercado defendida por Occidente no es capaz de resolver, e incluso no desea resolver.

2.3.2 El modelo chino que resuelve problemas globales

Aunque la Franja y la Ruta es una nueva iniciativa, muchos de sus proyectos ya tienen cierta base. La Franja y la Ruta forma parte de una de las tres grandes estrategias de desarrollo de la nueva era de China, junto con la integración de Beijing, Tianjin y Hebei, y el Cinturón Económico del Río Yangtsé. Es una iniciativa que ha ayudado a convertir en realidad el sueño del gran renacimiento de "las dos metas centenarias" de China.

La Franja y la Ruta no se construyó solo para resolver los problemas de la transición y la reestructuración del desarrollo económico de China, sino también para ofrecer una solución a los problemas generales del mundo:

En primer lugar, el problema de la pobreza. Los chinos suelen decir que "los ladrones surgen de la pobreza". El atraso de ciertos lugares, los conflictos y confrontaciones provienen de la pobreza. Solo a través de la interconexión, este tipo de lugares podrían conocer el mundo exterior. La experiencia de China dice que "para hacerse rico, primero hay que reparar caminos". La interconexión es la reorganización de la producción y del estilo de vida. Se debería buscar la seguridad mediante el desarrollo, y promover el desarrollo a través de la seguridad.

En segundo lugar, el problema de la desigualdad entre los ricos y pobres. Existe el problema del 1% y el 99% en Estados Unidos; y en Europa, la desigualdad entre pobres y ricos ha contribuido al populismo. El problema de la desigualdad mundial entre ricos y pobres está estrechamente relacionado con la distribución de la globalización. La brecha más grande entre ricos y pobres se encuentra entre las regiones costeras y las regiones del interior. "No habría que preocuparse por obtener poco, sino por el reparto desigual". Lo más importante para resolver este problema de desigualdad es "la ayuda mutua entre Oriente y Occidente, y la conexión tierra-mar".

En tercer lugar, los problemas de administración. "Gobernar un Estado grande es como cocinar un pequeño plato". China está empeñada en la búsqueda del desarrollo. Ha puesto toda su atención en la construcción, trabajando de forma imparable y avanzando gradualmente de manera cuidadosa como una bola de nieve. China tiene su "plan quinquenal", "las dos metas centenarias", etc., siendo envidiado por cada vez más países. El caos en el mundo de hoy está en cómo se debería gobernar y cómo se deberían resolver problemas no muy perturbadores y los problemas de fragmentación. Los chinos, en la consideración de los problemas, deben tratar tanto los aspectos principales como los secundarios, y hacer planes generales y tener en cuenta todos los factores. Muchas personas utilizan el criterio económico occidental para afirmar que los planes de reparación de trenes de alta velocidad de China no son rentables. Para ellos la rentabilidad depende de cuántos billetes se han vendido, pero la economía occidental no tiene en consideración el desarrollo de industrias como la turística o la inmobiliaria tras la reparación de los trenes de alta velocidad. Por lo tanto, no se debería utilizar este modelo occidental para comprender la Iniciativa de la Franja y la Ruta.

La construcción de la Franja y la Ruta compensa en gran medida las tres deficiencias principales de la historia y de la realidad. La primera gran deficiencia que se resolvería es la interconexión, que no fue llevada a cabo por el colonialismo y el imperialismo; la segunda deficiencia a solventar sería la deficiencia económica mundial, especialmente la de la economía real; y la tercera sería la deficiencia de la globalización, que se podría resolver construyendo una globalización inclusiva. Solo de esta manera se conseguirá que la Franja y la Ruta sea aceptada por el mundo y resuelva los problemas importantes y los cuellos de botella del desarrollo mundial. Los chinos no parten de la ideología, sino que son prácticos y realistas, y abogan por la combinación de los intereses propios con los intereses de otros países. Algunos países siguen teniendo dudas, aunque al mismo tiempo se preocupan por no ser dejados atrás por la Franja y la Ruta.

La razón por la que la Franja y la Ruta ha causado tanta repercusión en el mundo está en que ha resuelto la contradicción entre la creciente demanda mundial de bienes públicos internacionales y la capacidad de suministro atrasada, y ha ayudado a cumplir la Agenda 2030 para el Desarrollo Sostenible de la ONU. El 12 de abril de 2016, China firmó con una organización internacional el primer documento de cooperación sobre la Franja y la Ruta: "La carta de intención del Ministerio de Relaciones Exteriores y la Comisión Económica y Social para Asia y el Pacífico sobre la promoción de la interconexión regional y la Iniciativa de la Franja y la Ruta". El 21 de septiembre de 2016, el Programa de las Naciones Unidas para el Desarrollo y la República Popular China firmaron en la sede de la ONU el "Memorándum de entendimiento entre el Gobierno de la República Popular China y el Programa de las Naciones Unidas para el Desarrollo con el fin de promover conjuntamente la construcción de la Franja Económica de la Ruta de la Seda y la Ruta Marítima de la Seda del Siglo XXI". Este ha sido el primer memorándum de entendimiento firmado entre el Gobierno chino y las agencias especializadas de las Naciones Unidas, lo cual supuso una gran innovación, ya que una organización internacional iba a participar en la construcción de la Franja y la Ruta. El 17 de noviembre de 2016, en la resolución A/71/9 sobre el problema de Afganistán, aprobada por consenso en la Asamblea General de las

Naciones Unidas, se señaló claramente que se aceptaría la importante Iniciativa de la Franja y la Ruta, se invitaría a todos los países a participar en esta iniciativa, se promovería el desarrollo económico de Afganistán y sus regiones, y también se realizó un llamamiento a la comunidad internacional a que brindase un entorno seguro para el desarrollo de la construcción de la Franja y la Ruta. Esta era la primera vez que la Resolución 2274 del Consejo de Seguridad de las Naciones Unidas incluía contenidos de la Iniciativa de la Franja y la Ruta, concretamente en marzo de 2016. Los 193 Estados miembros de la ONU aprobaron por unanimidad la inclusión de dicha iniciativa en las Resoluciones de la Asamblea General. El 18 de enero de 2017, China y la Organización Mundial de la Salud firmaron el "Memorándum de entendimiento de cooperación de la Franja y la Ruta en el ámbito de la salud". Hay una conexión integral entre la Franja y la Ruta y los programas de desarrollo y paz de la ONU.

El 17 de agosto de 2016, el secretario general del PCCh, Xi Jinping, señaló en el simposio sobre la promoción del trabajo de construcción de la Franja y la Ruta[1] que el desarrollo de la Franja y la Ruta sería una gran oportunidad de llevar a cabo la interconexión transfronteriza, elevar el nivel de cooperación comercial y de inversión, y promover la capacidad de producción internacional y la cooperación en la fabricación de equipos. Básicamente, se logra un reequilibrio de la economía mundial a través del aumento del suministro efectivo para generar nueva demanda. Teniendo en cuenta la continua recesión económica mundial de la actualidad, si la enorme capacidad de producción y construcción formada bajo el ciclo procíclico pudiera salir y apoyar las necesidades urgentes de los países miembro de la Franja y la Ruta promoviendo la industrialización, la

---

[1]   Xi Jinping asistió al foro para promover el trabajo de construcción de la Franja y la Ruta, y pronunció un importante discurso, Oficina de Información del Consejo de Estado, 17 de agosto de 2016, http://www.scio.gov.cn/ztk/wh/slxy/gcyl1/Document/1487724/1487724.htm

modernización y la mejora del nivel de infraestructura, ayudaría a estabilizar la economía mundial actual.

La Franja y la Ruta tiene una legitimidad histórica, ya que la Ruta de la Seda existió hace más de 2.000 años, por lo que no se trata de algo nuevo; tiene una racionalidad realista, necesita construir infraestructuras, sacar a la economía real de la recesión y necesita eliminar la desigualdad entre los ricos y pobres; además tiene una lógica futura, ya que debe estar dirigida hacia la cooperación internacional, explorar nuevos modos de cooperación y romper el juego de suma cero del pasado. Estas son las tres comunidades de la humanidad que se han desarrollado en el presente artículo: la comunidad de intereses, la comunidad de responsabilidad y la comunidad de destino común. Además, el mundo debe encontrar un camino diferente al de la modernidad y al de la antigüedad, ya que el mundo nunca se ha enfrentado a miles de millones de personas involucradas en la industrialización y en la globalización, y debe innovar en modelos. Solo se podrá implementar una mejor gobernanza global y resolver los desafíos e incertidumbres sin precedentes que enfrenta la humanidad, a través del principio de negociación, construcción y disfrute de forma conjunta.

La Franja y la Ruta es una iniciativa de cooperación internacional y un producto público propuesto por China. Se necesita un enfoque integral, global e innovador para poder comprender su importante significado y su impacto de gran alcance. Hay que partir desde la perspectiva de la dimensión temporal, la civilización humana y la globalización para entender el significado de la Franja y la Ruta. Esta iniciativa consiste en el renacimiento de la Ruta de la Seda, que permitirá la vuelta de Eurasia al centro de la civilización humana, conllevará también el fin del centrismo occidental y promoverá el renacimiento común de la civilización humana. Partiendo de la dimensión espacial, esta iniciativa promueve el cambio de la lógica de la política internacional hacia una política geográfica, una política económica y una política civilizada, y administra el gran escenario de Eurasia y el gran panorama mundial. Y partiendo de la dimensión de autodesarrollo, la Franja y la Ruta destaca el modelo chino y crea una globalización inclusiva; es una solución china a los problemas mundiales y refleja el papel de China en la gobernanza global.

3. La importancia práctica de la Iniciativa de la Franja y la Ruta para América Latina

Si se comparten los mismos intereses, ni los mares ni las montañas harán que exista una distancia entre uno y otro. América Latina y el Caribe son dos componentes naturales de la iniciativa de interconexión global promovida por la Franja y la Ruta, y su rol continúa ascendiendo, desde socios naturales hasta socios innatos.

El 22 de enero de 2018 se clausuró la Segunda Reunión Ministerial del Foro China-CELAC en Santiago de Chile. El anfitrión y canciller chileno, Heraldo Muñoz, afirmó en una rueda de prensa celebrada en Santiago de Chile que hoy es el mejor momento para que la cooperación internacional de la Franja y la Ruta llegue a América Latina. "Tal y como dijo la presidenta de Chile, Michelle Bachelet: en el pasado, el Pacífico nos separaba; pero hoy, el Pacífico nos une". Muñoz también afirmó que "el progreso en ciencia y tecnología ha permitido a Latinoamérica conectarse con China, no solo de forma terrestre y marítima, sino también a través de la aviación e Internet". La reunión aprobó y publicó específicamente la Declaración Especial sobre la Iniciativa de la Franja y la Ruta, y esto marcó el avance de América Latina de ser "una extensión natural de la Ruta Marítima de la Seda del Siglo XXI" a convertirse en "un socio de cooperación de la Franja y la Ruta".

Tomando la Segunda Reunión Ministerial del Foro China-CELAC como símbolo, la gran idea de construir de forma conjunta la Franja y la Ruta propuesta por Xi Jinping se ha extendido a América Latina, convirtiéndose en la mayor cooperación internacional que incluye todos los continentes y conecta todos los mares. Es una iniciativa de gran escala y popularidad, y también es el producto público más importante que China ofrece al mundo [①]. El presidente de Argentina, Mauricio Macri, la presidenta de Chile, Michelle Bachelet, y ministros de Perú, Brasil, México, Uruguay, entre otros países latinoamericanos, vinieron a Beijing para participar en el Foro de la Franja y la Ruta para la Cooperación Internacional en mayo de 2017. La secretaria ejecutiva de la Comisión Económica para América Latina y el Caribe, Alicia Bárcena, que participó en este foro, afirmó que la Franja y la Ruta era una propuesta que iniciaba la interconexión y la prosperidad común, y no se podía dejar atrás a América Latina y el Caribe.

El presidente Xi Jinping, en una carta de felicitación por la apertura de la Segunda Reunión Ministerial del Foro China-CELAC, señaló que, en la historia, China y Latinoamérica iniciaron la "Ruta Marítima de la Seda del Pacífico". Hoy, ambas partes van a realizar nuevos planes para la construcción de la Franja y la Ruta, van a construir un camino de cooperación que cruza el Pacífico, une las dos tierras fértiles de China y América Latina de forma más estrecha, y da inicio a una nueva era de relaciones entre China y América Latina.

Esto muestra que el desarrollo de la cooperación entre China y América Latina en la construcción de la Franja y la Ruta tiene legitimidad histórica, racionalidad realista y lógica futura.

[①] Discurso del ministro de Relaciones Exteriores de China, Wang Yi, en la ceremonia de apertura del Foro de Cooperación Económica y Comercial China-América Latina y el Caribe y el Consejo Empresarial China-América Latina y el Caribe, el 23 de enero de 2018 en Santiago de Chile.

- Legitimidad histórica: la extensión de la Franja y la Ruta en América Latina y el Caribe es una continuación natural de la historia. Ya a mediados del siglo XVI, la "Ruta Marítima de la Seda del Pacífico" vinculó a China con Latinoamérica. A través de esta vía marítima, ambas partes no solo desarrollaron el comercio, sino que también promovieron el intercambio cultural entre estas dos grandes civilizaciones. Y esto ha sentado una base sólida y sentimental para que la opinión pública apoye la construcción de la Franja y la Ruta de forma conjunta en ambas zonas.

- Racionalidad realista: América Latina y el Caribe disfrutan de ventajas excepcionales, ya que poseen un vasto territorio, ricos recursos naturales y buenas bases de desarrollo socioeconómico, lo que permitiría una clara interdependencia y un gran potencial en el crecimiento económico y comercial en las relaciones sino-latinoamericanas. Sin embargo, los países de América Latina cayeron uno tras otro en la trampa de los bajos y medios ingresos. Admiran el éxito del modelo de desarrollo y la reforma y apertura de China, y han comenzado a vincular sus sueños con los de China. La "misma frecuencia de resonancia" entre el comercio entre China y América Latina y el desarrollo económico de América Latina no es una mera coincidencia. El fuerte apoyo del mercado chino y el impulso al desarrollo económico de China han jugado un papel clave en la recuperación de la economía latinoamericana. Según los últimos datos del Banco Interamericano de Desarrollo, el volumen de las exportaciones comerciales de América Latina y el Caribe a China en 2017 aumentó en un 30%, y la contribución de China al crecimiento de las exportaciones de América Latina ha sido la más grande.

- Lógica futura: el establecimiento de un nuevo orden internacional justo y racional es el deseo común de China y los países de América Latina. Deshacerse del sistema de dependencia, lograr la modernización y crear una interconexión horizontal globalizada son las principales misiones de la comunidad de destino común sino-latinoamericana. Chile y China están considerando la posibilidad de construir un cable submarino transpacífico entre los dos países, uniendo América Latina con China. América Latina y la mayoría de los Estados miembros de la Franja y la Ruta no son solo países en desarrollo, sino que también comparten muchos intereses comunes en el ámbito internacional. Históricamente, los países de Asia, África y América Latina han mantenido en alto la bandera de lucha anticolonial. Recientemente buscaron reformar el sistema político y financiero internacional, y promover el establecimiento de un orden internacional más justo, razonable y equitativo. En la actualidad, los países de Asia, África y América Latina están desarrollando una excelente cooperación con distintas instituciones internacionales, como, por ejemplo, el Grupo de los 20, las Naciones Unidas, los BRICS, el Foro de Cooperación Económica Asia-Pacífico, el Foro de Cooperación Asia Oriental-América Latina, etc. Con la inclusión oficial de los países de América Latina, la Franja y la Ruta será capaz de convertirse en una nueva plataforma de cooperación entre los países en desarrollo.

El ministro chino de Relaciones Exteriores, Wang Yi, señaló que China y América Latina tienen una base sólida para la cooperación en la construcción de la Franja y la Ruta. China, hasta ahora, ha firmado acuerdos intergubernamentales con más de 80 países y organizaciones para construir conjuntamente la Franja y la Ruta. China ha firmado acuerdos de libre comercio bilaterales con Chile, Perú y Costa Rica, ha suscrito acuerdos de facilitación del comercio e inversión con numerosas regiones y Estados, y ha firmado un acuerdo de cooperación en el ámbito de la coproducción. El ascenso del comercio electrónico y la economía digital en los últimos años ha abierto una nueva puerta para los intercambios económicos y comerciales sino-latinoamericanos. China y América Latina también han llevado a cabo diversas formas de cooperación financiera. De los 35.000 millones de dólares planeados para el financiamiento de América Latina, ya se han utilizado 17.000 millones. También se han puesto en marcha los 30.000 millones de dólares del fondo especial de coproducción entre China y América Latina, y se ha establecido una sociedad de responsabilidad limitada para el funcionamiento de estos fondos. La cooperación entre China y América Latina es como un árbol frutal: si ambas zonas lo riegan con el agua fresca de la Franja y la Ruta, la cooperación general y la cooperación bilateral entre China y América Latina serán más fructíferas y productivas. Durante el proceso de promoción de la Franja y la Ruta, la cooperación sino-latinoamericana también conseguirá optimizarse y perfeccionarse, innovarse y desarrollarse; creará un nuevo panorama de cooperación con un campo más amplio, una mejor estructura, una mayor potencia y una mejor calidad, y abrirá un nuevo ámbito de cooperación entre China y América Latina.

Capítulo 2

Una relación olvidada y desconocida: La Ruta de la Seda china en América Latina durante los tiempos coloniales

Mariano Bonialian [1]

Centro de Estudios Históricos. El Colegio de México

Resumen

El presente ensayo presenta y analiza la relación económica entre China y América Latina desde finales del siglo XVI hasta el siglo XVIII. Fue la seda china, uno de los artículos más estimados en el mundo por esos tiempos, la que se ubicó como eje estructurante de la relación. Se sostiene que entre China y América Latina existió una perdurable y sólida ruta de la seda oriental que enriqueció la cultura material del continente americano. La Ruta de la Seda fue una de las columnas principales de la economía y el consumo en los mercados de los actuales países de América Latina. Funcionó en la informalidad a raíz de las prohibiciones españolas por limitar y regular cualquier contacto de las *Indias Occidentales* con el espacio oriental. Sin duda, por su variedad en calidad y su precio accesible, la seda china fue uno de los artículos más estimados en los mercados consumidores de América Latina, antes de que el algodón de la India

---

[1]   Profesor e Investigador del Centro de Estudios Históricos de El Colegio de México

británica fuera el textil dominante a partir del siglo XIX.

Introducción

El actual y trascendental proyecto con iniciativa del Gobierno chino titulado la Franja y la Ruta cuenta con un contundente antecedente histórico para el caso de América Latina. Las intenciones oficiales por impulsar el trato económico y cultural directo entre China con América Latina impulsaron la curiosidad por rastrear los poco reconocidos antecedentes históricos de un diálogo entre ambas civilizaciones. Es por todos conocida la famosa Ruta de la Seda entre Europa y China, una ruta comercial y cultural de larga data que sobrevivió al apogeo y caída de varios imperios [1] . Pero mirar la expansión económica de China exclusivamente hacia la ventana europea resulta desde un principio un paso en falso. En efecto, existió una Ruta de la Seda china también sobre el continente americano, más precisamente sobre los mercados de lo que hoy conocemos como la América Latina. En otros términos, los países actuales de América Latina cobijan en su historia colonial una notable influencia de la cultura material de China. Lo que en su momento se llamó en el Imperio español las Indias Occidentales contó durante doscientos años de su historia colonial con una perdurable relación con China, un amplísimo camino estructurado en torno a la tela oriental. El siguiente ensayo presenta la ligazón que se estableció entre la América española y China con base a lo que fue su pieza central: la Ruta de la Seda china hacia el espacio hispanoamericano.

Desde finales del siglo XVI y los inicios del siglo XVII se decretaron reales cédulas en el imperio español aspirando a generar no solo fuertes regulaciones a la importación de seda china por el puerto de Acapulco, sino

[1]   Freiherr von Richthofen, China, 1877-1905.

también prohibiciones absolutas a que Centroamérica y todo el espacio de Perú accedieran al tejido. Las intenciones por vedar o regular rígidamente cualquier contacto de Hispanoamérica con China por el Pacífico residían en garantizar los lazos occidentales por el Atlántico. Desde 1593, la reglamentación peninsular estipuló que solo dos galeones de Manila por año, de 300 toneladas cada uno, harían la ruta transpacífica, quedando abolido el comercio libre entre las Indias Occidentales y China, siendo Acapulco el único puerto autorizado para el comercio con el Oriente y Nueva España. No se podían negociar ni consumir los tejidos orientales en las restantes colonias de las Indias. En ese mismo año se informa de la prohibición de los contactos directos entre China y Perú [1]. De tal manera, la Ruta de la Seda china por Hispanoamérica no fue un eje institucionalizado ni tampoco estuvo reconocido por el poder de la monarquía hispánica. Fue una estructura de tipo informal, producto de la interacción de grandes y pequeños mercaderes, funcionarios y consumidores por el gran espacio continental.

Si bien no oficial, suponemos que en los gobiernos de la última fase de la dinastía Ming como en los tempranos tiempos de la dinastía Qing había plena conciencia de la existencia de la ruta. Sin embargo, los que tomaron la iniciativa para darle vida y funcionamiento fueron los agentes americanos, desde comerciantes de México y de Perú, como también los funcionarios y políticos que gobernaban los virreinatos y gobernaciones de diferentes territorios de la América española. Por esos tiempos, China había dejado atrás su expansionismo económico que primó hasta el siglo XIV. La Ruta de la Seda china se inscribe en momentos posteriores, donde China prioriza la formación de una economía

---

[1]   "Prohibición de ir navíos del Perú a China", 1593, AGI, Patronato, 25, R. 56. Para una detallada exposición sobre el curso legislativo del comercio de China en la América colonial, véase: Escalona, *Gazophilacium*, 1775, fs. 160-189.

interna, endógena, antes que la formación de un imperio comercial o territorial que asumió el sistema de competencia interestatal europeo [1].

Desde el momento en que el Galeón de Manila realiza su primer exitoso viaje de retorno hacia Acapulco al mando de Urdaneta (1565) hasta 1750, momentos previos a la implementación de las políticas de libre comercio decretadas por Carlos III, se desarrolló en gran parte del continente americano una amplísima Ruta de la Seda china cuya dinámica la ubicaba como un elemento nodal, como uno de los motores impulsores, de las conexiones entre los espacios del orbe indiano. Con sorprendente fluidez, la seda china se embarcaba en Filipinas, transitaba y se consumía en México, Guatemala, Panamá, Ecuador, Perú y unas buenas cantidades lograban llegar a los actuales países de Chile y Argentina; es decir, su consumo se extendió hasta las ciudades de Santiago de Chile, Salta, Tucumán, Córdoba y Buenos Aires.

Dos continentes fueron partícipes de la Ruta de la Seda: el asiático, con su región costera del Extremo Oriente de los puertos de Cantón y Cavite de las islas Filipinas, y casi la totalidad del territorio hispanoamericano. Por supuesto, ella forma parte de una más amplia ruta del textil oriental que une a Europa por sus múltiples flujos euroasiáticos, como lo eran el camino del Cabo de Buena Esperanza, el del Báltico y el del Mediterráneo. Nuestra ruta que liga directamente a China con la América española era una amplísima red de caminos marítimos y terrestres que conectaba puertos, ciudades, pueblos, valles, llanuras, montañas y ríos. El movimiento de la seda se realizaba por diferentes medios de transporte, todos ellos perfectamente coordinados. Iba en los enormes galeones de Manila o *Nao de China* y se reembarcaba en barcos de cabotaje centroamericanos o peruanos por toda la costa del Pacífico americano. Se adicionaban al flujo marítimo pequeñas lanchas y canoas, las que facilitaban

---

[1] Arrighi, "Estados, mercados y capitalismo, Oriente y Occidente", pp. 339-352.

llevarla por estrechos ríos a parajes lejanos de los centros urbanos. Si la vía que tomaba era la terrestre, la seda china se cargaba en mulas, burros, carretas o directamente en bolsas y cajones por esclavos e indios. La puesta en marcha de toda esta maquinaria de medios de transporte y fuerza humana hacía posible que la ruta superase las divisiones administrativas virreinales y los espacios económicos regionales.

Es cierto que la expansión de la seda china por los mercados hispanoamericanos resulta un hecho histórico que manifiesta la mundialización de los mercados regionales americanos durante la época moderna. Por esos tiempos, la naturaleza de la globalización presentaba un fuerte carácter bipolar. Europa era uno de esos polos, pero también lo era China, con un significativo desarrollo económico, por ser el depósito mundial de la plata que se producía en el planeta y por lograr exportar hacia mercados externos algunas mercancías que producía su economía local: la seda fue, sin lugar a dudas, su principal producto de exportación en tiempos de la globalización temprana. Fue este segundo polo de irradiación global, China, el que permitió la generación de la Ruta de la Seda por Hispanoamérica.

Ahora bien, los fenómenos planetarios del momento solo eran posibles si existía una estructura local y regional. Sin el tráfico terrestre de media y corta distancia o de una navegación de cabotaje por el Pacífico, resultaba imposible que la seda china realizara viajes de tan larga distancia. De tal manera que, para lograr su circulación a gran escala, la tela oriental aprovechó los circuitos locales y regionales en los que se movilizaban otro tipo de mercancías de producción local o de distinta procedencia extranjera.

Los documentos históricos hacen referencia al tejido oriental con el generalizado término de ropa de la China[1]. El término apuntaba a las diferentes "versiones" de seda china, como en rama, floja, en pieza o confeccionada. Estaban los rasos, pitiflores, damascos, pequines, saya sayas, brocatos, terciopelos llanos y labrados, gorgoranes, tafetanes, brocatos, tejidos de seda para cama, polleras lisas y labradas, gafas de seda, batas, quimones, camisas, medias, cintas y pañuelos, entre otros[2]. También se mencionan las telas y tejidos propiamente de China y de la India que no son sedas, sino de algodón: cambayas, lienzos, zarazas, mantas, angaripola, muselina y elefantes. En segunda jerarquía y menos importante que la seda se ubicaban la loza, el clavo, pimienta, especias, perfumes, una notable variedad de mobiliario, entre los que sobresalen los pabellones, los escritorios, las camas, biombos y, por último, objetos litúrgicos. Estos artículos orientales se consumían con preferencia en los centros urbanos de mayor densidad y desarrollo económico, como serían la Ciudad de México y Lima.

Todo este conjunto de bienes que fluían en dirección norte-sur se intercambiaba por una contracorriente de artículos de producción local impulsada por navíos sudamericanos al llevar a México azogue de Huancavelica, cacao de Guayaquil, vinos de Perú y Chile y, fundamentalmente, la plata peruana[3]. El caso del metálico peruano resulta un buen indicador para comprender la verdadera dimensión de la Ruta de la Seda. Podemos percibir una "Ruta de la Plata" en dirección inversa a la Ruta de la Seda china, como una respuesta de pago a ella. Era el flujo que va desde Potosí hacia Lima y desde la Ciudad de los

---

[1] La mención puede verse, para el caso novohispano, en Abreu, *Extracto*, 1977. Para el caso peruano: Moreyra Paz-Soldán, *El Tribunal*, 1956.

[2] AGNM, Indiferente virreinal, caja 3552, expediente 26, fs. 2-3; AGI, Quito, 170, expediente 1, fs. 224-256.

[3] Azcárraga y Palmero, *La libertad de comercio*, 1782, pp. 74-75; Bonialian, *El Pacífico*, 2012, pp. 315-350.

Reyes hacia México, para finalmente embarcarse en el Galeón de Manila en sus preparativos de partida hacia Filipinas y Cantón.

Por varios tramos de la ruta se movilizaban, además de los mercaderes, políticos y religiosos. La movilidad de personas no solo se redujo a personalidades distinguidas y de alta jerarquía. También viajaban esclavos chinos, japoneses y de la India para trabajar en México o en Perú. Por ejemplo, hacia 1613 vivían en la ciudad de Lima 114 asiáticos esclavos, dedicados al servicio doméstico o al trabajo de soleteros y abridores de cuello. En muchos casos, ellos partían desde la ciudad de Manila para llegar a la Ciudad de los Reyes[1]. Decíamos también que por la Ruta de la Seda se canalizaba la esperanza de la conversión cristiana del Oriente y era la vía por donde se incorporaban diferentes enseñanzas sobre el Imperio chino. De México hacia Filipinas, de Perú a México, de Buenos Aires o de Santiago a Lima, por todos estos circuitos –que son parte de la gran Ruta de la Seda china– se movilizaban los religiosos y misioneros, en particular los jesuitas, canalizando en su ida hacia Oriente la esperanza de la conversión cristiana del Oriente o, en su retorno, incorporando a suelo americano distintas enseñanzas culturales, religiosas y económicas de Oriente[2].

Es necesario esquivar el viciado enfoque eurocéntrico a la hora de aproximarnos al estudio de la Ruta de la Seda china. Cuando reconocemos las raíces históricas de la relación económica entre China y América Latina se advierte, desde un inicio, que la economía americana de esos tiempos no se limitó a abrazar las fronteras atlánticas de lo europeo. La Ruta de la Seda china

---

[1] Contreras, *Padrón*, 1614, fs. 237-246.

[2] Véanse por ejemplo los casos de los jesuitas Nyel y Taillandier a principios del siglo XVIII; en Zermeño, *Cartas edificantes*, 2006, pp. 61-108. También el informe "Noticias de los jesuitas sobre la religiosidad en China (1638-1649)", AHN, Diversos-Colecciones, 27, N.14, fs. 1-4.

fue, quizás, el elemento más expresivo de una relación pilar y de larga duración que se tejió entre China y América; enlace que, por su densidad, constancia y amplitud geográfica, cuestionó la relación económica comercial constituida entre España y los espacios de la Nueva España y Perú. Durante los doscientos años de su funcionamiento, y a pesar de los constantes intentos de la política española por eliminarla, la Ruta de la Seda china alcanzó una fuerza económica tan importante que fue un sentimiento de envidia de los españoles y europeos que operaban con América por el océano Atlántico [1] . Se podría afirmar que el desarrollo de la ruta de los tejidos orientales por los espacios americanos surgió como un fenómeno no deseado del rígido esquema de monopolio comercial, una consecuencia no deseada por España, pero fomentada por los agentes económicos americanos que aprovechaban los vacíos del sistema.

El deseo español por anular la Ruta de la Seda china recién se concretó hacia la segunda mitad del siglo XVIII, con el proceso de flexibilización comercial del comercio europeo con América, la apertura legal de circuitos con espacios y puertos que antes estaban cerrados al tráfico oficial y las profundas transformaciones técnicas y productivas que se produjeron en los centros manufactureros europeos. A partir de este nuevo escenario, el algodón de la India fabricado en los talleres europeos comienza a ser dominante en los mercados consumidores de la América española, generando que aquella Ruta de la Seda oriental comience a fragmentarse hasta su definitiva desaparición.

El camino: desde Cantón hasta Buenos Aires

La Ruta de la Seda china comenzó desde la famosa *Nao de China*. En el puerto de Cavite de las islas Filipinas, las sedas eran embarcadas en el Galeón

---

[1]   Abreu, *Extracto,* 1977.

de Manila, a partir del arribo de gran cantidad de barcos chinos (los *champanes*) que ofertaban la preciada tela en el *parián* filipino, lo que sería el mercado formal para los intercambios en el archipiélago oriental[1]. Notables cantidades de seda se almacenaban en las bodegas del galeón, para que luego de 4 o 6 meses se despacharan en el puerto novohispano de Acapulco. En la primera mitad del siglo XVII, el procurador general de las islas, Grau Monfalcón, publicó un inventario sobre la jerarquía de los artículos del cargamento del Galeón de Manila y concluyó que, en sus diferentes formas, la seda china conformaba prácticamente toda la carga del galeón oriental:

> *Los géneros que se comerciaban de las islas se dividieron en seis suertes: la primera es la seda, en madeja, peso y trama; la segunda, los tejidos de seda; la tercera, los tejidos de algodón; la cuarta, los frutos de las islas; la quinta, las demás brujerías y cosas que se traen*[2].

La seda como materia prima o ya confeccionada se ubica en la primera y segunda posición de los artículos cargados en la *Nao de China*. Por la liviandad, comodidad, ágil traslado, alta rentabilidad y su consumo cotidiano resultaba una verdadera tentación que la seda china se ocultase en el galeón y se contrabandease. Aquí se encuentra gran parte del secreto de la existencia de esta extensa ruta hispanoamericana de la seda china. Desconociendo los principios legislativos dictados por la Corona española, era tanta la cantidad de seda oriental que ingresaba por Acapulco que no solo satisfacía con creces los pedidos del público consumidor novohispano, sino que, como una suerte de "cascada", se extendía sobre distantes mercados hispanoamericanos. Era tan amplia su

---

[1] Montero Vidal, *Historia general*, t. II, 1887-95, p. 120.

[2] Grau Monfalcón, "Memorial (sin fecha") 1866, pp. 470.

potencia que el Galeón de Manila tuvo la capacidad para ir surtiendo los pedidos realizados por Centroamérica, Perú y espacios coloniales más australes. Más adelante, nos detendremos a analizar algunas de las razones relevantes que vendrían a explicar el éxito de la ruta.

Al llegar al puerto de Acapulco, la seda china se descargaba de las amplias bodegas de la *Nao de China* con vistas a la celebración de la feria comercial de Acapulco, que fue categorizada por el barón Humboldt como una de las ferias mercantiles más importantes del mundo. Participaban allí los más reconocidos comerciantes de la Ciudad de México y otros prestigiosos mercaderes de Puebla, Oaxaca y del Bajío[1]. También mercaderes peruanos se daban cita en el intercambio, quienes carenaban sus barcos en surgideros cercanos al centro ferial como el Marqués, Zihuatanejo o Huatulco, y poder adquirir, previo intercambio por cacao o plata, el preciado tejido oriental[2].

Finalizada la feria, la seda china continuaba su viaje por dos posibles rutas. La primera alternativa consistía en que los arrieros o comisionistas la trasladasen en recuas de mulas hacia la Ciudad de México. Allí podía consumirse, pero también se almacenaba para su posterior redistribución por los mercados regionales del virreinato[3]. La segunda posibilidad era su recorrido desde Acapulco por puntos de la región novohispana, centroamericana y sudamericana, sin escalar en la ciudad virreinal. En este caso, la seda china la conseguían los barcos *peruleros* ubicados en las cercanías de Acapulco. Pero vale decir que

---

[1]   Yuste, *Emporios,* pp. 277-290

[2]   Gemelli, *Viaje* (1701), 1983, pp. 28-29; Robles, *Diario de Sucesos (1665-1703)*, 1946, t. II, pp. 299-311. Para lograr su arribada, los peruanos negocian sobornos con las autoridades de los puertos. Véase al respecto: "Cartas y expedientes de don Juan José Veitia Linage", AGI, México, 825, s/n de fs. También AGNM, *Indiferente virreinal*, caja 747, expediente 40, fs. 2.

[3]   Bernal, "La Carrera", 2004, pp. 485-525. Yuste, *Emporios,* 2007.50

la conexión con la Ciudad de México resultaba más frecuente que la segunda alternativa. El hecho de que la ruta que une el puerto del Pacífico con la capital haya sido nombrada como "el camino de la China" o "el camino de Asia", ya nos dice de la predominancia del comercio con China[1].

Lo cierto es que sea directamente o por intermedio de la Ciudad de México, la seda china partía desde Acapulco y recorría un abanico importante de centros urbanos novohispanos como Guanajuato, Querétaro, Morelia, Puebla, San Luis Potosí, Oaxaca, Veracruz, entre muchos otros puntos. Valdría destacar del listado a Puebla, la Ciudad de México, Oaxaca y Veracruz[2]. Las dos primeras ciudades se destacan por el desarrollo de la manufactura en tejidos de seda. Mucha de la seda china "bruta", "madeja", "pelo", "trama" "floja", "en rama" se transportaba a sus obrajes para su elaboración y su posterior consumo en México o en Perú. Para confeccionar todo tipo de vestimenta en la Nueva España se prefería la seda que venía del Oriente antes que la "mística española, por ser más pareja y limpia para tejidos delgados y llanos", lo que generaba que el proceso de elaboración arrastrase a más de 14.000 trabajadores con sus telares[3].

Es cierto que en Oaxaca el consumo de la seda china era importante, pero los lugareños estaban más interesados en almacenarla para su redistribución hacia Guatemala y Perú. Los lugareños esperaban el arribo de los barcos peruanos al puerto de Huatulco para venderles la seda china. Por su parte, la llegada de seda china a Veracruz procedente de Acapulco presentaba características especiales: gran parte era reexportada hacia La Habana a través del Mar del Norte, a Caracas para internarse por los mercados del Reino de la

---

[1] Serrera, "El camino de Asia", 2006, pp. 211-230.0

[2] Véase una clara diseminación de las sedas y bienes chinos en 1779 por el virreinato en AGNM, Indiferente virreinal, volumen 1109, expediente 1.

[3] Grau Monfalcón, "Memorial (sin fecha)", 1866, pp. 470-474.

Nueva Granada y, en menor medida, hacia España[1]. El débil flujo transatlántico que presenta la seda china en su periplo Veracruz-Península Ibérica se explicaba, ante todo, por el hecho de que España se inclinaba con mayor interés por la vía de abastecimiento de las compañías europeas del Oriente[2].

Ahora bien, luego de obtener la seda china desde algún puerto del Pacífico novohispano o por intermediación de los *almaceneros* mexicanos, los navíos guatemaltecos y peruanos emprendían su retorno hacia uno o varios puertos ubicados en el Mar del Sur. Por lo común, aquellos primeros barcos finalizaban su recorrido en los surgideros de Sonsonate, Acajutla, El Realejo o Panamá[3]. Por su parte, los barcos de Perú proseguían su viaje hacia Panamá, Guayaquil, Paita, el Callao, Coquimbo o Valparaíso. Vale advertir que los derroteros de esta compleja red marítima no siempre eran realizados por una sola embarcación, sino que la seda china se convertía en una "estafeta" que pasa de barco en barco dentro del juego de postas de muchos artículos y bienes de diferente procedencia[4]. También podía ocurrir que la seda del Oriente realizara todo el periplo de México hacia la ciudad de Guatemala por la vía terrestre, a través del sistema de redes que se tejían entre los comerciantes de la región, apoyados en la complicidad de los funcionarios locales. Los navíos peruanos podían incluso obtener la seda china en las costas de Centroamérica, sin llegar a los puertos del

---

[1] Las sedas chinas ingresan como si fueran producción local al Reino de la Nueva Granada vía Cartagena, véase al respecto: "Cartas y expedientes: Tribunal de Cuentas de Santa Fe (1612)", AGI, Santa Fe, 52, N. 84, fs. 1-32.

[2] Para el caso venezolano: Arauz Monfante, *El contrabando holandés,* 1984, p. 178. Por ejemplo, en 1718 un mercader novohispano solicita al gobernador de Filipinas la restitución de 18.000 pesos en concepto de un envío de sedas desde Veracruz hacia Europa que "no logran venderse por no tener estimación, ni salida". AHNM, Diversos-colecciones, 43, nº 19, fs. 1-3.

[3] "Pleitos de la Audiencia de Santo Domingo (1607)", AGI, Escribanía, 3B, s/n fs.

[4] Schurz, "México, Perú", 1918, pp. 394-397.

occidente novohispano [1].

Diferentes grupos sociales, políticos y económicos daban existencia a la ruta. Los primeros a mencionar son los mercaderes. Fueran ellos comerciantes de gran capital y con gran reconocimiento social, o bien mercaderes medios y pequeños ubicados en regiones secundarias del espacio hispanoamericano, los comerciantes de Hispanoamérica eran los más interesados en distribuir la estimable seda china. Juntos o en competencia con ellos, jugaban en la red mercantil los virreyes, corregidores, oficiales reales, inspectores portuarios, eclesiásticos, capitanes, comisionistas, corredores de lonja, indios y esclavos. Un completo y diverso universo social participaba en la Ruta de la Seda china, a veces bajo prácticas clandestinas o en períodos de permisión, en forma clara y reglamentaria [2].

Pasemos a la segunda parte del derrotero: aquel tramo que iba desde Centroamérica hacia Sudamérica. Uno de los testimonios más expresivos del recorrido de la seda china se encuentra en las "Noticias Secretas" de Jorge Juan y Antonio de Ulloa, marineros que por la década de 1740 se posicionaron como testigos oculares de su movimiento y circulación. Dilucidando las lógicas de corrupción y de contrabando, los marineros informaban sobre las articulaciones espaciales que posibilitaban el ingreso de la seda china al territorio sudamericano. En primer lugar, Ulloa describía la función de Panamá dentro de la Ruta de la Seda china. Punto neurálgico del imperio, "puerta por donde todo pasa", a Panamá llegaban las sedas chinas procedentes de Nueva España, pero, según el parecer de Ulloa, ellas "no tienen cabimento [sic] en Panamá porque abundando tanto el de las costa [sic], no hay necesidad de él sino para algunas

---

[1] Rubio, *Historial*, 1975, pp. 256-260.

[2] Bonialian, *El Pacífico*, 2012, pp. 340-344.

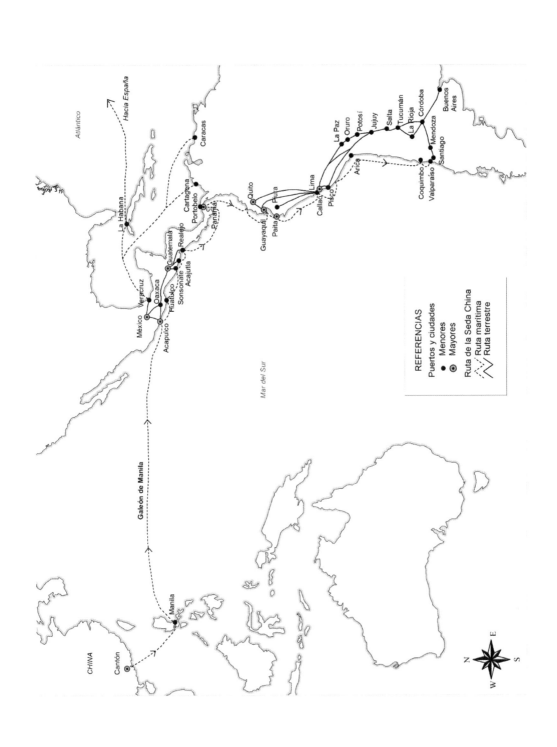

sedas" [1] . La función de escala que gozó Panamá en el traslado de seda china desde México a Perú puede verse comprobada en los primeros años del siglo anterior [2].

En Panamá convergía la ruta de la seda china procedente de México con la vía de los tejidos y telas europeas que llegaban con el Galeón de Portobelo desde España. La apertura portuaria hacia el Atlántico, obteniendo de primera mano las telas y tejidos europeos, convertía a Panamá más en una *puerta de tránsito* de las sedas chinas entre México y Perú que un espacio propiamente consumidor. En varias ocasiones ocurría que el embargo de la carga de seda china que arrojaban los comisos realizados en los puertos de Perú se enviaba a Panamá para, como ordenaba la ley, ser remitido a la Casa de Contratación de Sevilla. Sin embargo, el mercado panameño alcanzaba a digerir muchas de estas partidas antes de su envío [3]. La unión de los tráficos oceánicos convertía a Panamá en el escenario ideal para esconder o entremezclar todo tipo de seda oriental y europea, legal o ilegal, logrando así que la primera pasase inadvertida o con el guiño del funcionario de turno. Habría que darle crédito a la denuncia que aparece en las *Noticias Secretas*, pues era incesante el arribo de barcos peruanos y guayaquileños de porte pequeño a Panamá con la misión de cargar la seda china que los propios comerciantes panameños tenían acumulada en sus almacenes

---

[1]   Juan y Ulloa, *Noticias (1747)*, 1991, pp. 204-205.

[2]   Véase al respecto las cartas de quejas sobre la abundancia de sedas chinas por Panamá del presidente de la Audiencia, Francisco Valverde de Mercado, en los años iniciales del siglo XVII (1606-1610); en AGI, Panamá, leg. 15, R. 8, N. 87; leg 15, R. 7, N. 58; leg. 16, R. 2, N. 22; 45, N. 70.

[3]   "Real Cédula a los oficiales reales de Lima, para que hagan cargo al situado de Panamá de veintitrés mil setecientos sesenta y nueve pesos, que produjo la venta en Panamá de veintisiete fardos de ropa de China que ellos habían dirigido para su remisión a la Casa de la Contratación de Sevilla (1714)", AGI, Panamá, 232, L. 11, fs. 101-102.

comerciales para enviarla a las regiones costeras del Pacífico sudamericano[1].

La próxima escala era Guayaquil, puerto que fungió como "uno de los principales almacenes en aquellas costas [...] entran con gran franqueza los géneros de China que la mayor parte se reducen a sedas"[2]. Lo que nos relata Ulloa no era un escenario novedoso para mediados del siglo XVIII. Un siglo antes, el puerto ecuatoriano registraba numerosas arribadas de navíos procedentes de Nueva España cargados de seda china. El propio jurista español Juan de Solórzano Pereira advertía que por el puerto ecuatoriano ingresaba la seda china[3]. A la vez, en 1608 la propia Audiencia de Quito le informaba al Rey sobre "el gran consumo de seda china"[4]. Si Guayaquil disponía de controles rígidos, los navíos con procedencia desde México o Centroamérica arribaban en los puertos de "Atacames [Esmeralda], Puerto Viejo, Manta o la punta de Santa Elena [...] y de ahí se conduce a Guayaquil"[5]. Guayaquil presentaba la misma función de depósito de la seda china como otros puertos de cabotaje de la costa centroamericana del Pacífico. Luego de su desembarco en Guayaquil, se iniciaba el trabajo de su redistribución por centros urbanos y mercados cercanos porque:

[...] una parte se consume en aquella jurisdicción, otra entra en la provincia de Quito y repartida en todos los corregimientos pertenecientes a la Audiencia, tiene en ellos su expendio, y otra parte se interna en Perú, donde también se reparte, y

---

[1] Véase un caso representativo que ocurre en 1716 en Dilg, "The Collapse", 1975, pp. 34-35.

[2] Juan y Ulloa, *Noticias (1747)*, 1991, pp. 205 y 227.

[3] Véase al respecto: Solórzano, *Política*, [1647], tomo I, p. 20.

[4] "La Audiencia de Quito sobre diversos asuntos (1608)", AGI, Quito, 9, R. 11, N. 82 bis, s/n de fs. También, AGI, Quito, 9, R. 11, N. 80, s/n fs.

[5] Juan y Ulloa, *Noticias (1747)*, 1991, pp. 205-206.

cuando la cantidad es grande alcanza Lima. [1]

Guayaquil consumía seda china, pero una buena porción que ingresaba al puerto se reexpedía hacia las tierras altas de Quito y sus alrededores. Su excedente comercial era tan elevado que todavía tenía la capacidad de dirigir seda china al puerto de Paita, su centro urbano de Piura o a la misma ciudad de Lima. A Paita, puerto ubicado al sur de Guayaquil y de muy poca consideración en el comercio legal, también arribaban los navíos procedentes de Nueva España y de Panamá para desembarcar la seda china y eludir la vigilancia de los aduaneros del Callao [2]. Era un surgidero con notable actividad informal. Nuevamente es Ulloa quien nos comunicó casos concretos. Hacia 1740 notó el arribo de dos navíos al puerto de Paita: Los *Ángeles* procedente de Panamá y *La Rosalía*, de Nueva España. Ambos barcos despachaban enormes partidas de seda china que eran trasladadas hacia Lima y "se esperaba que fuesen llegando recuas de mulas necesarias para irlas despachando a Lima". Los mercaderes responsables de la circulación "no llevan guías de Piura a Lima [...] y pasaron a ser depositadas en uno de los mismos guardas" [3].

Pero, sin lugar a dudas, era el puerto del Callao el lugar preferido para que los barcos desembarcasen la seda china procedente de Acapulco o de Centroamérica. Lima se convertía en el principal mercado consumidor del tejido oriental en Sudamérica. En 1619, Diego Fernández de Córdoba, marqués de Guadalcázar, quien por esos años era virrey de Nueva España y sería luego virrey del Perú (1622-29), le escribió al rey que, a pesar de las prohibiciones,

---

[1] *Ibid.*, p. 208.

[2] Para el temprano período colonial véase: Macleod, "Aspectos de la economía", en *Historia*, 1990, p. 182. Para las décadas que van de 1680 a 1740: Bonialian, *El Pacífico*, 2012, pp. 315-331.

[3] Juan y Ulloa, *Noticias (1747)*, 1991, pp. 214-215.

salían navíos con plata desde el Callao hacia Acapulco para retornar con seda china [1]. En esos años iniciales del siglo, fray Martín de Murúa describió las calles de la Ciudad de los Reyes como un verdadero "concurso de gente y de negociantes, que se hallan allí ante mercaderías de todas las naciones de Europa y de las Indias, de México y de la Gran China" [2].

El Callao contaba con varios motivos para posicionarse como el puerto ideal para su entrada. Era el punto costero más próximo para responder a los incesantes pedidos de seda del primer centro consumidor de Sudamérica: la ciudad de Lima. En 1740, a la Ciudad de los Reyes se la definió como "la feria de Pekín" por las ventas mayoristas y al menudeo de tejidos de seda china que se realizaban por sus calles [3]. No solo residían en la ciudad del virreinato los comerciantes con el suficiente capital para importar la seda china, sino que también convergían allí las negociaciones con las más influyentes autoridades políticas, quienes mostraban, incluso los virreyes, un grandísimo interés por ser partícipes de la circulación y consumo de la seda china [4]. En tercer lugar, el Callao contaba con el más alto nivel de actividad portuaria del Pacífico superando incluso al surgidero novohispano de Acapulco. Murúa informaba que a principios del siglo XVII se presentaban "de ordinario de cuarenta a cincuenta navíos", que llegaban de todos los puertos del Pacífico y de China. Por estas razones, entre muchas otras, Lima era el polo de atracción de la seda china y,

---

[1] "Carta del virrey marqués de Guadalcázar (1619)", AGI, México, 29, n.° 21, f. 5.

[2] Murúa, *Historia*, 2001 [1606-1613], p. 292.

[3] Marcoleta, "Nueva Representación", 1915, t. v, p. 153.

[4] En 1626 el virrey príncipe de Esquilache es procesado y multado por dos cargos de contrabando de seda china. En el primer juicio se le cobran 30.000 ducados por ingresar "cantidad de cajones de seda de China". En el segundo caso se le acusa de fraude por haber manipulado un comiso de una nave repleta de seda china. La multa alcanza los 200.000 pesos. AGI, Escribanía, 1187, f. 123. Para un caso posterior de 1674, referente al virrey conde de Castellar, véase: Suárez, *Desafíos*, p. 376.

en consecuencia, el punto central para que el tejido oriental emprendiese su redistribución por todos los centros urbanos de la Audiencia de Charcas (Cuzco, La Paz, Potosí) hasta alcanzar las ciudades menores de la Gobernación de Tucumán.

Si seguimos el curso marítimo, se visualiza que del Callao se prolongaba un circuito que alcanzaba Pisco y, más al sur, Arica. Estos puertos secundarios fueron utilizados para internar la seda china hacia la Audiencia de La Plata y enlazar allí con el circuito terrestre que hacía circular el tejido oriental desde Lima hacia Potosí y toda la región de Charcas [1]. En numerosas ocasiones los navíos procedentes de México con cargamentos de seda china preferían eludir el puerto del Callao para no ser sancionados y recalar en aquellos dos puertos menores de Perú, los cuales presentaban menores controles aduaneros para el ingreso clandestino del tejido oriental. El raso de seda de China también llegaba al puerto de Valparaíso para vestir a los españoles de la ciudad de Santiago de Chile. Este preciso flujo, con variada intensidad, estuvo activo durante los doscientos años en que la Ruta de la Seda funcionó. Así lo confirman los numerosos inventarios de los españoles que vivían en Santiago [2]. El circuito Callao-Valparaíso terminaba en el entronque terrestre de Santiago y la gobernación de Tucumán, por donde los rasos de seda china se movilizaban junto con los paños de Castilla, de México y Quito para vestir a los españoles "del común" [3].

---

[1] "Real Cédula a don Francisco Pimentel y Sotomayor, presidente de la Audiencia de la ciudad de la Plata, en la provincia de los Charcas (1714)", AGI, Charcas, 417, L. 9, fs. 206-209.

[2] Para los primeros tiempos véase: Márquez de la Plata, "Los trajes", 1934, p. 31; para el caso del siglo XVII: Amenábar, "Trajes y moda", 1986, p. 11; en el caso de La Serena de las primeras décadas del XVIII: Sayago, *Historia*, 1973, p. 367.

[3] Assadourian, *El Sistema*, 1982, p. 71.

Desde Lima se desprendía un camino terrestre hacia Potosí, que presentaba escalas en La Paz y Oruro. Para Potosí contamos con dos sólidas referencias, que contemplan los dos extremos del arco temporal en que funcionó la Ruta de la Seda china. La primera referencia corresponde a la *Relación* de Capoche de 1585. Por su notable arrastre económico en razón de su producción de plata, Potosí se convirtió en un centro económico de consumo de seda china. Nos dice Capoche que en los listados de mercaderías siempre se encontraban los vestidos de tejidos y sedas de China utilizados por los pobladores de la villa[1]. A principios del siglo XVIII, el gran cronista potosino Arzans Orzúa relataba la continuidad de esta extraordinaria amplitud consumidora de la ciudad, a pesar de que la producción de metálico ya no vivía el esplendor de tiempos anteriores:

> [...] *granos, cristales, marfil y piedras preciosas de la India; diamantes de Ceilán; perfumes de Arabia; alfombras de Persia, el Cairo y Turquía; todo tipo de especias de la Península de Malaya y Goa; porcelana blanca y vestidos de seda de la China*[2].

La seda china llegó hasta lo que hoy se conoce como Argentina. Con mulas y arrieros se llevaba la seda desde Potosí hacia Jujuy, Salta, Tucumán y Córdoba, para desde allí bifurcarse en dos últimos trayectos hacia Santiago de Chile, vía Mendoza, o al puerto atlántico de Buenos Aires. Valdría mencionar dos casos representativos sobre Chile y Buenos Aires. En abril de 1608, el virrey Juan de Mendoza y Luna, marqués de Montesclaros, supervisó el puerto del Callao,

---

[1]   Capoche, *Relación*, 1959 [1585], p. 134.

[2]   Orsúa. *Historia de la Villa*, 1965, tomo I, p. 8.

"acerca de la prohibición de mercaderías que venían de Nueva España" [1] . Informaba que su presencia hizo efecto, pues "queda cantidad de ropa condenada que me dicen puede valer cuarenta mil pesos a los precios de aquí, siendo estas ropas de la China"[2]. Lamentablemente, el documento no ofrece detalle sobre el textil comisado, pero Montesclaros menciona al tafetán chino, una suerte de seda ordinaria para el consumo cotidiano de diferentes grupos sociales. A contrapelo de lo que ordena la legislación, el virrey permitió su circulación y consumo.

[...] fue preciso gastar cantidad de tafetán de la China en forros de sombreros que se enviaron a Chile [...] había una partida de mil seiscientos sombreros y para aforrarlos fueron menester doscientos y treinta y una piezas de tafetán, de diez y once varas, que montaron tres mil pesos de a ocho reales [3] .

Tres años antes, en 1605, el obispo de Buenos Aires, Martín Ignacio de Loyola, denunció al rey una suerte de inundación de ropa de la China por la Gobernación de Tucumán y Buenos Aires:

[...] ha entrado tanta ropa de la China en el Perú de contrabando y contra toda razón que no hay provincia por acá de Buenos Aires y Tucumán que no esté llena de ella, y tan buena y barata que las cosas de España ya no valen nada, lo cual es en grandísimo daño de los derechos reales pertenecientes a su majestad en España y en los puertos donde las flotas se despachan [...] la centésima parte de la ropa de China que este año ha entrado en el Perú, es más que cuanto ha entrado por este

---

[1] "Carta del virrey Montesclaros a Felipe III desde el puerto del Callao", en "Expedientes cartas de Virreyes Perú, 1604-1610", AGI, Lima, 35, f. 43.

[2] *Ibid.*

[3] "Expedientes cartas de Virreyes Perú, 1604-1610", AGI, Lima, 35, f. 43v.

puerto en 50 años y estoy admirado de algunos ministros de su majestad que tanto

procuran cerrar este puerto siendo una minoría cuanto viene por él y se les da tan

poco de esa puerta tan grande [el Callao] donde van cada año tantos millones[1] *.*

El pobre nivel de intercambio de las ferias de Portobelo no se explicaba, según Loyola, por el contrabando portugués en el puerto de Buenos Aires, sino por la ropa de China que ingresaba desde el Callao. En general, la seda oriental, como todo artículo extranjero, se intercambiaba en Lima o Potosí por mulas, medio de transporte fundamental para la economía de la región. Para lograr su circulación y consumo, la seda china debía circular por las rutas y los centros de distribución del complejo circuito interregional de comercio en torno a Charcas y la gobernación de Tucumán. Son los inventarios patrimoniales los que permiten confirmar la abundante presencia de seda china por la ciudad de Córdoba y por el puerto de Buenos Aires; último trayecto de la ruta continental[2]. Al igual que Panamá, la evidente disminución de la llegada de seda china a Buenos Aires residía en su posición costera atlántica; ubicación que le permitía surtirse con tejidos europeos a partir de la llegada de los navíos de permiso a sus playas procedentes de Europa.

Causas económicas de la creación de la ruta

¿Cómo explicar el funcionamiento constante durante prácticamente dos siglos de la ruta hispanoamericana de la seda china? ¿Qué factores explicarían la configuración de una "columna" mercantil continental de tela china, cuando

---

[1] "El obispo del Río de La Plata a su merced. Que se tripliquen los despachos tocantes a la contratación con las Filipinas y las mercaderías y ropa de la China que se prohíben en el Perú", AGI, Charcas, 135, f. 1.

[2] Bonialian, *China en la América colonial*, 2014, capítulo III.

desde España se emitió un gran dispositivo legislativo con el objetivo de eliminar todo elemento asiático que genere un peligro a su dominio económico en América? Serían tres las razones: la productiva, la comercial impositiva y la referida a su cultura consumidora.

1) La razón productiva. En la Nueva España, durante los 50 años que van de 1530 a 1580, logró expandirse la cría de gusano y el cultivo de la seda, lo que alentó la aparición de una industria manufacturera en la Ciudad de México, Puebla y Antequera[1]. Los artículos elaborados en estos obrajes se destinaban al mercado local del virreinato y los excedentes eran reexportados por el Pacífico hacia el espacio peruano. Pero en los años finales del siglo XVI, la industria novohispana de la seda exponía señales de contracción por el aumento de las importaciones de seda china por el puerto de Acapulco. El taller novohispano readaptó sus métodos y técnicas para elaborar la seda china bruta importada por el galeón[2]. En estos términos, la seda china contribuyó al desarrollo manufacturero novohispano y en la estabilidad de tejedores por el espacio mexicano. La crisis de una producción de seda local en Hispanoamérica, junto con las políticas peninsulares tendientes a trabar e impedir cualquier intento manufacturero textil local, era una invitación a la entrada de la seda china.

Junto con la entrada de los tejidos de seda del Oriente, existieron otros motivos que desalentaron la producción y agudizaron el proceso de recesión. La disminución de la mano de obra indígena y la política metropolitana que tendió a eliminar la industria local que pusiera en peligro el desarrollo manufacturero de

---

[1]   "Carta del virrey de Nueva España Martín Enríquez sobre cultivo de lino y seda (1572)", AHN, Diversos-colecciones, 25, n° 17, fs. 13-26.

[2]   De ahí la gran dificultad en los registros para distinguir en los controles de Perú la seda de origen asiática o novohispana.

España fueron también elementos a tener en cuenta[1]. El rígido control peninsular sobre las plantaciones de cría de gusano de seda en el virreinato se mantuvo por varias décadas. La producción indígena de seda disminuyó a su uso doméstico o para su comercialización local. Pero en 1679, ante las aspiraciones del Gobierno español de eliminar tentativas de desarrollo industrial en la América hispana, se decidió arrasar todas las plantaciones en el espacio indiano. La medida, que buscó alentar el consumo de la seda peninsular de Granada y Valencia, no hizo más que estimar aún más los tejidos de sedas chinos [2]. La desaparición de la producción local de seda en México vino, por lo tanto, a redoblar el interés por la asiática.

La falta de una producción de seda local que llevó al necesario ingreso de seda asiática fue determinante en Perú. Es sabido que durante la segunda mitad del siglo XVI y en las primeras décadas del siguiente, el Virreinato del Perú fue un espacio autosuficiente, integrado, que no dependía de las importaciones extranjeras [3]. Si bien algunos documentos nos revelan que en esas décadas finales del siglo XVI existieron pequeñas granjerías de seda indígena para cumplir con el pago de diezmos[4], el fray Martín de Murúa señaló que aunque "Perú todo lo tiene" había dos materias primas que faltaban: la seda y el lino[5]. Hacia 1620, el comerciante portugués León Portocarrero no tuvo reparos en afirmar la necesidad de seda china en Perú. Realizó una "Memoria de todos los géneros de mercaderías que son necesarios para el Perú [...] porque no se fabrican en la tierra". Allí enlista, entre otros productos, "sedas flojas carmesí,

---

[1] Borah, *Silk Raising*, 1943, pp. 32-38 y 85-102. Bazant, "Evolución", 1988, pp. 473-516.

[2] Pérez Herrero, "Actitudes del Consulado", 1983, p. 109.

[3] Assadourian, *El Sistema*, 1982, pp. 131-221.

[4] Por estos tiempos, algunos prelados de Lima exigen a comunidades indígenas pagar su diezmo en seda. AGI, Lima, 567, leg. 8, fs. 299-300.

[5] "Solo le falta al Perú seda y lino", Murúa, *Historia*, 2001 [1606-1613], p. 273.

azul, verdes y sedas de matices que vienen de China", "tocas que hacen en Lima con sedas que vienen de la China" y "todas las sedas de la China, tejidos y sedas torcidas que se gastan bien en el Perú" [1] . Perú nunca logró producir seda en cantidad suficiente para abastecer sus mercados. Esta carencia llevará al virreinato a depender, en una primera instancia, de los envíos de tejidos y telas de seda mexicanas y de la China.

Resulta evidente que los frenos al desarrollo de la producción y la manufactura de seda a gran escala en Hispanoamérica se debieron a la política peninsular de desalentar cualquier intento de industria textil que compitiese con la industria textil española. Pero sí existieron claras señales para una autorización española a la fabricación de tejidos ordinarios y baratos para responder al vestuario común de los indios, esclavos y población pobre de la América colonial. Lo que en el fondo buscaba España era restringir cualquier producción textil original que rivalizara con el tejido de seda español, producto reservado para los sectores medios y superiores de la sociedad. Esta sería la principal explicación para comprender el porqué de la lucha española por impedir el ingreso de seda china. Pero ¿por qué no se logró? Y aquí debemos abordar las cualidades especiales de los tejidos de seda de China que desbaratan el plan español.

2) La razón comercial-impositiva. Sea por la vía terrestre o por el derrotero marítimo, la ruta hispanoamericana de la seda china no sufría la pesada carga de derechos fiscales y aduaneros. Su naturaleza clandestina permitió que los tejidos orientales evitaran cualquier derecho al fisco real e ingresaran a los mercados libre de impuestos y con mínimos costos de transporte y de comercialización. De

---

[1] *"Descripción general del reino del Perú, en particular de Lima"*, BNF, Manuscritos, *Espagnol 280*, n° 5057, fs.237-262.

tal manera, las sedas asiáticas llegaban finalmente al público con un precio bajo, evitando el intento español de competir con sus tejidos en el mercado. En 1612, el virrey del Perú, Juan de Mendoza y Luna, el marqués de Montesclaros, insistía sobre lo "intratable" que resultaba frenar el ingreso de sedas chinas a Perú que vienen de Acapulco, a pesar de las disposiciones prohibitivas. Aconsejaba anular la prohibición y:

> [...] *cargar mucho de los derechos de Acapulco y la entrada del Callao* [...] *cobrando con vigor los derechos, con lo cual se haría menos la granjería y menos codiciable y apetecerán y tendrán por mejor la correspondencia de Tierra Firme donde pagarán menos* [1].

Lo que Montesclaros proponía era el reconocimiento oficial a la ruta hispanoamericana de la seda china. Su legalización permitiría que se le aplicara impuestos en beneficio de la Real Hacienda [2]. ¿Por qué el poder peninsular no la legalizó? Podríamos pensar que nadie podría garantizar que ante una hipotética oficialización de la ruta, que llevaría a un incremento del costo general de las sedas, los actores abandonarían el uso de la seda china y se inclinarían inevitablemente al consumo de tejidos españoles y europeos. El problema resultaba ser más complejo que el dilema legal/ilegal de un simple gravamen sobre la mercancía. El problema crucial radicaba en las pautas de consumo de la seda china, del tipo de necesidades que satisfacía y de quiénes eran sus consumidores. Enseguida abordaremos esta última cuestión. A pesar del inmenso recorrido de la seda china para llegar a Perú, su costo impositivo

---

[1]   Montesclaros, "Carta", 1866 [1612], pp. 343.

[2]   Sería imposible reproducir aquí las infinitas propuestas similares que aparecen en la mesa del Consejo de Indias. Para un período posterior véase la propuesta de 1712 del virrey novohispano duque de Linares, AGI, Lima, 480, s/n de expediente fs. 1-7.

era casi nulo. Si algún gravamen sufría, esa instancia ocurrió en el puerto de Acapulco, con la feria oficial novohispana. Pero si tomamos en consideración que el Galeón de Manila importaba muchas de estas piezas "fuera de registro", era posible concluir que la mayoría de ella terminara llegando a Perú sin pagar un solo real al fisco.

3) Cultura económica consumidora de la seda asiática. El verdadero secreto de la demanda de la seda en el espacio americano y su capacidad para incursionar en los mercados de tierra adentro se encontraría en las diferentes calidades de las sedas y tejidos, de la más ordinaria calidad hasta las más finas, consignadas a un amplio y variado público consumidor de Hispanoamérica.

Íntimamente ligada a la razón productiva, valdría advertir que a finales del siglo XVI, en momentos de tendencia inflacionista de los precios, el valor de la seda local mexicana se derrumbó en un 80%, dado que la seda china le generó una exitosa competencia, ya sea por "su gran calidad" haciendo frente a los costes de transporte o por su gran baratura "con la que vestían a los esclavos en las galeras de Manila"[1]. La afirmación da cuenta de un doble tipo de consumo de sedas chinas. En primer lugar, el consumo reservado a los sectores privilegiados de la sociedad, que disponían de un tejido de seda asiático de fina composición, cuyo elevado valor se compensaba por los reducidos costos de comercialización. En segundo lugar, la seda china ordinaria, destinada a la vestimenta de los grupos más pobres y castigados. Este último perfil consumidor es el que deseamos subrayar, porque a nuestro entender fue esta precisa cultura consumidora amplia y cotidiana la que explica la naturaleza y la potencialidad de la Ruta de la Seda.

En 1609, Pedro Martínez, capitán y alcalde mayor de la provincia de

---

[1] Spate, *El Lago,* 2006, p. 250.

Panuco, región cercana a Veracruz, describía en su *Relación* los artículos que surtían los españoles y los indios del lugar. Martínez dice que "los precios pueden bajar o subir según la falta o abundancia de las mercaderías", pero "los más ordinarios", en cuanto al rubro de tejidos que aquí nos interesa, eran:

> [...] la vara de paño ordinario de Puebla, siete pesos; la de gergueta [sic],
> peso y medio; la de tafetán de la China, un peso; la de raso de la China, un peso
> y medio; la onza de seda floja y torcida, peso y medio; la vara de terciopelo de la
> China, cinco y seis pesos [...] la vara de holandilla china, quatro reales; las medias
> de seda de la China, siete pesos; las de España, quince [...] de estas cosas se
> proveen los vecinos de estos pueblos cuando las traen a vender los mercaderes de
> México y de la Puebla por tierra y los de Veracruz y Campeche por mar[1].

La vara de un tipo de seda china tenía un valor inferior al paño ordinario producido en Puebla. Las medias de seda asiática se valuaban a menos de la mitad del que se ofrecía por las medias españolas. El caso manifiesta los alcances de la seda china en sectores bajos y en espacios totalmente alejados de los centros de poder político y económico del virreinato. Consideremos un dato no menor: estamos hablando de una región muy cercana al Atlántico y distante del Pacífico, y sin embargo la seda china presentaba una cotización inferior a la europea. En los albores del siglo XVIII se generó una gran disyuntiva entre los comercios de España y Filipinas que nos brinda importantes señales sobre esta precisa problemática. Cuando la Corona española ordenó en 1718 prohibir el ingreso a México de seda en rama y elaborada de China para proteger su industria y el comercio trasatlántico, comerciantes, virreyes e incluso habitantes comunes replicaron de manera unánime que la medida era impracticable, por

---

[1]   Martínez, "Descripción", 1969 [1609], pp. 153-154.

cuanto:

> *[...] de ser regular vestuario la ropa de China, por lo acomodado de su precio y*
> *no poderlo hacer los pobres (como quisieran) de la de España, por ser más subido,*
> *sin que de faltarles aquella, se siga el que gasten esta, porque si se los permitiese su*
> *necesidad y pobreza la consumirían pues todos la estiman más por su mejor calidad*
> *y mayor duración: lo que no sucede con la china que por su poca permanencia se*
> *rompe y se destruye con facilidad*[1].

Al momento de decretar la prohibición, Felipe V resumía las opiniones públicas que circulaban sobre la singularidad de la seda china que ingresaba por Filipinas, características que dividen a México porque

> *[...] el arribo de una flota [a Veracruz] es celebrada por los mercaderes ricos*
> *que llaman de almacén y son los que hacen empleos de su carga: pero que la mayor*
> *parte de este reino desea con mayor eficacia la Nao de China y que se dilata su*
> *llegada ocasiona muchos clamores*[2].

El descontento social que ocasionaba la ausencia del Galeón de Manila en Acapulco se debía a las necesidades consumidoras de la mayoría de la población. El historiador Schurz sintetizó el fenómeno diciendo:

> *[...] que todas las clases sociales, desde los indios de los pueblos de las tierras*
> *bajas tórridas, a los cuales las convenciones y leyes españolas compelían al usar*
> *vestuario, hasta los mimados criollos de la capital, se vestían con las telas del*

---

[1] AGNM, Reales Cédulas Originales, caja 3552, expediente 26, (1724), fs. 3-4.

[2] *Ibid.*, f. 4.

Extremo Oriente y las sedas de China [1].

Ya sea desde México o desde Perú, las conclusiones abrazaban pleno consenso y unanimidad. Existía la elegante seda asiática para "los selectos", pero la mayoría de las sedas chinas que se consumían en los mercados americanos y que, en definitiva, otorgaban la razón de ser del esqueleto primario de lo que hemos llamado la Ruta de la Seda, eran baratas, de mediana a ordinaria calidad y de poca duración. Había de todos los gustos y calidades, puesto que "el grueso de las sedas chinas era consumida por peninsulares y criollos blancos, pero también abastecen a la gente pobre y constituye el vestido corriente de los nativos de Nueva España" [2]. En 1702, un viajero anónimo asentado en Acapulco se asombraba al notar que el Galeón de Manila alcanzaba un tonelaje de 2.000, lejos de los 200 estipulados por la ley, y ello se explicaba por los 11.000 fardos de seda china "barata y de baja calidad" [3]. Al mismo tiempo, idénticas opiniones sobre el tipo de consumo de la seda china circulaban por el espacio peruano. En 1591, el contador de Tierra Firme Miguel Ruiz de Duayen le escribía al rey español que:

> *[...] las mercancías de China que vienen a Tierra Firme y Perú causan gran daño a los reales derechos de almojarifazgo porque como de allí se traen especialmente cosas de seda en cantidad porque cuestan a muy baratos precios [...] bien es verdad que se visten y remedian con ello gente pobre porque es más barato que lo de Castilla, pero no de tanta dura, ni tan bueno* [4].

[1] Schurz, *The Manila Galleon*, 1959, p. 362.

[2] AGNM, Reales Cédulas Originales, caja 3552, expediente 26, (1724), f. 4.

[3] Villar, *El contrabando*, 1967, p. 29

[4] AGI, Panamá, 33, s/n de fs.

Uno de los testimonios más representativos es el que ofreció en 1594 el virrey del Perú, García Hurtado de Mendoza, segundo marqués de Cañete. Hurtado de Mendoza fue una de las personalidades más interesadas en el intercambio con China, e incluso promovió viajes clandestinos por la Ruta de la Seda vía Acapulco o en titánicos derroteros directos entre Perú y el Extremo Oriente [1]. En ese año le advertía al Consejo de Indias que:

> *[...] las mercancías chinas son tan baratas y las españolas tan caras que me parece imposible recortar ese comercio hasta el punto que en este reino se deje de consumir productos chinos, ya que un hombre puede vestir a su mujer con sedas chinas por doscientos reales [25 pesos] mientras que no podría proporcionarle vestidos con seda española por doscientos pesos [2].*

El vestuario de seda china se pagaba en el Perú al 10% del valor de lo que costaban los tejidos españoles. Segundo, era tanta la cantidad que ingresaba al espacio peruano que ponía en serios aprietos la industria, el comercio y el consumo de la seda española; un problema que durante las primeras tres décadas del siglo XVII la Corona intentó solucionar –sin éxito– a través de un abanico de medidas legislativas prohibitivas [3]. En 1602, en un contexto en que la Corona española daba sus primeros pasos para prohibir el tráfico y el consumo de sedas chinas hacia Perú, los mercaderes de la Ciudad de los Reyes insistían en que al menos "se abra el comercio de China" desde Acapulco, lo cual no haría peligrar el Galeón de Portobelo, ya que:

---

[1] Cauti, *Extremo Oriente*, 2005, p. 228-233.

[2] "Cartas y expedientes de virreyes del Perú (1593-1599)", AGI, Lima, 33, f. 43.

[3] AGI, Quito, s/n de expediente, fs. 1-11; Escalona, *Gazophilacium*, 1775, fs. 178-179.

[...] la causa de la decadencia del comercio del Perú no es la entrada de aquel reino [México] de las mercancías de China sino el mal orden que se tienen en las flotas [...] que los del Perú prefieren comerciar con México más que con España [y] que hay muchos españoles que visten de manera lujosa y costosa más que en cualquier otra parte [...] por lo que si entraren más flotas [galeones de Portobelo] se vendería toda la ropa [española] que de sedas de China se viste toda clase de gente, sobre todo los más pobres y se adornan los templos[1].

En 1620, el comerciante portugués Pedro León de Portocarrero anotaba el tipo de seda china que se importaba a Perú y su destino hacia las mujeres. Pero culminaba señalando que la clave de su exitosa venta era que "viste a los pobres" porque son baratas. Vale reproducir la extensa cita.

[...] de las mercaderías que vienen de México cada dos años de la China se llevan al Perú grandes partidas de tafetanes, gorgoranes enrollados y otros de librete. Damascos ordinarios y damascos mandarines que los mandarines son los señores de vasallos de la China y estos damascos le pagan sus vasallos de tributo y otras sedas y todas las que se llaman mandarines son las mejores que vienen de la China. Razos de mucha suerte en particular vienen muchos de lustre blanco de Lanquin [sic] picotes y azabachados muy lindos terciopelos llanos y labrados negros y colores mucha diversidad de colchas y sobrecamas labradas de muy varios colores. Grandes partidas de cates de seda blancas torcidas y muchos cates de seda floja y tocas de seda para mujeres [...] y toda es ropa en que todos ganan y se vende bien y se visten de ellas los pobres porque son sedas baratas y se traen muchas

---

[1] AGI, Filipinas, 34, s/n de expediente, fs. 36-48.

mantas de Lanquín, que son telas de lienzo feito de algodón, blancos y azules [1].

La seda china la estimaba "toda clase de gente". Los "pobres" de Perú se mostraban impacientes por la seda china que entraba por el Pacífico mexicano, mientras que los círculos sociales de elite buscaban distinguir su prestigio consumiendo ropas y textiles más finos y suntuosos que llegaban desde Europa. Es cierto que si se revisan los testamentos, los inventarios, aparecen sólidas pruebas de que cortinas, sobrecamas, manteles y vestuario confeccionado con seda china llegaban a manos de los sectores privilegiados. El perfil suntuario de los bienes asiáticos nadie lo podría cuestionar. Pero aquí sostenemos que se ha sobredimensionado este particular perfil, esta suerte de asociación casi unilateral entre la seda china con el consumo de elite, como si los bienes chinos fueran objetos exclusivamente exquisitos y refinados. En otros términos, presenciamos una canasta de tejidos orientales para el consumo de los sectores humildes y de los habitantes "comunes" del reino. Lo que ocurría en Perú también lo vivía Guatemala. Al recorrer la ciudad en la mitad del siglo XVII, el viajero Thomas Gage decía que "las indias iban a la iglesia o a una visita con una especie de seda fina de China que cubre la cabeza y toca la tierra" [2].

Los comerciantes de Lima señalaban que no hay que temer a una supuesta incompatibilidad entre los ejes comerciales transpacíficos y trasatlánticos porque la seda española se consumía en los círculos de elite, mientras que su par asiática terminaba en manos de los más pobres; término que estaría apuntando a indígenas, trabajadores, campesinos y aun esclavos. La petición peruana no surtió efecto. A pesar de la distancia en tiempo, si relacionamos el informe

---

[1] *"Descripción"*, BNF, Manuscritos, *Espagnol 280*, n.° 5057, fs. 211-212. La bastardilla es nuestra.

[2] Gage, *Viajes*, 1980, p. 167.

realizado en 1602 por parte de los mercaderes peruanos con la representación novohispana de 1718, vemos el escenario general del comercio ultramarino hispanoamericano: el eje trasatlántico abocado al consumo de elite y el eje transpacífico, en donde la Ruta de la Seda china se alzaba como su esqueleto o matriz, destinado a un consumo social amplio. En definitiva, si la característica fundamental de la seda china era su baratura, habría que tomar en serio aquella idea de la época acerca de su breve durabilidad[1].

Cuando los documentos reconocen su bajo precio enseguida lo asocian a su pobre calidad y a que "dura poco", provocando un escenario en el que la gente esté "casi desnuda". Por lo tanto, si su consumo era veloz, es decir en un tiempo breve entre los ciclos de intercambio-consumo, la actividad de los circuitos de producción y circulación se intensificaba, logrando que la ruta hispanoamericana de la seda china estuviera en constante movimiento. En definitiva, los documentos reseñados en este trabajo nos permiten sostener que el funcionamiento de la ruta hispanoamericana de la seda china se edificó a partir de un consumo socialmente amplio. Es difícil pensar que la notable dimensión geográfica y el funcionamiento persistente por casi dos siglos de la ruta puedan explicarse por una fascinación "exótica" y particular a los productos del Oriente sobre una reducida clase elitista hispanoamericana. Así como sugerimos que la corta duración de los tejidos ordinarios de seda china estimuló la ruta, también podemos suponer que los tejidos de la misma procedencia, pero de más alta estima y duración, adquirieron una circulación más lenta que aquellos. La atracción de varios productos suntuarios del Oriente por los sectores de elite tuvo un gran reconocimiento en la historiografía. Aquí intentamos revalorizar su consumo amplio. Españoles de toda condición, indígenas y aun esclavos conformaron un amplio sector social consumidor que, en última instancia, fue el sector

---

[1] Cauti, Extremo Oriente, p. 272.

social responsable para que la Ruta de la Seda de China por Hispanoamérica existiera; de que la América colonial se enlazara con el Oriente en el marco de la mundialización de la época moderna.

Conclusiones

Creemos que debe establecerse una relación entre esta histórica Ruta de la Seda china por Hispanoamérica con la actual Iniciativa de la Franja y la Ruta que emprende desde 2013 el Gobierno chino, encabezado por el secretario general del Partido Comunista de China, Xi Jinping. La extensión del ensayo nos impide abordar con precisión esta interesante comparación. Al menos, presentemos lo que serían las principales problemáticas. No hay dudas de que la nueva iniciativa encuentra sus bases en la ruta histórica que aquí hemos presentado. El Galeón de Manila y los trayectos marítimos entre México y lo que antiguamente fue el Virreinato del Perú por el Pacífico constituyen un ejemplo histórico trascendental a la hora de ponderar la factibilidad del actual proyecto global impulsado por el Estado chino. Lo que aquí hemos presentado con detalle da cuenta de que China representó un polo global fundamental hasta el siglo XVIII. Con la Revolución Industrial británica, la presencia china en la globalización retrocedió. Hacia mediados del siglo XX, pero especialmente en las últimas décadas, vemos una suerte de "resurrección" y sorprendente ascenso de China en el mundo, y la nueva Iniciativa de la Franja y la Ruta es un claro exponente del renovado protagonismo asiático.

Al margen de las obvias distancias temporales que separan una "ruta" de la otra, resultaría sugerente realizar un ejercicio comparativo, identificando sus similitudes y diferencias. En primer lugar, tanto la antigua ruta como el actual proyecto constituyen piezas fundamentales de la globalización. La circulación de la seda china desde Filipinas hasta Buenos Aires entre el siglo XVI hasta el XVIII nos muestra que en ese tiempo el Pacífico formó parte de una globalización multipolar, donde el agente, capitales y naves europeas no fueron los componentes que alentaron la construcción de su ruta. Por el contrario, fueron los agentes hispanoamericanos acompañados, en segundo lugar, por el Estado chino, sus comerciantes y artesanos los que promocionaron el eje comercial, sabiendo que el mercado consumidor americano estaba profundamente interesado en contar con la seda a raíz de su calidad y baratura. Por su parte, la nueva Iniciativa de la Franja y la Ruta también corresponde a un momento de la globalización donde la hegemonía occidental se encuentra seriamente cuestionada por el notable ascenso y desarrollo económico que en las últimas décadas registró la nación asiática. En este sentido, ambas rutas constituyen un trascendental fenómeno de contrapeso al avance de la economía occidental (en estos tiempos liderada por Estados Unidos) en el juego de la globalización. Sin duda, así como la antigua Ruta de la Seda expresó el juego de fuerzas entre China y Europa por el mercado latinoamericano, hoy en día la Iniciativa de la Franja y la Ruta constituye un fenómeno fundamental de la actual geopolítica global, del nuevo orden mundial que se está configurando.

Por otro lado, recordemos que la histórica Ruta de la Seda china hacia Hispanoamérica se edificó en un mundo informal, que estaba sancionado desde el poder peninsular ibérico. A pesar de ello, la necesidad e interés que tenían los mercados hispanoamericanos de la seda hicieron posible su notable desarrollo. Actualmente, la responsabilidad recae en los propios Estados nación y en la unidad macroeconómica y política que cuenta la región de Latinoamérica, el Mercosur. Los Estados como los funcionarios regionales tienen la capacidad para oficializar el nuevo proyecto con China. Aquí nos introducimos a un elemento que requiere atención. Los Estados latinoamericanos han reconocido los resultados negativos que tuvieron las políticas económicas de libre comercio firmadas con Estados Unidos durante el siglo XX. El proyecto asiático tiene un componente diferente que lo distancia de anteriores tratados económicos y comerciales firmados por los países latinoamericanos y del Caribe. Nos referimos a los Estados como principales responsables y protagonistas de la alianza. Resultaría complicado dejar al libre juego de la oferta y la demanda, a *la mano invisible del mercado*, la suerte de tan importante convenio. No sería lo más conveniente. La regulación y la intervención estatal para analizar las inversiones de infraestructuras, las transferencias de capitales y, sobre todo, los efectos que produciría en el bienestar social de la población de cada país se erigen como puntos sumamente indispensables a la hora de pensar en el éxito de este proyecto que China propone a Latinoamérica.

Archivos

Agi	Archivo General de Indias, Sevilla.
Bnf	Biblioteca Nacional de Francia
Agnm	Archivo General de la Nación de México
ahn	Archivo Histórico Nacional de Madrid

Bibliografía

Abreu, Álvarez, Extracto Historial del *Comercio entre China, Filipinas y Nueva España (1736)*, Carmen Yuste (comp.), México, Instituto Mexicano de Comercio Exterior, 2 tomos, 1977.

Amenábar, Isabel Cruz de, "Trajes y moda en Chile 1650-1750: jerarquía social y acontecer histórico", *Historia*, n° 21, Santiago, 1986, 177-214.

Arauz Montante, Andrés, *El Contrabando holandés en el Caribe durante la primera mitad del siglo XVIII*, Caracas, Biblioteca de la Academia Nacional de la Historia, 1984.

Arrighi, Giovanni, "Estados, mercados y capitalismo, Oriente y Occidente", *Anuario Asia-Pacífico*, Barcelona, Casa Asia-cidob-Real Instituto Elcano, n°1, 2005, pp. 339-352.

Assadourian, Carlos Sempat, *El sistema de la economía colonial*, Lima, Instituto de Estudios Peruanos, 1982.

Azcárraga y Palmero, *La libertad de comercio en Filipinas*, Madrid, Imprenta José Noguera, 1782.

Bazant, Jan, "Evolución de la industria textil poblana (1554-1845)", *Historia Mexicana,* México, n° 52, 1964, pp. 473-516.

Bernal, Antonio Miguel, "La carrera del Pacífico: Filipinas en el sistema colonial de la carrera de Indias", en Leoncio Cabrero (coord.), *España y el Pacífico, Legaspi*, tomo 1, Madrid, Sociedad Estatal de Conmemoraciones Culturales, 2004, pp. 485-525.

Bonialian, Mariano, *China en la América colonial. Bienes, mercados, comercio y cultura consumidora. De México hasta Buenos Aires*, México-Buenos Aires, Instituto Mora-Biblos, 2014. El *Pacífico Hispanoamericano. Política y comercio asiático en el Imperio español (1680-1784)*, México, El Colegio de México, 2012.

Borah, Woodrow, *Silk Raising in Colonial Mexico*, Berkeley y Los Ángeles, 1943.

Capoche, Luis, *Relación General de la Villa Imperial de Potosí*, Atlas, Madrid, 1959 [1585].

Contreras, Miguel de, "Padrón de los indios que se hallaron en la ciudad de los Reyes del Perú, hecho en virtud de comisión del marqués de Montesclaros", en *Biblioteca Digital Hispánica*, Mss/3032, 1614.

Dilg, Robertson George, "The Collapse of the Portobelo Fairs. A Study in Spanish Commercial Reform, 1720-1740, tesis doctoral, Indiana University 1975.

Escalona Agüero, Gaspar, *Gazophilacium Regium Perubicum*, Madrid, Blassi Román, 1775.

Everaert, J., *De internationale en koloniale handel der Vlaamse firma's te Cadiz, 1670-1700*, Brujas, De Temple, 1973.

Freiherr von Richthofen, Ferdinand, *China. Ergebnisse Eigener Reisen*, Berlín, Berlín, 1877-1905.

Gage, Thomas, *Viajes a la Nueva España,* La Habana, Colección Nuestros Países Casa de las Américas, 1980.

Gemelli Carreri, Giovanni, *Viaje a la Nueva España* (1701), México, UNAM, 1983.

Grau y Monfalcón, "Memorial dado al Rey en su Real Consejo de Indias por el procurador general de las islas Filipinas (sin fecha)", *Colección de documentos inéditos relativos al descubrimiento, conquista y organización de las antiguas posesiones españolas de América y Oceanía*, Frías y Compañía, Madrid, 1866, vol. VI, pp. 364-483.

Juan, Jorge y Ulloa, Antonio de, *Noticias secretas de América*, edición a cargo de Luis Ramos Gómez, Madrid, Historia 16, 1991.

Macleod, M., "Aspectos de la economía interna de la América española colonial: fuerza de trabajo, sistema tributario, distribución e intercambios", en Leslie Bethell (ed.), *Historia de América Latina*, Cambridge University Press, Crítica, España, 1990, pp. 148-210.

Marcoleta, "Nueva Representación que hace a Su Majestad Domingo de Marcoleta, apoderado de la ciudad de Buenos Aires (1750)", en *Documentos para la Historia Argentina*, Buenos Aires, Compañía Sud-Americana de Billetes de Banco, tomo V, pp.153-156.

Márquez de la Plata, Fernando, "Los trajes en Chile durante el siglo XVI, XVII y XVIII", *Boletín de la Academia Chilena de la Historia*, Santiago, 1° semestre, 1934, pp.1-71.

Martínez, Pedro. "Descripción de los pueblos de la provincia de Panuco sacadas de las relaciones hechas por Pedro Martínez, capitán y alcalde mayor de aquella provincia (1609)", *Colección de documentos inéditos relativos al descubrimiento, conquista y organización de las antiguas posesiones españolas de América y Oceanía*, vol. IX, Krauss Reprint, Nendeln-Liechtenstein, pp. 150-166.

Montero Vidal, José, *Historia general de Filipinas: Desde el descubrimiento de dichas islas hasta nuestros días*, Madrid, tomo II, 1887-1895.

Montesclaros, marqués, "Carta sobre la contratación de los dominios del Perú con España (1612)", *Colección de documentos inéditos relativos al descubrimiento, conquista y organización de las antiguas posesiones españolas de América y Oceanía*, Imprenta Frías y Compañía, Madrid, tomo V, 1866, pp. 340-345.

Murúa, fray Martín de, *Historia General del Perú*, Madrid, Dastín, 2001 [1606-1613].

Orsúa y Vela, Arzans de, *Historia de la Villa Imperial de Potosí*, Hanke Lewis y Gunnar Mendoza (eds.), USA, Providence Brown University Press, tomo I-II-III, 1965.

Paz-Soldán, Moreyra, (comp.), *El Tribunal del Consulado de Lima, Cuadernos de Juntas (1706-1720)*, Documentos para la historia económica del Virreinato del Perú, Lima, Lumen, 1956.

Pérez Herrero, Pedro, "Actitudes del Consulado de México ante las reformas comerciales borbónicas (1718-1765)", *Revista de Indias*, vol. XLIII, núm. 171, 1983, pp. 77-182.

Robles, Antonio, *Diario de sucesos notables (1665-1703)*, México, Porrúa, tomo II, 1946.

Rubio Sánchez, Manuel, *Historial de El Realejo*, Managua, Serie Fuentes Históricas, n° 4, Colección Cultural Banco de América, 1975.

Sayago, Carlos, *Historia de Copiapó*. Buenos Aires, Francisco de Aguirre, 1973.

Schurz, William Lytle, "Mexico, Peru and the Manila Galleon", *Hispanic American Historical Review*, v. 1, núm. 4, 1918, pp. 389-402.

The Manila Galleon, New York, 1959.

Serrera, Ramón María, "El camino de Asia. La ruta de México a Acapulco", en Chantal Cramussel (coord.), *Rutas de la Nueva España*, Zamora (México), El Colegio de Michoacán, 2006, pp. 211-230.

Solórzano Pereira, Juan de, *Política Indiana*, tomo I, Lope de Vega, Madrid, 1972 [1647].

Spate, Oskar, *El Lago español. El Pacífico desde Magallanes*, España, Casa Asia, vol. I, 2006 (primera edición en inglés 1979).

Suárez, Margarita, *Desafíos transatlánticos. Mercaderes, banqueros y el estado en el Perú virreinal, 1600-1700*, Lima, Fondo de Cultura Económica, 2001.

Villar, Ernesto de la Torre, *El contrabando y el comercio exterior en la Nueva España*, México, Colección de Documentos para la Historia del Comercio Exterior de México, Banco Nacional de Comercio Exterior, segunda serie IV, 1967.

Yuste, Carmen, *Emporios transpacíficos. Comerciantes mexicanos en Manila 1710-1815*, México, UNAM, 2007.

Parte II

Cinco comunicaciones para América Latina

Capítulo 3

Comunicación política: la base de la construcción conjunta de la Franja y la Ruta entre China y América Latina

Xu Wenhong [1]

Aunque los países latinoamericanos se sitúan a miles de kilómetros de China y no forman parte de los países a lo largo de la Franja y la Ruta, desde la perspectiva de promover el desarrollo de la globalización y su base de cooperación histórica, así como de las necesidades prácticas de China y América Latina, los países de esta región deben volverse activos participantes de la iniciativa, la cual es abierta e inclusiva. Los presidentes de Argentina y Chile y casi 20 funcionarios de rango ministerial de países latinoamericanos asistieron al Foro de la Franja y la Ruta para la Cooperación Internacional, celebrado en Beijing en mayo de 2017. El 17 de mayo, durante la reunión con su homólogo de Argentina, Mauricio Macri, el presidente Xi Jinping señaló que "América Latina es la extensión natural de la Ruta Marítima de la Seda del Siglo XXI" [2]. En

---

[1] Xu Wenhong es doctor en derecho, investigador asociado y vicesecretario general del Centro de Investigación sobre la Franja y la Ruta de la Academia China de Ciencias Sociales.

[2] "De 'Barco chino' a 'Nueva ruta marítima de la seda' – los países latinoamericanos abrazan la Iniciativa de la Franja y la Ruta", www.xinhuanet.com, 24 de mayo de 2017 (《从"中国船"到"新海丝"——拉美国家拥抱"一带一路"倡议》,新华网, 2017 年 5 月 24 日。), http://www.xinhuanet.com/2017-05/24/c_1121030198.htm.

noviembre de 2017, cuando el presidente Xi Jinping se reunió con su homólogo panameño, Juan Carlos Varela, volvió a enfatizar que "China considera a América Latina como participante importante e indispensable en la construcción de la Franja y la Ruta"[①]. Desde entonces, la cooperación entre China y América Latina, bajo el marco de la Iniciativa de la Franja y la Ruta, ha entrado en una nueva fase.

La Iniciativa de la Franja y la Ruta propuesta por China puede ser resumida en cinco aspectos: mejorar la comunicación política, la interconexión de las infraestructuras, facilitar el comercio, potenciar la cooperación financiera y el intercambio entre los pueblos. Dadas las diferencias históricas y objetivas entre China y los países latinoamericanos en áreas como la historia, la cultura, la situación económica y las necesidades de desarrollo, la comunicación política es un requisito previo y desempeñará un papel fundamental para garantizar la cooperación pragmática entre China y América Latina.

1. El contexto internacional de la comunicación política China-América Latina

Después de la crisis financiera mundial de 2007-2009, se produjeron cambios en la estructura económica mundial. La economía política mundial ha entrado en una nueva fase de reestructuración. La incertidumbre sobre la economía política estadounidense y europea, el nuevo concepto propuesto por la Iniciativa de la Franja y la Ruta para salir del bajo crecimiento, y los esfuerzos

---

① "Xi Jinping se reunió con el presidente panameño Varela. Los dos jefes de Estado acordaron un plan de desarrollo conjunto de las relaciones entre China y Panamá", People.cn, 17 de noviembre de 2017（《习近平同巴拿马总统巴雷拉举行会谈 两国元首同意共同规划好中巴关系发展蓝图》，人民网，2017 年 11 月 17 日，），http://politics.people.com.cn/n1/2017/1117/c1024-29653604.html.

de China y América Latina para construir conjuntamente un nuevo orden político y económico internacional constituyen el contexto de una era en la que China y América Latina han fortalecido la comunicación política bajo el marco de la Franja y la Ruta.

1.1 Los nuevos cambios en la economía política de Estados Unidos y Europa proporcionan un espacio estratégico y oportunidades para la cooperación entre China y América Latina

Después de la crisis financiera mundial de 2007-2009, la recuperación económica de Estados Unidos, Europa y Japón ha sido débil. La participación del PIB de los siete países más industrializados de Occidente en el PIB mundial ha ido disminuyendo. La crisis de la deuda en Europa aún no ha sido resuelta completamente. También hay nuevos factores desestabilizadores, como el *brexit* y el problema de los refugiados. Al mismo tiempo, la proporción de la producción económica total de las economías emergentes (incluidos China y los países latinoamericanos) en la economía mundial ha ido aumentando. Además, han emergido el proteccionismo comercial y una tendencia contra la globalización. Tanto el patrón como las reglas multilaterales de comercio e inversión vienen preparando ajustes profundos.

El debilitamiento del liderazgo y la influencia global de Estados Unidos y Europa no solo se ha producido en el ámbito económico, sino que también se ha manifestado por la división y la pelea política. La política de "Estados Unidos primero", promovida e implementada por Donald Trump después de asumir el cargo de presidente de Estados Unidos en 2017, marcó el mayor declive del liderazgo mundial de dicho país. En marzo de 2018, Estados Unidos anunció la subida de las tarifas arancelarias para productos de acero y aluminio con el pretexto de proteger su propia base de producción, por lo que los países afectados se vieron obligados a tomar medidas correspondientes. El 8 de mayo de 2018, la administración de Trump anunció unilateralmente su retiro del acuerdo nuclear con Irán y retomó las sanciones contra este país, lo que perjudica directamente los intereses de los países de la Unión Europea (UE). Esta serie de acciones unilaterales de Estados Unidos a escala global no resuelven problemas, sino que los crea.

Estados Unidos ha adoptado también una serie de políticas poco amistosas hacia los países latinoamericanos, como su retiro unilateral del Acuerdo Transpacífico de Cooperación Económica (TPP, por sus siglas en inglés), la revisión del Tratado de Libre Comercio de América del Norte (TLCAN), la construcción de un muro en la frontera con México, la expulsión de inmigrantes ilegales latinoamericanos, etc. Estas medidas han tenido un impacto severo en la economía de América Latina, que depende en gran medida del mercado estadounidense. Como resultado, los países latinoamericanos se han visto obligados a buscar nuevos mercados y fondos fuera del hemisferio occidental. A su vez, China viene promoviendo la Iniciativa de la Franja y la Ruta en el mundo y se ha abierto a la región latinoamericana para construir un nuevo canal de cooperación económica. La apertura e inclusión de la Franja y la Ruta contrastan con la antiglobalización y el proteccionismo comercial de Estados Unidos, lo que ha encendido el entusiasmo de los países latinoamericanos por participar en la Iniciativa de la Franja y la Ruta.

1.2 La Iniciativa de la Franja y la Ruta proporciona nuevos conceptos e ideas para salir del dilema del bajo crecimiento

Después de 40 años de la política de reforma y apertura, la fortaleza económica de China ha progresado rápidamente y desempeña un papel cada vez más importante en el mundo. El propio desarrollo de China ha proporcionado a los países latinoamericanos buenas oportunidades de desarrollo económico y motores de crecimiento. En los últimos 20 años, el comercio sino-latinoamericano ha logrado un notable crecimiento. América Latina es una de las bases de producción de materias primas más importantes del mundo, mientras que China es el mayor importador de materias primas, lo que resulta en una estructura comercial bilateral altamente complementaria. China se ha convertido ya en el segundo socio comercial de América Latina y en el mayor socio comercial de muchos países latinoamericanos.

Sin embargo, en los últimos años, los países de América Latina han enfrentado una serie de problemas, como una economía débil, una creciente inestabilidad social, el aumento de la deuda, la falta de fondos y una inversión insuficiente en infraestructura. La Franja y la Ruta promovida por China tiene como objetivo facilitar aún más el comercio entre China y América Latina, y potenciar la cooperación financiera y el intercambio entre los pueblos a través de la cooperación en el campo de la infraestructura. Los países latinoamericanos aprecian este nuevo concepto de desarrollo y las nuevas ideas para la cooperación, como lo demuestra la Iniciativa de la Franja y la Ruta, y han mostrado una actitud positiva hacia esta iniciativa.

1.3 Promover conjuntamente el establecimiento de un nuevo orden económico internacional justo y racional

En este siglo XXI, América Latina, como representante emergente de la prosperidad y el crecimiento global, va teniendo una influencia y un papel cada vez mayores en la política internacional y en muchas organizaciones internacionales. Como representantes de las economías emergentes, China y América Latina tienen una misión común en la promoción conjunta del establecimiento de un nuevo orden económico internacional justo y racional.

Desde una misma posición antiproteccionista hasta el enfrentamiento común de problemas globales, como la erradicación de la pobreza y la lucha contra el cambio climático, que son esenciales para la Agenda 2030 para el Desarrollo Sostenible, los intereses estratégicos de China y América Latina se van acercando. Esto no solo mejorará la gobernanza económica mundial, aumentará la influencia y el poder discursivo de los países emergentes en los asuntos políticos y económicos internacionales, sino que también contribuirá en última instancia a promover el desarrollo del sistema de gobernanza global hacia una dirección justa y razonable.

Desde la crisis financiera mundial de 2008, el G20, que incluye a los principales países desarrollados y las economías emergentes, ha ido reemplazando al G7 como la principal plataforma para la gobernanza económica mundial. En el G20, América Latina se ha convertido en una fuerza que no puede ser ignorada: México, Brasil y Argentina son miembros del G20. México fue sede de la VII Cumbre del G20 en 2012 y Argentina albergará la XIII Cumbre del G20 en 2018.

La formación del grupo de los BRICS es el intento más reciente de las economías emergentes para participar en la gobernanza económica mundial y mejorar su voz en la gobernanza global. Como representante de los países de América Latina, Brasil se ha unido a otros tres países en la promoción de la exploración y el desarrollo de la gobernanza económica mundial. Con el establecimiento del Nuevo Banco de Desarrollo de los BRICS, los acuerdos monetarios regionales y los mecanismos de asistencia iniciados por las economías emergentes, y dirigidos principalmente a los países en desarrollo, han entrado también en vigor. La región latinoamericana, representada por Brasil, está desempeñando un papel cada vez más importante.

2. El concepto de la comunicación política entre China y América Latina

Es natural y comprensible que aparezcan dudas y malentendidos ante cualquier iniciativa nueva, y los promotores deben fortalecer la interpretación del concepto y la naturaleza de la iniciativa, lo que es el objetivo de la "comunicación política" promovida por la Iniciativa de la Franja y la Ruta. La comunicación política es el requisito previo para la cooperación entre países y desempeña un papel muy importante. De hecho, un gran número de países en desarrollo, incluidos los países latinoamericanos, tienen en su memoria histórica la explotación colonial y la invasión imperialista. También tienen una comprensión racional y realista del estado actual de las relaciones internacionales. Después de que China presentara la Iniciativa de la Franja y la Ruta, han surgido naturalmente algunas dudas en muchos países. Al mismo tiempo, la "teoría de la amenaza china", transmitida deliberadamente en los medios occidentales, se ha sumado a estas dudas. Algunos piensan que después de que América Latina se una a la Iniciativa de la Franja y la Ruta, China acelerará la penetración de sus bienes, capitales, puestos de trabajo e incluso de su ideología en América Latina, poniendo en peligro o amenazando la industria nacional, el proceso de industrialización y los valores latinoamericanos[1]. Además, estos países también tienen muchas preocupaciones sobre sus posicionamientos, ganancias y pérdidas, y la dirección del desarrollo en el proceso de globalización. China y América Latina todavía no han alcanzado la sinergia de alto nivel en la comunicación política, tanto por su profundidad como por su amplitud. Las dos partes carecen de la confianza suficiente. Esto afectará definitivamente la construcción conjunta

---

[1] Policy Coordination at the Belt and Road Forum, http://www.chinapictorial.com.cn/en/features/txt/2017-05/16/content_741125.htm

de la Franja y la Ruta. Por lo tanto, la comunicación política entre China y América Latina es crucial, en particular, durante la participación inicial de América Latina en la Franja y la Ruta.

La idea básica de la comunicación política es "la deliberación en común", "la construcción conjunta" y "el codisfrute".

"La deliberación en común" se refiere al proceso de toma de decisiones bajo el marco de la Franja y la Ruta, en el cual todas las partes involucradas discuten conjuntamente el plan de desarrollo, negocian y planifican conjuntamente la dirección de desarrollo, y determinan conjuntamente los objetivos de desarrollo. Cuando los objetivos de desarrollo y la planificación resultan de la deliberación en común de todas las partes interesadas, será fácil llegar a un consenso y establecer un esfuerzo concertado para luchar por un objetivo común. El principio de "la deliberación en común" ha roto las "reglas de juego" del patrón de desarrollo económico mundial de los últimos siglos, en las que los fuertes han determinado objetivos de desarrollo. La Franja y la Ruta promovida por China será concebida conjuntamente por las personas de los países interesados. En este proceso, todos los países interesados, sean grandes o pequeños, fuertes o débiles, se comunicarán y negociarán de manera equitativa para encontrar planes de desarrollo comunes. Como consecuencia de ello, todas las partes apoyarán activamente y participarán plenamente en el plan.

"La construcción conjunta" significa que la Franja y la Ruta es una iniciativa de construcción propuesta por China, que proporciona programas pragmáticos sobre la base de la deliberación en común de todas las partes interesadas y el apoyo financiero necesario (por ejemplo, la creación del fondo de construcción de la Franja y la Ruta, la iniciativa para establecer un Banco Asiático de Inversión en Infraestructura, el establecimiento del Fondo de la Ruta de la Seda, etc.) para que todas las partes participen de manera adecuada en la construcción de proyectos relacionados.

"El codisfrute" se refiere a la compartición de los beneficios derivados de la finalización del proyecto entre todas las partes participantes. Con el avance de la Iniciativa de la Franja y la Ruta, muchos proyectos serán utilizados por los participantes, lo que sin duda contribuirá al potencial de la cooperación regional y promoverá en gran medida el desarrollo económico de la región en su conjunto.

La dimensión de la comunicación política bajo el marco de la Franja y la Ruta radica en su apertura, lo que significa que China ha propuesto iniciativas de cooperación económica a todos los países del mundo. Si acepta la iniciativa, un país puede ir de la mano con China, alcanzar su objetivo de desarrollo y compartir la prosperidad y la estabilidad a través de la interconexión de infraestructuras, la facilitación del comercio, la cooperación financiera y el intercambio entre los pueblos. Si no acepta la iniciativa, un país puede continuar observando y comunicando. En estos cinco años posteriores a su presentación, la Franja y la Ruta se ha ido transformando de un concepto a una práctica efectiva en materia de cooperación internacional, y ha recibido el apoyo de cada vez más países. Se cree que con el esfuerzo conjunto de los países pertinentes, esta iniciativa proporcionará mayores oportunidades y logros para el mundo.

3. El objetivo de la comunicación política entre China y América Latina

El objetivo de la comunicación política sino-latinoamericana es interpretar y explicar el concepto de cooperación económica y desarrollo propuesto por la Iniciativa de la Franja y la Ruta, promover activamente la cooperación pragmática entre China y América Latina en los campos de infraestructura, comercio y finanzas, y trabajar en conjunto para construir una "comunidad de intereses", una "comunidad de responsabilidades" y una "comunidad de destino".

Las connotaciones y misiones de las tres comunidades son diferentes. La "comunidad de intereses" y la "comunidad de responsabilidades" enfatizan la "compartición de beneficios y responsabilidades", con el fin de fortalecer el reconocimiento común de la "colaboración mutua y cooperación para un beneficio mutuo" entre los Estados miembros de la comunidad. La "comunidad de destino" hace hincapié en "compartir la prosperidad y la estabilidad, ayudándose unos a otros durante las crisis y los desastres" [1], buscando conjuntamente la prosperidad y la estabilidad regionales, y enfrentando conjuntamente posibles crisis y desastres [2]. En comparación con la "comunidad de intereses" y la "comunidad de responsabilidades", la "comunidad de destino" significa una interrelación más profunda y más estrecha. La "comunidad de intereses" pone de relieve el "interés", lo que implica una relación que "se mantendrá cuando haya intereses y se romperá cuando no los haya". Por el contrario, la "comunidad de destino" describe la estrecha conexión entre los miembros como la de "vivir los altibajos de manera conjunta". Sin embargo, las tres comunidades comparten la connotación central de "beneficiarse mutuamente y cooperar para ganar de forma conjunta". Eso significa que los miembros no solo deben buscar maximizar sus propios intereses y promover sus propios

---

[1]   Xu Wenhong, "La Organización de Cooperación de Shanghai debe convertirse en una 'comunidad de intereses' y una 'comunidad de destino'", en Informe de desarrollo de la Organización de Cooperación de Shanghai, Beijing: Social Sciences Academic Press, 2014, p. 127. (许文鸿：《上海合作组织应该成为"利益共同体"和"命运共同体"》，载《上海合作组织发展报告》，北京：社会科学文献出版社，2014 年，第 127 页。)

[2]   Karen A. Mingst (traducido por Pan Zhongqi), Fundamentos de las relaciones internacionales, Shanghai: Shanghai Renmin Press, 2007, pp. 101-135. (卡伦明斯特著，潘忠岐译：《国际关系精要》，上海：上海人民出版社，2007 年，第 101-135 页。)

desarrollos, sino también tener en cuenta los intereses de otros países y el progreso de desarrollo regional.

Los nuevos conceptos diplomáticos de China, como la "comunidad de intereses", la "comunidad de responsabilidades" y la "comunidad de destino", son un nuevo avance y desarrollo en el concepto tradicional de las relaciones internacionales. La teoría realista de las relaciones internacionales cree que "el mundo es anárquico, los intereses nacionales son primordiales y el Estado es actor único en la política internacional. El Estado utiliza diversos medios (incluido el uso de la fuerza) para luchar por los recursos y salvaguardar la soberanía frente a otros países. Los Estados garantizan la seguridad recíproca mediante la hegemonía del poder y el equilibrio del poder"[1]. La "comunidad de intereses", la "comunidad de responsabilidades" y la "comunidad de destino" son nuevos conceptos diplomáticos propuestos por China en el nuevo contexto histórico. Tienen las siguientes características distintivas:

En primer lugar, China propone construir una comunidad en lugar de establecer una alianza militar. La comunidad es una especie de mecanismo de cooperación económica estrecha que involucra la construcción de infraestructura, el comercio, las finanzas, la economía, la política y la cultura. No es una organización supranacional que requiere la cesión de soberanía nacional, ni es una alianza entre naciones. Los Estados miembros forman solo una comunidad en términos de relaciones de desarrollo económico y social, en lugar de una alianza militar. Bajo una tendencia cada vez más globalizada, ningún país puede salvarse y enfrentar solo cuestiones globales como la preservación del medioambiente y los recursos, la ciberseguridad, el

---

① Karen A. Mingst (traducido por Pan Zhongqi), Fundamentos de las relaciones internacionales, Shanghai: Shanghai Renmin Press, 2007, pp. 101-135. (卡伦明斯特著, 潘忠岐译:《国际关系精要》, 上海: 上海人民出版社, 2007 年, 第 101-135 页。)

hegemonismo, el terrorismo, la delincuencia transnacional y el narcotráfico. China ha propuesto el establecimiento de una "comunidad de intereses", una "comunidad de responsabilidades" y una "comunidad de destino" para trabajar juntos y responder conjuntamente a los desafíos mundiales, lo cual corresponde a la tendencia histórica de desarrollo y, por lo tanto, ha recibido un amplio apoyo de los países pertinentes.

En segundo lugar, China propone desarrollar y perfeccionar el principio de "no alineamiento". El "no alineamiento" no significa que no haya cooperación; el no confrontarse no significa que no haya ninguna lucha; el evitar conflictos no implica la ausencia de competencia. El mundo de hoy no es pacífico. Las luchas y conflictos entre naciones son omnipresentes. La estructura política y económica internacional de hoy también está cambiando. Algunos países, adhiriéndose obstinadamente a una "mentalidad propia de la Guerra Fría" y al "pensamiento de suma cero", hacen presa de los débiles y pequeños países con su poder y fuerza. Los conceptos de "comunidad de intereses" y "comunidad de destino" convocan a los países que se niegan al establecimiento de alianzas entre países grandes o alianzas militares, y buscan unirse para "compartir la prosperidad y estabilidad y ayudarse mutuamente frente a crisis y desastres". Sobre la base del principio de no alineación y no exclusividad, estos nuevos conceptos demandan a todos los miembros enfrentar en conjunto posibles crisis y desastres, mientras buscan conjuntamente la prosperidad y la estabilidad regional.

En tercer lugar, la "comunidad de intereses", la "comunidad de responsabilidades" y la "comunidad de destino" son acordes con habituales objetivos de nuestra era: paz y desarrollo, y enfatizan el desarrollo económico sin involucrar en ello los asuntos militares y la confrontación. No participar en ninguna confrontación militar colectiva ni practicar la hegemonía no son solamente los principios básicos de la diplomacia china, sino aquellos en donde radica también la vitalidad de estos nuevos conceptos diplomáticos.

En cuarto lugar, China propone la igualdad, la apertura, la transparencia y la inclusión. La cohesión de la "comunidad de intereses", la "comunidad de responsabilidades" y la "comunidad de destino" proviene del potencial del propio desarrollo de la organización. La apertura, la transparencia, la igualdad y el beneficio mutuo son los principios básicos de estos conceptos. Al mismo tiempo, estos conceptos son muy inclusivos y no descartan a otros países para desempeñar activamente un papel constructivo en la prosperidad y la estabilidad de la región.

4. Cuatro niveles de comunicación entre China y América Latina

Debido a los años de experiencia en la práctica de la cooperación internacional, muchos problemas técnicos surgidos en la cooperación económica entre países son relativamente fáciles de resolver. Los obstáculos reales se concentran más en cuatro niveles: la comunicación de estrategias de desarrollo, la coordinación de planes de desarrollo, la conexión de plataformas y mecanismos, y la cooperación en proyectos específicos.

4.1 La comunicación de estrategias de desarrollo

Cada país tiene su propio juicio sobre el desarrollo de la situación internacional, tiene su plan y concepción para el desarrollo a largo plazo, y establece su propia estrategia de desarrollo sobre estas bases. Por lo tanto, la comunicación de estrategias de desarrollo es el nivel más alto de comunicación y coordinación entre países, lo que facilita a las partes pertinentes a encontrar los campos de cooperación con mayores intereses comunes, a identificar la dirección de acciones comunes, y a acercarse y lograr un desarrollo común. Específicamente, los países que responden o participan en la Iniciativa de la Franja y la Ruta deberían tener una comprensión similar a la de China en cuanto al contexto histórico en el que estamos, la actual situación económica y política internacional, y la misión histórica a cumplir.

Después de la crisis económica y financiera mundial de 2009, la economía política internacional sufrió nuevos cambios: algunos países se han movilizado contra la globalización y se han aprovechado de sus vecinos para proteger sus intereses con barreras y aranceles altos, priorizando sus propios intereses. Por el contrario, China cree que la globalización es irrefrenable y el proteccionismo comercial no beneficia a nadie. Algunos países a menudo critican a otros por "viajar gratis"[1] y exigen que los "pasajeros gratuitos" paguen por sus viajes[2]. China acoge abiertamente a los países de todo el mundo que quieran tomar el tren expreso del desarrollo de China[3]. Sobre el tema del comercio global, los países latinoamericanos apoyan mayoritariamente la globalización y la liberalización del comercio, se oponen al proteccionismo comercial y apoyan la "promoción de un sistema de comercio multilateral transparente, abierto, inclusivo y no discriminatorio en el marco de la Organización Mundial del

---

[1] Mark Landler, "Obama criticizes the 'Free Riders'among America's allies", https://www. nytimes.com/2016/03/10/world/middleeast/obama-criticizes-the-free-riders-among-americas-allies.html

[2] David Swerdlick, "Trump says our allies have to pay up. Obama has been saying that for years", https://www.washingtonpost.com/posteverything/wp/2016/04/28/trump-says-our-allies-have-to-pay-up-obamas-been-saying-the-same-thing-for-years

[3] "Xi Jinping: Bienvenido al tren de desarrollo de China". （习近平：欢迎搭乘中国发展的列车" 习近平：欢迎搭乘中国发展的列车）http://www.xinhuanet.com/world/2014-08/22/c_126905369.htm

Comercio"[1]. En este contexto, es fácil para China y América Latina llegar a un consenso en el nivel estratégico. Los países latinoamericanos han respondido positivamente a la Iniciativa de la Franja y la Ruta. En la Segunda Reunión Ministerial del Foro China-CELAC, celebrado en enero de 2018, la Declaración de Santiago, aprobada por China y la Comunidad de Estados Latinoamericanos y Caribeños, señaló la consistencia política a nivel estratégico con respecto a la cooperación en la construcción conjunta de la Franja y la Ruta[2].

En el desarrollo económico y social, China y América Latina pueden lograr la conexión de estrategias de desarrollo. China ha creído siempre que la responsabilidad y la misión histórica del Gobierno son desarrollar la economía y mejorar el bienestar de sus habitantes para "satisfacer continuamente las crecientes necesidades materiales y culturales de las personas". Después de que el PIB per cápita alcanzara los 10.000 dólares, los países latinoamericanos ignoraron el desarrollo coordinado de la sociedad y la economía, se desencadenaron disturbios sociales y se generó un "fenómeno latinoamericano". En el contexto de una desaceleración económica en Estados Unidos y Europa, el fortalecimiento de la cooperación económica entre China y América Latina favorecerá a los países latinoamericanos a poner en juego sus ventajas en materia de mano de obra y recursos. Por lo tanto, China y América Latina tienen mucho en común en cuanto a objetivos de desarrollo a corto y mediano plazo. Ambas partes necesitan urgentemente fortalecer la conexión de estrategias de desarrollo.

China y América Latina también comparten intereses en la gobernanza

---

[1]   Ministerio de Relaciones Exteriores de China, "Declaración de Santiago, Segunda Reunión Ministerial del Foro China-CELAC", 2 de febrero de 2018（《中国—拉共体论坛第二届部长级会议圣地亚哥宣言》，》，2018 年 2 月 2 日）http://www.fmprc.gov.cn/ce/ceie/chn/zgyw/t1531474.htm

[2]   Charlotte Gao, "China invites Latin American and Caribbean states to join the Belt and Road Initiative", https://thediplomat.com/2018/01/china-says-latin-america-eager-to-join-belt-and-road/

global, donde existe espacio para el diálogo estratégico. América Latina es un activo participante en la gobernanza económica mundial. Sin embargo, debido a una variedad de razones, carece de voz en el ámbito internacional [1]. China, mediante el fortalecimiento de diálogos e intercambios con América Latina, puede alcanzar intereses comunes en asuntos como la gobernanza económica mundial, la implementación de la Agenda 2030 para el Desarrollo Sostenible, el cambio climático, la ciberseguridad y diversas crisis (crisis financieras, crisis petroleras y crisis alimentarias).

Los intereses comunes sientan la base para que China y América Latina se acerquen estratégicamente. El 17 de julio de 2014, durante su asistencia a la Reunión de Líderes de China y de Países de América Latina y el Caribe, el presidente Xi Jinping señaló que China y América Latina debían "trabajar arduamente para construir una comunidad de destino común" [2] y promover el establecimiento de la "asociación cooperativa integral entre China y América Latina y el Caribe". Las relaciones bilaterales y multilaterales han sido lideradas por la construcción de "asociaciones" (ver Tabla 1). En enero de 2015 se celebró en Beijing el Foro China-CELAC. Las relaciones entre China y América Latina entraron en una nueva era de cooperación promovida tanto por la cooperación bilateral como por la cooperación multilateral. El 24 de noviembre de 2016, el Ministerio de Relaciones Exteriores publicó el segundo Documento sobre la

---

[1]　He Shuangrong,"Gobernanza global: el papel de América Latina y la base política de la interacción sino-latinoamericana", Journal of Southwest University of Science and Technology (Philosophy and Social Science Edition), núm. 5, 2017, p. 4. (贺双荣:《全球治理：拉美的作用及中拉互动的政治基础》, 载《西南科技大学学报（哲学社会科学版）》, 2017 年第 5 期, 第 4 页。)

[2]　Xi Jinping, "Llevar adelante la amistad tradicional y el nuevo capítulo de cooperación - un discurso en el Parlamento brasileño", People's Daily, 18 de julio de 2014. (习近平:《弘扬传统友好共谱合作新篇——在巴西国会的演讲》, 载《人民日报》, 2014 年 7 月 18 日, 第 3 版。)

Política de China hacia América Latina y el Caribe. A través del diseño de alto nivel de las políticas hacia América Latina, China estableció nuevos objetivos para el desarrollo de las relaciones entre ambas partes, inyectó un nuevo ímpetu y construyó una nueva plataforma para la cooperación. Las relaciones entre China y América Latina entraron en una nueva fase de desarrollo integral y los factores chinos también comenzaron a influir en el proceso de desarrollo del regionalismo latinoamericano[1].

Tabla 1: Asociaciones entre China y los principales países latinoamericanos[2] (hasta mayo de 2018)

País	Tipo de asociación	Año	Tipo de asociación	Año
Argentina	Asociación estratégica	2004	Asociación estratégica integral	2014
Brasil	Asociación estratégica	1993	Asociación estratégica integral	2012
Chile	Asociación estratégica	2012	Asociación estratégica integral	2016
Ecuador	Asociación estratégica	2015	Asociación estratégica integral	2016
México	Asociación estratégica	2003	Asociación estratégica integral	2013
Perú	Asociación estratégica	2008	Asociación estratégica integral	2013
Venezuela	Asociación estratégica para el desarrollo de ambas naciones	2001	Asociación estratégica integral	2014
Uruguay	Asociación estratégica	2016		
Costa Rica	Asociación estratégica	2015		

① Zhang Fan, "La cooperación integral entre China y América Latina desde la perspectiva del regionalismo latinoamericano", Forum of World Economics & Politics, núm. 5, 2017, p. 41. （张凡：《拉美地区主义视角下的中拉整体合作》，载《世界经济与政治论坛》，2017 年第 5 期，第 41 页。）

② Guo Cunhai, "Política y práctica del Partido Comunista de China en América Latina desde el XVIII Congreso Nacional del Partido Comunista de China", Journal of Latin American Studies, núm. 2, 2017, p. 8. （郭存海：《中共十八大以来中国对拉美的政策与实践》，载《拉丁美洲研究》，2017 年第 2 期，第 8 页。）

5. La coordinación de planes de desarrollo

Sobre la base del consenso alcanzado con respecto a conceptos y estrategias de desarrollo, el plan de acciones y el marco básico para la cooperación entre las dos partes en el próximo período radican en la coordinación de planes de desarrollo, es decir, la clarificación de las direcciones clave y las áreas de cooperación, y la determinación del calendario y el mapa de ruta para la cooperación.

China y los países de América Latina y el Caribe han logrado resultados fructíferos en la coordinación de planes de desarrollo. En 2015, durante el Foro China-CELAC, se aprobaron el Plan de Cooperación de China y los Estados Latinoamericanos y Caribeños (2015-2019) y las Disposiciones Institucionales y Reglas de Funcionamiento del Foro China-CELAC, mediante los cuales se fijaron medidas concretas para la cooperación en 13 campos específicos, como política y seguridad, asuntos internacionales, comercio, amistad entre los pueblos, entre otros. El 22 de enero de 2018, en Santiago de Chile, se aprobó el Plan de Acción Conjunto de Cooperación en Áreas Prioritarias China-CELAC (2019-2021) [1], que planificó aún más las acciones conjuntas en los próximos tres años a través de la identificación de ocho áreas prioritarias, incluyendo política y seguridad, infraestructura y transporte, comercio, inversión y finanzas, agricultura, industria, ciencia y tecnología, cooperación en materia ambiental, intercambio cultural, entre otras. El Plan de Acción Conjunto (2019-2021) indica que China y América Latina han alcanzado un alto nivel de consenso y conexión

---

[1] Ministerio de Relaciones Exteriores de China, "Plan de Acción Conjunto de Cooperación en Áreas Prioritarias China-CELAC (2019-2021)" (《中国与拉共体成员国优先领域合作共同行动计划（2019—2021）》) http://www.fmprc.gov.cn/web/zyxw/t1531472.shtml

en la planificación del desarrollo.

Cabe destacar que la falta de conectividad de infraestructura y los altos costos de transporte en América Latina han restringido un flujo más amplio de los factores de producción, y han limitado en gran medida la competitividad de las exportaciones y el potencial de desarrollo económico de los países latinoamericanos. En enero de 2018, durante el Segundo Foro China-CELAC, China propuso una "gran conectividad que una océanos y continentes" como una de las áreas prioritarias para profundizar la cooperación en una próxima etapa. Con el apoyo y la cooperación de los países de América Latina, China participará activamente en la construcción e interconexión de transporte, infraestructura, energía y otros activos fijos en la región latinoamericana, y abrirá más rutas marítimas y aéreas entre China y América Latina.

6. La conexión de plataformas y mecanismos

Los mecanismos y las plataformas son cruciales para la implementación exitosa de una planificación en cooperación bilateral y multilateral. Al vincular los mecanismos y plataformas, se pueden conectar eficazmente los organismos operativos pertinentes en varios países, crear un canal fluido para la comunicación y negociación, y vincular de manera más efectiva los recursos pertinentes para resolver de manera oportuna problemas y dificultades en la implementación de los planes.

China y los países latinoamericanos han logrado algunos avances en este aspecto. Como mecanismo general de cooperación, el Foro China-CELAC se ha celebrado ya dos veces con éxito y se han establecido ocho subforos [1] . A

---

[1]   Foro China-CELAC（中国－拉共体论坛官方网站）http://www.chinacelacforum.org/chn/

nivel bilateral, los mecanismos de diálogo y consulta entre China y los países latinoamericanos son también bastante diversificados y de múltiples niveles (altas comisiones de coordinación y cooperación, comisiones mixtas de alto nivel, comisiones permanentes intergubernamentales, diálogos estratégicos, comisiones mixtas económico-comerciales, consultas políticas y demás mecanismos[1]). Los acuerdos de libre comercio firmados entre China y Chile, Perú y Costa Rica se han implementado con éxito. Panamá y Colombia también están llevando a cabo activamente estudios conjuntos de factibilidad sobre una zona de libre comercio. Además, cuestiones como leyes de inversión, acuerdos de inversión y comercio, convenios de facilitación comercial, impuestos, transporte, logística, estándares técnicos y lenguaje de comunicación serán también aspectos importantes de la comunicación política en el marco de la Franja y la Ruta. Todo esto plantea mayores requisitos para la conexión de mecanismos, plataformas e instalaciones, los cuales deben ser discutidos y resueltos mediante la cooperación.

---

[1] Xinhuanet.com, " Documento sobre la Política de China hacia América Latina y el Caribe 2016" (《中国对拉美和加勒比政策文件》（2016）) http://www.xinhuanet. com/2016-11/24/c_1119980472.htm

Figura 1: Principales mecanismos del Foro China-CELAC

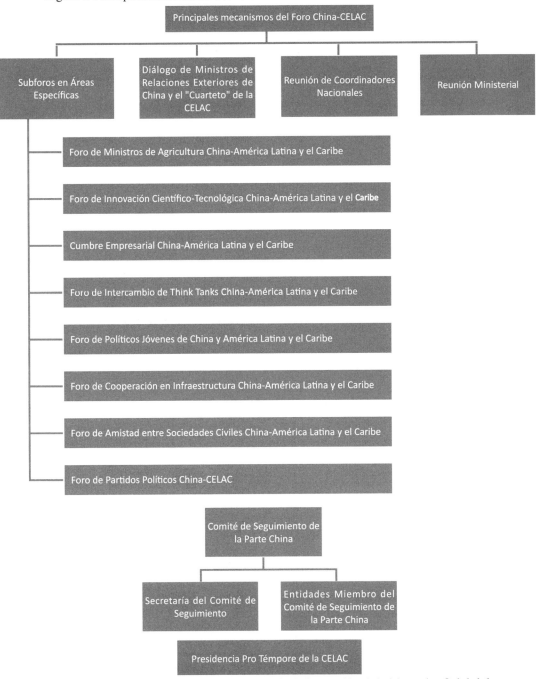

Fuente: elaborado por el autor según la información del sitio web oficial del
Foro China-CELAC.

117

En el campo económico y comercial, la plataforma institucional más importante para la promoción de la cooperación económica y comercial entre China y América Latina es la Cumbre Empresarial China-América Latina y el Caribe. La cumbre anual tiene lugar de forma alternada en China y los países de América Latina y el Caribe. Hasta la fecha han tenido lugar 11 sesiones en China, Chile, Colombia, Perú, Costa Rica, México y Uruguay. Durante la cumbre empresarial también se celebran mesas redondas organizadas por las oficinas de promoción comercial y las asociaciones comerciales chinas y latinoamericanas, ferias de proyectos, talleres, ferias comerciales y capacitación de profesionales de negocios e industriales de América Latina y el Caribe.

Además, muchos mecanismos y plataformas de cooperación en el sector financiero son más importantes porque son uno de los elementos clave para promover la cooperación práctica entre China y América Latina. Tenemos por ejemplo:

(1) El Fondo de Cooperación China-América Latina

En julio de 2014, cuando asistió a la Reunión de Líderes de China y de Países de América Latina y el Caribe, el presidente Xi Jinping anunció el lanzamiento del Fondo de Cooperación China-América Latina, iniciado y establecido conjuntamente por el Banco de Exportaciones e Importaciones de China y la Administración Estatal de Divisas, con una escala total de 10.000 millones de dólares. El fondo invierte en recursos energéticos, construcción de infraestructura, agricultura, manufactura, innovación científica y tecnológica, tecnología de la información y cooperación en capacidad productiva a través de la participación directa en capitales y préstamos. Tal fondo apoya proyectos de cooperación entre China y países latinoamericanos, y sirve al fortalecimiento de la asociación cooperativa integral sino-latinoamericana, de manera que satisface las necesidades de desarrollo social, económico y ambiental de la región consistentes con la visión del desarrollo sostenible. El 11 de mayo de 2016 se lanzó el primer proyecto financiado por el Fondo de Cooperación China-América Latina en la provincia china de Hunan. Broad Homes Industrial International Co., Ltd. y el Fondo de Cooperación China-América Latina firmaron oficialmente un acuerdo de inversión y cooperación estratégica. El 21 de febrero de 2017, Jamaica utilizó el Fondo de Cooperación China-América Latina para crear un sistema de licitación y compra pública. Los progresos anteriores muestran que la cooperación entre China y América Latina se ha desarrollado rápidamente y que el Fondo de Cooperación China-América Latina ha logrado algunos avances significativos.

(2) El Fondo para la Cooperación en Capacidad Productiva China-América Latina

En mayo de 2015, el primer ministro Li Keqiang asistió a la Cumbre Empresarial China-Brasil en Brasil, donde propuso explorar activamente un nuevo modelo de cooperación en capacidad productiva "3×3" y anunció el establecimiento del Fondo para la Cooperación en Capacidad Productiva China-América Latina. En septiembre de 2015, el Banco Popular de China, la Administración Estatal de Divisas y el Banco de Desarrollo de China iniciaron conjuntamente el establecimiento de este fondo con una escala de 10.000 millones de dólares en una primera fase. El fondo, adhiriéndose al principio de mercado, es abierto e inclusivo, y tiene como objetivo alcanzar beneficios mutuos y servir al fortalecimiento de la asociación cooperativa integral entre China y América Latina. Centrándose en proyectos importantes a mediano y largo plazo en áreas como la manufactura, alta tecnología, agricultura, energía y minería e infraestructura en América Latina, el fondo ayudará a promover la cooperación en capacidad productiva entre China y América Latina.

(3) El Fondo para la Cooperación en Capacidad Productiva China-Brasil

En junio de 2015, Wang Yang, viceprimer ministro del Consejo de Estado, anunció el establecimiento del Fondo para la Cooperación en Capacidad Productiva China-Brasil en la cuarta reunión del Comité de Coordinación y Cooperación de Alto Nivel China-Brasil. China invertirá 15.000 millones de dólares en este fondo de 20.000 millones de dólares para apoyar proyectos bilaterales de cooperación en capacidad productiva.

(4) El Crédito Especial para Infraestructura entre China y América Latina

En julio de 2014, el presidente Xi Jinping anunció durante su visita a Brasil que China implementará formalmente una línea de crédito especial de 10.000 millones de dólares para infraestructura entre China y América Latina, y la aumentará hasta 20.000 millones de dólares en el futuro, la cual será gestionada por el Banco de Desarrollo de China. El crédito ayudará a las empresas chinas a participar en proyectos de infraestructura como carreteras, comunicaciones, puertos, energía, minería y agricultura en los países miembros de la Comunidad de Estados Latinoamericanos y Caribeños.

Hoy en día, la recuperación de la economía mundial se ha visto ralentizada, y la recuperación económica en América Latina se ha obstaculizado por la disminución sustancial de los precios de los productos básicos y la reducción del financiamiento externo. En este contexto, los diversos mecanismos de cooperación establecidos entre China y América Latina y las diversas plataformas de cooperación financiera creadas profundizarán inevitablemente la cooperación entre China y América Latina en varios campos y ayudarán a un nuevo crecimiento de la economía mundial y latinoamericana.

7. La cooperación en proyectos específicos

Los proyectos específicos son elementos básicos para implementar una estrategia y un plan. La cooperación en proyectos necesita la comunicación política a un nivel más micro. La Iniciativa de la Franja y la Ruta finalmente tendrá que implementarse a través de proyectos específicos en muchas áreas como infraestructura, economía y comercio, inversión, finanzas y cultura. La cooperación sino-latinoamericana ha logrado resultados notables o éxitos iniciales en muchos proyectos, como el proyecto hidroeléctrico Coca Codo Sinclair en Ecuador [1], el proyecto del Tren Bioceánico preparado por China, Brasil y Perú, y la construcción conjunta de una Ruta de la Seda Digital por China y Chile.

(1) Central hidroeléctrica Coca Codo Sinclair

La central hidroeléctrica Coca Codo Sinclair se ubica en el límite de las provincias de Napo y Sucumbíos, en el noreste de Ecuador, y tiene una capacidad instalada total de 1.500 MW. La central, conocida como las "Tres Gargantas de Ecuador", es la mayor central hidroeléctrica en la historia de ese país y fue construida por Sinohydro Corporation. El 18 de noviembre de 2016, el presidente Xi Jinping y el entonces presidente ecuatoriano, Rafael Correa, asistieron a la ceremonia de finalización del proyecto. La construcción de una central hidroeléctrica a gran escala ha cambiado por completo la historia de

---

[1] Coca Codo Sinclair Hydroelectric Project, https://www.power-technology.com/projects/coca-codo-sinclair-hydroelectric-project/

grave escasez de energía en Ecuador, ha mejorado enormemente el bienestar de la población y ha hecho que Ecuador pasé de ser un importador a un exportador de energía. La construcción de la central Coca Codo Sinclair también ha aumentado la proporción de la energía limpia en la demanda nacional total de Ecuador hasta el 85%. Ecuador se ha convertido, entonces, en uno de los países con la mayor proporción de uso de energía limpia en el mundo.

(2) Proyecto del Tren Bioceánico

El Tren Bioceánico se refiere a las rutas ferroviarias que conectarán los océanos Atlántico y Pacífico cruzando Brasil y Perú. Esta idea fue presentada por el presidente Xi Jinping durante su visita a Brasil en julio de 2014 y recibió una respuesta positiva de Brasil y Perú. En julio y noviembre de 2014, China firmó un Memorando de Entendimiento con Brasil y Perú para promover el estudio de factibilidad del proyecto. Cuando el primer ministro Li Keqiang visitó Brasil y Perú en mayo de 2015, las tres partes firmaron un documento de cooperación sobre el estudio de factibilidad del Tren Bioceánico y luego se lanzó oficialmente dicho estudio. La construcción del Tren Bioceánico establecerá una red de ferrocarriles de larga distancia, de 5.000 km, que unirán los océanos Atlántico y Pacífico y conectarán Brasil y Perú. Esto es de gran importancia tanto para el desarrollo económico y social de Brasil y Perú como para la cooperación económica entre China y América Latina.

(3) La Ruta de la Seda Digital y la Ruta de la Seda Aérea

Además de fortalecer la "interconexión e intercomunicación" de la infraestructura de transporte, por tierra, mar y aire, China y América Latina también han iniciado la cooperación en interconexión e intercomunicación digital, acorde con la tendencia actual. Chile propuso que China y Latinoamérica construyan una "Ruta de la Seda Digital" y una "Ruta de la Seda Aérea" y usen una tecnología moderna para promover la interconexión en el campo digital. Chile y China planean construir un cable submarino transpacífico entre los dos países. En la actualidad, los dos países han terminado los estudios preliminares de factibilidad. Si el plan llega a materializarse con éxito, Chile puede convertirse en el puente y el *hub* para conectar a Sudamérica y China a través de Internet.

Además, en 2015, China y Brasil firmaron 35 acuerdos de cooperación específicos que involucran la cooperación bilateral en capacidad productiva, infraestructura, finanzas, aviación y agricultura, con un valor total superior a los 27.000 millones de dólares. China y Colombia firmaron 12 acuerdos de cooperación bilateral que involucran la cooperación en capacidad productiva, la construcción de infraestructura, asistencia, cultura y educación. China y Chile también firmaron documentos de cooperación en los campos de finanzas, capacidad de producción y fabricación de equipos. Todo esto ha proporcionado un buen ambiente institucional para la cooperación entre China y América Latina.

La comunicación estratégica, la coordinación de planes, la conexión de plataformas y la cooperación en proyectos constituyen cuatro niveles diferentes de la comunicación política bajo el marco de la Franja y la Ruta. De acuerdo con el modo de pensamiento chino, la comunicación política se puede llevar a cabo gradualmente desde lo macro hasta lo micro, desde la comunicación estratégica hasta la implementación concreta de proyectos. Sin embargo, en la práctica, debido a los diferentes modos de pensar de las varias partes, algunos países esperan comenzar con los proyectos específicos y expandir gradualmente la comunicación política a nivel macro. Cualquiera sea la forma, a condición de que el objetivo sea el mismo, la manera de alcanzarlo podría ser flexible. En la práctica, las dos partes deben ser flexibles de acuerdo con la situación real para promover la comunicación específica y el intercambio necesario.

8. Conclusiones

La Iniciativa de la Franja y la Ruta presentada por China se basa en la interconexión política y se centra en la interconexión de infraestructura para promover la interconexión comercial y financiera y la cooperación en capacidad productiva entre países, con el fin de alcanzar la interconexión entre los pueblos. La Iniciativa de la Franja y la Ruta es una nueva idea de crecimiento, un nuevo concepto de desarrollo y un nuevo modo de cooperación que podría impulsar a la economía mundial a salir del crecimiento bajo. Por lo tanto, la iniciativa ha sido reconocida y apoyada por más de 100 países, y ha sido incluida constantemente en los documentos relevantes de las agencias de la ONU[1].

Aunque separadas por el océano Pacífico, el más extenso del mundo, América Latina, como extensión natural de la Ruta Marítima de la Seda del Siglo XXI, tiene una relación estrecha con China. Hoy en día, China ha establecido asociaciones estratégicas con nueve países de América Latina y el Caribe, y ha establecido asociaciones estratégicas integrales con siete de ellos. En mayo de 2017, los presidentes de Argentina y Chile y alrededor de 20 ministros de países

---

[1] Artículo 23 de la Resolución del Consejo de Seguridad de la ONU n.° S / 2274, marzo de 2016, （2016 年 3 月联合国安理会第 S/2274 号决议第 23 款）https://unama. unmissions.org/sites/default/files/s-res-22742016.pdf. Artículo 53 de la resolución aprobada por la Asamblea General de la ONU, 17 de noviembre de 2016 7 (A / 71/9), （2016 年 11 月第 71 届联大第 A/71/9 第 53 款）http://www.un.org/en/ga/search/ view_doc.asp?symbol=A/RES/71/9. El 23 de marzo de 2017, el Consejo de Seguridad de la ONU aprobó por unanimidad el artículo 34 de la Resolución n.° 2344, （2017 年 3 月 23 日，联合国安理会一致通过了第 2344 号决议第 34 款）http://unscr.com/en/ resolutions/doc/2344.

de América Latina y el Caribe asistieron al Foro de la Franja y la Ruta para la Cooperación Internacional, lo que demostró el interés y la expectativa de los países latinoamericanos por la Iniciativa de la Franja y la Ruta. Los estudios señalan que la Declaración de Beijing y el Plan de Cooperación de China-Estados Latinoamericanos y Caribeños (2015-2019), aprobados en el Primer Foro China-CELAC en 2015, son consistentes con la Iniciativa de la Franja y la Ruta y el espíritu de las "cinco interconexiones" por sus conceptos y prácticas. Por lo tanto, la cooperación integral entre China y América Latina puede cumplirse plenamente con la Iniciativa de la Franja y la Ruta mediante la integración de la plataforma del Foro China-CELAC con la iniciativa.

Durante el proceso de esta integración, la comunicación política jugará un papel fundamental y, por lo tanto, se le debe prestar especial atención. China y América Latina pueden tomar la construcción de una "comunidad de destino sino-latinoamericana" como objetivo y la comunicación política como condición previa y garantía para promover la cooperación pragmática entre ellos. Basándose en "la deliberación en común, la construcción conjunta y el codisfrute" y centrándose en las "cinco interconexiones", los avances en cuatro niveles de la comunicación política, es decir el alto nivel de consenso estratégico, la coordinación de planes de desarrollo, la conexión de plataformas y mecanismos, y la cooperación pragmática en proyectos específicos, promoverán en última instancia una cooperación de beneficio mutuo entre China y América Latina.

Capítulo 4

La Iniciativa de la Franja y la Ruta y la interconexión con América Latina

Xie Wenze [1]

Desde comienzos del siglo XXI, la importancia de la conectividad entre las tres áreas principales de transporte, energía y comunicación ha adquirido cada vez más relevancia en la estrategia de desarrollo integrado de América Latina. En los últimos años, la región latinoamericana ha alcanzado su tercer punto culminante con la Iniciativa para la Integración de la Infraestructura Regional Suramericana [2], el Proyecto de Integración y Desarrollo de Mesoamérica [3] y Petrocaribe [4] como principales representantes del desarrollo de la interconexión

---

[1] Xie Wenze es investigador y doctor del Instituto de Estudios Latinoamericanos de la Academia China de Ciencias Sociales. Sus principales líneas de investigación son la economía de América Latina, las infraestructuras de Latinoamérica, y la cooperación económica y comercial sino-latinoamericana.

[2] Se la conoce también como IIRSA.

[3] Se le conoce también como PM. En 2001, Belice, Colombia, Costa Rica, El Salvador, Guatemala, Honduras, México, Nicaragua y Panamá propusieron el Plan Puebla Panamá. En 2009, el Plan Puebla Panamá pasó a llamarse Proyecto de Integración y Desarrollo de Mesoamérica, y República Dominicana, que forma parte del Caribe, se unió oficialmente a este proyecto y se convirtió en el décimo país participante.

[4] Petrocaribe fue una iniciativa de Venezuela en el año 2000 que se puso oficialmente en marcha en 2005. En 2013, Petrocaribe hizo contacto con la Alianza Bolivariana para los Pueblos de Nuestra América (ALBA) y se propuso la creación de la Zona Económica Petrocaribe.

subregional. En vista del alto grado de concordancia entre la interconexión de América Latina y la Iniciativa de la Franja y la Ruta, el presente artículo pretende investigar el establecimiento del mecanismo de cooperación conjunta entre China y Latinoamérica, "la Franja y la Ruta", tomando el Foro China-CELAC como una plataforma importante y la interconexión como un área prioritaria.

1. La infraestructura es un área prioritaria para la construcción conjunta de "la Franja y la Ruta" entre China y América Latina

La interconexión de las infraestructuras viene a ser una cooperación colectiva entre China y América Latina, y comparte una misma área prioritaria con la construcción de "la Franja y la Ruta" y la Integración de la Infraestructura Regional Suramericana. Esta coincidencia permite la existencia de una base positiva para la conexión.

Los principales países de América Latina se fueron independizando a comienzos del siglo XIX. Con la construcción de ferrocarriles durante la segunda mitad de dicho siglo y principios del XX, se alcanzó el primer pico en la construcción de infraestructuras en Latinoamérica, mientras que el segundo pico se dio entre las décadas de 1950 y 1970, y estuvo impulsado por la construcción de ciudades y carreteras. Se fomentaron y promovieron mutuamente el desarrollo social y económico y la construcción de infraestructuras, lo cual permitió la formación de una excelente red de infraestructuras en ferrocarriles, carreteras, aviación, energía, comunicación, etc. Sin embargo, desde la década de 1980, la construcción de infraestructuras en América Latina ha quedado rezagada, lo que ha llegado a convertirse en uno de los principales cuellos de botella que obstaculiza el desarrollo social y económico de la región. Desde comienzos del siglo XXI, Latinoamérica se dedicó al desarrollo y a la inversión en infraestructuras, logrando ciertos resultados positivos.

El rápido desarrollo de la cooperación sino-latinoamericana en infraestructuras ha traído consigo una rica experiencia de colaboración entre ambas partes para la construcción de "la Franja y la Ruta". Las empresas chinas ya han llevado a cabo operaciones de contratación de obras en 30 países de América Latina y entre los años 2000-2016 la facturación de este tipo de operaciones ha aumentado de 170 millones de dólares [1] a 16.000 millones de dólares aproximadamente [2]. En cuanto a la inversión en infraestructuras, desde 2010 empresas como la Corporación Estatal de la Red Eléctrica de China, la Corporación Tres Gargantas de China (China Three Gorges Corporation en inglés) y China Harbour Engineering Company (CHEC) han logrado grandes avances en la inversión en los sectores de electricidad y red de carreteras en Latinoamérica. CPFL Energia de Brasil se ha convertido en una de las principales empresas de transmisión de energía eléctrica, y la Corporación Tres Gargantas de China, en la segunda firma de mayor generación de electricidad en Brasil. Por su parte, China Harbour Engineering Company ha invertido y construido autopistas en el norte y sur de Jamaica, de modo que las obras finalizaron en marzo de 2016 y las carreteras fueron abiertas al tráfico. Esto no solo ha sido el primer proyecto de construcción-explotación-traspaso (CET) de carreteras realizado por China Harbour Engineering Company en el extranjero,

---

[1] Buró Nacional de Estadísticas de la República Popular de China, datos de "Estadísticas Nacionales".

[2] Ministerio de Comercio de la República Popular de China, "Decimonovena síntesis de fin de año del trabajo comercial: se mantiene un desarrollo constante en la cooperación económica y comercial entre China y los países de América Latina", 13 de febrero de 2017. Enlace por Internet: http://www.mofcom.gov.cn/article/ae/ai/201702/20170202513555.shtml

sino también el primer proyecto CET de infraestructuras llevado a cabo por una empresa china en América Latina.

2. La integración de la infraestructura en América Latina es una base importante para la construcción conjunta de "la Franja y la Ruta"

De acuerdo con su localización geográfica, América Latina se puede dividir en tres subregiones: Sudamérica, México y Mesoamérica, y el Caribe (ver Imagen 1). La Iniciativa para la Integración de la Infraestructura Regional Suramericana, el Proyecto de Integración y Desarrollo de Mesoamérica y Petrocaribe son, respectivamente, los mecanismos de integración en infraestructura más importantes e influyentes de cada zona. La Iniciativa para la Integración de la Infraestructura Regional Suramericana y el Proyecto de Integración y Desarrollo de Mesoamérica se llevan a cabo en 21 países latinoamericanos, cuya superficie total representa el 99% de América Latina, el 95% de su población y el 85% de su PIB.

Imagen 1: Mapa esquemático de las tres subregiones de Latinoamérica

2.1 La Iniciativa para la Integración de la Infraestructura Regional Sudamericana llega a una fase de culminación con la finalización de múltiples proyectos

Esta iniciativa comenzó en el año 2000 al incluir 12 países de Sudamérica: Argentina, Bolivia, Brasil, Chile, Colombia, Ecuador, Guyana, Paraguay, Perú, Surinam, Uruguay y Venezuela. Hasta agosto de 2017, la Iniciativa de Integración de la Infraestructura Regional Suramericana había finalizado 153 proyectos, con una inversión total de aproximadamente 48.500 millones de dólares; mientras que 409 proyectos aún están en construcción, para los cuales se necesitaría una inversión de alrededor de 150.400 millones de dólares[1]. Con

---

[1]   UNASUR, COSIPLAN, *Actividades Informe 2017*, Argentina, noviembre de 2017, p. 24.

el aumento de la inversión, la Iniciativa de Integración de la Infraestructura Regional Suramericana ha llegado a una fase de culminación con la finalización de múltiples proyectos. Se estima que 97 proyectos terminarán en 2018, 123 en 2019, y entre los años 2020-2027 se prevé la culminación anual de entre 141 y 159 proyectos[1].

La Iniciativa para la Integración de la Infraestructura Regional Suramericana abarca las tres grandes áreas de transporte, energía y comunicación, pero se centra principalmente en proyectos de carreteras, líneas férreas y centrales eléctricas. Los proyectos de la Iniciativa para la Integración de la Infraestructura Regional Suramericana aprobados en 2017 por la Asociación de Planes e Infraestructuras de Sudamérica de la Unión de Naciones Suramericanas[2] son 562, con una inversión total de aproximadamente 198.900 millones de dólares. Entre estos proyectos hay 258 proyectos sobre carreteras, con una inversión aproximada de 69.400 millones de dólares, lo que ocupa el 34,9% de la inversión total; 53 proyectos son sobre ferrocarriles, con una inversión aproximada de 52.100 millones de dólares, lo que supone el 26,2% de la inversión total; y 25 proyectos son de centrales eléctricas, con una inversión aproximada de 43.500 millones de dólares, lo que representa el 21,9% de la inversión total[3]; mientras que 336 proyectos son de carreteras, ferrocarriles y centrales eléctricas, lo que ocupa el 59,8% del número total de proyectos, cuya inversión es de aproximadamente 165.000 millones de dólares, lo que supone el 83% de la inversión total.

---

[1] UNASUR, COSIPLAN, Cartera de Proyectos 2017, diciembre de 2017, Buenos Aires, Argentina, p. 56.

[2] La Unión de Naciones Suramericanas es conocida también como UNASUR, mientras que el Consejo Suramericano de Infraestructura y Planeamiento, como COSIPLAN.

[3] UNASUR, COSIPLAN, Cartera de proyectos 2017, diciembre de 2017, Buenos Aires, Argentina, p. 41.

De acuerdo con la escala de inversión, los cinco proyectos principales, sus estimaciones de inversión y el estados de los proyectos llevados a cabo por la Iniciativa para la Integración de la Infraestructura Regional Suramericana se pueden dividir en: 1) estudios en curso de la factibilidad de la electrificación del sistema ferroviario para el transporte de mercancías en Ecuador, con 17.800 millones de dólares; 2) planes de inicio de la construcción de la Central Hidroeléctrica Corpus Christi en Argentina y Paraguay, con 8.000 millones de dólares; 3) planes de inicio de la construcción del Corredor Ferroviario Bioceánico en Bolivia, con 7.000 millones de dólares; 4) construcción en curso de la autopista Cuiabá-Santarém en Brasil, con 6.500 millones de dólares; 5) estudios de factibilidad en curso del proyecto de construcción de una central hidroeléctrica binacional Bolivia-Brasil.

2.2 El Proyecto de Integración y Desarrollo de Mesoamérica se centra en la construcción de redes de carreteras y redes eléctricas

El Proyecto de Integración y Desarrollo de Mesoamérica se inició en el año 2001 e incluyó 10 países: Belice, Colombia, Costa Rica, la República Dominicana, El Salvador, Honduras, Guatemala, México, Panamá y Nicaragua.

Este proyecto tiene dos "ejes": el "eje económico" y el "eje social". El primero incluye las áreas de transporte, energía, comunicación y política de facilitación de la competencia; mientras que el segundo comprende las áreas de medicina, protección medioambiental, prevención y control de desastres, vivienda, alimentación y seguridad alimentaria.

El transporte y la energía son las dos áreas principales del Proyecto de Integración y Desarrollo de Mesoamérica. Desde enero de 2008 hasta junio de 2015, dicho proyecto finalizó 62 obras concretas, con una inversión total de aproximadamente 610 millones de dólares. Dentro de aquellas 62 obras, 19 eran proyectos de transporte, con una inversión de alrededor de 340 millones de dólares, el 55,7% de la inversión total; 10 eran proyectos de energía, con una inversión aproximada de 260 millones de dólares, el 42,6% de la inversión total; y la inversión en proyectos de transporte y de energía representa el 98,4% de la inversión total. Hasta junio de 2015 había 45 obras en construcción, cuya inversión total era de alrededor de 2.500 millones de dólares; 10 de ellas eran proyectos de transporte, con una inversión aproximada de 1.700 millones de dólares; y 7 eran de energía, con una inversión de alrededor de 600 millones de dólares. Se invirtió un total de 2.300 millones de dólares en proyectos de transporte y energía, lo que supuso el 92% de la inversión total [1].

Los proyectos de energía se enfocan en el Sistema de Interconexión Eléctrica de los Países de América Central [2], en el que se incluyen seis países como miembros principales: Panamá, Costa Rica, Honduras, Nicaragua, El Salvador y Guatemala. México y Colombia se unieron oficialmente en 2014. El propósito de este proyecto es construir una línea eléctrica que conecte estos ocho países. La construcción de estas líneas comenzó en 2002 y se han logrado resultados significativos. El precio promedio de la electrovalencia entre los años 2010-2015 en El Salvador, Guatemala, Nicaragua y Panamá disminuyó de 17,2 centavos/kW a 8,9 centavos/kW, una disminución de alrededor del 48% [3].

Con este proyecto de conexión de redes eléctricas entre los países de

---

[1]   Portal Oficial del Proyecto Mesoamérica, "Resumen Ejecutivo del Proyecto de Integración y Desarrollo de Mesoamérica: años 2008-2015", agosto de 2015, http://www.proyectomesoamerica.org/joomla/images/XV%20Cumbre/RESUMEN%20 EJECUTIVO.pdf.

[2]   Se le conoce también como SIEPAC.

[3]   Manuel Eugenio Rojas Navarrete, Estadísticas del subsector eléctrico de los países del Sistema de la Integración Centroamericana (SICA), 2016, Comisión Económica para América Latina y el Caribe (CEPAL), Ciudad de México, 2017, p. 28., de acuerdo con el cálculo de datos del Cuadro 7 que aparece en la página 28.

Mesoamérica, seis países de América Central implementaron con éxito este modelo de franquicia multinacional conjunta. Seis países de Mesoamérica propusieron la iniciativa de este proyecto en 1987, y después de casi 10 años de investigación y negociación, aquellos países firmaron en 1996 el Tratado Marco del Mercado Eléctrico de América Central [1], que entró en vigencia en 1999. De acuerdo con este tratado, los Gobiernos de estos países establecieron conjuntamente la Comisión Regional de Interconexión Eléctrica [2] (con sede en Guatemala) y el Ente Operador Regional [3] (con sede en El Salvador). La CRIE es la principal responsable de la planificación y la supervisión de las redes eléctricas, del mercado eléctrico y de la electrovalencia. Mientras que el EOR se encarga esencialmente de la compra-venta de electricidad. Las empresas de electricidad de los países firmantes del tratado establecieron conjuntamente con las empresas de electricidad de México, Colombia y España la conocida Empresa Propietaria de la Red [4]. La CRIE, de acuerdo con el Tratado Marco del Mercado Eléctrico de América Central, autorizó a esta empresa a encargarse del financiamiento, la construcción y la operación de las líneas eléctricas. Según la información publicada por el sitio web oficial del Proyecto de Integración y Desarrollo de Mesoamérica, hasta junio de 2015, la Empresa Propietaria de la Red había realizado una inversión total de 505 millones de dólares, dentro de los cuales, 58,5 millones eran fondos propios que ocupaban el 11,6% de la inversión total. Por otra parte, la EPR pidió un préstamo de 446,5 millones de dólares a distintas instituciones financieras como el Banco Interamericano de Desarrollo,

---

[1] También conocido como TMEAC.

[2] Se la conoce también como CRIE.

[3] Se le conoce también como EOR.

[4] Conocida también como EPR.

el Banco Centroamericano de Integración Económica[1] y el Banco de Desarrollo de América Latina, que representaba aproximadamente el 88,4% de la inversión total.

El proyecto de transporte se enfoca esencialmente en la construcción de una red de carreteras con una extensión que supera los 13.000 km, en la que se incluye el corredor en el litoral Pacífico (3.152 km), el corredor en el Atlántico (2.906 km), seis corredores interoceánicos en América Central (en total 1.374 km), el Corredor Turístico del Caribe (1.446 km) y un conjunto de tramos de carretera ramales (4.255 km)[2], de las cuales, las tres primeras carreteras son las principales. Como se muestra en la Imagen 2, el corredor en el litoral Pacífico comienza en Puebla, situada en el norte de México, pasa por Veracruz, en el este, y luego se dirige hacia el sur hasta acabar en la Ciudad de Panamá, capital de Panamá. El corredor en el Atlántico comienza en el norte desde Veracruz, se dirige hacia el este pasando por Chetumal (México), y sigue hacia el sur hasta finalizar en Miramar (Panamá). De norte a sur, las seis carreteras interoceánicas de América Central son: el corredor interoceánico entre Quetzal (Guatemala)-Barrios, el corredor entre La Libertad (El Salvador)-Barrios (Guatemala), la autopista entre La Unión (El Salvador)-Cortés (Honduras), la carretera interoceánica entre San Lorenzo (Honduras)-Cortés, el corredor entre Caldera (Costa Rica)-Limón, y la carretera entre Ciudad de Panamá-Colón.

---

[1] Se le conoce también como BCIE.

[2] Portal oficial del Proyecto Mesoamérica, "Red Internacional de Carreteras Mesoamericanas (RICAM)", 21 de julio de 2017, enlace por Internet: http://www. proyectomesoamerica.org/joomla/index.php?option=com_content&view=article&id=17 9&Itemid=108

Imagen 2: Mapa esquemático de la red de carreteras de América Central

2.3 A pesar de las dificultades se siguen realizando esfuerzos para promover Petrocaribe

Petrocaribe fue iniciada por Venezuela en el año 2000 e implementada oficialmente en 2005. Actualmente cuenta con 18 países participantes: Venezuela, Antigua y Barbuda, Bahamas, Belice, Cuba, Dominica, la República Dominicana, Guatemala, Guyana, Haití, Honduras, Jamaica, Nicaragua, San Cristóbal y Nieves, San Vicente y las Granadinas, Santa Lucía y Surinam. Venezuela suministra petróleo crudo o petróleo refinado a los otros 17 países participantes en función del precio del mercado internacional. Si el precio del petróleo crudo supera los 40 dólares por barril, el 30-70% del precio del producto se convierte en préstamos a largo plazo con intereses bajos (25 años, con una tasa de interés anual del 1%)[1], que se utilizará para apoyar el desarrollo económico y social y la construcción de infraestructuras en los 17 Estados participantes. Entre 2005 y 2014, Venezuela suministró un total de 300 millones de barriles de petróleo crudo a los países participantes. El precio total de todos estos barriles fue de aproximadamente 28.000 millones de dólares, de los cuales 12.000 millones de dólares se convirtieron en préstamos a largo plazo con bajos intereses[2].

De acuerdo con el programa de pago por préstamos de Petrocaribe de Venezuela, la cantidad del pago del petróleo crudo que se convierte en préstamos depende del precio al contado del petróleo crudo de Venezuela. Por ejemplo, cuando el precio al contado está entre 15-40 dólares/barril, el 5-25% del pago se puede convertir en préstamo; si el precio está entre 40-150 dólares/barril, el 30-60% del pago se puede convertir en préstamo; y si el precio del petróleo crudo supera los 150 dólares/barril, el 70% del pago se puede tomar como préstamo[3]. Venezuela suministra 223.000 barriles al día a Cuba, la República Dominicana, Jamaica, Nicaragua, Haití, Guyana, Antigua y Barbuda, Granada, San Cristóbal y Nieves, Dominica, San Vicente y las Granadinas, Belice, Surinam y El Salvador; de los cuales 98.000 son para Cuba y el resto de países suman 125.000 barriles por día[4]. Entre 2005 y 2014, el precio del petróleo crudo de Venezuela

[1]　Petrocaribe Development Fund, Annual Report 2014-2015, p. 3, Jamaica, September 2015.

[2]　Telesur, "Petrocaribe: a 12 años del acuerdo integracionista del Caribe", 29 de junio de 2017, enlace por Internet: https://www.telesurtv.net/news/Petrocaribe-A-12-anos-del-acuerdo-integracionista-del-Caribe-20170628-0055.html

[3]　Permanent Secretariat of SELA (Sistema Económico Latinoamericano y del Caribe), Evolution of the PETROCARIBE Energy Cooperation Agreement, p. 13, Caracas, Venezuela, June 2015.

[4]　Petrocaribe, Petrocaribe Management Report, Quarter 1 • 2014, p. 7.

aumentó bruscamente. El precio promedio al contado en 2005 era de 46 dólares/ barril, pero entre los años 2011 y 2013 subió a más de 100 dólares/barril. Entre 2007 y 2014, el suministro promedio diario de petróleo crudo de Venezuela a los 13 países participantes (excepto Cuba) aumentó de 56.300 toneladas a 104.500 toneladas [1]. Esto refleja que durante el periodo comprendido entre 2005 y 2014, la alianza Petrocaribe logró resultados notables, por ejemplo, alrededor de un tercio del suministro de energía de estos 13 países provenía del programa Petrocaribe; los 3.900 millones de dólares que se obtuvieron del cambio de pago del petróleo crudo por un préstamo a largo plazo con intereses bajos se utilizaron para apoyar 432 proyectos de construcción de infraestructuras y el desarrollo económico y social [2]. Petrocaribe ha desempeñado un papel importante en el desarrollo económico y social de estos países participantes. Desde la segunda mitad de 2014, el precio al contado diario del petróleo crudo de Venezuela disminuyó bruscamente. El precio promedio al contado en 2015 era de 44,65 dólares/barril, y en 2016 era de 35,15 dólares/barril, pero durante enero y agosto de 2017 el precio aumentó levemente a 43,85 dólares/barril [3]. Al mismo tiempo, la producción de petróleo crudo en Venezuela se ha reducido, y también se contempla una brusca reducción de la fuerza de implementación de Petrocaribe. Por ejemplo, en abril de 2017, el petróleo crudo suministrado por Venezuela a

---

[1] Petrocaribe, Petrocaribe Management Report, Quarter 1 • 2014, p. 8.

[2] Permanent Secretariat of SELA (Sistema Económico Latinoamericano y del Caribe), Evolution of the PETROCARIBE Energy Cooperation Agreement, pp. 17-20, Caracas, Venezuela, June 2015.

[3] Ministerio del Poder Popular de Petróleo y Minería, Venezuela, "Evolución de Precios 2015-2017" , 2017-11-09, http://www.mpetromin.gob.ve/portalmenpet/secciones. php?option=view&idS=45.

Jamaica disminuyó de 23.000 barriles por día a 1.300 [1].

3. Existe un alto grado de integración entre la interconexión de América Latina y la conectividad de las instalaciones de "la Franja y la Ruta"

La interconexión es el contenido principal de la integración de la infraestructura de América Latina. La conectividad de las instalaciones es uno de los cinco objetivos principales de "la Franja y la Ruta". Existe un alto grado de integración entre la interconexión de América Latina y la conectividad de las instalaciones de "la Franja y la Ruta".

3.1 Los tres niveles de avance de la interconexión

La interconexión a nivel nacional es el primer nivel; el segundo sería la interconexión subregional representada por la integración de tres subregiones; y la interconexión intercontinental es el tercer nivel. La mayoría de los proyectos pertenecen al primer nivel, unos pocos pertenecen al segundo nivel, mientras que el tercer nivel cuenta con una escasez de proyectos. Tomando la Iniciativa para la Integración de la Infraestructura Regional Suramericana (IIRSA) como ejemplo, dentro de sus 581 proyectos, 482 pertenecen al primer nivel, llegando a ocupar el 83% del número total de proyectos; 99 son del segundo nivel, y representan el 17% del número total de proyectos [2]. El desarrollo de "la Franja y la Ruta" ayudaría a Latinoamérica a compensar las deficiencias de la conectividad

---

[1]   The Gleaner, Jamaica, "Petrocaribe Quota To Ja Falls Dramatically... Down From 23,000 To 1,300 Barrels Per Day", April 21, 2017, enlace por Internet: http://jamaica-gleaner. com/article/lead-stories/20170421/petrocaribe-quota-ja-falls-dramatically-down-23000-1300-barrels-day.

[2]   UNASUR, COSIPLAN, Cartera de proyectos 2016, p. 17, diciembre de 2016.

intercontinental y le permitiría avanzar en los tres niveles de interconexión.

3.2 Las tres áreas subregionales se centran en aspectos diferentes del proyecto de interconexión

La IIRSA promueve la integración de las tres grandes áreas del transporte, la energía y la comunicación, especialmente los proyectos de infraestructuras de transporte relacionados con el transporte de mercancías, como las carreteras, los ferrocarriles o los puertos. De acuerdo con la IIRSA, el Gobierno es el principal organismo de inversión y financiamiento de los proyectos ferroviarios y de carreteras. La inversión total necesaria para este tipo de proyectos se estima en 111.400 millones de dólares [1], de los cuales 79.000 millones (46.600 millones en proyectos de carretera y 32.400 millones en proyectos ferroviarios) serían invertidos o financiados por los departamentos gubernamentales [2]. Los proyectos energéticos funcionan principalmente según el modelo de franquicia, y son responsabilidad de los departamentos gubernamentales y el sector privado de forma conjunta; mientras que los proyectos de comunicación son básicamente responsabilidad del sector privado. El Proyecto de Integración y Desarrollo de Mesoamérica se enfoca esencialmente en la construcción de redes eléctricas de transmisión y la construcción de redes de carreteras en América Latina. La primera se está construyendo de acuerdo con el modelo de franquicia multilateral, mientras que la segunda toma al Gobierno como cuerpo principal de inversión y financiamiento. Petrocaribe se centra en las construcciones de las instalaciones y los servicios de energía y turismo, y el Gobierno es el principal

---

[1] De acuerdo con el cálculo de datos realizados por COSIPLAN. COSIPLAN, Cartera de proyectos 2016, p. 17, diciembre de 2016.

[2] De acuerdo con el cálculo de datos realizados por COSIPLAN. COSIPLAN, Sistema de Información de la Cartera de Proyectos del COSIPLAN. (http://www.iirsa.org/proyectos/Principal.aspx?Basica=1, fecha de consulta: 8 de septiembre de 2017).

organismo de ejecución.

3.3 La planificación colectiva y la implementación separada son los principios básicos

Por un lado, todos los proyectos determinados para la integración de las tres principales subregiones son resultado de la planificación colectiva de los países involucrados, y todos pertenecen a las interconexiones de niveles 1 y 2. Para la interconexión del primer nivel, cada uno de los países participantes es responsable de su implementación. En cuanto al nivel 2, cada uno de los países participantes es responsable de la implementación de la interconexión dentro de su territorio nacional. Por otro lado, a excepción de la integración subregional, cada país participante puede elegir y emprender sus propios proyectos. Por ejemplo, hasta septiembre de 2016, el número total de proyectos de infraestructura en 12 países de Sudamérica era de 686, con una inversión de 224.000 millones de dólares, superando los 581 proyectos y los 191.400 millones de dólares de inversión de la IIRSA. En función del número de proyectos, Argentina ocupa el primer puesto, con 178 proyectos y una inversión de 48.600 millones de dólares; y Brasil ocupa el segundo lugar, con 94 proyectos y una inversión de 82.400 millones[1].

3.4 Después de un largo período, han mejorado las condiciones de preparación e implementación

Tomemos como ejemplo la integración de Bolivia, el Sistema de Interconexión Eléctrica de los Países de América Central y las obras de reparación de las secciones ferroviarias entre Los Andes (Chile) y Mendoza (Argentina).

---

[1] COSIPLAN, Cartera de proyectos 2016, p. 18, diciembre de 2016.

El plan de integración ferroviaria de Bolivia se ha estado gestando durante un siglo entero. El sistema ferroviario de este país se formó a principios del siglo XX, y debido a la topografía del país, se divide en dos partes: el este y el oeste, y ambos se conectan con el norte de Argentina. Desde comienzos del presente siglo, el Gobierno boliviano ha estado realizando esfuerzos para conectar estas dos líneas ferroviarias y en 2013, dentro del marco de la IIRSA, propuso el proyecto ferroviario interoceánico entre Perú, Bolivia y Brasil.

El Sistema de Interconexión Eléctrica de los Países de América Central duró 30 años. El periodo comprendido entre 1987 y 1996 fue un periodo de negociación, y seis países centroamericanos, Guatemala, El Salvador, Nicaragua, Honduras, Costa Rica y Panamá, finalizaron las negociaciones y firmaron un tratado multilateral. Los tres años comprendidos entre 1997 y 1999 fueron un período de ratificación del tratado; cada país participante completó dentro de sus fronteras un procedimiento de aprobación, y el tratado entró oficialmente en vigor. Entre los años 2000 y 2002 hubo un periodo de preparación de las construcciones, en el que se incluyeron trabajos como el establecimiento de una empresa de redes eléctricas y la obtención del financiamiento de los proyectos. Los doce años transcurridos entre 2003 y 2014 fueron el periodo de construcción de las obras de la Fase I, las cuales básicamente ya se han realizado. Y desde 2015, al mismo tiempo que se continúan realizando proyectos de la Fase I, también se está preparando la implementación de los proyectos de la Fase II, cuyo objetivo es conectar las redes eléctricas de los seis Estados de Mesoamérica con las de México y Colombia.

Chile y Argentina han llevado a cabo más de 20 años de negociación y preparación bilateral para la reparación del tramo ferroviario entre Los Andes-Mendoza. En 1996, Chile propuso a Argentina la iniciativa de reparar esta sección de la vía férrea; en 2004, ambos Estados comenzaron oficialmente con las negociaciones; y en 2009, los dos Gobiernos decidieron establecer una entidad bilateral intergubernamental, la Entidad Binacional Túnel Las Leñas [1] , que sería responsable del trabajo de reparación ferroviaria. De acuerdo con el estudio de factibilidad de agosto de 2015, este tramo ferroviario tiene una longitud de aproximadamente 204 km, el presupuesto de inversión del proyecto es de alrededor de 8.900 millones de dólares y el periodo de construcción sería de 10 a 12 años [2] . En mayo y julio de 2016, los respectivos parlamentos de Chile y Argentina completaron la ratificación de la formación de esta entidad binacional, y el Ministerio de Obras Públicas de Chile y el Ministerio del Interior, Obras Públicas y Vivienda de Argentina serían los responsables de la formación de esta entidad.

4. El establecimiento del mecanismo de cooperación y conexión de "la Franja y la Ruta" entre China y América Latina basado en el Foro China-CELAC

En el campo de la construcción de infraestructuras y la interconexión, el plan de integración de las áreas subregionales de América Latina, el proyecto de interconexión de los países latinoamericanos participantes, el Documento de Acción y de Voluntad Común de "la Franja y la Ruta", el Documento de la Política de China hacia América Latina y El Caribe (noviembre de 2016), la Declaración Especial sobre la Iniciativa de la Franja y la Ruta en la Segunda Reunión Ministerial del Foro China-CELAC y el Plan de Cooperación Conjunta en las Áreas Prioritarias entre China y la CELAC (2019-2021) son la base

---

[1]   Conocida también como "Ebileñas".

[2]   IIRSA, "A ley tres protocolos que fortalecerán la conexión con Argentina", 8 de noviembre de 2015, www.iirsa.org

principal para el establecimiento de "la Franja y la Ruta" por parte de China y la CELAC. En el presente artículo se va a tomar como ejemplo la integración de tres subregiones para la investigación del mecanismo de cooperación y conexión entre China y la CELAC para el desarrollo de "la Franja y la Ruta".

4.1 El Foro China-CELAC pone en marcha la "construcción de la Iniciativa de la Franja y la Ruta de forma conjunta entre China y la CELAC"

Esta iniciativa deja claro que el Foro China-CELAC es la plataforma principal que promueve el desarrollo de la conexión sino-latinoamericana a través de "la Franja y la Ruta", toma la interconexión como el eje primordial, y se basa en distintos principios importantes como la "planificación colectiva y la implementación separada", el "negociar, construir y disfrutar conjuntamente", y el "desarrollo paralelo de lo bilateral y multilateral y el desarrollo voluntario y autónomo", para construir un mecanismo de cooperación y conexión con diversidad y con múltiples niveles. Las tres grandes áreas de la integración de infraestructuras de América Latina (transporte, energía y comunicación), las tres fuerzas principales en el nuevo marco de cooperación pragmática "1+3+6" entre China y América Latina (comercio, inversión, cooperación financiera) y los "recursos de energía, la construcción de infraestructuras y la tecnología de información" de las seis esferas prioritarias, la "construcción de forma conjunta de los tres canales principales de logística, energía eléctrica e información en América Latina" del nuevo modelo de cooperación para la producción de energía "3×3" y la "interconexión en las infraestructuras de transporte, de energía y de comunicación" desarrolladas por "la Franja y la Ruta", tienen un mayor grado de coincidencia en el campo de la interconexión, y presentan una base sólida para la cooperación y la conexión.

4.2 China establece con los países latinoamericanos participantes un mecanismo de cooperación y de interconexión de nivel 1

El primer nivel del mecanismo de cooperación y conexión es principalmente la cooperación bilateral. Existe un alto grado de concordancia entre el principio de "planificación colectiva y la implementación separada" que lleva a cabo América Latina para promover la integración de las infraestructuras, el marco de cooperación general sino-latinoamericana, y el principio de construcción de "la Franja y la Ruta", lo que permitiría un desarrollo paralelo de lo general y bilateral, y un refuerzo mutuo entre el multilateralismo y el bilateralismo. Por un lado, tomando el Foro China-CELAC como una plataforma importante, China ha promovido y profundizado con 33 países de América Latina la asociación cooperativa global y la colaboración general sino-latinoamericana. Por otro lado, China ha establecido asociaciones estratégicas globales o alianzas estratégicas con algunos países de América Latina y ha establecido mecanismos bilaterales de comunicación y consulta entre los Gobiernos, lo que aportaría una buena base de conexión entre ambas partes. Por ejemplo, China ha establecido una Asociación Estratégica Integral con Brasil, México, Argentina, Chile, Perú, Venezuela y Ecuador, y una Alianza Estratégica con Costa Rica y Uruguay. Mecanismos bilaterales de negociación y de diálogo han estado funcionando durante muchos años y han funcionando bien, como la Comisión de Coordinación y Cooperación entre los Altos Dirigentes de China y Brasil, mecanismos llevados a cabo por el vicepremier de China y el vicepresidente de Brasil; el Comité Permanente de Ministros de Relaciones Exteriores China-México, o la Comisión Mixta de Alto Nivel China-Venezuela.

4.3 China establece un mecanismo de cooperación y de interconexión de nivel 2 con las subregiones integradas

La integración de las tres principales subregiones no solo es un programa de integración de infraestructura influyente y efectivo en América Latina, sino también una parte importante de la estrategia de desarrollo de los países latinoamericanos, y un mecanismo de cooperación, coordinación y negociación entre los Gobiernos de América Latina. Después de un largo período de preparación y práctica, se cuenta básicamente con el consenso político, social y multilateral necesario para implementar estos planes.

La integración subregional está implementando o preparándose para implementar una serie de proyectos prioritarios. China y estas integraciones subregionales pueden establecer un mecanismo de conexión en torno a sus respectivas prioridades. Tomando como ejemplo la Iniciativa para la Integración de la Infraestructura Regional Suramericana (IIRSA), este proyecto ha puesto en marcha una serie de proyectos prioritarios maduros. De acuerdo con el Plan de Acción Estratégico 2012-2022, 26 proyectos prioritarios deben finalizarse antes de 2027 y se espera que la inversión total sea de 23.100 millones de dólares. De estos 26 proyectos mencionados, 14 se completarán antes de 2022, y se podrían denominar como los "proyectos prioritarios de 2022". Entre ellos, los 5 proyectos con mayor inversión son: el proyecto de carretera entre Callao, La Oroya y Pucallpa (Perú), con una longitud total de aproximadamente 770 km, que requiere una inversión de alrededor de 2.670 millones de dólares; los dos proyectos de autopistas de Colombia, una entre Bogotá y Buenaventura, y otro proyecto de ampliación y reconstrucción de la carretera entre Cúcuta y Bucaramanga, el primero con una inversión de aproximadamente 1.950 millones de dólares, y el segundo de 880 millones, y ambos forman parte de la autopista entre Caracas (Venezuela)-Bogotá-Buenaventura-Quito (Ecuador); el

Proyecto Gasoducto del Noreste Argentino, de Argentina y Bolivia, en el que ambos países cooperan para construir un gasoducto troncal de 1.500 km y uno de derivación, también de 1.500 km, con una inversión total de 1.870 millones dólares aproximadamente; y el proyecto de líneas eléctricas entre Brasil e Itaipú-Asunción-Yacyretá (Paraguay), que requiere una inversión de alrededor de 850 millones de dólares. Los cinco "proyectos prioritarios de 2022" requieren una inversión total de 8.220 millones de dólares. Hay otros 12 proyectos que se planean finalizar antes de 2027 y pueden ser denominados como los "proyectos prioritarios de 2027", entre ellos, los dos proyectos con una inversión a mayor escala son: el proyecto ferroviario entre Antofagasta (Chile) y Paranaguá (Brasil), que requiere alrededor de 5.530 millones de dólares; y el proyecto del túnel de carretera entre Chile y Argentina, que incluye 12 km de túnel y 40 km de carretera, y necesita una inversión de aproximadamente 1.600 millones de dólares. Estos dos "proyectos prioritarios de 2027" requieren una inversión total de 7.130 millones de dólares.

4.4 China establece un mecanismo de cooperación y de interconexión de nivel 3 con los países latinoamericanos participantes y las subregiones integradas

América Latina tiene el océano Pacífico al oeste y el océano Atlántico al este y, debido a esto, los canales que atraviesan ambos océanos se conocen como "canales biocéanicos". En la actualidad, la construcción y planificación de los 10 canales de los dos océanos en Latinoamérica ya han tomado forma. Los 10 canales biocéanicos forman parte de un proyecto que "incorpora los tres niveles" de interconexión de América Latina, están incluidos en la Iniciativa de la Franja y la Ruta, y están en línea con esta iniciativa de construir redes de interconexión respaldadas por grandes proyectos como los de ferrocarriles y puertos.

El Proyecto de Integración y Desarrollo de Mesoamérica ha planificado seis carriles bioceánicos. Como se muestra en la Imagen 2, estas seis carreteras se sitúan en Guatemala (una), El Salvador (dos), Honduras (una), Costa Rica (una) y Panamá (una). Hay siete países en América Central: Belice[1], Guatemala, El Salvador, Nicaragua, Honduras, Costa Rica y Panamá. Entre todos estos, Costa Rica es un país que mantiene relaciones diplomáticas con China y con la que ha firmado un tratado de libre comercio. Panamá también estableció relaciones diplomáticas con China en junio de 2017 y El Salvador hizo lo propio en agosto de 2018. Costa Rica planea construir una red bioceánica que una Puerto Caldera (costa del Pacífico) y Limón (costa del Caribe). Hasta ahora, Panamá es el único país de América Latina y del hemisferio occidental que tiene un canal fluvial (Canal de Panamá) y una línea ferroviaria (Ferrocarril de Panamá) bioceánicas, que son, además, las más cortas; el Canal de Panamá tiene tan solo 65 km y el Ferrocarril de Panamá, 76 km. Si se consiguiera construir en Panamá una carretera bioceánica, este país contaría con tres rutas bioceánicas, la fluvial, la ferroviaria y la de carretera, hecho que mejoraría su posición central entre el hemisferio occidental y Asia-Pacífico.

La IIRSA está planificando 4 rutas ferroviarias bioceánicas. Según el proyecto alternativo para la integración ferroviaria suramericana, propuesto en julio de 2017 por Infraestructuras y Comisión de Planificación del Grupo de Trabajo sobre la Integración Ferroviaria de América del Sur[2], como se muestra en la Imagen 3, de norte a sur, las cuatro rutas ferroviarias bioceánicas son: la línea entre Brasil-Perú; la línea ferroviaria bioceánica del centro; la línea entre Antofagasta (Chile)-Panaraguá (Brasil); y la línea entre Valparaíso (Chile)-Buenos Aires (Argentina).

---

[1] Belice es un país de habla inglesa, y los otros seis son países de habla hispana. Belice, aunque se encuentra en América Central, es considerado como un país caribeño.

[2] Conocido como "Grupo de Trabajo sobre la Integración Ferroviaria Regional Suramericana".

Imagen 3: Mapa esquemático de las 4 rutas ferroviarias bioceánicas de América del Sur

La Ferrovía Transcontinental Brasil-Perú, iniciada conjuntamente por China, Brasil y Perú, se incorporó formalmente al proyecto alternativo para la integración ferroviaria suramericana. Esta red ferroviaria bioceánica es el primer proyecto importante de estudio de la viabilidad de una infraestructura multilateral en el que ha participado China en América Latina, para lo que se están realizando estudios de factibilidad en Brasil y Perú. La red ferroviaria de Brasil se conoce como la "Gran Red Ferroviaria Este-Oeste de Brasil". Desde 2008, la empresa estatal brasileña VALEC, Ingeniería, Construcciones y Ferrocarril S.A. ha realizado planificaciones e investigaciones en esta línea que comienza por el este desde Campos o Ilhéus, y se dirige hacia el oeste, hasta la frontera entre Brasil y Perú. Según las informaciones del sitio web oficial de VALEC y la IIRSA, la Gran Red Ferroviaria Este-Oeste de Brasil se dividirá en 4 secciones para su planificación, estudio de viabilidad y construcción. La sección del este y del oeste será planificada a largo plazo; y la sección del centro se dividirá en dos, una de ellas está en construcción mientras que en el caso de la otra se ha finalizado el estudio de factibilidad. Dentro de la red ferroviaria de Perú, se halla una división entre la línea del norte y la línea del sur. Las líneas continuas de la Imagen 3 reflejan la línea norte que recorre el norte de Perú y toma a Bayóvar como puerto de salida al mar; mientras que las líneas discontinuas reflejan la línea sur, que toma a la capital de Perú, Lima, como puerto de salida al mar.

Existen dos proyectos alternativos para la red ferroviaria de la parte central de Perú. La primera alternativa es el proyecto del Gobierno de Bolivia, en el que se planea tomar Ilo o Matarani (Perú) como puerto de salida de la costa del Pacífico, comenzando en el este desde Santos (Brasil), y pasando por tres países: Perú, Bolivia y Brasil. La segunda alternativa es el proyecto del Grupo de Trabajo sobre Integración Ferroviaria, en el que se planea utilizar los ferrocarriles existentes y tomar Arica y Antofagasta (Chile) como puertos de salida de la costa del Pacífico, y pasar por Perú, Chile, Bolivia y Brasil. El Grupo de Trabajo Ferroviario Antofagasta-Panaraguá se estableció oficialmente en 2014. Brasil, Argentina, Paraguay y Chile llegaron a un consenso: se planeó originalmente abrirlo al tránsito en 2020, pero actualmente se ha modificado el plan, por lo que se abrirá al tráfico antes de 2027. La mayor parte del tramo ferroviario entre Valparaíso y Buenos Aires se ha realizado a partir de una línea ferroviaria existente, y solo sería necesario reparar el tramo entre Los Andes y Mendoza.

4.5 La construcción de un mecanismo de cooperación financiera basado en el aumento de la capacidad de financiación de los proyectos

Se espera que la escala de inversión dedicada a la integración de las tres zonas subregionales sea superior a 200.000 millones de dólares, de los cuales la mayor parte serán invertidos o financiados por los Gobiernos de los respectivos países. Por ejemplo, en la IIRSA, 367 proyectos fueron financiados por el Gobierno Central o por el Gobierno Federal, que requería una inversión de aproximadamente 82.000 millones de dólares [1] . En la mayoría de los países latinoamericanos, las tasas de ahorro nacional son inferiores a las de inversión, los Gobiernos Centrales o los Gobiernos Federales suelen estar en déficit por un largo período de tiempo, existe una base débil de financiación interna para proyectos de infraestructuras, y la capacidad de inversión del Gobierno es limitada. Debido a estas razones, el financiamiento de la deuda soberana es la principal fuente de financiamiento externo para la construcción de infraestructuras en América Latina. El Banco Interamericano de Desarrollo, el Banco de Desarrollo de América Latina, el Banco Centroamericano de Integración Económica y el Fondo Financiero para el Desarrollo de los Países de la Cuenca del Plata (FONPLATA) son las principales instituciones financieras multilaterales que otorgan préstamos al sector de la infraestructura de América Latina. La cantidad de préstamos aprobados por el Banco Interamericano de Desarrollo para el sector de la infraestructura en 2015 fue de aproximadamente 4.330 millones de dólares[2], el del Banco de Desarrollo de América Latina fue

---

[1]   COSIPLAN, Cartera de Proyectos 2016, p. 29, diciembre de 2016.

[2]   Inter-American Development Bank, Annual Report 2015, p. 6, December 2016.

de 3.270 millones [1] . Hasta noviembre de 2016, el Banco Centroamericano de Integración Económica había emitido un préstamo de 770 millones de dólares [2] para el sector de la infraestructura. El FONPLATA, establecido y financiado por los Gobiernos de Argentina, Bolivia, Brasil, Paraguay y Uruguay, aportó aproximadamente 810 millones en préstamos para infraestructuras [3] . La cantidad total de préstamos para la infraestructura aprobados o emitidos por estas cuatro instituciones financieras en 2015 fue de aproximadamente 9.060 millones de dólares.

Según estadísticas parciales, hasta octubre de 2017, China proporcionó más de 200.000 millones en todo tipo de compromisos de préstamos, y el saldo de préstamos superó los 80.000 millones de dólares, una porción significativa de la cual se utilizó para apoyar la inversión y la construcción en infraestructuras de América Latina, como, por ejemplo, los 20.000 millones de préstamo especial para las infraestructuras de Latinoamérica.

La línea principal de la cooperación financiera es el aumento de la capacidad de financiamiento de los proyectos, y no se trata de que China elimine unilateralmente el cuello de botella del financiamiento de América Latina. Por un lado, al agregar los factores de China, sería posible mejorar la implementación de proyectos relacionados y mejorar sus capacidades de financiamiento; por ejemplo, aumentando la capacidad de exportación a China del país donde se

---

[1] CAF-Banco de Desarrollo de América Latina, Informe Anual 2015, pp. 42-45, mayo de 2016; en 2015, el Banco de Desarrollo de América Latina aprobó un préstamo de 12.255 millones de dólares, de los cuales, los préstamos en infraestructuras ocuparon el 26,7%, con aproximadamente 3.270 millones de dólares.

[2] Banco Centroamericano de Integración Económica, Estadísticas Resultados Operaciones, noviembre de 2016 (https://www.bcie.org/operaciones/estadisticas-operaciones/, fecha de consulta: 2 de septiembre de 2017).

[3] Fondo Financiero para el Desarrollo de la Cuenca del Plata, Annual Report 2015, p. 38, FONPLATA, 2016.

encuentre el proyecto. La ventaja de los avances y el bajo coste de la tecnología china, y las ventajas de la gestión de la construcción y la edificación de las empresas chinas son relativamente grandes. Por otro lado, se deben definir claramente los mecanismos de identificación y control de riesgos, sobre todo los riesgos de carácter temporal (el ciclo de implementación del proyecto es más largo), los riesgos políticos (estabilidad y continuidad de la política), los riesgos sociales y ambientales, etc.

5. Conclusiones

La cooperación general entre China y América Latina, la construcción de "la Franja y la Ruta", y la integración de la infraestructura en América Latina son la base de la construcción de forma conjunta entre China y Latinoamérica de la Iniciativa de la Franja y la Ruta. En el marco de la cooperación general entre China y América Latina se confirma la posición de la región latinoamericana en la construcción de la Iniciativa de la Franja y la Ruta. Esta posición ha reflejado sustancialmente que "la región latinoamericana no solo es una extensión natural de la Ruta Marítima de la Seda del Siglo XXI, sino que también es una parte importante e indispensable para la construcción de 'la Franja y la Ruta'". Según los tres niveles de interconectividad, América Latina, China y los países latinoamericanos participantes deben establecer un mecanismo de cooperación y conexión para el primer nivel de interconexión (interconexión dentro del país); para el segundo nivel de interconexión con las subregiones (interconexión subregional), China también debe establecer un mecanismo de cooperación y conexión, al igual que para el tercer nivel de interconexión con los países participantes y subregiones (interconexión intercontinental). Las diez rutas bioceánicas de América Latina se podrían incorporar a la Iniciativa de la Franja y la Ruta de forma conjunta entre China-Latinoamérica como un proyecto de cooperación prioritario de la interconexión de nivel 3. En torno a la mejora de las capacidades de financiamiento de proyectos, se deberían hacer uso de manera integral de los mecanismos de comercio, inversión y cooperación financiera para establecer marcos o mecanismos de cooperación financiera, identificación de riesgos y control, y los países de América Latina deberían evitar malentendidos o interpretaciones erróneas de la cooperación financiera.

Capítulo 5

Perspectivas de la cooperación económica y comercial sino-latinoamericana y el futuro de los acuerdos de libre comercio

Zhou Mi [1]

China está geográficamente lejos de los países latinoamericanos, pero ha tenido importantes canales de comercio marítimo desde hace mucho tiempo. El comercio continuo de bienes ha brindado apoyo a ambas partes para satisfacer sus respectivas necesidades. En cuanto a la inversión, las empresas chinas comenzaron a invertir en América Latina en la década de 1990, sentando ciertas bases para la cooperación en inversión. La Iniciativa de la Franja y la Ruta viene siendo cada vez más aceptada por los países. Sus conceptos primordiales, como el beneficio mutuo y el desarrollo común, han dado lugar al fortalecimiento de la cooperación económica y comercial entre países, caracterizada por la interconexión e intercomunicación. Aunque existen muchas diferencias entre China y América Latina en áreas como el sistema social, la gestión gubernamental, la necesidad industrial y las costumbres culturales, así

---

[1]   Zhou Mi es vicedirector e investigador del Instituto de Investigación de las Américas y Oceanía de la Academia de Estudios sobre Comercio y Cooperación Económica, adscrita al Ministerio de Comercio. Se especializa principalmente en la cooperación en inversión extranjera, el comercio de servicios, las normas y los acuerdos internacionales. Correo electrónico: datamaster@163.com.

como muchos factores que restringen la cooperación económica y comercial bilateral, los intereses comunes de desarrollo de ambas partes siguen siendo la corriente principal. China y América Latina tienen la voluntad y la capacidad de promover la cooperación empresarial en materia de inversión y brindar un apoyo más adecuado y vigoroso para el desarrollo económico y social, a través de la facilitación del comercio y el fortalecimiento de los acuerdos de libre comercio. .

1. La cooperación económica y comercial entre China y América Latina tiene una buena base

La relación económica y comercial entre China y los países latinoamericanos se caracteriza por la alta complementariedad. Las relaciones ya establecidas cubren diversos campos, como el comercio bilateral, la inversión bidireccional, la cooperación económica y tecnológica, y la ayuda exterior. Con la orientación y el apoyo de los Gobiernos de ambas partes, las empresas exploran activamente las oportunidades de desarrollo, sentando así una buena base para la cooperación económica y comercial. Sin embargo, también se debe tener en cuenta que, debido a diversos factores, la cooperación económica y comercial entre China y América Latina no se ha desarrollado a un alto nivel y hay un amplio espacio de mejora.

1.1 La complementariedad sino-latinoamericana en la cooperación económica y comercial

La similitud en la fase de desarrollo económico reduce la discordancia en la cooperación. Después de un largo período de arduo trabajo, el socialismo con peculiaridades chinas ha entrado en una nueva era. Hoy en día, las principales contradicciones de nuestra sociedad tienen que ver con la necesidad de una vida cada vez mejor y cómo contrarrestar el desarrollo desequilibrado y desigual. Se debe reconocer que China está todavía y permanecerá durante mucho tiempo en la etapa primaria del socialismo, y seguirá siendo el mayor país en desarrollo del mundo. Los principales países de América Latina también atraviesan un proceso de desarrollo. Su modelo de desarrollo económico ha experimentado consecutivamente la exportación de productos primarios, la industrialización por sustitución de importaciones y el desarrollo orientado al exterior. En comparación con otros países, las naciones latinoamericanas son más vulnerables a las crisis económicas. Cuando el entorno externo ha experimentado cambios importantes, muchos países latinoamericanos no han sido capaces de ajustar sus modelos de desarrollo económico de manera oportuna, causando un cambio estructural pasivo en el desarrollo económico. La diferencia en la fase de desarrollo económico entre China y América Latina es relativamente pequeña, y es relativamente fácil promover la transferencia de tecnología y la cooperación industrial.

Las diferencias en la dotación de recursos crean un potencial para la cooperación económica y comercial. La mayoría de los países latinoamericanos tienen buenas condiciones naturales y cuentan con abundantes recursos agrícolas, forestales, pesqueros y minerales. Por ejemplo, América Latina es líder en el mundo en cuanto a reservas de hierro y cobre. Su reserva de petróleo crudo también ha permitido a los países productores acumular una gran cantidad de ingresos de exportación durante el período de altos precios internacionales del petróleo. Por mucho tiempo, los productos intensivos en recursos naturales han sido la principal ventaja comparativa de muchos países latinoamericanos en el comercio internacional. Por otra parte, las reservas y extracciones de una mayoría de recursos son relativamente pocas en China, y los costos de extracción son relativamente altos. El desarrollo sostenido y rápido de la economía china ha aumentado la demanda de productos primarios y materias primas. El desarrollo de la manufactura china requiere la exploración de manera efectiva de los recursos globales, mientras aprovecha sus propias ventajas para satisfacer las necesidades del mercado global. En consecuencia, América Latina exporta a China productos básicos como soja, mineral de hierro y cobre, mientras importa desde China una gran cantidad de productos procesados y bienes de consumo. Después de años de acumulación y desarrollo, China ha establecido el sistema industrial más completo del mundo. Su mano de obra para la producción industrial es abundante y la capacidad de innovación tecnológica está mejorando continuamente. Las diferencias en la dotación de recursos entre China y América Latina han sentado una base importante para la cooperación económica y comercial.

Las diferencias en la estructura industrial crean un espacio de cooperación de beneficio mutuo. La complementariedad industrial entre China y América Latina es bastante obvia. La industria china está relativamente desarrollada, con categorías e instalaciones de soporte completas. No solo tiene el sistema de producción más extenso para productos industriales en el mundo, sino que es también un productor importante de más de 100 productos industriales. En contraste, la mayoría de los países latinoamericanos todavía cuentan con las exportaciones agrícolas para sus ingresos en divisas. Las diferencias en la estructura industrial crean, entonces, las condiciones para que las dos partes lleven a cabo la interconexión y la cooperación, y construyan una plataforma para la cooperación industrial, el fortalecimiento de la cooperación en la cadena de valor global, la cooperación técnica y el desarrollo industrial coordinado. China y América Latina tienen mayores posibilidades de complementarse a través de la cooperación industrial y promover resultados de beneficio mutuo.

1.2 China y América Latina tienen un gran espacio para el crecimiento en el comercio de bienes

Aunque China se ha convertido desde 2003 en el segundo socio comercial de América Latina y el Caribe, su participación en el comercio latinoamericano es todavía pequeña en comparación con Estados Unidos. La participación de América Latina en el comercio exterior de China también es relativamente baja. La particularidad de la estructura de productos de importación y exportación entre las dos partes significa un gran espacio para el crecimiento en el volumen de comercio.

El volumen total del comercio bilateral ha disminuido. El comercio bilateral entre China y 34 países latinoamericanos cayó después de alcanzar su punto máximo en 2012-2014. Como se muestra en la Figura 1, según las estadísticas aduaneras de China, el volumen comercial entre China y los países latinoamericanos alcanzó un máximo de 264.160 millones de dólares [1] en 2014, de los cuales China exportó 136.450 millones de dólares e importó 127.710 millones de dólares. En 2015 y 2016, el volumen del comercio bilateral cayó a 237.400 millones de dólares y 217.450 millones de dólares respectivamente, lo que representó una disminución del 10,1% y 17,7% respecto a 2014. Desde 2000 hasta el estallido de la crisis económica en 2008, el volumen del comercio bilateral mantuvo una tasa de crecimiento alta de más de dos dígitos. A pesar de la caída en 2009, el comercio sino-latinoamericano se recuperó rápidamente en 2010. Sin embargo, la tasa de crecimiento se redujo rápidamente después.

---

[1] Sin precisión, dólar en este texto se refiere al dólar estadounidense.

Figura 1: Comercio bilateral entre China y los países latinoamericanos (100 millones de dólares)

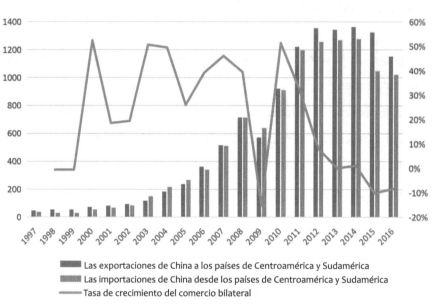

Las exportaciones de China a los países de Centroamérica y Sudamérica
Las importaciones de China desde los países de Centroamérica y Sudamérica
Tasa de crecimiento del comercio bilateral

Fuente: estadísticas de la Aduana de China.

El comercio bilateral en su conjunto se ha mantenido relativamente equilibrado. China y América Latina tienen una fuerte complementariedad en el comercio bilateral, lo que ha resultado en un equilibrio básico entre la importación y la exportación. Como se muestra en la Figura 2, en los últimos 20 años, la balanza comercial entre China y los países latinoamericanos ha experimentado varias etapas de desarrollo y cambios. Antes de 2002, China tenía un superávit comercial, aunque el tamaño no era grande, solo de 1.000-3.000 millones de dólares. Sin embargo, debido a la escala limitada del comercio bilateral, tal superávit representó casi el 30% del comercio total en unos años. Durante 2003-2005, a causa del rápido crecimiento de las importaciones de China, hubo un déficit comercial durante tres años consecutivos. Después del estallido de la crisis económica, China sufrió un déficit a gran escala en 2009, seguido por un superávit sostenido, cuyo tamaño continuó expandiéndose. Sin embargo, gracias a la expansión simultánea del volumen del comercio bilateral, la proporción del superávit comercial en el comercio bilateral se ha mantenido relativamente estable, con un máximo de solo 12% en 2015 y menos del 5% en el resto de años.

Figura 2: Nivel de equilibrio del comercio bilateral entre China y los países latinoamericanos (100 millones de dólares)

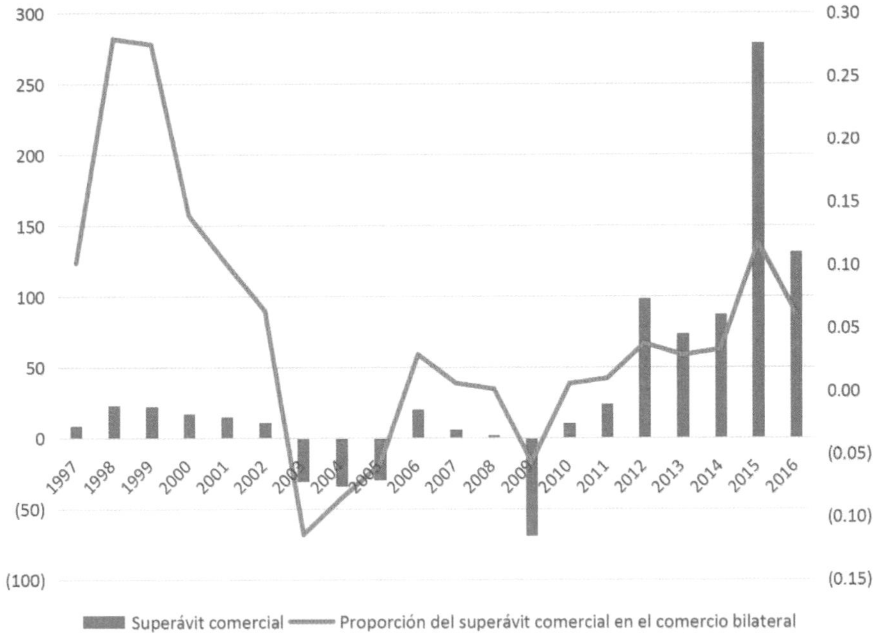

Superávit comercial ▬▬▬ Proporción del superávit comercial en el comercio bilateral

Fuente: calculado por el autor según los datos de la Aduana de China.

El peso del comercio sino-latinoamericano en el comercio exterior de China no es alto. De acuerdo con las estadísticas aduaneras de China, en 2016, dentro de los 100 principales destinos de exportación para China aparecieron 14 países latinoamericanos, a los cuales China exportó 107.780 millones de dólares, lo que representó solo el 5,0% de las exportaciones totales de China en ese año. Como se muestra en la Figura 3, en los últimos 20 años, la proporción de las exportaciones de China a estos 14 países latinoamericanos alcanzó su punto máximo en 2012, que fue el 6,2%. En 2016, dentro de las principales 100 fuentes de importación para China figuraron 11 países latinoamericanos, de los cuales China importó 100.500 millones de dólares, lo que representó solo el 6,6% de las importaciones totales de China en ese año. La Figura 3 muestra que en los últimos 20 años, las importaciones de China desde estos 11 países latinoamericanos se han mantenido básicamente estables desde la crisis financiera de 2008, con la proporción más alta, también en 2012, del 6,8%.

Figura 3: Proporción ocupada por los países latinoamericanos dentro de los cien principales socios comerciales de China (exportación o importación)

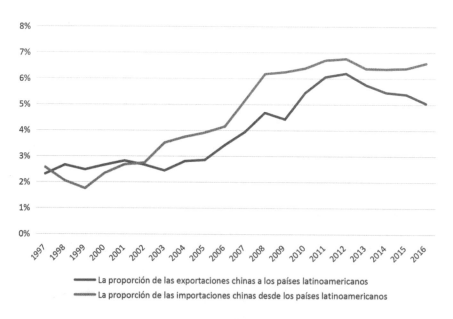

Fuente: calculado por el autor según los datos de la Aduana de China.

El comercio sino-latinoamericano se ha concentrado más por países. En

2007, México se encontraba todavía detrás de Brasil y Panamá como destino de las exportaciones de China. En 2016, México ocupó el puesto 17 dentro de todos los destinos de exportación de China, y fue el mayor destino de las exportaciones chinas en América Latina. Las exportaciones de China a México ascendieron a 32.540 millones de dólares en 2016, lo que representó por primera vez más del 30% (30,2%) de las exportaciones totales de China a 14 países latinoamericanos. A México le siguen en importancia Brasil, Chile, Argentina y Colombia, que representaron, respectivamente, el 68,1%, 39,8%, 22,3% y 21,2% de las exportaciones de China a México. Desde el punto de vista de las importaciones chinas, Brasil se ubicó en el puesto 9 dentro de todos los proveedores principales del mercado chino, y fue el mayor socio de importación en América Latina. Las importaciones chinas desde Brasil ascendieron a 45.400 millones de dólares en 2016, lo que marcó un récord histórico en términos de su peso en las importaciones totales de China desde los 11 principales países latinoamericanos. Tal proporción alcanzó el 45,2% en 2016, 0,1 puntos porcentuales más que su nivel máximo anterior en 2009 y 2011. A Brasil le siguen en importancia Chile, México, Perú y Venezuela, que representaron, respectivamente, el 40,5%, 22,7%, 20,7% y 12,0% de las importaciones chinas desde Brasil.

La estructura de las exportaciones de China a América Latina corresponde a su estructura global. Respecto a los tres principales destinos de exportación en América Latina, que fueron México, Brasil y Chile en 2016, la mayor categoría de producto en términos de valor fue la maquinaria electrónica (SA85), que representó, respectivamente, el 25,2%, 25,8% y 16,0% de las exportaciones totales de China a México, Brasil y Chile. La proporción de la maquinaria electrónica en las exportaciones totales de China en el mismo año fue del 26,2%, lo que indica una alta similitud en términos de la composición de productos exportados. Además, la segunda categoría de producto exportado desde China, los instrumentos básicos (SA84), también es la segunda categoría más exportada de China a México, Brasil y Chile. Sin embargo, en general, los países latinoamericanos no son destinos importantes para las exportaciones chinas, lo que resulta en una menor dependencia de China de los mercados latinoamericanos. Según los cálculos por países y productos, México, Brasil y Chile representaron más del 5% de las exportaciones chinas de ciertos productos. Por ejemplo, México acogió el 5,3% de las exportaciones chinas de instrumentos ópticos y médicos (SA90) en 2016, Brasil recibió el 5,5% de las exportaciones chinas de fertilizantes (SA31), y Chile absorbió el 5,4% de las exportaciones chinas de aceites animales y vegetales (SA15). Sin embargo, las tres categorías de productos mencionadas anteriormente, según su importancia para las exportaciones chinas, ocuparon solo el 6.° , 42.° y 82.° lugar, respectivamente.

Los países latinoamericanos son proveedores importantes de muchos tipos de bienes importados en China. Las importaciones chinas de productos primarios de América Latina han seguido aumentando. Las importaciones de mineral de hierro y soja se incrementaron, respectivamente, de 190 millones de toneladas y 29,79 millones de toneladas en 2012 a 220 millones de toneladas y 47,88 millones de toneladas en 2016. En 2016 hubo una gran diferencia en la estructura de las importaciones de China desde sus tres principales socios en América Latina: Brasil, Chile y México. En el caso de Brasil, China importó básicamente cereales y frutas (SA12), minerales (SA26) y combustibles fósiles (SA27), que representaron el 34,3%, 28,7% y 12,9% de las importaciones chinas desde Brasil, con una suma del 76,0%. En cuanto a Chile, China importó productos de acero (SA72) y minerales (SA26), que representaron el 42,4% y el 35,5% de las importaciones chinas desde Chile, con una suma del 77,9%. Por el contrario, la composición de los productos importados de China desde México fue más estándar en comparación con su estructura de importación en el mercado mundial. La mayor categoría de mercancía, la maquinaria electrónica (SA85), representó el 39,7% de las importaciones chinas desde México. Otros cuatro grupos de productos, en orden descendente en su importancia, ocuparon también el 5.°, 6.° y 4.° puesto según sus proporciones en las importaciones totales de China en el mundo. Como consecuencia, los países latinoamericanos han sido los principales proveedores de ciertos productos a China (ver Tabla 1), alcanzando a veces más del 40% de las importaciones chinas. Entre ellos, el 40,7% de las importaciones chinas de cereales y frutas (SA12) provinieron de Brasil en 2016; el 46,4% de productos de acero (SA72) se importaron desde Chile; y Brasil también representó el 62,3% y el 48,4% de las importaciones chinas de buques (SA89) y de azúcar (SA17), respectivamente.

Tabla 1: Productos importados desde Brasil y Chile que representaron más del 5% de las importaciones totales de China en 2016

Categoría	País	Proporción en las importaciones totales de China
Minerales（SA26）	Brasil	14,0%
	Chile	7,0%
Cereales y frutas（SA12）	Brasil	40,7%
Pulpa de celulosa（SA47）	Brasil	15,1%
	Chile	6,9%
Productos de acero（SA72）	Chile	46,4%
Carne（SA02）	Brasil	19,5%
Cuero（SA41）	Brasil	11,8%
Buque（SAS89）	Brasil	62,3%
Azúcar（SA17）	Brasil	48,4%
Salazón（SA20）	Brasil	10,3%
Semilla y retirada de semilla（SA13）	Brasil	7,1%
Fruta y fruto seco（SA08）	Chile	20,6%
Bebida（SA22）	Chile	5,6%

Fuente: calculado por el autor según las estadísticas aduaneras de China.

1.3 Limitada inversión bidireccional hacia la economía real

El desarrollo de las inversiones directas entre China y los países latinoamericanos sigue siendo insuficiente. La inversión china en los países de América Latina es relativamente mayor. Sin embargo, debe tenerse en cuenta que los flujos de capital entre China y América Latina se concentran todavía en los paraísos fiscales extraterritoriales. Tal inversión, cuyo objetivo principal es evitar impuestos, no tiene mucho efecto en la promoción de la economía real de los países pertinentes. La inversión bilateral entre China y otros países latinoamericanos se encuentra todavía en una etapa inicial: la escala es pequeña y los flujos son inestables.

La inversión de América Latina en China es relativamente pequeña. De acuerdo con la teoría de la inversión directa internacional, el flujo de capital internacional de un país está determinado por su propio nivel de desarrollo económico y otros factores. Aunque los países latinoamericanos experimentaron un período de rápido desarrollo en el siglo pasado, su nivel de desarrollo actual es todavía limitado y su inversión en China se encuentra en una etapa inicial. Además, la distancia geográfica limita aún más la inversión de los países latinoamericanos en China. Según las estadísticas del Ministerio de Comercio de la República Popular de China, la inversión real de las economías sudamericanas en China alcanzó 9.140 millones de dólares en 2015, con un aumento interanual del 18,4%. En términos del número de proyectos, había 616 proyectos de inversión (empresas) registrados, con una disminución interanual del 3,3%. Aunque la inversión sudamericana representó el 7,2% del capital extranjero realmente utilizado en China, las principales fuentes de inversión latinoamericanas fueron los paraísos fiscales extraterritoriales. La inversión con origen en las Islas Vírgenes Británicas ascendió a 7.390 millones de dólares y la inversión con origen en las Islas Caimán alcanzó 1.440 millones de dólares. La inversión desde estos dos lugares totalizó 8.830 millones de dólares, representando el 96,6% de la inversión total de América Latina en China. Además, las Bahamas invirtieron 150 millones de dólares en China, mientras que ninguna otra economía latinoamericana invirtió más de 100 millones de dólares en China. Según las estadísticas de Aduanas de China, en 2016, no había una economía latinoamericana, excepto los paraísos fiscales, que entrara en la lista de las 10 principales fuentes de inversión extranjera directa en China.

Las empresas chinas son relativamente más activas en invertir en América Latina y los paraísos fiscales extraterritoriales son relativamente atractivos. Según el Boletín Estadístico de la Inversión Directa de China al Extranjero publicado en 2017, la inversión total de China en América Latina en 2016 fue de 27.230 millones de dólares, con un aumento interanual del 115,9%, lo que representó el 13,9% de los flujos de inversión al extranjero de China. Dentro de los 20 principales destinos de inversión extranjera de China, las Islas Caimán y las Islas Vírgenes Británicas ocuparon el 3.° y 4.° puesto, respectivamente. La inversión de China en las Islas Caimán ascendió a 13.520 millones de dólares, lo que representó el 6,9% de los flujos de inversión al extranjero de China. La proporción destinada a las Islas Vírgenes Británicas fue del 6,3%, equivalente a 12.290 millones de dólares. En 2016, la inversión de China en Jamaica y México fue de 420 y 210 millones de dólares, respectivamente. Desde la perspectiva del *stock* de inversión, a fines de 2016, China invirtió en América Latina 207.150 millones de dólares, lo que representó el 15,3% del *stock* de China en el mundo. Las inversiones acumuladas estaban concentradas en las Islas Caimán y las Islas Vírgenes Británicas, que se quedaron solo detrás de Hong Kong (China) en términos del *stock* de inversión china recibida. Las empresas chinas invirtieron un total de 192.970 millones de dólares en estos dos lugares, lo que representó el 93,2% del *stock* de inversión china en América Latina. Además, el *stock* de inversión china también se distribuyó en Brasil, Venezuela, Argentina, Ecuador, Jamaica, Perú, Trinidad y Tobago y México.

1.4 La cooperación económica y tecnológica satisface las necesidades de la construcción de infraestructura en América Latina

Los países latinoamericanos se centran en promover la integración regional, lo que ha transformado América Latina en una de las regiones más densamente coordinadas del mundo. Con el fin de promover la cooperación y coordinación económica y comercial, la interconexión de la infraestructura es una parte importante en el proceso de integración latinoamericano. Como reciente participante en dicha integración regional, China comenzó relativamente tarde la cooperación económica y tecnológica con los países latinoamericanos, pero el desarrollo ha sido rápido. Los Gobiernos de ambas partes han explorado el camino de cooperación de beneficio mutuo a través de diversos mecanismos y han creado importantes oportunidades para la cooperación a nivel corporativo en la planificación, la coordinación y el diseño de la infraestructura. Las empresas contratistas de ingeniería de China tienen una fuerte competitividad global y una gran experiencia en áreas como viviendas civiles y comerciales, instalaciones industriales, infraestructura de transporte, generación y transmisión de energía, y tienen un alto nivel de construcción. Según la lista de las 250 mejores empresas contratistas en la ingeniería mundial de 2017, publicada por la revista estadounidense Engineering News-Record (ENR), las empresas chinas ocuparon siete plazas dentro de las diez mejores [1].

En 2016, según las estadísticas del Ministerio de Comercio de China, los cinco países donde las empresas chinas firmaron más nuevos contratos en

---

[1]　https://www.enr.com/toplists/2017-Top-250-Global-Contractors-1 [2018-04-14].

América Latina fueron Venezuela, Ecuador, Brasil, Argentina y México. En términos de los ingresos alcanzados en el mismo año, los cinco primeros fueron Venezuela, Ecuador, Brasil, México y Argentina. Los cinco países mencionados anteriormente son los principales países en los que China lleva a cabo la cooperación en ingeniería en América Latina. En 2016, las empresas chinas proporcionaron lodo bentonítico en Venezuela; realizaron la construcción de escuelas y hospitales en Ecuador; participaron en proyectos de infraestructura de telecomunicaciones y dragaron cursos fluviales en Brasil y México; y construyeron tuberías subterráneas de conducción de agua de río y participaron en la modernización de estaciones de bombeo en Argentina. Además, se espera que la construcción de la planta hidroeléctrica San Gabán III, un proyecto importante del programa de la cooperación en capacidad productiva China-Perú, resuelva la escasez de energía en el sureste de dicho país, reduciendo las emisiones anuales de CO_2 en 338.000 toneladas.

1.5 El importante papel de la ayuda de China a América Latina

China brinda las ayudas financieras en tres formas: donación, crédito sin interés y crédito concesional. Las donaciones se centran en ayudar a los países receptores a construir proyectos de bienestar social de pequeña y mediana escala, y financiar la cooperación en desarrollo de recursos humanos, la cooperación técnica, la asistencia material y humanitaria urgente, etc. Los créditos sin intereses se utilizan principalmente para ayudar a construir instalaciones de interés publico y proyectos civiles. Los créditos concesionales se destinan a financiar proyectos productivos, proyectos de infraestructura de grande o mediana escala, y la adquisición de equipos completos de gran escala, o productos electromecánicos.

Desde la década de 1960, la asistencia exterior de China ha respetado los

Ocho Principios de la Ayuda Económica y la Asistencia Técnica a Otros Países, y ha sido mejorada y desarrollada en la práctica. La asistencia exterior de China se ha caracterizado por su compromiso con la igualdad, el beneficio mutuo y el desarrollo común, sin condición política vinculada, con el fin de ayudar a los países receptores a mejorar sus capacidades de desarrollo independiente. Como país en desarrollo, China adapta la asistencia exterior a su propia capacidad y hace todo lo que está en sus manos, mientras reforma e innova continuamente las prácticas a lo largo del tiempo. En el curso de los años, la mayoría de los países receptores han reconocido de manera positiva esas características. De hecho, la asistencia de China ha aumentado la capacidad de desarrollo y ha promovido el desarrollo económico de los países receptores.

Según el Libro Blanco sobre la Ayuda al Exterior de China, publicado en 2011[1], hasta el año 2009 China había proporcionado asistencia a 161 países y más de 30 organizaciones internacionales y regionales. Entre ellos, 18 países de América Latina y el Caribe recibieron el 12,7% de los fondos de ayuda de China, equivalente a 32.550 millones de yuanes. Los datos actualizados en 2014[2] muestran que China brindó asistencia a 19 países de América Latina y el Caribe durante 2010-2012, lo que representó el 8,4% de la ayuda exterior total de China, equivalente a 7.500 millones de yuanes.

2. Facilitar el comercio es una dimensión importante de la Franja y la Ruta

La cooperación económica y comercial entre China y América Latina

---

[1] Oficina de Información del Consejo de Estado, "Ayuda extranjera de China". http://www. gov.cn/gzdt/2011-04/21/content_1849712.htm [2018-04-14]

[2] Oficina de Información del Consejo de Estado, "Libro Blanco sobre la Ayuda al Exterior de China". http://www.fmprc.gov.cn/ce/cohk/chn/xwdt/jzzh/t1173111.htm [2018-04-14]

tiene una buena base y un gran potencial de desarrollo, pero también enfrenta limitaciones y desafíos. Para crear un entorno de desarrollo más estable y predecible, y favorecer el comercio, la inversión y la cooperación industrial, las dos partes deben fortalecer la coordinación en áreas como política estratégica, protección mediante acuerdos, construcción de plataformas e innovación tecnológica, con el fin de proporcionar soporte y garantías al cumplimiento de sus objetivos de desarrollo económico y social.

2.1 Fortalecer la conexión estratégica y la construcción de mecanismos

El comercio sin barreras requiere la colaboración y orientación estratégica entre países. En los últimos años, de la mano de tres visitas hechas por el presidente Xi Jinping a América Latina, la cooperación estratégica entre China y los países latinoamericanos ha alcanzado nuevos avances. En 2013, el presidente Xi Jinping fue invitado a realizar su primera visita como jefe de Estado a Trinidad y Tobago, Costa Rica y México. Aquella primera gira profundizó la comprensión y la amistad de América Latina con China y sentó las bases para el establecimiento formal de la plataforma bilateral de coordinación estratégica entre las dos partes. En 2014, el presidente Xi Jinping asistió a la primera reunión entre los líderes de China, América Latina y el Caribe en Brasil, durante la cual anunció, conjuntamente con los países participantes, el establecimiento del Foro China-CELAC. China propuso la construcción de un nuevo marco de cooperación llamado "1+3+6": liderado por un plan, basado en tres motores (el comercio, la inversión y la cooperación financiera) y centrado en seis áreas clave de cooperación. En 2016, el presidente Xi Jinping visitó América Latina por tercera vez y asistió a la 24.ª Reunión Informal de Líderes de APEC. Xi propuso la gran visión de la "comunidad de destino compartido China-América Latina" e hizo un llamado a su construcción conjunta con los países latinoamericanos, con el fin de que sea un nuevo modelo de la cooperación Sur-Sur.

De hecho, hay tres canales principales para la conexión y coordinación estratégica entre China y América Latina.

El primer canal es bilateral. China ha establecido una relación de asociación estratégica integral con Brasil en 2012, Perú en 2013 (la relación se profundizó en 2016, al apoyar el objetivo estratégico de Perú de convertirse en una nación moderna, justa, pacífica y unida para el bicentenario de su independencia), México en 2013, Argentina en 2014, Venezuela en 2014, Chile en 2016 y Ecuador en 2016. China también ha establecido una relación de asociación estratégica con Uruguay y Costa Rica. Además, los diálogos estratégicos regulares, como el Diálogo Estratégico sobre Cooperación Económica Perú-China y el Diálogo Estratégico China-Argentina para la Cooperación y Coordinación Económica, proporcionan una plataforma para fortalecer la conexión y el ajuste oportuno de las estrategias bilaterales. Los mecanismos de trabajo bilateral entre China y los países latinoamericanos que han establecido una asociación estratégica integral incluyen: el Comité de Coordinación y Cooperación de Alto Nivel China-Brasil y los subcomités pertinentes; el Comité Mixto de Economía y Comercio China-Brasil; la Comisión Mixta de Economía y Comercio China-Perú; el Grupo de Trabajo Intergubernamental de Alto Nivel sobre Inversión China-México; el Grupo de Alto Nivel Empresarial China-México; el Grupo de Trabajo de Alto Nivel entre el Ministerio de Comercio de China y el Ministerio de Economía de México; el Comité Permanente Intergubernamental China-Argentina y sus 9 subcomités; la Comisión Mixta de Alto Nivel China-Venezuela; el Comité Mixto de Comercio y Economía China-Chile; el Comité de Dirección China-Ecuador para la Cooperación en Materia de Capacidad de Producción y la Inversión; y la Comisión Mixta Económico-Comercial, el Comité Conjunto sobre la Cooperación Agrícola, la Comisión

Mixta de Ciencia y Tecnología entre China y Ecuador.

El segundo canal es el mecanismo de diálogo y cooperación integral entre China y América Latina. En 2013, el presidente Xi Jinping presentó la promoción de una asociación cooperativa integral entre China y América Latina durante su primera visita a dicha región y recibió una cálida respuesta de los países de América Latina y el Caribe. En 2014, cuando el presidente Xi volvió a América Latina, se reunió con los líderes latinoamericanos y decidió establecer una asociación cooperativa integral de igualdad y beneficio mutuo para el desarrollo común. Como resultado, se anunció conjuntamente el establecimiento del Foro China-CELAC. En 2015 se celebró la Primera Reunión Ministerial del Foro China-CELAC en Beijing y se aprobó el Plan de Cooperación China-CELAC (2015 -2019).

El tercer canal es regional y multilateral a través de APEC y el Grupo de los 77. Como países en desarrollo, China y los países latinoamericanos tienen la gran voluntad de promover la cooperación Asia-Pacífico. El desarrollo de China y América Latina es inseparable del entorno económico mundial y está estrechamente relacionado con la recuperación de la economía mundial. El fortalecimiento de la colaboración y coordinación sino-latinoamericana en los mecanismos anteriormente mencionados ayudará a brindar una mejor garantía general a la conexión estratégica entre China y América Latina.

Mediante estos tres canales, China y los países latinoamericanos, a la vez que establecen la confianza política mutua, construyen los mecanismos de intercambio y mejoran las relaciones diplomáticas, también otorgan importancia a la coordinación y promoción de las estrategias en materia de economía y comercio. A través de la conexión estratégica, las empresas de ambas partes tendrán mejores oportunidades de participar en el plan de desarrollo económico de sus socios y obtendrán un mayor dividendo de desarrollo.

3. Promover el desarrollo de beneficio mutuo del comercio bilateral

La facilitación del comercio no solo exige a los importadores y exportadores ejercer sus propias dotaciones de recursos según las ventajas comparativas, satisfaciendo las necesidades de los mercados de consumo e industrias nacionales a través del comercio, sino también necesita ajustar las políticas y prácticas comerciales relevantes de manera oportuna y apropiada, bajo la dirección de las reglas económicas de mercado para mejorar el entorno comercial y proporcionar mejores condiciones de facilitación. China ha mejorado activamente tanto las políticas de promoción del comercio y la inversión como las medidas de facilitación, y ha ampliado la apertura del mercado mutuo, apoyando la exportación de equipos completos a gran escala a través del crédito a la exportación, el seguro de crédito a la exportación y otras políticas. La industria manufacturera de China tiene un nivel relativamente alto, mientras que las industrias de energía, minería y servicios de América Latina son bastante distintivas. Mediante la coordinación de diversas medidas, que podría solucionar la asimetría de información en el comercio y orientar a las empresas de ambas partes a desarrollar la cooperación comercial basada en el beneficio mutuo, China y América Latina tendrán un aumento en el bienestar social y la mejora de la oferta y la demanda.

El Acuerdo sobre Facilitación del Comercio (AFC) entró en vigor a comienzos de 2016. Como primer acuerdo comercial multilateral aprobado en más de 20 años después del establecimiento de la OMC, el AFC es el avance más importante desde el inicio de la ronda de negociaciones de Doha, y tiene implicaciones importantes y de gran alcance para la economía mundial. Según las estimaciones de la OMC, la aplicación efectiva del AFC podría reducir el consumo de tiempo por un día y medio en las importaciones, y dos días en las exportaciones, lo que significa una reducción del 47% y 91% respecto al nivel actual. Al mismo tiempo, la implementación del AFC podría aumentar el volumen de exportación global en un 20%, y un 35% para los países menos desarrollados [1] . Tanto China como los principales países latinoamericanos son miembros de la OMC y también asumen las obligaciones en materia de facilitación del comercio estipuladas en el acuerdo, tales como la simplificación de las formalidades de importación y exportación, la estandarización de los aranceles de importación y exportación, y la autorrestricción en los reglamentos o procedimientos de transporte de tránsito. Debido a las diferencias en la ubicación geográfica y las prácticas de gestión, los costos comerciales entre China y América Latina son relativamente altos. Mediante la implementación del acuerdo, se espera que el comercio entre China y los países latinoamericanos aumente aún más.

El 14 de mayo de 2017 se celebró en Beijing el Foro de la Franja y la Ruta para la Cooperación Internacional, al que asistieron más de 1.200 delegados de 92 países, incluidos el presidente de Argentina, Mauricio Macri, y la entonces presidenta de Chile, Michelle Bachelet. En la conferencia temática paralela sobre "la promoción del libre comercio", organizada por el Ministerio de Comercio de China, todas las partes acordaron la "iniciativa de promoción del libre comercio entre los países de la Franja y la Ruta". Los participantes de esta iniciativa trabajarán arduamente para articular la Iniciativa de la Franja y la Ruta con otros planes e iniciativas, y promoverán la relación de socios de cooperación en Europa, Asia, América del Sur, África y otras regiones. Los contenidos de la iniciativa incluyen: promover el crecimiento del comercio, revitalizar la

---

[1]   https://www.wto.org/english/news_e/news17_e/fac_31jan17_e.htm [2018-04-14]

inversión mutua y promover el desarrollo sostenible inclusivo.

4. Expandir la inversión bidireccional y la cooperación industrial

El comercio y la inversión están estrechamente relacionados. A medida que el volumen comercial y la competitividad de las empresas aumentan, estas últimas tendrán una mayor demanda en optimizar la presencia global de sus actividades según el desarrollo del mercado, de reducir costes y mejorar la competitividad. Como el comercio y la inversión se promueven uno al otro, la inversión en el plano de la conexión comercial de la Franja y la Ruta se vuelve cada vez más importante. China está mejorando las políticas de promoción y las medidas de facilitación para la internacionalización de las empresas chinas, optimizando los modos de gestión de la inversión en el extranjero y fortaleciendo los servicios de soporte. China está hoy promoviendo la cooperación internacional en capacidad productiva y fabricación de equipos, liderada por la contratación de proyectos y apoyada por los servicios financieros, lo que a su vez favorecerá la exportación de productos, tecnologías, estándares y servicios.

Los "principios directrices de las políticas de inversión global del G20", aprobados por todas las partes en la Cumbre del G20 en Hangzhou en 2016, no solo involucran la participación de los países latinoamericanos, sino también desempeñan un papel importante de demostración y dirección en el mundo. En los últimos años, las empresas chinas han experimentado un mayor desarrollo de las actividades de inversión en América Latina. El volumen de inversión por proyecto ha aumentado gradualmente de varios millones a cientos de millones de dólares; las formas de inversión son más diversas, desde empresas comerciales hasta plantas de procesamiento y ensamblaje, parques industriales, centros de investigación y desarrollo, etc.; y las áreas de inversión se han expandido, desde petróleo, minerales y agricultura hasta manufactura, electricidad, transporte y finanzas.

Aunque América Latina es una región donde las empresas chinas han invertido desde hace bastante tiempo, las diferencias en el entorno de desarrollo y otros factores limitan en gran medida la voluntad y la capacidad de las empresas chinas para invertir en América Latina y cooperar con las empresas locales. Los Gobiernos de ambas partes y las instituciones financieras políticas han creado las condiciones para ayudar a las empresas a llevar a cabo una mejor cooperación entre ellas y promover la inversión. Además de la publicación de la Guía de los Países (Regiones) para la Inversión y Cooperación Exterior, hecha de manera consecutiva desde 2009, la cual presenta el entorno político, las leyes y regulaciones y los cambios en el mercado de varios países, el Gobierno chino también brinda apoyo financiero para el desarrollo de la cooperación económica y comercial. En 2015, la Administración Estatal de Divisas y el Banco de Desarrollo de China invirtieron conjuntamente en el establecimiento del Fondo de Inversión para la Cooperación en Capacidad Productiva China-América Latina. La primera fase de este fondo de inversión de 30.000 millones de dólares concederá 10.000 millones de dólares a financiar principalmente sectores como la manufactura, la alta tecnología, la agricultura, la energía, la minería, la infraestructura y la cooperación financiera en América Latina. En 2016, el Banco de Exportaciones e Importaciones de China inició el establecimiento del Fondo de Cooperación Sino-Latinoamericana. Además de los campos de inversión del fondo anterior, tal fondo invertirá también en innovación tecnológica y tecnología de la información. China y México también invirtieron conjuntamente 2.400 millones de dólares para establecer el Fondo de Inversión China-México, a fin de promover la inversión y cooperación en infraestructura, industria, turismo y energía.

5. Construir una plataforma para la salida colectiva de empresas

Una zona de cooperación económica y comercial en ultramar es un parque industrial establecido por las empresas chinas calificadas o construido conjuntamente con las empresas locales, bajo la dirección de China y los países anfitriones. Tal zona presenta buenas infraestructuras, una clara industria principal y sólidos servicios públicos. Estos parques industriales buscan atraer la inversión de las empresas chinas, las empresas locales o las empresas de un tercer país, a fin de promover tanto la inversión y cooperación bilateral y multilateral como el desarrollo económico local. Las zonas de cooperación económica y comercial en ultramar son desarrolladas por las empresas chinas de acuerdo con las necesidades y los diseños de los países anfitriones, por lo que cada parque tiene sus propias características y estrategias de posicionamiento industrial. Según las estadísticas del Ministerio de Comercio de China, 413 empresas estaban instaladas en 77 zonas de cooperación, las cuales recibieron 5.450 millones de dólares de inversión en 2016, representando el 22,5% de las inversiones acumuladas allí.

En la actualidad, China ha establecido zonas de cooperación en Venezuela y México. Entre ellas, el Parque Industrial Tecnológico de Cúa en Venezuela fue construido por Shandong Inspur Group Co., Ltd. El parque se ubica en la ciudad venezolana de Cúa, con un área planificada de 5 km². Las industrias principales son electrónica, electrodomésticos y maquinaria agrícola. En México, Zhejiang Geely Meiri Automobile Co., Ltd. ha invertido en la construcción de la Zona de Cooperación Industrial y Comercial Geely entre México y China (Ningbo).

La zona sirve principalmente a la industria automotriz de la compañía. Además, Chery Automobile Co., Ltd también ha establecido un parque industrial automotriz cerca de Sao Paulo (Brasil), donde ha instalado líneas de producción destinadas al ensamblaje general, soldadura y pintura, y ha desarrollado 25 tipos de actividades, como almacén, logística, mantenimiento y fabricación de componentes y piezas.

6. Promover la innovación tecnológica para la cooperación económica y comercial

China y los países latinoamericanos tienen grandes diferencias en la estructura económica e industrial, la dotación de recursos y los conceptos de desarrollo, lo que genera mercados relativamente independientes. El libre comercio requiere básicamente la reducción de barreras y costes de transacción económica y comercial de todas las partes a lo largo de la ruta comercial. En los últimos años, el desarrollo y el uso de nuevas tecnologías han proporcionado más opciones para la cooperación económica y comercial, mientras que la apertura del mercado de servicios ha creado las condiciones para que todas las partes cooperen a través de los cuatro modos de comercio. A través de una cooperación innovadora en el campo económico y comercial, se podrán aumentar rápidamente el nivel de cooperación y crear mayores beneficios sociales para todas las partes interesadas.

El Plan de Cooperación China-CELAC (2015-2019) estableció un objetivo a alcanzar para el comercio bilateral entre China y América Latina, y propuso especialmente el fortalecimiento del comercio de servicios y la cooperación en comercio electrónico, a la vez de mantener el comercio tradicional. Según el "Informe de monitoreo de datos del mercado del comercio electrónico de

China en 2016", publicado por el Centro de Investigación sobre el Comercio Electrónico de China, el comercio electrónico chino aumentó un 25,5% en 2016[1] y alcanzó 22,97 billones de yuanes, de los cuales, 16,7 billones se debieron al mercado B2B entre empresas. El informe mostró también que el comercio electrónico transfronterizo de China había ascendido a 6,7 billones de yuanes en 2016, un aumento interanual del 24%. Las exportaciones y las importaciones representaron, respectivamente, 5,5 billones y 1,2 billones de yuanes. Aunque la influencia internacional del comercio electrónico de China continúa aumentando, todavía está limitada por la falta de normas internacionales en materia de cooperación internacional. Por otra parte, aunque los países latinoamericanos con un nivel de integración relativamente alto mantuvieron un rápido crecimiento del comercio exterior durante el período de recuperación económica, el comercio electrónico representó solo una pequeña parte. En este contexto, la voluntad de los países latinoamericanos de desarrollar el comercio electrónico es relativamente fuerte. Tanto los Gobiernos como las empresas esperan fortalecer sus competitividades a través del nuevo modo de comercio. Existe entonces un amplio espacio de cooperación entre China y América Latina en materia de negociación de las reglas internacionales del comercio electrónico, bajo mecanismos multilaterales como el Foro de APEC, la Cumbre de los BRICS y la Comisión Económica y Social de las Naciones Unidas para Asia y el Pacífico.

La innovación tecnológica también tiene profundos efectos en el desarrollo a largo plazo de la economía y la sociedad. En cuanto a los problemas que afectan el desarrollo futuro del mundo, como el cambio climático y el deterioro del medio ambiente, China y los países latinoamericanos comparten la misma posición y esperan trabajar en conjunto para reducir las emisiones de gases de efecto invernadero. En el proceso de alcanzar los Objetivos de Desarrollo

---

[1]　http://b2b.toocle.com/detail--6398366.html [2018-04-14]

Sostenible de la Agenda 2030 de la ONU, China y América Latina también tienen amplios intereses comunes. A través de la innovación y la cooperación bilateral o multilateral, China y América Latina tienen la posibilidad de negociar de manera efectiva las acciones gubernamentales y los comportamientos del mercado en campos relevantes, y cumplir los objetivos de desarrollo comunes, a la vez que satisfacen los intereses de desarrollo de ambas partes.

7. Los acuerdos de cooperación económica y comercial China-América Latina crean un buen ambiente para el desarrollo

Tanto China como América Latina otorgan importancia a los acuerdos bilaterales o multilaterales, como los acuerdos de libre comercio, los acuerdos bilaterales de inversión y los convenios de doble imposición, para definir el nivel de apertura de mercado, coordinar el modo de gestión y crear un entorno de competencia justa. China y América Latina están preocupados por los cambios en el entorno interno y externo, y promueven activamente al nivel más alto los acuerdos existentes para enfrentar conjuntamente diversos desafíos y limitaciones en el desarrollo de la cooperación económica y comercial.

7.1 La red de acuerdos de libre comercio entre China y América Latina empieza a tomar forma

Como una forma de ajuste del comercio bilateral, la zona de libre comercio se caracteriza por su claro contenido, organización formal, flexible promoción y obvios efectos. Las reglas multilaterales del comercio de bienes y servicios de la OMC permiten a los países miembros negociar entre ellos para alcanzar un mayor nivel de apertura, sin perjudicar los intereses de otros miembros.

Los países latinoamericanos se diferencian mucho en cuanto a la firma de acuerdos de libre comercio. Chile está altamente integrado en el mundo y ha firmado más de 20 acuerdos de libre comercio con más de 60 países y regiones que representan más del 85% del PIB mundial. Ciertos países, como Brasil y Argentina, solo firman acuerdos de libre comercio a través del Mercado Común del Sur (Mercosur). Algunos países, incluso, no pueden firmar acuerdos de libre comercio según sus regulaciones legales vigentes.

Construir zonas de libre comercio es una estrategia importante de China. Mientras que considera a los países periféricos como la base, China se enfoca en acelerar el establecimiento de zonas de libre comercio con los países situados a lo largo de la Iniciativa de la Franja y la Ruta, así como con los principales países, regiones y grupos económicos regionales con los cuales tiene un programa de cooperación en capacidad productiva. En comparación con el continente africano, donde se concentran también los países en desarrollo, China ha firmado más pronto y ha tenido más tratados de libre comercio con los países latinoamericanos. Como consecuencia, la red de las zonas de libre comercio ya ha tomado forma en América Latina. En 2016, el Ministerio de Comercio de China aceleró la construcción de zonas de libre comercio con los países y regiones pertinentes. Por un lado, China ha promovido con éxito el progreso sustancial en la negociación o en los estudios de ocho tratados de libre comercio. Por otro lado, se iniciaron la negociación o los estudios de otros ocho tratados[1]. Los acuerdos bilaterales de libre comercio firmados con Chile (2006), Perú (2009) y Costa Rica (2010) en América Latina han promovido efectivamente la cooperación económica y comercial de China con ellos. El estudio conjunto de factibilidad sobre un acuerdo de libre comercio con Colombia también está progresando activamente. Además, China ha llevado a cabo una discusión

---

[1] fta.mofcom.gov.cn

técnica informal con Uruguay sobre un acuerdo bilateral de libre comercio.

El establecimiento de tratados de libre comercio entre China y los países latinoamericanos tarda relativamente menos tiempo desde el inicio de las negociaciones hasta la firma de los acuerdos. Eso manifiesta la fuerte demanda y la voluntad de ambas partes por finalizar los acuerdos. Chile, el primer país latinoamericano en firmar un acuerdo de libre comercio con China, ha quintuplicado el volumen de su comercio bilateral con China en 10 años. Además de los recursos minerales como el cobre, el oro, la plata y el molibdeno, la cooperación agrícola se ha convertido en un nuevo punto de crecimiento, y las exportaciones de vino chileno a China han crecido rápidamente. Las negociaciones entre China y Perú tardaron solo un año. El resultante tratado de libre comercio China-Perú fue el primer paquete de acuerdos alcanzado entre China y un país latinoamericano que ha creado condiciones ventajosas para la entrada recíproca de los productos e industrias de cada parte. Por ejemplo, la enseñanza del idioma chino, la medicina china, las artes marciales y otras industrias en las que China tiene una ventaja comparativa han obtenido un mejor acceso al mercado peruano. La conclusión del tratado de libre comercio entre China y Costa Rica también tardó solo un año. Fue el primer paquete de acuerdos entre China y un país centroamericano. Los guías chinos pueden, desde entonces, proporcionar servicios en este país turístico.

8. La buena perspectiva de la continuación de los acuerdos de libre comercio entre China y América Latina

Al igual que los organismos biológicos, los acuerdos económicos y comerciales tienen también su propio ciclo de vida. En general, después de la firma, gracias a los compromisos de apertura de las partes firmantes, el acceso ampliado al mercado estimula la vitalidad del mercado y promueve el desarrollo del comercio bilateral. Después de un período de tiempo, el nuevo equilibrio se va logrando gradualmente. Los cambios externos y las interacciones internas y externas promoverán luego la actualización y ampliación del acuerdo. El objetivo a largo plazo de la estrategia china es establecer una red mundial de zonas de libre comercio de alto nivel. Durante el proceso, China quiere, después de haber concluido primero los acuerdos que involucren parcialmente unos campos de cooperación económica y comercial, aprovechar la flexibilidad institucional del acuerdo de libre comercio para luego ampliar los contenidos y coordinar y mejorar las reglas. De esta manera se realizará el desarrollo integral de las zonas de libre comercio mediante la creación, la actualización y la combinación de los acuerdos. A través de la innovación de contenidos y modelos se pondrán en juego las ventajas de las partes relacionadas y se promoverá el desarrollo económico de manera más efectiva. En mayo de 2015, en la ceremonia de clausura de la Cumbre Empresarial China-Brasil, el primer ministro Li Keqiang declaró explícitamente que China estaba dispuesta a firmar más acuerdos de libre comercio con los países latinoamericanos para facilitar la liberalización del comercio. En su discurso dado en la CEPAL, Li propuso una vez más que China y América Latina discutieran el establecimiento de zonas económicas especiales y parques industriales, así como diversas medidas de facilitación del comercio y la inversión, incluidos los acuerdos de libre comercio.

Las zonas de libre comercio no solo traen una prosperidad comercial, facilitan la vida de los consumidores y promueven la globalización de las empresas chinas, sino que también son un importante contenido de la nueva ronda de apertura de China al mundo y un requisito objetivo para adaptarse a la nueva tendencia de la globalización. Desde el punto de vista del contenido, un acuerdo de libre comercio bilateral, basado en los compromisos "OMC-plus", cubre generalmente muchas áreas relacionadas con el comercio y la inversión, y se centra en apoyar a las industrias más importantes para ambas partes. En 2016, durante la visita de Estado del presidente de China, Xi Jinping, a Chile, ambos países anunciaron el inicio de las negociaciones para profundizar el acuerdo existente. En noviembre de 2017, durante el Foro de APEC celebrado en Vietnam, las dos partes firmaron un protocolo de ampliación del acuerdo de libre comercio y un acuerdo suplementario sobre el comercio de servicios. La revisión y la ampliación del tratado de libre comercio entre China y Chile fue un segundo éxito chino después de la actualización de su acuerdo con la Asociación de Naciones del Sudeste Asiático (ASEAN, siglas en inglés). Gracias a dicha revisión, China y Chile han ampliado los campos de cooperación en sectores como la agricultura, las finanzas y la contratación pública. Ambas partes se han comprometido también a fortalecer la cooperación en la protección de la información financiera personal y los derechos de los consumidores financieros, mientras buscan un mecanismo que permita la compartición de información y la cooperación en pagos transfronterizos. En cuanto al sector servicios, los dos países han avanzado en una apertura cuantitativa y cualitativa. China se ha comprometido a abrir más de 20 nuevos sectores a Chile, tales como servicios legales comerciales, entretenimiento y distribución comercial, mientras que Chile ha relajado aún más el control en más de 40 sectores a China, incluidos los envíos urgentes, el transporte y la construcción. En 2016, durante la visita a Perú del presidente chino, Xi Jinping, ambos países también anunciaron la preparación de una posible revisión del acuerdo de libre comercio existente y el lanzamiento de un estudio conjunto sobre su factibilidad.

Se debería tener en cuenta de que todavía hay mucho espacio para la expansión de la red de acuerdos de libre comercio entre China y América Latina. China se ha convertido en el socio comercial más importante de muchos países latinoamericanos, no solo por su atractivo mercado, sino también por su papel como importante exportador de fondos y tecnologías. Las dos partes se han acercado cada vez más en términos de comercio, inversión y cooperación económica. Con el avance de la integración regional y el desarrollo de la interconexión, la mejora del nivel de infraestructura de transporte ferroviario y de carreteras en América Latina sentará la base física para la expansión del comercio. Sin embargo, las diferencias en los sistemas de gestión económica y comercial, las barreras arancelarias y las barreras de entrada al mercado continúan limitando la cooperación económica y comercial. En este contexto, la mejora del entorno institucional protegido por acuerdos bilaterales de libre comercio es beneficiosa para ambas partes. Al tiempo que promueve la cooperación general, es posible explorar los mecanismos de promoción y protección de la cooperación en áreas especiales clave. Los países latinoamericanos dan importancia al desarrollo de las relaciones económicas y comerciales con China. Muchos países esperan beneficiarse del desarrollo del mercado chino y están dispuestos a fortalecer los intercambios y la comunicación. Los acuerdos de libre comercio firmados por China con Chile, Perú y Costa Rica han desempeñado un papel importante en la promoción del desarrollo de la cooperación económica y comercial bilateral, han producido un buen efecto de demostración y podrían, entonces, favorecer la expansión de la cobertura de la red de acuerdos de libre comercio.

9. El acuerdo bilateral de inversión crea expectativas estables

Un tratado bilateral de inversión (TBI) se refiere a un acuerdo firmado entre un país exportador de capital y un país importador de capital, con el fin de promover, alentar, proteger o garantizar la inversión privada internacional y acordar la relación entre los derechos y obligaciones de ambas partes. Como un medio eficaz y comúnmente utilizado para proteger la inversión extranjera privada entre países, se le considera uno de los símbolos importantes del entorno de inversión de los países en cuestión. Alemania y otros países occidentales otorgan importancia a la firma de un TBI para proteger los intereses de los inversores y crear expectativas de inversión estables. Desde que China firmó su primer TBI con Suecia en 1982, ha explorado activamente este medio. La firma de acuerdos se concentró especialmente en la década de 1990 para crear un entorno estable para la inversión extranjera. Hasta diciembre de 2017, China había firmado TBI con 104 países y regiones [1] , incluidos Bolivia (1992), Argentina (1992), Uruguay (1993), Ecuador (1994), Chile (1994), Perú (1994), Jamaica (1994), Cuba (1995), Barbados (1998), Trinidad y Tobago (2002) y Guyana (2003). Todos estos acuerdos han brindado importantes garantías institucionales para la inversión bidireccional y han protegido la libre transferencia de ingresos legítimos y rendimientos de la inversión extranjera, lo que ha ayudado a reducir el impacto de los riesgos políticos en la inversión extranjera.

Se puede observar que, aunque China no firmó en un mismo momento los TBI con los países latinoamericanos, los contenidos no se diferencian tanto. Por ejemplo, en el caso del TBI firmado entre China y Bolivia y de aquel entre China y Cuba, las inversiones incluyen cinco categorías: (1) activos movibles, activos inmovilizados y otros derechos de propiedad (como hipoteca y prenda); (2) acciones de empresa (títulos de acciones y otras formas de participación de capital); (3) derecho de reclamación de dinero u otros derechos de reclamación con valor económico; (4) derechos de autor, derechos de propiedad industrial,

---

[1]   Departamento de Tratado y Ley del Ministerio de Comercio de China, tfs.mofcom.gov.cn

tecnología específica y flujos de proceso industrial; (5) concesiones otorgadas según la ley, incluida la concesión para explorar y explotar los recursos naturales. En cuanto al TBI entre China y Guyana, el ítem 5 se amplió hasta incluir las concesiones comerciales otorgadas por ley o los contratados autorizados por ley, incluyendo las concesiones para explorar, cultivar, extraer y refinar o explotar los recursos naturales. En los 11 TBI firmados entre China y los países latinoamericanos se han excluido los privilegios reservados por las partes contratantes a los inversores provenientes de un tercer país, según las uniones aduaneras, las alianzas económicas, los mercados comunes o los acuerdos de libre comercio en los que participan. A la vez que protegen los intereses de los inversores extranjeros, los TBI también permiten los incentivos especiales aplicables únicamente a ciudadanos y empresas nacionales de las partes contratantes para fomentar y desarrollar las industrias locales, bajo la condición de que las medidas tomadas no perjudiquen la inversión y las actividades relacionadas de la otra parte. Los TBI permiten a las partes contratantes, por consideraciones de interés público, expropiar o nacionalizar la propiedad extranjera de manera no discriminatoria, conforme a las leyes nacionales y con una compensación correspondiente a su valor de mercado.

También se debe tener en cuenta que los TBI entre China y América Latina enfrentarían una nueva tendencia. El TBI firmado entre China y Canadá en 2012 marcó una nueva fase en la que el marco relativamente simple de los TBI pasados se ha ido desarrollando hacia un acuerdo con contenido más abundante y derechos y obligaciones más equilibrados. La práctica y el modelo del TBI China-Canadá no solo afectarán los futuros TBI entre China y otros países, sino también influirán en los TBI existentes, de manera que aumentará la posibilidad de ajustar, actualizar y ampliar los TBI existentes a través de las renegociaciones.

10. El convenio de doble imposición promueve la competencia leal

Encontrar los mejores acuerdos fiscales es una de las principales motivaciones de la globalización empresarial. Con la expansión continua de las operaciones, las empresas multinacionales diversifican cada vez más geográficamente sus fuentes de ingresos. Por lo tanto, es necesario responder activamente a los sistemas y políticas tributarios de varios países. Los sistemas impositivos nacionales son bastante diferentes en materia de principios, coberturas y medidas preferenciales. Se requiere, entonces, una coordinación efectiva entre los Gobiernos. El convenio de doble imposición se refiere al tratado fiscal bilateral firmado entre países, bajo el principio de igualdad y beneficio mutuo, para evitar y eliminar la doble imposición sobre los mismos ingresos y los mismos contribuyentes tributarios. Bajo la protección de tal convenio, las empresas multinacionales pueden operar en un entorno fiscal más equitativo y evitar pagar de manera innecesaria impuestos duplicados.

La pronta motivación para que el Gobierno chino firmase convenios de doble imposición fue responder a las demandas de las empresas extranjeras que invertían en China. Desde 1983, cuando China firmó el primer convenio con Japón, hasta 2017 en el que se suscribió el convenio entre China y Kenia, China ha firmado 103 convenios de doble imposición[1]. En cuanto a los que conciernen a países latinoamericanos, hay 9 en total, incluyendo Brasil (1991), Jamaica (1996), Barbados (2000), Cuba (2001), Venezuela (2001), Trinidad y Tobago (2003), México (2005), Ecuador (2013) y Chile (2015).

Como un importante acuerdo para promover la competencia leal entre las empresas multinacionales, el convenio de doble imposición ha sido

---

[1]　Administración Estatal de Impuestos de China, www.chinatax.gov.cn

universalmente reconocido y aceptado por todos los países del mundo. Los modelos utilizados por varios países se refieren principalmente al principio de residencia de la Organización para la Cooperación y el Desarrollo Económicos (OCDE) y el modelo que concede más importancia al principio de la fuente propuesto por el Consejo Económico y Social de las Naciones Unidas. Los convenios de doble imposición entre China y los países latinoamericanos son similares. En primer lugar, se considera como "persona" a las personas físicas, las sociedades y cualquier otra agrupación de personas que son residentes en una o en ambas partes contratantes. En segundo lugar, los impuestos comprendidos en el convenio son generalmente similares. Tomando como ejemplo el convenio entre China y Brasil, los impuestos chinos a los que se aplica el convenio incluyen el impuesto sobre la renta de las personas físicas, el impuesto sobre la renta de empresas mixtas y empresas extranjeras, y el impuesto local sobre la renta. Por la parte brasileña, se aplica al impuesto federal sobre la renta, excluidos el impuesto sobre la renta suplementaria y el impuesto sobre actividades de menor relevancia. En el convenio China-México, los impuestos chinos se ajustan al impuesto sobre la renta de personas físicas, de empresas con inversión extranjera y de empresas extranjeras, mientras que los impuestos mexicanos incluyen el impuesto federal sobre la renta. En el convenio China-Ecuador, los impuestos a los que se aplica el convenio son el impuesto a la renta de personas naturales y sociedades en China, y el impuesto a la renta de acuerdo con la Ley de Régimen Tributario Interno en Ecuador. Los convenios existentes de doble imposición básicamente siguen el principio de residencia, respetando el régimen tributario del país donde se registran los ingresos imponibles.

China todavía tiene un gran espacio de desarrollo para fortalecer la coordinación y supervisión en la recaudación de impuestos con más países latinoamericanos. Con el avance de la internacionalización de las empresas, existe una mayor demanda de crear un entorno fiscal justo para ambas partes. Asimismo, después de la crisis financiera, algunas economías importantes han aumentado su supervisión de los mercados financieros extraterritoriales, han fortalecido el intercambio de información tributaria y han reducido la erosión de las bases impositivas por actividades ilegales o impropias. América Latina es un área donde se concentran los principales centros financieros extraterritoriales del mundo. La inversión en estas áreas también representa la mayor parte de la inversión de China en América Latina. Promover la colaboración en un área como el de los impuestos ayudará a reducir los riesgos sistémicos y mejorar el entorno del sistema financiero en China y América Latina.

11. La profundización de la cooperación económica y comercial sino-latinoamericana enfrenta todavía limitaciones y desafíos

Cabe señalar que China y los países latinoamericanos tienen un fuerte deseo de fortalecer la cooperación económica y comercial, pero todavía hay muchas limitaciones y desafíos que deben resolverse para promover la liberalización comercial. La recuperación económica en América Latina no es sólida y aún existen muchos riesgos en el entorno financiero. Afrontar de manera efectiva los diversos desafíos a través de la cooperación y la coordinación bilateral, aumentará significativamente el nivel de la cooperación económica y el comercial bilateral.

En primer lugar, el entorno para el desarrollo de nuevas formas de cooperación económica y comercial, como el comercio electrónico transfronterizo, necesita ser mejorado. América Latina tiene un gran entusiasmo por el desarrollo del comercio electrónico, pero las condiciones institucionales (como la eficacia de la aprobación administrativa, etc.) y físicas (como los puertos) todavía están retrasadas. Muchos países han mejorado gradualmente algunos factores desfavorables existentes y han intentado integrarse en el comercio electrónico internacional lo antes posible. La perspectiva de un avance coordinado entre países es enorme. Por ejemplo, la colaboración en reglas y estándares del comercio electrónico ayudará a crear un entorno de desarrollo estable y predecible. La construcción de la plataforma de información reducirá la barrera del idioma y mejorará la eficiencia del emparejamiento de la oferta y la demanda. La mejora de la eficiencia logística y el fortalecimiento del sistema de rastreabilidad de productos, de la supervisión de calidad y de otros servicios posventa promoverán la calidad del producto y aumentarán las opciones comerciales.

En segundo lugar, para comprender mejor la situación real de la inversión extranjera se requiere el perfeccionamiento del sistema de gestión en materia de su sector y destino. La gran cantidad de inversión hacia los mercados financieros extraterritoriales oculta la información real sobre su distribución por sectores y países, lo que debilita la efectividad de la formulación y ajuste de las políticas administrativas y otras relacionadas. Eso desfavorece la coordinación entre los países de origen y los países receptores de la inversión, y reduce la protección efectiva de los intereses empresariales. La mejora hacia un sistema estadístico y de gestión basado en el destino último de la inversión extranjera reducirá errores u omisiones, disminuirá el impacto negativo de la información distorsionada en la oferta y demanda del mercado, y favorecerá un mayor papel de apoyo del comercio en la cooperación económica y comercial sino-latinoamericana. Sin embargo, la transición de un antiguo sistema a uno nuevo no solo requiere el ajuste del sistema de administración de un Gobierno, sino también la cooperación entre el país de origen y el país receptor de la inversión, entre otras medidas, como la construcción y la mejora del sistema de crédito empresarial.

Finalmente, se debe responder activamente a las nuevas oportunidades de cooperación económica y comercial generadas por los países que recientemente han establecido relaciones diplomáticas con China. Tomemos a Panamá como ejemplo. Hace más de cien años, los trabajadores chinos desempeñaron un papel importante en la construcción de infraestructuras como el Ferrocarril de Panamá. Como resultado, el comercio entre China y Panamá tiene una buena base. Después del establecimiento de relaciones diplomáticas entre China y Panamá, las dos partes llegaron a un consenso sobre la cooperación en varios aspectos, incluido el desarrollo de parques industriales. Al poseer un canal importante que une los océanos Atlántico y Pacífico, Panamá cuenta con un comercio internacional bien desarrollado. Sus sectores de servicios relacionados con el comercio, como las finanzas, los seguros y la logística, son atractivos para los principales actores en el mundo. Los dos Gobiernos deberían considerar el establecimiento de relaciones diplomáticas como la oportunidad para promover el desarrollo de un acuerdo sobre cooperación económica y comercio bilateral lo antes posible, a fin de brindar a sus empresas mejores garantías institucionales para participar en actividades económicas y comerciales relacionadas.

Capítulo 6

El espacio de oportunidades y la prevención de riesgos en la interconexión financiera entre China y ALC

Xin Xiaodai [1]

Las finanzas son las arterias principales de la economía nacional, al apoyar y garantizar el desarrollo de la economía real. Durante los primeros cinco años de la Iniciativa de la Franja y la Ruta, la interconexión financiera, al ser una de las denominadas "cinco interconexiones", ha desempeñado un importante papel de apoyo en la construcción de la Franja y la Ruta, y ha ejercido una influencia positiva en el desarrollo de las otras "cuatro interconexiones". En la actualidad, China viene participando en diversas formas de inversión y cooperación financiera con los países involucrados en la Franja y la Ruta. También se han operado con éxito las plataformas de inversión y financiación, como el Banco Asiático de Inversión en Infraestructura (BAII) y el Fondo de la Ruta de la Seda. Estas operaciones sirven como buenos ejemplos para promover la interconexión financiera y, hasta cierto punto, han solucionado el "cuello de botella" de capital

---

[1]   Xin Xiaodai es directora general adjunta del Fondo para la Cooperación en Capacidad Productiva China-América Latina. Ha trabajado en el Departamento de Política Monetaria del Banco Popular de China y su sucursal en Shanghai, y se ha dedicado desde hace tiempo a la investigación, formulación e implementación de políticas monetarias y cambiarias.

durante la promoción de la conectividad y la interconexión entre los países participantes de la Franja y la Ruta. Como extensión natural de la dimensión geográfica de la Franja y la Ruta, muchos países de América Latina y el Caribe (en lo sucesivo, ALC) también han respondido activamente y han participado en esas iniciativas. La estrecha cooperación entre China y ALC en el campo de la inversión y el financiamiento proporcionará una solida garantía para la conectividad entre ambas partes y el desarrollo económico sostenible.

En los últimos años, bajo el principio de la deliberación en común, la construcción conjunta y el codisfrute de la Franja y la Ruta, el proceso de cooperación en la inversión y el financiamiento entre China y ALC se ha acelerado gradualmente. Los Gobiernos, las empresas, las instituciones financieras y los agentes del mercado de ambas partes han brindado una asistencia integral. El objetivo es promover el establecimiento de un sistema de seguridad financiera a largo plazo, estable, sostenible y controlable para mejorar la cooperación económica y comercial entre China y ALC. La complementariedad y los intereses comunes entre China y ALC en el campo económico y financiero proporcionan una buena base para la cooperación en la inversión y el financiamiento. El entorno político para la cooperación financiera entre ambas partes es hoy muy favorable. Se están construyendo multicanales de inversión y financiamiento en doble sentido y en múltiples niveles, y los resultados de la cooperación se han concretado. Por supuesto, en el proceso todavía hay muchos riesgos y problemas que requieren atención. La cooperación financiera debe promoverse de manera segura y constante.

I. El entorno político y la base de mercado de la cooperación financiera entre China y ALC

Actualmente, la economía mundial enfrenta una oportunidad de transformación. Tanto para China, el mayor país en desarrollo, que se está moviendo hacia una etapa de desarrollo de alta calidad, como para los países latinoamericanos, que están en un proceso de reindustrialización, el objetivo final de todos los países es promover el desarrollo de la economía real sostenible. La interconexión financiera, entre otros factores, juega un papel crucial. En los últimos años, los Gobiernos, las instituciones financieras y las empresas de ambas partes han trabajado activamente en el diseño del mecanismo de alto nivel para la cooperación financiera entre China y ALC, creando un entorno político favorable y una base de mercado pragmática, e impulsando constantemente la implementación de la estrategia de cooperación integral entre China y ALC.

Según el "Esquema del XIII Plan Quinquenal para el desarrollo económico y social nacional de la República Popular China" (en adelante, "el Esquema"), promulgado en 2016, el Gobierno chino debe coordinar en los años siguientes los asuntos nacionales e internacionales, establecer e implementar firmemente el nuevo concepto de desarrollo basado en la innovación, la coordinación, lo verde (la preservación del medio ambiente), la apertura y el codisfrute, y construir un nuevo patrón de desarrollo inclusivo caracterizado por el beneficio mutuo, la apertura, la transparencia y la equidad. El XIX Congreso Nacional del Partido Comunista de China (PCCh), celebrado en octubre de 2017, propuso la formación de un nuevo patrón de apertura y la construcción conjunta de una comunidad de destino de la humanidad. Todo esto proporciona los objetivos a mediano y largo plazo y una guía estratégica para orientar las relaciones y la cooperación económica y financiera entre China y ALC.

En enero de 2015, durante la Primera Reunión Ministerial del Foro China-CELAC, que marcó el comienzo de la cooperación general entre China y ALC, se adoptó el Plan de Cooperación China-ALC (2015-2019) (en adelante, "el Plan"). El Plan aclaró el objetivo de aumentar la cooperación en los proyectos clave de comercio, inversión y finanzas. El segundo Documento sobre la Política de China hacia América Latina y el Caribe, publicado en 2016, volvió a expresar claramente la disposición de China para construir conjuntamente con los socios de ALC un nuevo marco de cooperación pragmática llamado "1+3+6". Es decir, tal marco de cooperación tendrá "el Plan" como UNA guía general; el comercio, la inversión y la cooperación financiera como TRES motores; y la energía, la construcción de infraestructura, la agricultura, la manufactura, la innovación científica y tecnológica y la informática como SEIS sectores de principal cooperación. Al mismo tiempo, ambas partes explorarán activamente un nuevo modelo de cooperación en capacidad productiva "3×3". Es decir, promover la profundización de la cooperación China-ALC a través de la cooperación en TRES sectores de construcción: logística, energía e información; la interacción positiva entre TRES actores: empresas, sociedades y Gobiernos; y la expansión de TRES canales de financiamiento: fondos, créditos y seguros. Durante la Segunda Reunión Ministerial del Foro China-CELAC, celebrada a principios de 2018, China enfatizó otra vez su voluntad de trabajar con la parte latinoamericana para profundizar el marco de cooperación "1+3+6", promover la optimización y mejora de la cooperación China-ALC, innovar el modelo de desarrollo, y crear un nuevo patrón de cooperación con mejor estructura, mayor motivación, áreas más amplias y una cooperación de mejor calidad. Además, la parte china propuso una cooperación más profunda en las áreas clave, como la promoción de una gran conectividad que una océanos y continentes, el fomento de un gran mercado abierto y mutuamente beneficioso, y la construcción de grandes industrias independientes y avanzadas. Bajo la orientación de una serie de políticas favorables, la escala y el nivel de la cooperación económica y comercial bilateral han seguido aumentando.

Al mismo tiempo, en los últimos años, a medida que se van profundizando la reforma del sistema financiero y la innovación y la apertura en doble sentido en China, las autoridades monetarias y las autoridades de supervisión financiera de China y ALC también se han centrado en lanzar una serie de medidas de cooperación regional, con el fin de aumentar continuamente la apertura de los mercados financieros, y mejorar el nivel de liberalización y facilitación del comercio y la inversión bilateral. Los canales de inversión y financiamiento bilateral entre China y ALC se han vuelto cada vez más amplios y diversificados, lo que ha creado un entorno político favorable y estable para la interconexión financiera China-ALC, sentando las bases para las operaciones de mercado.

(1) Promover activamente la cooperación con instituciones financieras multilaterales y apoyar el desarrollo económico regional de ALC

Desde la perspectiva de China, desde que se unió en 2009 al Banco Interamericano de Desarrollo (BID) -la institución multilateral de desarrollo más importante de ALC-, el Banco Popular de China (BPCh) ha participado activamente en los asuntos relacionados con el BID (incluyendo varias ampliaciones de su cuota de participación). Al explorar los medios de cooperación, como el establecimiento de un mecanismo de cofinanciamiento, promovemos la cooperación entre las instituciones y empresas financieras chinas y el BID en la financiación del comercio y la construcción de infraestructura en ALC, y promovemos conjuntamente la reducción de la pobreza y el desarrollo económico y social en ALC. Al mismo tiempo, como miembro del Banco de Desarrollo del Caribe, China también ha desempeñado un papel importante de apoyo en la promoción de la cooperación económica, comercial y financiera con el Caribe.

Desde la perspectiva de América Latina, la intención de participar en la cooperación financiera con China y Asia también ha aumentado gradualmente. Brasil es uno de los 57 miembros fundadores del BAII, cuyo establecimiento fue liderado por China. Entre marzo y diciembre de 2017, Perú, Venezuela,

Bolivia, Chile, Argentina y Ecuador se convirtieron sucesivamente en miembros del BAII. A fines de 2017, entre los 84 miembros del BAII, había 7 asientos correspondientes a los países latinoamericanos. Además, Brasil también participó en la creación del Nuevo Banco de Desarrollo de los BRICS, con sede en Shanghai, China. La creación de los mecanismos multilaterales antes mencionados, que facilitarán la intermediación financiera en doble sentido entre China y ALC, proporciona una buena base para la futura cooperación financiera.

(2) Firmar acuerdos de *swap* con otros bancos centrales y facilitar el apoyo a la liquidez bidireccional

Después de la crisis financiera internacional de 2008, el BPCh, por un lado, asistió al Fondo Monetario Internacional (FMI) en la ayuda a los Estados miembros (incluidos los países latinoamericanos) para mejorar su capacidad de afrontar la crisis financiera; por otro lado, en abril de 2009 firmó con el Banco Central de la República Argentina un acuerdo bilateral de intercambio de divisas con una escala de 70.000 millones de yuanes / 38.000 millones de pesos. El acuerdo alivió prontamente la tensión en la liquidez del mercado en ese momento, aseguró el progreso normal del comercio bilateral entre China y Argentina, y también mejoró significativamente la confianza de todo el mercado financiero latinoamericano, salvaguardando efectivamente la estabilidad financiera regional. Posteriormente, ambas partes renovaron el acuerdo en 2014 y 2017. Además, en 2013 y 2015, el BPCh también firmó acuerdos de *swap* con el Banco Central de Brasil, el Banco Central de Surinam y el Banco Central de Chile (ver Tabla 1). Hasta julio de 2017, el BPCh había firmado seis acuerdos de *swap* con diferentes bancos centrales de los países latinoamericanos con una escala total de 283.000 millones de yuanes, que representaron aproximadamente el 9% de la escala total de los *swaps* chinos. La serie de acuerdos firmados antes mencionados no solamente desempeña un papel activo en la provisión de liquidez monetaria de emergencia y en mantener la estabilidad en el mercado financiero, sino también permite la transacción realizada con las monedas nacionales, evitando efectivamente el riesgo del tipo de cambio mediante la tercera divisa como referencia. Tal mecanismo proporciona un arreglo alternativo conveniente para el comercio y la inversión bilateral entre China y ALC.

Tabla 1: Los acuerdos de *swap* entre el Banco Popular de China y otros bancos centrales latinoamericanos

País	Fecha de firma	Escala	Vigencia
Argentina	2 de abril de 2009	70.000 millones de yuanes 38.000 millones de pesos	Tres años
	18 de julio de 2014 (renovación)	70.000 millones de yuanes 90.000 millones de pesos	Tres años
	18 de julio de 2017 (renovación)	70.000 millones de yuanes 155.000 millones de pesos	Tres años
Brasil	26 de marzo de 2013 (expirado)	190.000 millones de yuanes 60.000 millones de reales	Tres años
Surinam	18 de marzo de 2015	1.000 millones de yuanes 520 millones de dólares surinameses	Tres años
Chile	25 de mayo de 2015	22.000 millones de yuanes 2,2 billones de pesos	Tres años
Total	283.000 millones de yuanes		

Fuente: sitio web oficial del BPCh.

(3) Mejorar continuamente la apertura al mundo del mercado financiero de China, facilitar la inversión y el financiamiento en ALC

En primer lugar, para promover el comercio y la inversión bilateral, el BPCh siguió promoviendo la construcción y el desarrollo del mercado de divisas y adoptó una serie de medidas para promover las transacciones directas entre el renminbi (RMB) y las monedas nacionales de los países socios. El 12 de diciembre de 2016, autorizado por el BPCh, el Centro de Comercio de Divisas de China comenzó a realizar transacciones directas entre el RMB y el peso mexicano en el mercado de divisas interbancario de China. Los tipos de cambio entre el RMB y el peso mexicano se anuncian directa y diariamente, eliminando la necesidad de la tercera divisa para su cálculo, y reduciendo directamente los costes de divisa en los intercambios económicos y comerciales entre China y México. Después de lanzada la transacción, se alcanzó un total de 1 millón de yuanes en transacciones de mercado en 2017. Esto abre una nueva página en la cooperación financiera entre China y ALC en el mercado de divisas.

En segundo lugar, la profundización de la apertura del mercado de capitales de China facilita a los inversores institucionales extranjeros, incluidos los inversores latinoamericanos, a invertir en el mercado chino. En mayo de 2015, el BPCh aprobó la concesión de una cuota de 50.000 millones de dólares a los inversores institucionales extranjeros calificados (QFII, siglas en inglés) provenientes de Chile, convirtiéndolo en el único país latinoamericano dentro de los 18 países que recibieron esa cuota hasta finales de 2016. Tal derecho permite a Chile invertir en el mercado de capitales de China en el futuro.

(4) Establecer los primeros arreglos y canales para la compensación y liquidación de RMB entre China y ALC, y mejorar continuamente la infraestructura para la internacionalización del RMB

Con la mejora continua y el avance de la construcción del sistema de pago transfronterizo en RMB y las estructuras financieras para la compensación y liquidación de RMB, la eficiencia en la liquidación de RMB y la red de compensación transfronteriza han seguido mejorando. El 25 de mayo de 2015, el BPCh y el Banco Central de Chile firmaron un memorando de entendimiento para el uso del RMB en operaciones de comercio e inversión entre ambas naciones, para lo cual designaron a la sucursal del Banco de Construcción de China en Chile como banco compensador. El 17 de septiembre del mismo año, el BPCh y el Banco Central de Argentina firmaron un memorando de entendimiento por el mismo motivo. El 18 de septiembre, el BPCh designó al Banco Industrial y Comercial de China (Argentina) como la entidad compensadora del RMB para Argentina. Además, con el establecimiento del Sistema de Pagos Interbancario Internacional (CIPs, por sus siglas en inglés) en RMB, los bancos de otros países latinoamericanos, como Argentina y Brasil, también se han unido al sistema de manera indirecta.

Además, según estadísticas de UnionPay International, hasta noviembre de 2017, dentro de los 162 países y regiones donde las tarjetas UnionPay pueden usarse de forma segura y sencilla, un 9% se sitúa en ALC, compuesta por 14 países y regiones: Argentina, Bahamas, Brasil, Puerto Rico, Ecuador, Colombia, Costa Rica, Cuba, Martinica, Perú, México, Surinam, Islas Vírgenes y Venezuela.

II. La interconexión financiera entre China y ALC es inevitable y necesaria

(1) Las finanzas entre China y ALC se caracterizan por la complementariedad

En vista de la historia y las características del desarrollo económico de China, la tasa de ahorro de China se ha mantenido alta durante mucho tiempo (ver Figura 1). De 1980 a 2016, la tasa de ahorro de China aumentó del 35% al 46%, alrededor de 10-20 puntos porcentuales más que el promedio mundial. Los ahorros abundantes significan las fuentes de capital internas y estables para sostener un crecimiento de la inversión. Al mismo tiempo, desde la década de 1980, la tasa de ahorro de China ha sido mayor que la tasa de inversión en la mayoría de los años, lo que indica un superávit de capital después de que los ahorros se convierten en inversiones domésticas. China se puede entonces considerar como un país capaz de exportar capital. Por otro lado, en ALC la tasa de ahorro general de la región se ha mantenido por debajo del promedio mundial durante un largo período de tiempo, aproximadamente 5 puntos porcentuales menos que el promedio mundial (ver Figura 1). Además, en comparación con el nivel de 1980 (21%), la tasa de ahorro en 2016 fue incluso ligeramente inferior (18%). Al mismo tiempo, la tasa de ahorro en ALC ha sido más baja que su inversión en la mayoría de los años, indicando una brecha de capital que podría limitar las inversiones internas en el futuro. El contraste entre China y ALC en sus patrones de ahorro e inversión sienta una cierta base objetiva para la cooperación financiera entre las dos partes en el futuro.

Figura 1: La evolución de la tasa de ahorro y de inversión en el mundo, China y ALC

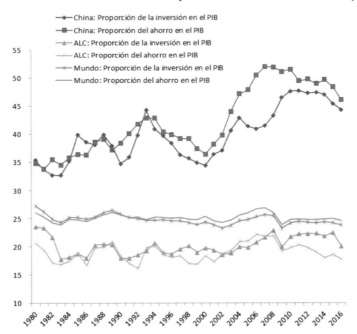

Fuente: Base de datos WIND.

(2) Las necesidades de financiamiento para el desarrollo sostenible en ALC

Para alcanzar el objetivo del crecimiento sostenible de la ONU para 2030, los países latinoamericanos enfrentan enormes oportunidades de desarrollo, pero también necesitan un gran apoyo financiero, mientras van completando su proceso de reindustrialización. Según estadísticas publicadas por la Comisión Económica para América Latina y el Caribe (CEPAL)[1], para lograr el objetivo del crecimiento sostenible en 2030, las regiones latinoamericanas tendrán que movilizar recursos de entre 3 y 14 billones de dólares para financiar áreas como desarrollo social, protección ambiental, energía, agricultura e infraestructura no energética. Dentro de ellos, solo la infraestructura no energética necesitará entre 0,8 y 7 billones de dólares, lo que representa aproximadamente la mitad de toda la necesidad financiera estimada. Sin embargo, la región todavía tiene muchas dificultades para satisfacer esa demanda con sus propios recursos internos. Primero, la tasa de ahorro general de la región es baja. Segundo, la situación fiscal es débil, en particular los ingresos fiscales son bajos parcialmente a causa de la grave evasión fiscal. Según estadísticas de la CEPAL, el ingreso fiscal promedio en ALC representó solo el 22,8% del PIB en 2015, que fue 11,4 puntos porcentuales menos que el nivel promedio de los países de la OCDE en el mismo año. En el corto plazo, el desarrollo económico en ALC necesitará una gran apoyo financiero externo. Esto brindará una buena oportunidad para desarrollar la interconexión financiera entre China y ALC.

---

[1] CEPAL, "Financing the 2030 Agenda for Sustainable Development in Latin America and the Caribbean: The challenges of resource mobilization", April, 2017, pp. 5-7, https:// repositorio.cepal.org/bitstream/handle/11362/ 41197/4/S1700214_en.pdf [2018-03-27]

III. Canales de financiación diversificados

La enorme brecha de financiamiento en ALC necesita múltiples canales y también requiere entidades de múltiples niveles para ser solucionada. En general, las instituciones financieras de desarrollo tienen recursos financieros a mediano y largo plazo para dar préstamos a largo plazo, y pueden desempeñar un papel especial en el apoyo a la construcción de infraestructura, así como a las industrias básicas y pilares. Por otro lado, los bancos comerciales pueden absorber depósitos a través de sus múltiples canales para recaudar fondos y emitir préstamos comerciales, con el fin de complementar la función de las instituciones financieras de desarrollo. Además, las plataformas de inversión, con sus propios capitales en acciones, proporcionan capital de riesgo a proyectos *greenfield* y fusiones y adquisiciones. Tales plataformas también pueden movilizar créditos, creando una "vinculación entre inversión directa y préstamo". Las plataformas de inversión integran las instituciones financieras de desarrollo y los bancos comerciales de tal manera que la interconexión financiera es más práctica, flexible y efectiva. Igualmente, el sistema de seguro de crédito a la exportación también brinda apoyo y garantía a los tres modelos de financiamiento antes mencionados. Estas entidades, integradas de diferente manera al mercado, operan de acuerdo con sus propios modelos de negocio, se complementan en la práctica y, en última instancia, crean un sistema de seguridad de servicios financieros diversificado y abierto entre China y ALC.

(1). El papel crucial de las finanzas del desarrollo

En vista de la construcción económica de ALC, que se caracteriza por el ciclo de recuperación de proyectos a largo plazo y la necesidad de capital a gran escala, las finanzas del desarrollo pueden desempeñar un papel importante.

Según la experiencia de China en los últimos años, las finanzas del desarrollo se refieren a un modelo financiero que sirve a las estrategias nacionales, depende del apoyo crediticio, las operaciones de mercado, la autogestión, y se centra en la inversión a largo plazo con un pequeño margen de beneficio y sostenibilidad financiera. Las finanzas del desarrollo tienen múltiples ventajas porque pueden conectar al Gobierno con el mercado, integrar los recursos de todas las partes, brindar apoyo crediticio a largo plazo para necesidades específicas, tener un efecto de demostración para los fondos comerciales, y promover la participación del capital social respetando las reglas del mercado[1]. En los últimos años, como la mayor institución financiera de desarrollo de China, el Banco de Desarrollo de China (CDB, por sus siglas en inglés) ha establecido puntos de operación en los países y regiones de ALC, donde ha introducido servicios financieros diversificados de alta calidad. Al establecer el puente financiero entre China y ALC, el CDB ha logrado un gran avance en su internacionalización. En la actualidad, el CDB tiene dos oficinas de representación y ocho grupos de trabajo en Río de Janeiro y Caracas. Su negocio cubre más de 20 países y regiones, incluyendo Brasil, Venezuela, Ecuador, Perú y Argentina. Las áreas clave de cooperación comprenden infraestructura, manufactura, agricultura, energía, comunicaciones, aeroespacial y alta tecnología. Además, el CDB también apoya a las empresas chinas en proyectos de infraestructura en ALC a través de las líneas de crédito especiales como el Crédito Especial para Infraestructura entre China y América Latina y el Crédito Especial para Infraestructura entre China y el Caribe. El CDB apoya activamente la cooperación bilateral en proyectos importantes para la economía nacional y el bienestar social, y promueve el

---

[1] Zhou Xiaochuan, "La deliberación en común y la construcción conjunta del sistema de cooperación financiera de la Franja y la Ruta", en China Finance, núm. 9, 2017, pp. 6–8. （周小川：《共商共建"一带一路"投融资合作体系》，载《中国金融》，2017年第 9 期，第 6-8 页。）

desarrollo económico de los países latinoamericanos.

(2) Los bancos comerciales chinos exploran ampliamente el mercado latinoamericano

Hasta finales de 2017, cinco bancos comerciales chinos habían abierto 11 sucursales en siete países y regiones de ALC (ver Tabla 2). En concreto, hay sucursales del Banco Industrial y Comercial de China en Argentina, Brasil, Perú y México; del Banco de China en Panamá, Brasil y las Islas Caimán; del Banco de Construcción de China en Brasil y Chile; del Banco de Comunicaciones en Brasil; y del China Merchants Bank en las Islas Caimán. Las sucursales mencionadas incluyen también tres bancos comerciales locales de ALC adquiridos por los bancos chinos y una sucursal de un banco comercial con sede en Hong Kong. Gracias a su posición de liderazgo en el mercado chino, la base de clientes de alta calidad y la estructura operativa diversificada en China, las sucursales de los bancos comerciales chinos aprovechan la profundización continua de las relaciones económicas y comerciales y el aumento de los intercambios económicos y comerciales entre China y ALC para brindar servicios financieros profesionales y eficientes a empresas chinas, empresas locales y Gobiernos en ALC, tales como créditos, financiamientos comerciales, depósitos, remesas y transacciones de divisas. Los bancos comerciales chinos desempeñan un papel activo para facilitar los intercambios económicos y comerciales entre China y ALC, centrándose en áreas como energía, infraestructura, manufactura, telecomunicaciones y comercio. Cuando más bancos comerciales chinos entren en ALC, se podrían ampliar sus carteras de préstamos por países e industrias para evitar riesgos de financiamiento. Al mismo tiempo, los bancos comerciales son más sostenibles comercialmente gracias a una mayor flexibilidad en sus decisiones tanto para las áreas de inversión como para los proyectos concretos.

Tabla 2: Lista de las sucursales de los bancos comerciales chinos en ALC

Sucursal de los bancos chinos	País / Región	Ciudad	Fecha de establecimiento	Antecedentes
ICBC (Argentina) S.A.	Argentina	Buenos Aires	8 de abril de 2013	ICBC adquirió el 80% de las acciones del Standard Bank (Argentina) en diciembre de 2012 y cambió oficialmente su nombre en abril de 2013.
ICBC (Brasil) S.A.	Brasil	San Pablo	23 de enero de 2013	Se estableció formalmente el 23 de enero de 2013 y se inauguró oficialmente el 26 de septiembre de ese año.
ICBC (Perú) S.A.	Perú	Lima	6 de febrero de 2014	El 8 de noviembre de 2013 recibió la licencia comercial emitida por la Superintendencia de Banca, Seguros y AFP (SBS) de Perú, y oficialmente empezó sus negocios el 6 de febrero de 2014.
ICBC (México) S.A.	México	Ciudad de México	6 de junio de 2016	En noviembre de 2014 recibió la licencia bancaria y fue la primera institución financiera con fondos chinos en México. La licencia comercial se le fue otorgada el 23 de mayo de 2016 y abrió oficialmente el 6 de junio.

Banco de China (Panamá) Ltd.	Panamá	Ciudad de Panamá	1994	Estableció una oficina de representación en Panamá en 1985.
Banco de China (Brasil) S.A.	Brasil	San Pablo	13 de marzo de 2009	Estableció una oficina de representación en Brasil en 1998.
Banco de China (Islas Caimán) Ltd.	Islas Caimán	Gran Caimán		
CBC (Brasil) S.A.	Brasil	San Pablo	16 de diciembre de 2015	Adquirió el Bicbanco el 29 de agosto de 2014.
CBC (Sucursal en Chile)	Chile	Santiago	20 de junio de 2016	
Banco BOCOM BBM (Brasil)	Brasil	Río de Janeiro		El 2 de diciembre de 2016, el Banco de Comunicaciones de China completó la adquisición del banco brasileño BBM.
CMB (Islas Caimán) Ltd.	Islas Caimán	Gran Caimán	2008	El China Merchants Bank adquirió Wing Lung Bank en Hong Kong en 2008, incluida su sucursal en las Islas Caimán.

Fuente: información encontrada en los sitios web de los bancos chinos.

Además, el mayor banco comercial de Brasil, el Banco do Brasil, también abrió su primera sucursal en Shanghai en 2014, convirtiéndose en el primer banco comercial latinoamericano que tiene sucursal en China.

(3) Los fondos de inversión y las empresas chinas se unen para desarrollar la inversión directa en ALC

De los 33 países de ALC, 28 son países de ingresos medios y es relativamente difícil obtener una tradicional ayuda financiera oficial y preferencial. Así que los países latinoamericanos cuentan más con capital privado, especialmente la inversión extranjera directa (IED). Según estimaciones de la CEPAL, la IED en ALC representó el 52% del financiamiento del sector privado en los últimos 10 años, que fue aproximadamente un 10% más alto que el nivel promedio de los países en desarrollo en el mundo.

Figura 2: La evolución de la IED de China en ALC (flujo y *stock*)

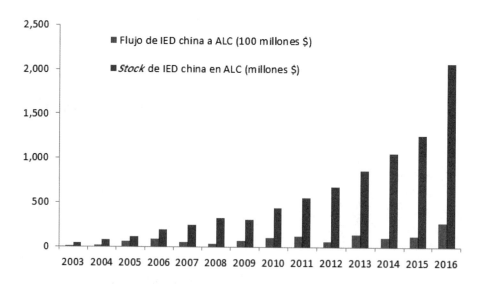

Fuente: Base de datos WIND.

La Figura 2 muestra que en los últimos años, la IED de China en ALC ha aumentado rápidamente. En 2016, los flujos y los *stocks* de IED de China en ALC alcanzaron, respectivamente, 27.230 millones y 207.150 millones de dólares, es decir, alrededor de 2,2 veces y 9,5 veces el nivel de hace una década. En 2016, cuando el flujo de IED de China siguió siendo el segundo mayor en el mundo, su flujo de IED a ALC aumentó en un 115,9% interanual, 96 puntos porcentuales más que el del año anterior. Desde la perspectiva de la participación, el flujo de IED de China a ALC representó el 13,9% de su IED total anual en 2016, un aumento de 5 puntos porcentuales con respecto al año anterior. En 2016, el *stock* de IED de China en ALC representó también el 15,3% de su *stock* en el mundo. Se puede ver que China se ha convertido en una de las principales fuentes de IED en ALC. Los principales destinos de la IED china incluyen las Islas Caimán, las Islas Vírgenes Británicas, Brasil, Venezuela, Argentina, Ecuador, Jamaica, Perú, Trinidad y Tobago y México. Al mismo tiempo, se observa una diversificación cada vez mayor en los actores de inversión y sus modos de inversión. Los sectores en los que las empresas chinas han invertido se han expandido desde los sectores tradicionales, como energía, recursos minerales, infraestructura, hasta finanzas, agricultura, manufactura, industria de la información, servicios, comercio electrónico y transporte aéreo. De los 10 mayores proyectos transfronterizos de fusión y adquisición en ALC en 2016 (con una escala de más de 1.000 millones de dólares), China participó en 2 proyectos (un total de 2.700 millones de dólares), solo detrás de Estados Unidos (3 proyectos, un total de 4.300 millones de dólares). Dentro de estos dos proyectos, cabe destacar el de China Molybdenum, que adquirió el negocio de plutonio y fosfato del grupo británico Anglo American en Brasil por 1.500 millones de dólares, un valor que le calificó como el sexto mayor proyecto de fusión y adquisición en ALC en ese año.

El rápido aumento de la IED de China en ALC se debe principalmente a los siguientes tres factores. En primer lugar, para atraer la IED, muchos países latinoamericanos han reducido sus controles en los últimos años y han adoptado una serie de medidas para promover la inversión extranjera. Por ejemplo, las medidas de reforma del sector energético implementadas en México en 2014 y el Programa de Asociación de Inversión en Infraestructura (PPI, por sus siglas en portugués) lanzado en Brasil en 2016 abren sus puertas a inversionistas extranjeros.

En segundo lugar, en los últimos 40 años de reforma y desarrollo, China ha acumulado abundante experiencia tanto en las áreas de tecnología, diseño, construcción y contratación laboral para realizar proyectos, como en su mantenimiento y gestión posterior. Estas ventajas comparativas se adaptan bien al desarrollo económico de ALC, especialmente a las demandas reales de infraestructura. En el contexto de una reestructuración económica interna, las empresas chinas están "saliendo" activamente a invertir en ALC, lo que no solo favorece la transferencia industrial y el ajuste estructural de China, sino que también ayuda a las empresas a alcanzar sus objetivos de internacionalización y promueve la diversificación de la estructura industrial y la mejora de la productividad en ALC.

En tercer lugar, durante los últimos años, China ha establecido fondos de inversión por acciones principalmente para el mercado latinoamericano. Estas instituciones combinan de manera estrecha las ventajas financieras e industriales de China con las demandas reales de ALC, apoyando la IED de las empresas chinas en la región. Estos fondos incluyen los multilaterales, como el Fondo para la Cooperación en Capacidad Productiva China-América Latina y el Fondo de Cooperación China-América Latina, y los bilaterales, incluidos el Fondo China-Brasil y el Fondo China-México. Además, está el Fondo China-Países Lusoparlantes, que se destina a los países de habla portuguesa, como Brasil. Estos fondos, a través de operaciones comerciales, se enfocan en la construcción de infraestructura, la explotación de recursos, la cooperación industrial y financiera bajo el marco de cooperación "1+3+6", y brindan apoyo financiero para la cooperación e interconexión económica y comercial entre China y ALC, mientras van logrando una sostenibilidad financiera a largo plazo. Por ejemplo, en junio de 2015, China estableció el Fondo para la Cooperación en Capacidad Productiva China-América Latina de 30.000 millones de dólares (10.000 millones de dólares para la primera fase). A finales de 2015, con la participación de este fondo en el capital, China Three Gorges Corporation obtuvo la franquicia para operar las centrales hidroeléctricas Ilha y Jupiá de Brasil por 13.800 millones de reales (aproximadamente 3.700 millones de dólares), convirtiéndose en el segundo mayor operador privado de energía en Brasil, y ha contribuido al desarrollo de la industria energética y la energía limpia de dicho país. Este proyecto ganó el premio a la "Mejor Inversión Extranjera" otorgado por el Cuarto Foro Financiero de los BRICS en 2016. Ese mismo año, el Fondo para la Cooperación en Capacidad Productiva volvió a ayudar a Three Gorges a adquirir con éxito el proyecto hidroeléctrico de Duke Energy en Brasil por 1.200 millones de dólares. Dicho proyecto estuvo entre los diez principales proyectos transfronterizos de fusión y adquisición en ALC en ese año. Además, este fondo también lleva a cabo la cooperación comercial con el Banco Interamericano de Desarrollo, el Banco de Desarrollo de América Latina, la Corporación Financiera Internacional, etc., para brindar un apoyo integral a la interconexión financiera entre China y ALC a través de diversos instrumentos de inversión y financiamiento.

Además, se han creado fondos de inversión bilaterales en los últimos años. A finales de 2014 se estableció el Fondo China-México con una primera fase de 1.200 millones de dólares. El fondo invierte en diversas industrias de México a través de herramientas como la financiación de capital y la deuda intermedia, para lograr una apreciación de su capital a largo plazo. A fines de mayo de 2017 se lanzó oficialmente el Fondo China-Brasil de Cooperación para la Expansión de Capacidad Productiva (denominado "Fondo China-Brasil"), con recursos iniciales de 20.000 millones de dólares, aportados por China (15.000 millones) y Brasil (5.000 millones). Este fondo invertirá en las áreas de logística e infraestructura, energía y recursos minerales, alta tecnología, agricultura y manufactura. El Fondo China-Brasil marca la profundización de la cooperación en capacidad productiva entre China y Brasil, y es otro ejemplo concreto de la implementación por la parte china de la interconexión financiera de la Franja y la Ruta.

(4) Fortalecer y mejorar el seguro de crédito a la exportación

Dada la distancia geográfica entre China y ALC, las empresas e instituciones financieras chinas no tienen suficiente conocimiento del mercado latinoamericano en muchas áreas y tienen ciertos riesgos operativos. En este contexto, el sistema de seguro de crédito a la exportación proporcionado por China Export & Credit Insurance Corporation (denominado en lo sucesivo SINOSURE) desempeña un papel importante en la protección contra riesgos, al apoyar efectivamente la exportación de equipos completos a gran escala de China y estimular así la "salida" de las capacidades productivas ventajosas de China. SINOSURE ha establecido un grupo de trabajo especial en Brasil y lo ha usado como punto de apoyo para su trabajo en toda la región latinoamericana, ayudando a las empresas chinas a explorar mejor el mercado latinoamericano y también jugando un papel de apoyo clave para las instituciones financieras chinas en sus operaciones en ALC.

IV. Varios aspectos que merecen ser atendidos para la futura interconexión financiera China-ALC

Bajo el principio de la deliberación en común, la construcción conjunta y el codisfrute de la Franja y la Ruta, el nivel de cooperación financiera entre China y ALC ha seguido aumentando y ambas partes han conseguido algunos logros. Sin embargo, en general, la interconexión financiera China-ALC todavía está en una etapa inicial y tiene mucho espacio para el desarrollo. En el futuro se debería seguir construyendo y mejorando el marco y el sistema de la interconexión financiera China-ALC, aprovechando la nueva oportunidad que ofrece la construcción conjunta de la Franja y la Ruta. En el proceso hay aún muchos problemas prácticos que requieren atención. Es necesario tomar precauciones y medidas a fin de sentar una base sólida para la profundización de la interconexión financiera entre las dos partes en el futuro.

(1) Una adecuada previsión macroeconómica y la reducción de los riesgos periódicos

La interconexión financiera sirve al desarrollo de la economía real. Dado el hecho de que los cambios en el panorama económico y financiero mundial afectarán los fundamentos tanto de la economía china como de la economía latinoamericana, e influenciarán en el financiamiento y la inversión de ambas partes, se requiere primero estimar la última evolución de la estructura económica y financiera mundial y el proceso de desarrollo futuro para analizar el futuro de la interconexión financiera China-ALC.

En primer lugar, hay que fortalecer el estudio sobre los fundamentos económicos. En la actualidad, la economía mundial continúa recuperándose y el nivel de la inflación es generalmente moderado. La recuperación de la economía de Estados Unidos es fuerte y la economía de la zona euro continúa mejorando. Las economías emergentes generalmente han mantenido un crecimiento relativamente rápido, pero con divergencia interna, y enfrentan todavía grandes presiones de ajuste y transformación. Después de dos años consecutivos de recesión económica, la economía y el comercio global han aumentado la vitalidad de la región de ALC y los precios de las materias primas han subido. Gracias a este factor positivo, la tasa de crecimiento de la economía latinoamericana en 2017 pasó de ser negativa a positiva. En particular, Brasil, que es la mayor economía de ALC, ha salido de una profunda recesión de dos años consecutivos, y la tasa de crecimiento económico ha pasado al 1%, más alta que las expectativas del mercado. Otro importante país de ALC, Argentina, también mostró una marcada mejoría de su economía: la tasa de crecimiento económico en 2017 llegó al 2,9%. Sin embargo, cabe señalar que aunque los fundamentos económicos generales de ALC han mejorado, algunos problemas fundamentales todavía no se han solucionado completa y radicalmente. Por ejemplo, muchos países latinoamericanos tienen una estructura económica relativamente simple: las exportaciones dependen en gran medida de los productos primarios, y el ciclo económico, especialmente la fluctuación de los precios de los productos primarios, tiene un impacto significativo en sus fundamentos económicos.

En segundo lugar, hay que prestar mucha atención al ajuste de las políticas macroeconómicas en las economías avanzadas, especialmente al impacto de los cambios en la política monetaria. Por un lado, a medida que la Reserva Federal de Estados Unidos anuncie oficialmente el comienzo del ciclo de aumentos de la tasa de interés, el costo global de capital aumentará. En este contexto, los países latinoamericanos, que anteriormente acumularon grandes cantidades de deuda en un entorno de bajos costos de financiamiento, podrían enfrentar potenciales riesgos de reembolso de sus deudas, especialmente cuando la mayoría de los países latinoamericanos actualmente no logran resultados significativos en la consolidación fiscal. Por otro lado, el efecto de los aumentos de la tasa de interés se ampliará por la reforma tributaria de Estado Unidos, lo que afectará el patrón de flujo de capital global. La tendencia inversa del flujo de capital empeorará la dificultad, la complejidad y la incertidumbre de la inversión y el financiamiento en ALC. Estos cambios importantes significan a la vez oportunidades y desafíos para la interconexión financiera China-ALC.

(2) Respetar el principio de mercado, prevenir el riesgo moral

China es actualmente el mayor país en desarrollo en el mundo. Su lucha contra la pobreza todavía continúa. La región de ALC también se enfrenta a la tarea de reducir la pobreza y promover el desarrollo. Desde la perspectiva sostenible a largo plazo, la cooperación financiera entre China y ALC debe basarse en el principio de beneficio mutuo, orientarse al mercado, y ser operada de manera comercial para vincular el riesgo y el rendimiento. La interconexión financiera China-ALC tiene como objetivo último establecer un sistema de seguridad financiera a largo plazo, que sea estable, sostenible y con riesgos controlables. La orientación al mercado es la forma sostenible de lograr beneficios mutuos. Si contamos demasiado con el apoyo concesional, que es más generoso que el apoyo comercial, ningún país tendría suficientes recursos para sostener un apoyo financiero a un tercer país a largo plazo. Solo adhiriéndonos al principio de mercado podemos reducir la dependencia psicológica de los países receptores de fondos, evitar el riesgo moral, alentarlos a explorar completamente su propio potencial en la dotación de recursos, y transformar activamente los impulsos externos en impulsos endógenos del crecimiento, logrando finalmente un desarrollo sostenible a largo plazo basado en el crecimiento más intrínseco.

(3) Tratar de aumentar el uso de RMB en el financiamiento y la inversión China-ALC y evitar riesgos de tipo de cambio

En el proceso de inversión y financiamiento externo, el riesgo de tipo de cambio es uno de los riesgos de mercado que más preocupan a acreedores e inversionistas. En los últimos años, el mercado financiero internacional ha sufrido fuertes fluctuaciones, en particular con los cambios en la política monetaria de la Reserva Federal y las expectativas del mercado. Como consecuencia, el tipo de cambio de las monedas de las economías emergentes frente al dólar ha variado significativamente. Según la tendencia, en la última década después de la crisis financiera de 2008, las principales monedas nacionales en ALC, como el real brasileño, el peso mexicano y el peso argentino, básicamente sufrieron una devaluación respecto al dólar con fluctuación en ambas direcciones y hace poco se han recuperado levemente (Figura 3). Al mismo tiempo, la mayoría de los mercados financieros nacionales de las economías emergentes, como los países latinoamericanos, no están bien desarrollados, y los productos de cobertura de tipo de cambio (especialmente a mediano y largo plazo) no existen. Aunque algunos productos en divisas son disponibles, el volumen de transacciones es relativamente limitado y el coste de transacción es relativamente alto. Para la inversión y el financiamiento a largo plazo de China en ALC, eso plantea un gran desafío. El riesgo de tipo de cambio que surge de esta situación requiere varias contramedidas. Por un lado, en la medida de lo posible, en el diseño de las estructuras de transacciones de inversión y financiamiento es posible adoptar medidas para reducir el descalce monetario, como, por ejemplo, el aumento apropiado de los pasivos denominados en moneda local. Por otro lado, con el RMB formalmente incorporado a la canasta de monedas denominada Derechos Especiales de Giro (SDR, por sus siglas en inglés) en octubre de 2016, la futura cooperación financiera entre China y ALC también puede considerar más posibilidades de liquidación en RMB y aumentar de manera adecuada el número de bancos de compensación en RMB en ALC.

Figura 3: Evolución del tipo de cambio del dólar estadounidense frente a las principales monedas latinoamericanas

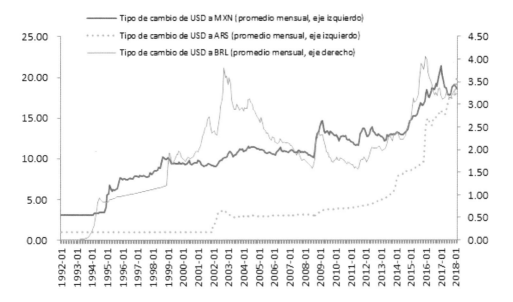

Fuente: Base de datos WIND.

(4) Fortalecer la comunicación de información multinivel y la cooperación pragmática multifacética en lo macro y lo micro para minimizar el riesgo de asimetría de la información

A nivel macro, debemos fortalecer la comunicación de la información, los intercambios y la cooperación entre el BPCh y los bancos centrales de los países de ALC, así como entre las autoridades reguladoras financieras de ambas partes. Hoy en día, con la rápida expansión de la cooperación económica y comercial entre China y ALC, las políticas macroeconómicas y financieras llevadas a cabo en una parte tendrán más influencias en la otra parte. En el marco de la cooperación general entre China y ALC, se podría considerar establecer un mecanismo de cooperación financiera bilateral más estrecha y fortalecer la comunicación y coordinación entre los bancos centrales y las agencias reguladoras financieras en áreas como la situación macroeconómica, la política monetaria y la regulación financiera, en particular cuando haya cambios de política en las economías avanzadas, para así enfrentar conjuntamente posibles desafíos.

A nivel micro, la cooperación con las agencias intermediarias del mercado local en ALC debería fortalecerse para reducir los riesgos legales y de mercado. En comparación con otros mercados extranjeros, el mercado latinoamericano tiene más diferencias con el de China en términos de idioma, cultura, distancia geográfica y prácticas comerciales. No es suficiente confiar únicamente en las informaciones que poseen las instituciones nacionales chinas. Aunque la economía de los países latinoamericanos tiene un nivel de mercantilización relativamente alto, las prácticas informales son más frecuentes, la gobernanza social es menos eficiente y los riesgos legales son más altos. Las empresas y las instituciones financieras chinas deberían fortalecer la cooperación con sus socios locales, especialmente en asuntos legales, impositivos y contables. Al mismo tiempo, algunas instituciones multinacionales o regionales tienen ventajas comparativas, tales como una larga historia de existencia, un mecanismo maduro de control de riesgos, un conocimiento más profundo de las políticas y situaciones nacionales de los Estados miembros, y un énfasis en la protección de los intereses de los países acreedores. China debería fortalecer la cooperación con ellas en el financiamiento y la inversión en ALC para compartir riesgos y beneficios. Además, los países latinoamericanos tienen leyes y regulaciones estrictas en los campos de protección ambiental y derecho laboral. Las instituciones financiadas por China deben cumplir estrictamente con las leyes y regulaciones locales relevantes, regular los comportamientos de inversión y financiamiento, y participar ordenadamente en la construcción económica local. Además, las instituciones financiadas por China también deberían acelerar la localización de sus operaciones, integrarse profundamente con el entorno financiero local y basarse en el mercado latinoamericano a largo plazo para mantener el desarrollo sostenible.

En resumen, durante el proceso de la interconexión financiera entre China y ALC, se necesita la coordinación y cooperación entre los diferentes actores de inversión, como Gobiernos, instituciones financieras y empresas, y aprovechar al máximo sus ventajas comparativas, con el fin de crear una estructura diversificada, benigna y sostenible de inversión y financiamiento entre China y ALC, elevando así la cooperación financiera entre China y ALC a un nuevo nivel.

Capítulo 7

El diálogo entre las civilizaciones de China y América Latina: significado, objetivos, caminos y mecanismos

Guo Cunhai [1]

A medida que la relación sino-latinoamericana evoluciona desde una tracción a doble ruedas de economía-política hacia una relación de colaboración integral, China y América Latina están caminando hacia una comunidad de intereses mutuos, de responsabilidad compartida y de destino común. Uno de los requisitos urgentes surgido a partir de este fenómeno ha sido la necesidad de sincronizar la conexión sino-latinoamericana con un conocimiento más profundo mientras la amplitud de esta conexión se continúa expandiendo. El diálogo entre civilizaciones es la clave para lograr este objetivo. La diversidad, la apertura y la inclusión de la civilización china y de la civilización latinoamericana hacen que el diálogo entre ambas sea necesario y viable. A medida que Latinoamérica se convertía en una extensión natural de la Iniciativa de la Franja y la Ruta y una parte indispensable de ella, esta también se ha convertido tanto en el

---

[1] Guo Cunhai es doctor en derecho, cofundador y director de la Comunidad de Estudios Chinos y Latinoamericanos (CECLA), investigador del Instituto de Estudios Latinoamericanos de la Academia China de Ciencias Sociales, director del Departamento de Investigaciones Sociales y Culturales, y director ejecutivo del Centro de Estudios Argentinos. Sus principales líneas de investigación son la cultura de América Latina y las relaciones sino-latinoamericanas. Correo electrónico: marsopaguo@gmail.com.

camino principal para promover el diálogo entre la civilización china y la latinoamericana como en el vehículo principal para construir el mecanismo de conversaciones, puesto que el espíritu de la Ruta de la Seda, caracterizado por la colaboración pacífica, la apertura, la inclusión, el aprendizaje mutuo y el beneficio mutuo, está en línea con el objetivo perseguido por el diálogo entre estas dos civilizaciones. El presente artículo trata de analizar el significado, los objetivos y las posibles vías para mantener el diálogo entre la civilización china y la latinoamericana y, al mismo tiempo, realiza una reflexión preliminar sobre la construcción del mecanismo de interacciones entre ambas partes.

1. Diálogo entre civilizaciones: un nuevo paradigma en las relaciones internacionales

Desde la década de 1990, con la aceleración del proceso de globalización, los contactos entre las diferentes economías y civilizaciones se han vuelto cada vez más frecuentes. Pero este fenómeno generó dos temas de preocupación: uno fue la aparición de problemas globales, y el otro fue la duda de si la interacción frecuente entre estos actores que proceden de diferentes civilizaciones y valores provocaría armonía o conflictos. Han surgido dos facciones principales en cuanto a las reflexiones sobre estas cuestiones: la "teoría del choque de civilizaciones", representada por Samuel Huntington[1], y la "teoría del diálogo entre civilizaciones", promovida principalmente por las Naciones Unidas[2].

---

[1]   Samuel Huntington [Estados Unidos], traducido por Zhou Qi y otros: *El choque de las civilizaciones y la reconfiguración del orden mundial*, Xinhua Publishing House, Beijing, 2002.

[2]   Du Weiming: "El desarrollo del diálogo entre civilizaciones y su importancia en el mundo", publicado en la *Revista de la Universidad de Nanjing (Filosofía, Ciencias Humanas, Ciencias Sociales)*, n.° 1, 2003, p. 34-44.

Huntington considera que el choque de civilizaciones sustituirá los conflictos entre Estados y se convertirá en un nuevo paradigma en la política internacional, y que, incluso, se colocarán los conceptos de "cultura" y "civilización" en el centro de la investigación de la teoría política internacional. La aparición de la "teoría del choque de civilizaciones" ha dado lugar a numerosas disputas y críticas, y también ha causado preocupación entre la comunidad internacional por el porvenir de un "choque de civilizaciones".

El mayor significado de esta aterrorizante tesis propuesta por Huntington no está en la teoría en sí, sino en las reflexiones y en la atención que ha causado; y esto al parecer también consiste en una de sus motivaciones. Tal y como dijo el propio Huntington en el prefacio de la versión china del libro: "Lo que yo espero es despertar en la gente la preocupación por la peligrosidad que podría causar el choque de civilizaciones, ya que esto ayudaría a promover el 'diálogo entre civilizaciones' por todo el mundo" [1] . Du Weiming, profesor chino de la Universidad de Harvard que ha seguido e investigado durante mucho tiempo el "diálogo entre civilizaciones", coincide con la intención de Huntington y considera que, en cierto sentido, el especialista estadounidense ha logrado su propósito. "Sin embargo, la atención que se está prestando al diálogo entre civilizaciones, igual que las respuestas que se están generando con respecto a las ideas de conflicto y choque de civilizaciones, se debe principalmente a la teoría del profesor Huntington sobre el choque de civilizaciones" [2] .

En 1998, el entonces presidente iraní, Mohammad Jatamí, lanzó la

---

[1]   Samuel Huntington [Estados Unidos], traducido por Zhou Qi y otros, *El choque de las civilizaciones y la reconfiguración del orden mundial*- Prefacio", Xinhua Publishing House, Beijing, 2002, p. 3.

[2]   Du Weiming: "El desarrollo del diálogo entre civilizaciones y su importancia en el mundo", publicado en la *Revista de la Universidad de Nanjing (Filosofía, Ciencias Humanas, Ciencias Sociales)*, n.° 1, 2003, p. 37.

iniciativa de desarrollar el diálogo entre distintas civilizaciones en el mundo. La Asamblea General de las Naciones Unidas aprobó esta resolución y definió el 2001 como el "Año del diálogo entre civilizaciones" [1] . Desde entonces, el diálogo entre civilizaciones se ha convertido oficialmente en un tema por discutir en las Naciones Unidas. Posteriormente, la 56.ª sesión de la Asamblea General de la ONU aprobó la Agenda Global para el Diálogo de Civilizaciones, cuyo primer artículo expuso claramente que "el diálogo entre civilizaciones es un proceso entre y dentro de las civilizaciones. Su base es la integración de diversos elementos, igual que el deseo colectivo de comprender, descubrir y examinar distintos tipos de hipótesis, desvelar significados comunes y valores fundamentales e integrar múltiples perspectivas a través del diálogo" [2] . El secretario general de las Naciones Unidas de aquel momento, Kofi Annan, también estableció la Alianza de Civilizaciones de la ONU como un mecanismo dedicado a los proyectos de diálogo entre civilizaciones [3] . Desde el comienzo del nuevo siglo, el diálogo entre civilizaciones se ha convertido gradualmente en un nuevo paradigma en las relaciones internacionales, ya que es visto como una manera racional de comunicación entre las civilizaciones humanas y es una comunicación "activa", mientras que el choque de civilizaciones, opuesto al diálogo, es una interacción "pasiva" [4] .

Como miembro permanente de las Naciones Unidas, China siempre ha

---

[1]   56.° Período de Sesiones de la Asamblea General de las Naciones Unidas, Resolución 56/6, «Programa mundial para el diálogo entre civilizaciones», www.un.org, 21 de noviembre de 2001.

[2]   *Ibid.*

[3]   Yang Rujia: *Naciones Unidas y el diálogo entre civilizaciones: roles y tendencias*, tesis de maestría, Universidad de Fudan, 2014.

[4]   Peng Shuzhi: "Relaciones entre civilizaciones y diálogo entre civilizaciones", publicado en la *Revista de la Universidad de Xibei (Edición de Filosofía y Ciencias Sociales)*, n.° 4, 2006, pp. 5-9.

sido partidaria y promotora del diálogo entre civilizaciones. Wang Guangya, embajador permanente de China ante la ONU, en un discurso pronunciado en la 61.ª Asamblea General de las Naciones Unidas, señaló solemnemente en los siguientes términos [1] : "La diversidad del mundo, las diferencias entre civilizaciones y culturas no deberían ser una fuente de conflictos en el mundo, sino la fuerza impulsora y el punto de partida para los intercambios y la cooperación mundial. (...) La diversidad, la tolerancia y la incorporación de aspectos de diferente naturaleza son características importantes de nuestra cultura. (...) China fortalecerá sus intercambios culturales y su diálogo con todas las civilizaciones del mundo".

En marzo de 2014, cuando visitó la sede de la Unesco, el presidente Xi Jinping pronunció un discurso en el que propuso los tres principios fundamentales para promover el intercambio cultural y el reconocimiento mutuo, los cuales son: la diversidad de las civilizaciones, la igualdad entre civilizaciones y la tolerancia entre civilizaciones [2] . Tres años después, la esencia de esta ideología, dicho de otra manera, la idea de que "los intercambios culturales entre civilizaciones trascienden las barreras entre ellas; el reconocimiento entre civilizaciones supera los conflictos existentes entre las mismas; igual que la coexistencia de las civilizaciones sobrepasa el sentimiento de superioridad de las mismas", no solo ha sido incluida formalmente en el informe del XIX Congreso Nacional del Partido Comunista de China, convirtiéndose en un punto importante de la ideología socialista de la nueva era de Xi Jinping, sino que también ha pasado a ser un punto de soporte clave tanto para la construcción de

---

[1]   2005, sitio web del Ministerio de Relaciones Exteriores, http://www.fmprc.gov.cn/ce/ceun/chn/zgylhg/shhrq/zjwh/t217668.htm (9 de marzo de 2018).

[2]   "Discurso de Xi Jinping en la sede de la Unesco", Xinhuanet, 27 de marzo de 2014, http://www.xinhuanet.com/politics/2014-03/28/c_119982831_2.htm (16 de abril de 2018).

la comunidad de destino de la humanidad como para la Iniciativa de la Franja y la Ruta.

Partiendo de la esencia, la idea de la comunidad de destino de la humanidad y la Iniciativa de la Franja y la Ruta son una respuesta a los problemas globales, y son unos proyectos propuestos por China, que contribuye con su sabiduría en la resolución de los problemas a nivel internacional. Además, la Iniciativa de la Franja y la Ruta, al ser la principal forma de construcción de una comunidad de destino compartido, "tiene detrás un ideal que concibe un modelo basado en el diálogo entre civilizaciones. El origen de este modelo está arraigado en la cultura tradicional china... [1] ". Xu Jialu también considera que la superación de las diferencias culturales que puedan surgir de la Franja y la Ruta es, esencialmente, una vía cultural para el diálogo en profundidad de la civilización china con el mundo[2].

Es precisamente por ello que el documento de perspectiva y acción de la Franja y la Ruta[3] hace un especial énfasis en la cooperación abierta, la armonía y la tolerancia en el marco de los principios de construcción conjunta; aboga por la tolerancia entre civilizaciones, el respeto de la elección de los caminos y modelos de desarrollo de cada país, así como el fortalecimiento del diálogo entre las distintas civilizaciones. Se busca encontrar un terreno común manteniendo al mismo tiempo las diferencias, se procura ser inclusivo manteniendo la

[1] "El concepto de 'la Franja y la Ruta' incluye el modelo de diálogo entre civilizaciones", NetEase, 30 de octubre de 2016, http://news.163.com/16/1030/02/C4JFF7E200014AED. html (4 de marzo de 2018).

[2] Xu Jialu: "Diferentes civilizaciones florecerán en la Franja y la Ruta", Phoenix New Media, 6 de noviembre de 2015 http://culture.ifeng.com/a/20151106/46133716_0.shtml (20 de abril de 2018).

[3] "Promover la visión y la acción de construir conjuntamente la Franja Económica de la Ruta de la Seda y la Ruta Marítima de la Seda del Siglo XXI", sitio web del Ministerio de Comercio, 30 de marzo de 2015, http://zhs.mofcom.gov.cn/article/xxfb/201503. /20150300926644.shtml (18 de abril de 2018).

convivencia pacífica, la coexistencia y la prosperidad conjunta. Eso es, de hecho, un nuevo concepto cultural, una nueva perspectiva de civilización. En este sentido, lo que se construye esencialmente con la Franja y la Ruta es un camino de respeto y confianza mutua, un camino de cooperación y de beneficio mutuo, un camino de reconocimiento mutuo entre las civilizaciones, dicho de otra manera, un "camino de diálogo entre civilizaciones[①]".

Con todo esto podemos ver que el diálogo entre civilizaciones cuenta con un consenso internacional cada vez más amplio y que está originando cada vez más acciones. El apoyo y la promoción del diálogo entre civilizaciones por parte de China no solo se reflejan en la ideología política, en el Gobierno o en los documentos sobre políticas gubernamentales, sino que también se manifiestan en acciones específicas. En 2015, el presidente Xi Jinping propuso celebrar una "conferencia de diálogo entre las civilizaciones asiáticas". Consecuentemente en marzo de 2016, en Bo'ao, provincia de Hainan, tuvo lugar el Diálogo entre las Civilizaciones Asiáticas, lo cual abrió las puertas al establecimiento del Congreso de Diálogo entre las Civilizaciones Asiáticas"[②]. La conversación entre China y el mundo árabe iniciada con anterioridad, se había celebrado durante siete sesiones consecutivas en el marco del Foro de Cooperación entre China y los Estados Árabes[③]. En cambio, el proceso de diálogo entre las civilizaciones de China y América Latina ha sido relativamente lento, puesto que no fue sino

---

① Xie Jinying: "Convertir a la Franja y la Ruta en el camino para el diálogo entre civilizaciones", publicado en el *Diario del Pueblo -Edición de ultramar-*, 4 de mayo de 2016, n.° 01.

② Jiang Jianguo, "Promover el reconocimiento e intercambio entre civilizaciones para inspirar las energías innovadoras de Asia - Discurso inaugural en la Reunión para el Diálogo entre las Civilizaciones Asiáticas en el Foro Bo'ao para Asia", sitio web oficial de la Oficina de Información del Consejo de Estado de China, http://www.scio.gov.cn/xwbjs/ Zygy / 32310 / jh32312 / Document / 1473095 / 1473095.htm (16 de abril de 2018).

③ Sitio web oficial del Foro de Cooperación China-Estados Árabes: http://www.fmprc.gov. cn/zalt/chn/jzjs/wmdhyths/

hasta 2015 que se propuso oficialmente como tema de discusión. En vista de ello, este artículo trata de responder ciertas preguntas con respecto al diálogo entre las civilizaciones de estos territorios: ¿Por qué es necesario el diálogo? ¿Qué se debería dialogar? ¿Con quién se debería dialogar? ¿Cómo se debería dialogar?, entre otras interrogantes. Sobre esta base, en el presente trabajo se intenta presentar algunas reflexiones y sugerencias sobre la construcción del mecanismo de diálogo entre las civilizaciones de China y América Latina.

2. El significado teórico y práctico del diálogo entre la civilización china y la latinoamericana

Debido a la distancia geográfica y las limitaciones del transporte y la comunicación, los vínculos entre China y América Latina han sido relativamente tardíos e insuficientes. Desde comienzos del siglo XXI, a medida que han aumentado las necesidades mutuas entre China y Latinoamérica, los contactos entre ambas partes han empezado a ser más frecuentes. En el pasado, la «belleza» que resultó de la distancia dio paso a la situación embarazosa en la que ambas partes se conocían, pero no estaban familiarizadas la una con la otra. En base a esto, "si bien las relaciones entre China y América Latina continúan avanzando con amplitud, necesitan urgentemente sincronizar este avance en las relaciones con un conocimiento más profundo. El diálogo entre las civilizaciones de China y Latinoamérica es la base y la clave para lograr este objetivo[1]".

Desde la perspectiva del desarrollo sostenible de las relaciones entre China y América Latina, el diálogo entre las civilizaciones de ambas partes

---

[1]   Guo Cunhai: "Es el momento oportuno para el desarrollo del diálogo entre las civilizaciones de China y América Latina", publicado en el *Diario del Pueblo*, 15 de mayo de 2015, n.° 03.

es extremadamente necesario y teóricamente significativo. En primer lugar, China y América Latina no solo están geográficamente distanciadas, sino que también existen entre ellas profundas diferencias culturales y de valores. Esta realidad, de hecho, creó un doble obstáculo en el desarrollo físico y espiritual de la comprensión mutua y el conocimiento entre China y América Latina. Sin embargo, el desarrollo rápido y a largo plazo de la relación sino-latinoamericana también requiere un sólido respaldo de la voluntad del pueblo. En segundo lugar, el conocimiento sobre la cultura china por parte de América Latina proviene de una mezcla de distintas fuentes de información, y la China que se imaginan difiere enormemente de la China real. La civilización latinoamericana ha estado impregnada durante mucho tiempo por la civilización europea y tiene una fuerte impronta europea; y la percepción que América Latina tiene de China proviene a menudo de una "refracción" de la visión europea[1]. Los estereotipos que Europa y Occidente han mantenido durante mucho tiempo sobre China han incrementado sin duda la dificultad de un conocimiento objetivo y verdadero del país asiático por parte de América Latina. Pero, a su vez, incluso "los chinos han tenido durante mucho tiempo un concepto abstracto y una vaga impresión sobre América Latina, y no un conocimiento concreto y una experiencia exacta"[2]. En tercer lugar, la presencia de China en América Latina ha sido catalogada por los medios de comunicación occidentales como "neocolonialista", y esto no solo ha causado una falsa imagen de China, sino que también ha generado profundos recelos entre los latinoamericanos[3]. Esta suspicacia proviene tanto de

---

[1] Wei Ran, "La China imaginada por la cultura popular de América Latina: Argentina como centro", inédita.

[2] Leslie Bethell, ed. [Inglaterra], *Historia de América Latina* - Prefacio, tomo 1, Beijing: Economy Management Publishing House, 1995, p. 1.

[3] Guo Cunhai: "La construcción de la imagen nacional de China: la perspectiva de América Latina", publicado en *Estudios latinoamericanos*, octubre de 2016, n.º 5, p. 54.

la historia de desconfianza de los latinoamericanos hacia todos los extranjeros, como de los conflictos culturales provocados por la falta de comprensión de los valores tradicionales de América Latina. Esta situación supone que será una tarea indispensable, e incluso un trabajo que se debería proponer, el aumento de la confianza y la disipación de toda suspicacia para la construcción conjunta de la Franja y la Ruta y una comunidad de destino común entre China y Latinoamérica. Este es el valor y la misión del diálogo entre civilizaciones de China y América Latina. Sin embargo, debe señalarse que el elemento principal para el desarrollo de las relaciones sino-latinoamericanas está en desequilibrio, es decir, China es la parte activa, mientras que América Latina, la reactiva. Por lo tanto, para promover el diálogo entre las civilizaciones de China y Latinoamérica y la construcción de su mecanismo, China deberá seguir desempeñando un papel activo. Es una responsabilidad que no puede rechazar.

El diálogo entre las civilizaciones de China y Latinoamérica es esencialmente una respuesta y práctica a la "nueva perspectiva de civilización" de China y tiene una gran importancia práctica. La "nueva perspectiva de civilización" se inició en marzo de 2014 con el discurso del presidente Xi Jinping en la sede de la Unesco, y fue resumido con un alto nivel de calidad en los documentos del Gobierno y del Partido Comunista de China, y viene a decir que: "Los intercambios culturales entre civilizaciones trascienden las barreras entre estas; el reconocimiento entre civilizaciones supera los conflictos existentes entre las mismas; y la coexistencia de las civilizaciones sobrepasa el sentimiento de superioridad de las mismas". Esta "nueva perspectiva de civilización" se puso en práctica posteriormente [1] con el rápido desarrollo de las relaciones sino-latinoamericanas, inyectando de esta manera nuevos contenidos y nueva vitalidad a las relaciones entre China y América Latina durante la nueva era. En julio de 2014, cuando en Brasilia se reunió con líderes de países latinoamericanos, el presidente Xi Jinping anunció que tomaría "el aprendizaje mutuo de la cultura y de las humanidades" como parte integral del nuevo panorama "cinco en uno" de las relaciones sino-latinoamericanas, y propuso celebrar en 2016 el Año de Intercambio Cultural China-América Latina y el Caribe [2]. En la ceremonia de clausura del Año de Intercambio Cultural China-América Latina y el Caribe, el presidente Xi Jinping enfatizó que las relaciones culturales son una parte importante de la diplomacia integral entre China y América Latina, que es necesario usar esto como un nuevo punto de partida y aprender lo máximo posible de los logros culturales de cada parte para que las civilizaciones china y latinoamericana se conviertan en un modelo de convivencia armónica y de refuerzo mutuo entre civilizaciones distintas.

El diálogo entre civilizaciones de China y América Latina se propuso como asunto oficial en un discurso pronunciado por el primer ministro chino, Li Keqiang, en la sede de la Comisión Económica para América Latina y el Caribe (CEPAL) en 2015. En su discurso, Li Keqiang declaró particularmente

---

[1] De hecho, ya en junio de 2013, el discurso del presidente Xi Jinping en el Senado de México abogó por promover "en temas culturales y humanitarios, el fortalecimiento de los diálogos entre civilizaciones y el intercambio cultural entre China y América Latina, para que ambas se conviertan en un modelo de convivencia armónica y de promoción mutua entre civilizaciones distintas". Esta fue la promoción más temprana del diálogo entre las civilizaciones de China y Latinoamérica. Véase: Xi Jinping: "Promover el desarrollo en conjunto para un futuro mejor - Discurso en el Senado de México", *Diario del Pueblo*, 7 de julio de 2013, n.º 01.

[2] Guo Cunhai: "La política y las prácticas desarrolladas por China en América Latina desde el XVIII Congreso Nacional del Partido Comunista de China", publicado en *Estudios latinoamericanos*, abril de 2017, n.º 2, p. 11.

que "esta visita ha sido muy fructífera para el reconocimiento mutuo entre China y América Latina. (...) Ambas partes pueden discutir el establecimiento de un mecanismo de diálogo entre civilizaciones e incluirlo en el Foro China-CELAC, y negociar el establecimiento de un proyecto de traducción bilateral de los clásicos que tratan de la cultura y de la ideología de China y América Latina para aumentar el conocimiento cultural entre ambos pueblos" [1] . Más tarde, el director general del Departamento de América Latina y el Caribe del Ministerio de Relaciones Exteriores de aquel momento, Zhu Qingqiao, escribió un artículo en el Diario del Pueblo donde afirmaba que "China ha propuesto nuevas iniciativas como el establecimiento de un mecanismo de diálogo entre las civilizaciones china y latinoamericana, y ha recibido respuestas positivas de la parte latinoamericana" [2] . Desde entonces, el diálogo entre civilizaciones de ambos territorios ha sido incluido en los documentos políticos como un programa que debe iniciarse urgentemente. En el Segundo Documento de la Política de China hacia América Latina y el Caribe, emitido en noviembre de 2016, se subrayó claramente por primera vez que "se debería desarrollar activamente el diálogo entre civilizaciones China-América Latina" [3] . Y en el Plan de Cooperación Conjunta en las Áreas Prioritarias entre China y la CELAC

---

[1]   Li Keqiang: "Conformar conjuntamente un nuevo futuro para la asociación estratégica integral entre China-América Latina - Discurso en la Comisión Económica para América Latina y el Caribe", Xinhuanet, 27 de mayo de 2015, http://www.xinhuanet.com/world/2015-05/27/c_127847299.htm (20 de marzo de 2018).

[2]   Zhu Qingqiao: "La colaboración integral sino-latinoamericana, lista para zarpar", publicado en el *Diario del Pueblo*, 29 de enero de 2016, n.° 03.

[3]   "Documento de la Política de China hacia América Latina y el Caribe", sitio web del Ministerio de Relaciones Exteriores, 24 de noviembre de 2016, http://www.fmprc.gov.cn/web/zyxw/t1418250.shtml (19 de abril de 2018).

(2019-2021)[1], emitido por el Segundo Foro China-CELAC celebrado en enero de 2018, se incluyó el "intercambio cultural y humanitario" como una de las "siete áreas prioritarias de cooperación", y los campos, los cuerpos principales y las dimensiones que abarcaba, eran, de hecho, las guías concretas para el diálogo entre las civilizaciones de ambos países. En resumen, con el diálogo entre civilizaciones de China y América Latina, no solo se pone en práctica la nueva perspectiva de civilización del Partido Comunista de China y de su Gobierno, sino que también se promueve activamente la cooperación integral entre China y Latinoamérica para la construcción de la Franja y la Ruta de la nueva era, y para la estabilidad y la constancia de la comunidad de destino común de ambas partes.

3. Los objetivos y el contenido del diálogo entre la civilización china y la latinoamericana

Fundamentalmente, con el diálogo entre civilizaciones se busca el respeto, la comprensión e incluso la confianza y el reconocimiento, con el fin de evitar el choque de civilizaciones en la mayor medida posible. En su sentido filosófico, "el objetivo principal del diálogo entre civilizaciones es permitir que los sistemas de creencias y de conceptos entre dos civilizaciones se comprendan y se comuniquen entre sí, y al mismo tiempo refrenar el egoísmo y los deseos, de modo que las diferencias entre ambos no originen conflictos sustantivos, y

---

[1] "Plan de Cooperación Conjunta en las Áreas Prioritarias entre China y la CELAC (2019-2021)", sitio web del Ministerio de Relaciones Exteriores, 2 de febrero de 2018, http://www.fmprc.gov.cn/ce/cemn/chn/gnyw/t1531472.htm (19 de mayo de 2018)

se consiga así llegar a un sistema de valores e ideologías más integrantes"[1]. En resumen, el objetivo del diálogo entre civilizaciones es aumentar la tolerancia y la comprensión entre las diferentes civilizaciones, ampliar el consenso, resolver conflictos y promover la estabilidad en el progreso económico y cultural mundial[2].

Respecto a China y América Latina, el diálogo entre estas civilizaciones incluye al menos tres objetivos, es decir, objetivos en tres niveles diferentes:

Primero, el diálogo entre la civilización china y la latinoamericana debe buscar el respeto y la tolerancia.

La civilización china y la latinoamericana son diferentes y tienen su propia diversidad; sin embargo, este es solo el punto de partida para la integración de ambas civilizaciones, y también es la base para el diálogo entre estas dos civilizaciones. Esta característica implica, en primer lugar, que China y América Latina deben respetar la existencia en igualdad del otro, no menospreciar la otra civilización a partir de sus propios valores, ni imponer sus propios valores y patrones culturales en el otro. En este sentido, el respeto y la tolerancia son los objetivos básicos y los prerrequisitos para el diálogo entre China y América Latina y, al mismo tiempo, también son las condiciones y la base para obtener el respeto y la tolerancia del otro. China, precisamente sobre esta base, es capaz de responder a las cuestiones relacionadas con la exportación del "modelo chino" a otras regiones del mundo, incluida América Latina, con una declaración sonora y contundente: abogamos por la tolerancia entre civilizaciones y respetamos la

---

[1] Cheng Zhongying: "Reflexiones filosóficas sobre el diálogo entre civilizaciones, la colaboración cultural y la Iniciativa de la Franja y la Ruta", publicada en la *Revista de la Universidad de Shenzhen (Edición de Humanidades, Cultura y Ciencias Sociales)*, septiembre de 2017, n.° 05, p. 18.

[2] Song Jian: "El diálogo entre civilizaciones: la búsqueda común del mundo", publicado en el *Diario del Pueblo*, 21 de septiembre de 2001, n.° 07.

elección de los caminos y modelos de desarrollo de cada país; no "importamos" modelos del extranjero, ni "exportamos" el modelo chino; no exigimos a otros países que copien el método chino [1].

Segundo, el diálogo entre la civilización china y la latinoamericana debe buscar la comprensión y la confianza.

China y América Latina tienen diferentes idiomas y culturas, y distintas tradiciones históricas, lo que podría causar malentendidos y recelos entre ambas partes a lo largo de su interacción y cooperación, llegando, de forma comprensible, a la inducción de conflictos de intereses. Pero la clave es manejar y revisar la actitud y la manera de enfrentar este problema. Indudablemente, lo preferible es afrontar el problema y esforzarse en aumentar la confianza y disipar las dudas. La civilización europea ha dejado profundas huellas en la cultura latinoamericana, la cual está muy influenciada por los valores occidentales. Además, históricamente, la interacción entre China y América Latina y el conocimiento mutuo han sido relativamente escasos. El conocimiento sobre China por parte de América Latina se basa en gran medida en las percepciones occidentales que se tienen de China. Estos dos factores han aumentado la dificultad y los obstáculos para la comprensión mutua entre China y América Latina. En la nueva era, aunque existe una comunicación directa y un canal cognitivo entre China y América Latina, y no hay necesidad de atravesar Europa u Occidente, debido a la influencia histórica y al pensamiento inercial, aún nos encontramos con enormes desafíos para aumentar la comprensión e incluso la confianza mutua entre China y Latinoamérica. Por otro lado, en China se sigue considerando a América Latina como un todo con carácter común, lo que

---

[1]   Xi Jinping: "Construyendo un mundo mejor con las manos unidas - Discurso de apertura en el Diálogo de Alto Nivel del Partido Comunista de China (PCCh) con Partidos Políticos del Mundo", publicado en el *Diario del Pueblo*, 2 de diciembre de 2017, n.° 02.

podría obstaculizar la comprensión que los chinos tienen de Latinoamérica. Observar tanto las características históricas y culturales comunes de América Latina como sus diferencias y diversidad interna son los puntos de partida básicos para aumentar el conocimiento sobre este territorio. La búsqueda de la comprensión y la confianza es un objetivo de nivel medio en el diálogo entre las civilizaciones de China y América Latina, pero también podría suponer la parte más complicada. Para promover la realización de este objetivo se requiere más comunicación e interacción, una comprensión profunda de los valores y formas de pensar de cada uno y, sobre todo, ser empáticos y hacer el esfuerzo de ponerse en el lugar del otro.

Por último, el diálogo entre la civilización china y la latinoamericana debe buscar el aprendizaje y el reconocimiento mutuos.

Si nos fijamos en la historia del desarrollo de la civilización china y en la de la civilización latinoamericana, podemos descubrir que la apertura y la inclusión son características comunes en ambas civilizaciones. "La civilización china es esencialmente una civilización de diálogo. Y esta civilización de diálogo se caracteriza por ser abierta, inclusiva y progresista" [1]. Esto significa que, en su aproximación a otras civilizaciones, la civilización china no se limita a copiar ni a ampliar o "educar" a las otras civilizaciones, sino que consigue progresar a través del diálogo y el aprendizaje, y debido a esto, se podría afirmar que la civilización china es una civilización de aprendizaje. La civilización latinoamericana, a pesar de su historia de invasiones e imposiciones por parte de fuertes civilizaciones, ha conseguido, gracias a su amplia apertura y a su fuerte tolerancia, que las civilizaciones extranjeras fueran continuamente

---

[1]   Zheng Yongnian: "La civilización de diálogo y el diálogo entre civilizaciones", publicado en *Lianhe Zaobao*, 5 de abril de 2016, http://www.zaobao.com/forum/expert/zheng-yong-nian/story20160405-601323 (6 de mayo de 2018).

absorbidas e integradas dentro de la heterogénea civilización latinoamericana. Estas características comunes de la civilización china y la latinoamericana han permitido a ambas partes no solo tener espacio para el diálogo, sino también una fuerte motivación para el aprendizaje. La Ruta de la Seda del Océano Pacífico, que duró más de dos siglos y medio, fue la ruta de intercambio material entre las civilizaciones china y latinoamericana, y la ruta de comunicación e integración cultural, por lo que se puede afirmar que la Ruta de la Seda del Océano Pacífico fue el comienzo del diálogo entre ambas civilizaciones [1] . Actualmente, ambas partes se encuentran en un nuevo período de desarrollo y se enfrentan a desafíos comunes en la economía y la gobernanza social. La experiencia de China en la política de reforma y apertura y en la gobernanza, el ideal y la práctica de América Latina en la protección ecológica, y los modelos y las estrategias de desarrollo de ambas partes son dignos de ser comprendidos y apreciados, y así lograr un progreso común en el aprendizaje mutuo. Esta debería ser la meta más alta y el objetivo fundamental del diálogo entre las civilizaciones china y latinoamericana.

En vista de los múltiples objetivos del diálogo entre civilizaciones y la expansión continua de los campos de cooperación, los contenidos del diálogo entre China y América Latina también se han vuelto cada vez más extensos, diversos, abundantes y concretos. Esto se refleja en los tres documentos publicados recientemente, los cuales son: el Plan de Cooperación China-Estados Latinoamericanos y Caribeños (2015-2019) [2] , el Documento de la Política de

---

[1] Mariano Bonialian, *China en la América colonial. Bienes, mercados, comercio y cultura del consumo desde México hasta Buenos Aires*, prólogo de Josep Fontana, Ciudad de México, Instituto de Investigaciones Dr. José María Luis Mora, Biblos, 2014, p. 264.

[2] "Plan de Cooperación China-Estados Latinoamericanos y Caribeños (2015-2019)", Xinhuanet, 9 de enero de 2015, http://www.xinhuanet.com/world/2015-01/09/c_1113944648. htm (19 de abril de 2018).

China hacia América Latina y El Caribe (2016)^① y el Plan de Cooperación Conjunta en las Áreas Prioritarias entre China y la CELAC (2019-2021)^②. En resumen, el contenido del diálogo entre China y América Latina se podría dividir en tres tipos: el intercambio de la experiencia en la gobernanza del Estado y la política, el intercambio de la experiencia del desarrollo y de la gobernanza de la sociedad, y el intercambio cultural y humanitario. El primero abarca no solo la gobernanza a través del partido, la doctrina jurídica y las prácticas legislativas, sino también la experiencia de la gobernanza del gobierno (local) y la conexión para la mejora de las estrategias de desarrollo. La experiencia en el desarrollo y en la gobernanza de la sociedad se centra principalmente en la experiencia y en los modelos de disminución de la pobreza, el desarrollo sostenible y el concepto de inclusión social. El intercambio cultural y humanitario es el contenido más activo y rico del diálogo entre las civilizaciones de China y América Latina, desempeña un papel fundamental y pionero en todo el proceso, es el principal contenido de apoyo del diálogo entre China y América Latina, y también es el tema principal de este artículo.

4. El camino y los actores del diálogo entre la civilización china y la latinoamericana

Dado que los objetivos del diálogo entre China y América Latina son múltiples y que el contenido del diálogo es rico y diverso, los actores del

---

① "Documento de la Política de China hacia América Latina y el Caribe", sitio web del Ministerio de Relaciones Exteriores, 24 de noviembre de 2016, http://www.fmprc.gov.cn/web/zyxw/t1418250.shtml (19 de abril de 2018).

② "Plan de Cooperación Conjunta en las Áreas Prioritarias entre China y la CELAC (2019-2021)", sitio web del Ministerio de Relaciones Exteriores, 2 de febrero de 2018, http://www.fmprc.gov.cn/ce/cemn/chn/gnyw/t1531472.htm (19 de mayo de 2018).

diálogo también deben ser plurales y amplios. Las Naciones Unidas realizaron un llamamiento en la Agenda Global para el Diálogo de Civilizaciones en el que afirmaban que "el diálogo entre distintas civilizaciones debería luchar por la participación mundial y estar abierto a todos"[1]. Del mismo modo, el diálogo entre las civilizaciones china y latinoamericana también debería estar abierto a todas las personas de China y América Latina, de modo que todos los actores puedan participar en el proceso del diálogo y desplegar todo su potencial y sus ventajas comparativas. Académicos, escritores, pensadores, científicos, personas del círculo del arte y la cultura, y grupos juveniles han jugado un papel pionero y fundamental en la promoción y en el mantenimiento del diálogo entre China y América Latina. Los grupos de la sociedad civil, cada vez más activos y fuertes, son los socios y colaboradores que promueven y desarrollan el diálogo entre civilizaciones. Los medios de comunicación también juegan un papel único e indispensable en el fomento y la difusión de diálogos entre civilizaciones para promover una comprensión cultural más amplia. Además de estos actores del diálogo, que son los más activos y posiblemente los más sostenibles, también cabe mencionar el papel y el valor del Gobierno, especialmente del Gobierno chino, al que debemos evaluar y estudiar desde un punto de vista objetivo. En vista de la realidad y de la etapa actual de desarrollo de las relaciones sino-latinoamericanas, el Gobierno ha desempeñado el papel de guía, de promotor, de estímulo y de asistencia en el diálogo entre China y América Latina. Durante la etapa de formación del mecanismo de diálogo, el Gobierno ha desempeñado incluso un papel dominante. En resumen, para activar el diálogo entre ambas civilizaciones y mantener no solo un alto grado de actividad, sino también de

---

[1] 56.° Período de Sesiones de la Asamblea General de las Naciones Unidas, Resolución 56/6, «Programa mundial para el diálogo entre civilizaciones», sitio web de las Naciones Unidas, 21 de noviembre de 2001, www.un.org/chinese/ga/56/res/a56r6.pdf (12 de mayo de 2018).

sostenibilidad, será necesario movilizar plenamente la iniciativa y el espíritu de participación de todos los actores y cuerpos principales, y así formar un panorama para el diálogo integral, multidimensional y de amplio alcance entre las civilizaciones.

La diversidad en los actores del diálogo implicaría también la existencia de diferentes formas de diálogo. La Agenda Global para el Diálogo de Civilizaciones de la ONU considera que hay aproximadamente catorce vías diferentes para el diálogo entre civilizaciones [1], incluyendo principalmente: la comunicación y el intercambio persona a persona, especialmente entre intelectuales, pensadores, artistas, etc.; visitas de intercambio entre especialistas y eruditos; festivales de arte y cultura; reuniones, simposios y talleres; torneos deportivos y concursos de ciencia y tecnología; traducción y difusión; turismo histórico y cultural; educación y enseñanza; lo académico y la investigación; el diálogo entre jóvenes, entre otras. El diálogo entre la civilización china y la latinoamericana podría avanzar fundamentalmente siguiendo este camino, pero también se debería prestar atención a algunos diálogos y agendas importantes entre los Gobiernos. Además, a medida que cada vez más países latinoamericanos busquen la Iniciativa de la Franja y la Ruta, esta se convertirá indudablemente en el marco principal del diálogo entre la civilización china y la latinoamericana. Tal y como dijo el presidente Xi Jinping [2]: debemos convertir a la Franja y la Ruta en un camino que cruce las civilizaciones, establecer un mecanismo de cooperación cultural y humanista de múltiples niveles, construir más plataformas de cooperación, abrir más canales de cooperación e innovar continuamente en los modelos de cooperación para lograr el entendimiento

---

[1] *Ibid.*

[2] "Discurso de Xi Jinping en la ceremonia de apertura del Foro de la Franja y la Ruta para la Cooperación Internacional", Xinhuanet, 15 de mayo de 2017, http://www.xinhuanet. com/politics/2017-05/14/c_1120969677.htm (20 de mayo de 2018).

mutuo, el respeto mutuo y la confianza mutua. A continuación, introduciremos brevemente los diálogos y las agendas intergubernamentales importantes en la actualidad, y posteriormente nos centraremos en las principales vías y formas de diálogo entre la civilización china y la latinoamericana desde una perspectiva popular.

El mecanismo de diálogo intergubernamental es un componente especial del diálogo entre las civilizaciones de China y Latinoamérica y, al mismo tiempo, es un catalizador para el diálogo entre ambas partes. Con el establecimiento del Foro China-CELAC en 2015 y la formación gradual del mecanismo de cooperación integral entre China y América Latina, el diálogo bilateral y el mecanismo de negociación entre los dos Gobiernos [1] siguen avanzando al mismo tiempo que comienzan a florecer una serie de mecanismos de diálogo multilaterales nuevos, dinámicos y profesionales. Este mecanismo de diálogo multilateral se lleva a cabo principalmente en foros como el Foro de Ministros de Agricultura China-CELAC (2013, Beijing), el Foro CELAC-China en Ciencia, Tecnología e Innovación [2] (2016, Quito, Ecuador), el Foro de Partidos Políticos China-CELAC (2016, Beijing; 2018, Shenzhen), el Foro de Cooperación entre Gobiernos Locales de China-CELAC [3] (2016, Chongqing), la Cumbre

---

[1] Por ejemplo, mecanismos como distintos tipos de comités de coordinación y cooperación de alto nivel, comités mixtos de alto nivel, comités intergubernamentales permanentes, diálogos estratégicos, comités mixtos de economía y comercio, y negociaciones políticas.

[2] Al mismo tiempo, el Gobierno chino inició oficialmente el Programa de Asociación Científico-Tecnológica China-América Latina y el Programa de Intercambios entre Científicos Jóvenes China-América Latina.

[3] De acuerdo con el *Manual de Estadísticas de las Ciudades Hermanas (1973-2017)* (inédita, mayo de 2018), elaborado por la Asociación de Amistad del Pueblo Chino con el Extranjero, China ha realizado hermanamientos con 172 ciudades de América Latina y el Caribe. Entre los tres países con más ciudades hermanadas se encuentran Brasil (57), México (32) y Argentina (22).

Empresarial China-América Latina y el Caribe [1] , el Foro de Cooperación en Infraestructura China-CELAC, y el Foro de Políticos Jóvenes China-CELAC[2] . Además, también se incluyen otros mecanismos de diálogo multilateral intergubernamentales que planean comenzarse "en un momento apropiado" o "en una fecha acordada", los cuales son: el Foro de Alcaldes de las Capitales de China-CELAC, el Foro de Energía y Minería China-CELAC, el Foro sobre Desarrollo y Cooperación Industrial China-CELAC, la Conferencia de Ministros de Turismo China-CELAC, y el Foro de Reducción de la Pobreza y Desarrollo China-CELAC.

Además de los mecanismos de diálogo intergubernamental, los diálogos civiles, relativamente flexibles pero más diversos y sostenibles, han demostrado su vitalidad y potencial único cada vez mayor. En este punto se tratará de analizarlos partiendo principalmente de cinco caminos: la lengua, la cultura, las publicaciones, lo académico y los medios de comunicación.

4.1 Formación de la lengua

La lengua es una herramienta para el diálogo entre civilizaciones y un soporte para la difusión cultural. La mutua difusión entre el español/portugués y el chino cumple un papel fundamental en la promoción del diálogo entre la civilización china y la latinoamericana, y en la mejora del entendimiento

---

[1] Establecida en 2007 por el Consejo Chino para la Promoción del Comercio Internacional, es la primera plataforma institucional de China para promover la cooperación económica y comercial en América Latina. La cumbre se celebra anualmente a rotación en China y América Latina. Hasta ahora se han celebrado once sesiones en China, Chile, Colombia, Perú, Costa Rica, México y Uruguay. La 12.ª sesión está programada para llevarse a cabo en la ciudad de Zhuhai, Guangdong a principios de noviembre.

[2] El Foro de Cooperación en Infraestructura China-América Latina se celebra anualmente en Macao desde 2015. Hasta ahora se han realizado cuatro ediciones. El Foro de Políticos Jóvenes China-América Latina y el Caribe se celebra una vez al año en Beijing, y hasta ahora ha sido realizado en cinco ocasiones.

recíproco. Es precisamente por esta razón que tanto China como América Latina conceden suma importancia al cultivo de talentos en idiomas y fomentan la difusión del idioma oficial del otro en su propio país[1].

La mutua difusión de la lengua no es solo necesaria para desarrollar las relaciones entre ambas partes, sino que también responde y refleja la realidad de que ambas partes están fortaleciendo su contacto con el otro. Ya en 1952, para recibir a los once representantes hispanohablantes de América Latina que iban a participar en la Conferencia de Paz de Asia y la Región del Pacífico en Beijing en octubre del mismo año, "el primer ministro y ministro de Relaciones Exteriores, Zhou Enlai, ordenó directamente a la Universidad de Estudios Extranjeros de Beijing establecer una carrera de español y formar cuadros que dominen el español"[2]. Esta necesidad coyuntural promovió directamente el nacimiento de la primera especialización en lengua española de China. Ocho años después, la primera especialización en lengua portuguesa también se estableció en el Instituto de Radiodifusión de Beijing (actualmente conocida como la Universidad de Comunicación de China). En los siguientes 40 años, el desarrollo de la enseñanza del portugués y el español en China fue lento, hasta que en el siglo XXI alcanzó un desarrollo explosivo. Hasta octubre de 2016 se habían abierto en la parte continental de China un total de 96 instituciones con la especialidad en español, ocho veces más que en 1999, y el número de instituciones que ofrecían carreras de portugués aumentó de 2 en 1999 a 27

---

[1] "Plan de Cooperación China-Estados Latinoamericanos y Caribeños (2015-2019)", Xin-huanet, 9 de enero de 2015, http://www.xinhuanet.com/world/2015-01/09/c_1113944648. htm (19 de abril de 2018).

[2] Pang Bing'an: "¿Cómo debe abrir la Nueva China sus puertas al mundo occidental?", publicado en *Comunicación Internacional*, 2012, n.° 05, p. 22.

instituciones, la tasa de crecimiento más rápida [1].

Por el contrario, la difusión del chino en América Latina ha sido mucho menos rápida. Ciertamente, la enseñanza del español y el portugués en China ha estado impulsada principalmente por la demanda interna, mientras que la enseñanza del chino en América Latina ha estado impulsada principalmente por la demanda externa, aunque los estudiantes de chino se han sentido atraídos especialmente por las "oportunidades chinas" [2]. Los datos muestran que desde el establecimiento del primer Instituto Confucio en América Latina en la Ciudad de México en 2006 y hasta el año 2017, se han abierto 39 Institutos Confucio y 18 Aulas Confucio en 20 países de Latinoamérica [3]. Aunque esta cifra no es comparable con el desarrollo de la enseñanza del portugués y del español en China, se debe admitir que es extraordinaria en cuanto a su velocidad de crecimiento.

En la actualidad, la difusión del español y portugués en China y del chino en América Latina juega un papel cada vez más significativo para ambos lados, tanto para la cooperación económica y comercial como para el diálogo entre las civilizaciones. Sin embargo, al mismo tiempo han salido a la luz ciertos problemas que merecen ser atendidos: las limitaciones del lenguaje como

---

[1] La Comunidad de Estudios Chinos y Latinoamericanos, INCAE Business School: "Informe sobre Empleo y Flujo Laboral de los Egresados de la Carrera de Español en China", 15 de enero de 2017. De acuerdo con lo aprobado y el reporte de los grados universitarios de 2017, publicados recientemente por el Ministerio de Educación, se han establecido en China (excluyendo Hong Kong, Macao y Taiwán) ocho instituciones que ofrecen la carrera de español y dos que ofrecen la de portugués. Véase: "Aviso del Ministerio de Educación sobre la promulgación de los resultados de las aprobaciones y el reporte de los grados universitarios de 2017", Jiao Gao Han (2018), n.° 04, 21 de marzo de 2018.

[2] Ma Hongchao y Guo Cunhai: "El poder blando de China en América Latina: desde la perspectiva de la difusión en chino", publicado en *Estudios latinoamericanos*, 2014, n.° 06, pp. 48-54.

[3] Sitio web oficial de la Oficina del Consejo Internacional de la Lengua China, http://www. hanban.edu.cn/confuciousinstitutes/node_10961.htm (30 de mayo de 2018).

herramienta de comunicación son cada vez más prominentes y cada vez más incapaces de satisfacer las necesidades de la compleja tarea de construir una sociedad de cooperación integral entre China y América Latina. Se podría afirmar que la formación de personas con múltiples talentos es un desafío común al que se enfrentan actualmente ambas partes.

4.2 Difusión cultural

La difusión cultural es la vía principal para aumentar la unión entre las almas de los pueblos y el método principal para promover el diálogo entre las civilizaciones de China y América Latina. En los últimos años, los intercambios culturales entre China y América Latina han sido espléndidos, y los métodos y canales de comunicación cada vez son más diversos. En el ámbito de la difusión y comunicación cultural entre China y Latinoamérica, China siempre ha sido el principal defensor y promotor.

El Año de Intercambio Cultural China-América Latina y el Caribe de 2016, promovido por el presidente Xi Jinping, fue un acto que se desarrolló por primera vez en toda la historia de las relaciones sino-latinoamericanas, y tuvo el deber de transmitir las importantes señales del intercambio cultural. Según las estadísticas[1], en 2016 se llevaron a cabo 240 proyectos clave en China y en 24 países latinoamericanos, que incluyeron más de 650 actividades de intercambio cultural en las áreas del arte, literatura, mercado cultural, reliquias históricas, libros, medios de comunicación y turismo. Participaron de forma directa más de 6,3 millones de personas y se contó con una audiencia de más de 32 millones de personas. Esta iniciativa promovió la celebración de más de mil actividades culturales desarrolladas entre los gobiernos locales, el pueblo y las regiones latinoamericanas, con una audiencia de más de 100 millones de personas. Esta

---

[1]   Datos proporcionados por el Ministerio de Cultura y Turismo de China.

fue la primera vez que China organizaba conjuntamente un año temático cultural con toda la región de América Latina. Fue el "año cultural" de mayor y más amplia escala dentro de toda la historia latinoamericana, y se caracterizó por su larga duración, altas especificaciones y enorme influencia. La exitosa celebración del Año de Intercambio Cultural China-América Latina y el Caribe abrió las puertas a la difusión y el intercambio cultural entre China y América Latina.

En mayo de 2013, el antiguo Ministerio de Cultura de China puso en marcha por primera vez la "Temporada de Arte Latinoamericano" [1] como un proyecto de marca y un plan cultural mecanicista, en el cual colaboró con 18 embajadas latinoamericanas en China para llevar a cabo actividades culturales, entre funciones teatrales, exhibiciones de arte latinoamericano e intercambio de creaciones entre artistas invitados en China. Desde 2014, de abril a mayo de cada año, se celebra el Festival Musical del Caribe en el marco de la "Temporada de Arte Latinoamericano". Hasta el momento, la "Temporada de Arte Latinoamericano" ha sido celebrada en cinco ocasiones y ha invitado a más de 200 artistas de 20 países de América Latina y el Caribe a organizar aproximadamente 500 eventos con un rico y diverso contenido en Beijing, Zhejiang, Hunan, Guizhou y Sichuan.

En la actualidad, China mantiene acuerdos culturales con 19 de los 21 países latinoamericanos que han establecido relaciones diplomáticas con China [2]. Dentro de este marco, China ha firmado con 11 Estados planes

---

[1]　*Ibid.*

[2]　Estos son datos de 2015. Hasta junio de 2018, el número de países de América Latina y del Caribe que mantenían relaciones diplomáticas con China había aumentado a 23, pero el número de países que han firmado acuerdos culturales sigue siendo el mismo. Véase: An Xinzhu: "El vínculo que une las almas del pueblo sino-latinoamericano: el *statu quo* y las tendencias de los intercambios culturales entre China y América Latina", publicado en *China Hoy: número especial sobre la primera reunión ministerial del Foro China-CELAC*, 2015, n.° 01.

anuales de implementación de intercambios culturales, y sobre esta base, China ha desarrollado un intercambio cultural bilateral más amplio y profundo en múltiples ámbitos, como el arte y la cultura, la radiodifusión, el cine y la televisión, la protección patrimonial, las noticias y la publicación, y el deporte y turismo. A pesar de ello, siguen siendo escasas las agencias de difusión cultural diaria ya sea en China o América Latina. Hasta ahora, China ha establecido un solo centro cultural chino oficial en México; y en China, además de establecerse un centro cultural brasileño en la Universidad de Beijing, aún no hay centros culturales latinoamericanos o centros culturales de algún país latinoamericano en concreto. Por supuesto, lo más importante es que, aunque las actividades actuales de difusión cultural son en su mayoría administradas por el pueblo, a nivel de implementación, sigue siendo esencialmente una actividad intergubernamental. La vitalidad, el entusiasmo y el potencial de participación del pueblo no han sido liberados por completo.

4.3 Traducción y publicación

La traducción y publicación es un método tradicional y estable del diálogo entre civilizaciones debido a la durabilidad y estabilidad de la difusión de libros. Sin embargo, antes del año 2000 era muy bajo el número de obras que se traducían, publicaban y difundían entre China y América Latina; además, estas se enfocaban principalmente en el ámbito de la literatura. A pesar de ello, tras realizar unas investigaciones [1], se ha descubierto que la traducción y difusión de obras literarias chinas en América Latina sigue siendo muy atrasada, y el número y los tipos de obras son muy limitados. En comparación con la difusión de la literatura latinoamericana en China (difusión promovida activamente

---

[1] Lou Yu: "Difusión cultural de China a América Latina: partiendo de la perspectiva de la literatura", publicado en *Estudios latinoamericanos*, 2017, n.° 05, pp. 31-44.

por China), las obras literarias chinas actuales tienen ciertos problemas de desequilibrio como la "diferencia numérica", la "diferencia temporal", la "diferencia lingüística" y una "influencia no proporcionada" en el ámbito de la propagación en América Latina[①]. Hasta agosto de 2017, un total de 526 obras de 217 escritores de 20 países latinoamericanos habían sido traducidas al chino, y si añadimos historias seleccionadas, reediciones y nuevas traducciones, el número asciende a 740 obras[②]. La difusión de obras literarias chinas en América Latina, especialmente en una etapa inicial, dependía principalmente de la traducción a otros idiomas, y solo en los últimos años, con la mejor capacitación de los especialistas en español y portugués, se ha comenzado a traducir y a publicar en mayor escala y de manera organizada.

Un especial ejemplo de ello podría ser la editorial pionera en el campo de la difusión e intercambio cultural con América Latina: China Intercontinental Press. Desde que en 2012 comenzó a encargarse de la promoción de las obras y escritores chinos contemporáneos en el extranjero (regiones de habla hispana), China Intercontinental Press ha publicado 32 obras literarias contemporáneas chinas en español, de las cuales 25 han sido recopiladas por bibliotecas latinoamericanas[③]. En correspondencia con esto, la editorial también ha iniciado simultáneamente de forma creativa, junto con el Instituto Confucio, el "Viaje de los escritores chinos a América Latina" para reducir la

---

① *Ibid.*

② *Ibid.*, p. 36.

③ Jiang Shan, Zhou Wei y otros: "Análisis de los libros de literatura contemporánea china para abrir el mercado de lenguas occidentales: un estudio del caso de la editorial China Intercontinental Press", publicado en *Information on Publication*, 2017, n.° 04, pp. 45-47.

distancia entre los escritores chinos y los lectores latinoamericanos [1]. Además de esto, la influencia de los libros que tratan sobre China publicados por China Intercontinental Press en las regiones de habla hispana también es encomiable. Según las estadísticas [2], dentro de las obras literarias contemporáneas chinas recopiladas por las bibliotecas de países de habla hispana, los libros publicados por China Intercontinental Press ocupan hasta el 80% de todos los libros de editoriales chinas. Incluso en comparación con otras editoriales del mundo, sus resultados obtenidos siguen siendo impresionantes. La colección de libros chinos literarios contemporáneos ocupa el segundo lugar, siendo solo superada por la editorial española Kailas. En particular, vale la pena mencionar que China Intercontinental Press ha establecido también una plataforma de servicios de lectura digital transfronteriza para audiencias de habla hispana de todo el mundo, un sitio web de libros electrónicos en español y la versión española de la iniciativa "That's China Bookshelf". Actualmente hay 1.518 libros *online*. China Intercontinental Press se ha convertido en la principal editorial de exportación de libros de temática china a regiones de habla hispana.

Además de la publicación de libros literarios, también se está comenzando a desarrollar el diálogo en el campo del pensamiento. Con el fin de promover la traducción y la publicación mutua de obras destacadas de China y América Latina y la formación de personas en la traducción, e impulsar las discusiones y

---

[1] Recientemente, China Intercontinental Press ha extendido el proyecto "That's China Bookshelf" a Chile y Argentina, y también llegará a México a lo largo de este año para facilitar la comprensión de China entre los lectores latinoamericanos. Al mismo tiempo, la librería Xinhua de Zhejiang ha abierto la primera librería china de gran escala en Argentina: la librería Boku. China International Publishing Group estableció en febrero de 2018 el centro bibliotecario chino en Cuba, el segundo en América Latina; el primero se estableció en Perú en noviembre de 2016.

[2] Estos datos sobre China Intercontinental Press han sido proporcionados por el departamento de cooperación externa de dicha editorial.

el intercambio en el ámbito del pensamiento y la cultura, el Ministerio de Cultura ha iniciado el Proyecto de Traducción Recíproca de Obras Clásicas de la Cultura y Pensamiento Chinas y Latinoamericanas, con el que planea traducir y publicar durante el desarrollo del XIII Plan Quinquenal alrededor de 50 obras clásicas y representativas de la cultura y el pensamiento de China y América Latina, escogidas por especialistas chinos y latinoamericanos de forma conjunta. Unas diez primeras han sido ya seleccionadas, publicitadas y puestas en marcha [1].

4.4 Intercambio académico

Los temas académicos son, al mismo tiempo, un contenido del diálogo entre civilizaciones y un medio importante para ello; por lo tanto, juegan un papel único en la mejora dc la comprensión mutua entre China y América Latina. En los últimos años, se han desarrollado rápidamente las instituciones académicas de China y América Latina que toman al otro como objeto de investigación, y se ha formado de manera preliminar una red de intercambios académicos y de cooperación.

En China, la investigación sobre América Latina está ganando cada día más importancia y potencial. En lo que va del siglo XXI, sobre todo en los últimos cinco años, las instituciones de investigación sobre América Latina de China se han desarrollado rápidamente y han pasado de ser unas pocas a

---

[1]   A nivel popular, el Centro de Investigación Cultural y Cinematográfica de la Universidad de Beijing inició, junto con otros centros de investigación, el proyecto de "la traducción académica del pensamiento latinoamericano" para promover un conocimiento más profundo entre China y América Latina en el campo cultural. Chen Jingxia: "El inicio de los proyectos de traducción y publicación de las obras académicas sobre el pensamiento latinoamericano", *China Reading Weekly*, 24 de enero de 2018, n.° 01.

comienzos de las décadas de 1960 y 1970 a las 60 que hay en la actualidad [1], concentrándose especialmente en centros de educación superior. Esta tendencia en la investigación sobre América Latina se ha desarrollado muy rápidamente y esto se debe principalmente a tres aspectos. Primero, el rápido desarrollo de las relaciones sino-latinoamericanas plantea una necesidad urgente de conocimiento sobre América Latina. En segundo lugar, se ha incrementado enormemente el establecimiento de las carreras de español y portugués debido a la demanda y expectativas del mercado. Y, por último, los proyectos de investigación y formación sobre otras regiones y Estados iniciados por el Ministerio de Educación de China han incentivado, en un momento muy oportuno, a todos los centros de educación superior. Sin embargo, detrás de la rápida expansión de las instituciones de investigación sobre América Latina en centros de educación superior, se esconde una realidad que no se puede ignorar: los recursos para una investigación efectiva aún son insuficientes, lo cual dificulta la producción de investigaciones valiosas. Aún así, se observa una tendencia gratificante, pues una nueva generación de investigadores sobre América Latina está creciendo y muestra un fuerte potencial académico: en su mayoría han nacido en la década de 1980, dominan el idioma del país objetivo y han recibido cierta formación académica profesional. Pero lo más importante es que "la nueva generación de investigadores de estudios latinoamericanos" [2] tiene una perspectiva global y capacidades de comunicación con el mundo exterior. La investigación de esta

---

[1] Gao Bei, Zhu Guoliang: "El reconocimiento mutuo y la comunicación entre las civilizaciones china y latinoamericana se encaminan hacia una nueva era", Xinhuanet, http://xinhua-rss.zhongguowangshi.com/13694/2329087974017772976/2568081.html (19 de enero de 2018).

[2] Guo Cunhai: "La nueva generación de los estudios latinoamericanos de China", publicado en *China y América Latina: no existe distancia entre ambos, ni siquiera las barreras formadas por los mares y las montañas* de Guo Cunhai y Li Yunzuo, Beijing, China Pictorial Publishing House, noviembre de 2016, p. 150.

nueva generación no se limita solo a temas tradicionales como la política, la economía y la diplomacia, sino que continúa expandiéndose a otros campos como la antropología, el derecho, la arquitectura, la arqueología, la educación y el medio ambiente. El vigoroso desarrollo de los estudios latinoamericanos también ha traído una bocanada de aire fresco a las organizaciones nacionales de investigación latinoamericana, y esto ha aumentado la vitalidad académica. Las tres principales instituciones de investigación sobre América Latina de China son: la Subdivisión de la Academia de Investigación de la Literatura Latinoamericana Española y Portuguesa, que pertenece a la Asociación China de Literatura Extranjera; el Centro de Estudios Latinoamericanos de China; y la Academia China de Investigación de la Historia Latinoamericana. Como casos relevantes, los últimos dos han fortalecido la cooperación para promover el desarrollo de las instituciones y de los investigadores sobre estudios latinoamericanos en China.

Al igual que los estudios latinoamericanos en China, los estudios chinos en América Latina también atraviesan un vigoroso desarrollo en el contexto de un fuerte aumento de las relaciones entre los dos países. Según estadísticas parciales, hay más de 20 instituciones latinoamericanas que estudian a China. De forma similar a las investigaciones sobre América Latina en China, el número de jóvenes latinoamericanos que estudian a China también está creciendo. Esto se debe, primero, a la difusión del chino promovida por el Instituto Confucio. Cada vez más jóvenes latinoamericanos comienzan a aprender chino y sienten un profundo interés por los estudios chinos. Estos jóvenes utilizan las diversas becas otorgadas por el Gobierno chino para estudiar másteres y doctorados centrados en cuestiones relacionadas con China, por ejemplo, el Programa Confucio de Nuevos Estudios Chinos recién lanzado por Hanban. Al mismo tiempo, las universidades latinoamericanas han comenzado a establecer proyectos de maestría en Estudios sobre China. Por ejemplo, en 2017 la Universidad Nacional de La Plata y la Universidad Nacional de Lanús, en Argentina, han lanzado un programa de maestría de un año de duración, con el objetivo de promover la formación de investigadores sobre China en Argentina. Los académicos latinoamericanos van prestando más atención a la presencia de China en América Latina. Enrique Dussel Peters, coordinador del Centro de Estudios China-México de la Universidad Nacional Autónoma de México, lideró el establecimiento de la Red Académica de América Latina y el Caribe sobre China (Red ALC-China), y ha organizado de forma regular reuniones entre los académicos de estudios chinos y latinoamericanos, y ha publicado lo tratado en las conferencias, lo cual ha adquirido una importancia creciente. La Asociación Latinoamericana de Estudios de Asia y África [1] (ALADAA) se ha vuelto cada vez más activa en estos últimos años. El tema sobre China en la ALADAA no solo es indispensable, sino que también llama cada vez más la atención.

Lamentablemente, el aumento de los estudios chinos y latinoamericanos en ambas regiones no ha llegado a promover la formación de una estrecha red de intercambio académico sino-latinoamericano. En los últimos años, los estrechos vínculos entre China y América Latina han llevado a los círculos académicos de ambos países a acercarse y a producir varias marcas académicas, como el Foro Académico de Alto Nivel CELAC-China, el Foro de Intercambio entre Think Tanks de China-CELAC, el Foro Legal China-América Latina [2], y el reciente Diálogo entre Jóvenes Investigadores de China y América Latina. Sin embargo,

---

[1] Organización académica regional de América Latina enfocada en estudios asiáticos y africanos, las ALADAA de Chile, México y Argentina son especialmente activas.

[2] El Foro Legal China América-Latina se estableció en Shanghai, China, en 2007. Hasta ahora se han celebrado siete sesiones en China, Cuba, Argentina, Perú, Chile, Ecuador y Brasil. El Foro Legal China América-Latina es la única plataforma interactiva multilateral para académicos chinos y latinoamericanos en derecho.

la mayoría de estos foros o diálogos aún se basan en el formato de reuniones, sin poder establecerse mecanismos de comunicación cotidianos o algún tipo de planificación práctica para la investigación conjunta, por lo que es difícil desarrollar discusiones o diálogos académicos profundos. Esto se debe, por una parte, a la falta de integración y colaboración profunda entre los institutos nacionales de investigación sobre América Latina de China; y por otra, a que los institutos de investigación sobre China de América Latina carecen de una figura que pueda desempeñar el rol de coordinador, como la Academia de Estudios Latinoamericanos de China, ya que están relativamente más descentralizados. Por lo tanto, podemos imaginar que los intercambios académicos actuales entre China y América Latina tienen una base, pero todavía hay un largo camino por recorrer si se quiere formar una red de investigación conjunta que facilite y promueva el diálogo entre las civilizaciones de China y Latinoamérica.

4.5 Conversación con los medios de comunicación

En la actual era informatizada y conectada por redes, los medios de comunicación, especialmente los nuevos medios, son los medios de difusión más convenientes y más populares. Sin embargo, los medios son un arma de doble filo, ya que la divulgación de información objetiva e imparcial puede ayudar a las personas a comunicarse entre sí, pero si ocurre lo contrario, puede conducir fácilmente a malentendidos. Por lo tanto, se podría afirmar que la cooperación y el intercambio entre los medios son cruciales para promover el diálogo entre China y América Latina.

Lamentablemente, la situación actual del intercambio entre medios de comunicación sino-latinoamericanos resulta preocupante. En términos generales, la cooperación y los intercambios entre los medios de comunicación de ambas partes afrontan fundamentalmente tres problemas: la diferencia, el déficit y el superávit [1]. En primer lugar, existe una clara brecha entre la atención mutua prestada entre los medios de China y América Latina, y una clara diferencia general del desarrollo de las relaciones sino-latinoamericanas. En segundo lugar, respecto a la difusión de información positiva sobre el otro entre los medios de China y Latinoamérica, la parte china se encuentra en un estado de déficit. Aunque los medios chinos y latinoamericanos prestan relativamente poca atención al otro, dentro de estos informes limitados, la parte latinoamericana presta más atención a una "China con problemas" que a una "China con ilusiones", mientras que los informes sobre América Latina de los medios chinos suelen ser neutrales y positivos. Y por último, respecto al intercambio y comunicación entre el personal y las instituciones de medios de comunicación, la parte china se encuentra claramente en un estado de superávit. Casi todos los principales medios de comunicación que tratan sobre asuntos extranjeros tienen periodistas en América Latina, entre estos, la Agencia Xinhua ha logrado llegar a casi todos los países latinoamericanos. Por el contrario, durante un largo periodo de tiempo, la existencia de periodistas latinoamericanos en China sigue siendo muy escasa; e incluso en los últimos años este número ha disminuido pese al estrechamiento de relaciones sino-latinoamericanas. No sería complicado comprender las razones por las que se caracteriza el intercambio entre los medios de comunicación chinos y latinoamericanos. En primer lugar, China se encuentra en un estado de superávit en estas comunicaciones, quiere decir, en gran medida, es China quien se acerca a América Latina de forma activa y no al revés. China

---

[1] Las ideas mencionadas aquí proceden principalmente del discurso de Feng Junyang, director de la Oficina de Edición en Idiomas Occidentales del Departamento de Noticias Internacionales de la Agencia de Noticias Xinhua, en la 6.ª Sesión del Foro Académico de Alto Nivel entre la Comunidad de Estados Latinoamericanos y Caribeños (CELAC) y China y la Conferencia Académica de China y América Latina, celebrada el 29 y 30 de junio de 2017 en Beijing.

es la principal fuerza motriz para la construcción y el desarrollo de las relaciones bilaterales [1]. En segundo lugar, la mayoría de los informes latinoamericanos sobre China son negativos, y esto se debe principalmente a que la opinión pública de América Latina está principalmente orientada por los medios de comunicación de Occidente, y a que son escasos los periodistas latinoamericanos que se encuentran en China; por ello, el pueblo latinoamericano depende de las fuentes occidentales y confía en ellas. En tercer lugar, en la agenda de las relaciones sino-latinoamericanas, la política y la economía siguen siendo temas prioritarios, sin embargo, en los últimos años, cuando los obstáculos culturales se han convertido en un factor cada vez más importante que afecta las relaciones entre China y América Latina, ambas partes, especialmente China, se han dado cuenta de la importancia de los intercambios culturales.

Esta grave situación significa que no solo es imprescindible fortalecer la cooperación y la comunicación entre los medios de comunicación chinos y latinoamericanos, sino que también se debe construir activamente. Del 22 al 23 de noviembre de 2016 se celebró en Santiago de Chile la Primera Cumbre de Líderes de Medios de Comunicación de China y América Latina y el Caribe[2], patrocinada conjuntamente por la Comisión Económica para América Latina y el Caribe, y que atrajo a más de 100 directivos de los medios de comunicación principales de China y Latinoamérica. En la ceremonia de apertura, el presidente Xi Jinping presentó en su discurso tres propuestas para profundizar la

---

[1]   Zhao Chongyang, Chen Yuanting: "Las relaciones sino-latinoamericanas entran en la fase de 'construcción y desarrollo'", publicado en *Estudios latinoamericanos*, 2017, n.° 05, pp. 16-30.

[2]   El 27 de octubre de 2017, la Oficina de Información del Consejo de Estado celebró en Beijing el Foro de Medios de Comunicación China-América Latina, en el que participaron los 19 medios principales de 11 países latinoamericanos, promoviendo de esta manera la formación inicial del mecanismo de comunicación entre los medios de prensa de China y América Latina.

cooperación entre China y América Latina, anunció el establecimiento del Centro de Prensa China-América Latina y el Caribe (CLACPC), e invitó a periodistas latinoamericanos a visitar China. En mayo de 2017 se estableció oficialmente el CLACPC en Beijing y once periodistas de nueve países latinoamericanos se convirtieron en los primeros estudiantes. En mayo de 2018 se celebró la ceremonia de apertura de la segunda sesión de las clases del programa Centro Internacional de Medios de Comunicación de China [1] en la subdivisión de América Latina, y entre los participantes figuraban 13 periodistas de diez países latinoamericanos. A través del estudio y el seguimiento de los estudiantes de la primera sesión, se ha descubierto que este proyecto ha obtenido buenos resultados al ayudar a los periodistas latinoamericanos a conocer y reportar una China objetiva, verdadera y dinámica, cambiando el contenido y formas que se solían utilizar antes.

5. La construcción del mecanismo de diálogo entre las civilizaciones de China y América Latina: reflexiones y sugerencias

Bajo la vigorosa promoción e impulso de los Gobiernos de China y América Latina, los intercambios culturales y el reconocimiento mutuo entre ambas civilizaciones se han ido deshaciendo de su estatus de "baja política" y han pasado a la agenda de la "alta política" dentro de las relaciones sino-

---

[1] Desde 2018, la Asociación China de Diplomacia Pública ha consolidado y expandido el proyecto de centro de intercambio entre medios de comunicación China-África, China-Asia del Sur y Sudeste Asiático, China-América Latina y el Caribe a un Centro Internacional de Intercambio entre Medios de Comunicación de China, con un subcentro en América Latina y otro en el Caribe. La primera fase del proyecto en el Caribe se inició oficialmente el 1 de abril de 2018, con el periodo de un mes.

latinoamericanas. Gracias a esto, las actividades de intercambios culturales y humanitarios, que concuerdan con el propósito del diálogo entre las civilizaciones de China y América Latina, se han vuelto cada vez más activas. Sin embargo, bajo esta superficial prosperidad, sigue siendo difícil ocultar el hecho de que el desarrollo general está más fragmentado. El problema potencial que esto conlleva es que muchos intercambios culturales transversales e incluso repetitivos y actividades de reconocimiento civilizado mutuo no son capaces de formar y conseguir un efecto de trabajo conjunto y de unión. En vista de ello, se necesitaría con urgencia una plataforma o un plan general y programático para coordinar, guiar y dirigir teóricamente las actividades de intercambio cultural y de reconocimiento mutuo sino-latinoamericano. Por lo tanto, la construcción de un mecanismo de diálogo entre las civilizaciones de China y América Latina no solo es cada vez más urgente, sino también se encuentra en el momento adecuado de ser construido.

En primer lugar, es necesario comprender plenamente la urgencia y la importancia de fortalecer el diálogo sino-latinoamericano durante el periodo actual y en el futuro. En la actualidad, las relaciones entre ambas zonas ya han entrado en fase de "construcción y desarrollo", y su integridad, su planificación y el objetivo de la cooperación sino-latinoamericana se están volviendo cada vez más claros. La promulgación sucesiva de los tres principales documentos de política [1] significa que la fuerza de cooperación entre China y América Latina ha aumentado en gran medida. Sin embargo, la falta de conocimiento

---

[1]   Nos referimos a los tres documentos programáticos mencionados anteriormente que apuntan a enmarcar y guiar la dirección de desarrollo de la cooperación sino-latinoamericana: el Plan de Cooperación China-Estados Latinoamericanos y Caribeños (2015-2019) (2015), el Documento de la Política de China hacia América Latina y el Caribe (2016) y el Plan de Cooperación Conjunta en las Áreas Prioritarias entre China y la CELAC (2019-2021).

mutuo entre ambas zonas "es como los dos conductores que no conocen las normas de tráfico del otro, y cuanto más frecuentes son los contactos, mayor es la posibilidad de chocarse" [①]. Cómo minimizar los conflictos de intereses y mejorar el entendimiento y la comprensión de la cooperación de mutuo beneficio es, sin duda, una tarea urgente e importante. Y no cabe duda de que el diálogo entre ambas civilizaciones es un camino importante para aliviar los conflictos, aumentar la confianza, e incluso para construir consensos.

En segundo lugar, el diálogo entre China y Latinoamérica sigue en su etapa inicial, y necesita de urgente coordinación e integración. En comparación con otras regiones, América Latina es una región en la que China se ha quedado rezagada en el desarrollo de un diálogo entre civilizaciones. A pesar de ello, todavía existen algunos programas de intercambio cultural entre China y América Latina. Sin embargo, el problema principal es que muchos proyectos de intercambio carecen tanto de diseño general como de planificación a largo plazo, y carecen de vínculos orgánicos, lo que daría como resultado la descentralización y la fragmentación. El diálogo entre civilizaciones de China y América Latina aún se encuentra en fase de exploración, lo que supone que existe una urgente necesidad de orientación profesional por parte de las agencias y departamentos correspondientes. Pero hasta el día de hoy, China aún no ha establecido un mecanismo de intercambio cultural y humanitario de alto nivel con ningún país latinoamericano, y mucho menos con toda la región. La carencia de este tipo de mecanismos de comunicación no favorece el impulso integral de la unión de las almas de los pueblos, ya que no se puede coordinar de manera efectiva los diferentes tipos de proyectos ni integrar el poder del diálogo entre civilizaciones. Si se quiere promover de manera eficaz el diálogo entre las civilizaciones de

---

① Guo Cunhai: "La construcción de la imagen nacional de China: la perspectiva de América Latina", publicado en *Estudios latinoamericanos*, octubre de 2016, n.° 05, p. 49.

China y América Latina, y de esta manera aumentar la confianza mutua y la sostenibilidad de la cooperación entre ambos territorios, la construcción de un mecanismo de diálogo es imprescindible.

Además, ha llegado el momento de construir este mecanismo de diálogo. Como se mencionó anteriormente, a nivel gubernamental, el presidente Xi Jinping ha enfatizado en varias ocasiones que es necesario fortalecer el diálogo entre las civilizaciones de China y América Latina para que ambas se conviertan en un modelo de coexistencia armoniosa y de entendimiento mutuo. El primer ministro chino, Li Keqiang, propuso en su discurso ante la Comisión Económica para América Latina y el Caribe de la ONU una iniciativa para construir un mecanismo de diálogo entre China y América Latina. El Segundo Documento de la Política de China hacia América Latina y el Caribe también reflejó este tipo de ideas e iniciativas, al proponer claramente "desarrollar de forma activa el diálogo entre las civilizaciones de China y Latinoamérica". A nivel popular, la traducción, publicación y difusión de obras clásicas sobre el pensamiento y la cultura de China y América Latina han comenzado a mostrar vitalidad; ha crecido el número de seminarios sobre China y Latinoamérica en instituciones académicas de ambos territorios, y el número de visitas mutuas entre los intelectuales se ha hecho más frecuente; la comunicación mediática también está aumentando, los informes bilaterales son cada vez más diversos y el contenido, cada vez más objetivo. Más importante aún, *los think tanks*, los departamentos de difusión cultural, las universidades y los gobiernos locales también han tomado la iniciativa de celebrar el primer seminario internacional del Diálogo entre Civilizaciones China-Latinoamérica ①, apoyando así la iniciativa de construir un mecanismo de diálogo entre ambas civilizaciones mediante la acción.

Sin embargo, así como el diálogo entre civilizaciones debe "ir sin prisa ni pausa haciendo planes a largo plazo" para que pueda "introducirse de forma silenciosa", es imposible construir de la noche a la mañana el mecanismo de diálogo entre ambas civilizaciones, sino que debe realizarse gradualmente. A continuación, se presentan algunas sugerencias y reflexiones para la construcción de este mecanismo.

Primero, establecer un foro de "diálogo entre civilizaciones China-Latinoamérica" e incluirlo dentro del Foro China-CELAC para coordinar los diversos campos del diálogo entre ambas civilizaciones. En la actualidad, el Foro China-CELAC ha establecido ocho subforos, lo único que falta es el mecanismo de intercambio cultural y de civilizaciones, que ha estado atrasado durante un largo periodo de tiempo y que todavía no se ha establecido de manera efectiva. El establecimiento de este mecanismo llenaría los vacíos de este campo, y proporcionaría una gran plataforma para el intercambio y reconocimiento cultural entre China y América Latina de forma integral. En vista de la diversidad

---

① Esta conferencia fue iniciada conjuntamente por el Instituto de Estudios Latinoamericanos de la Academia China de Ciencias Sociales, la Universidad de Changzhou, la Oficina de Relaciones Exteriores del Gobierno Popular de la provincia de Jiangsu y la Oficina de Lenguas Extranjeras de Blossom Press, y se celebró en la Universidad de Changzhou del 18 al 19 de noviembre de 2017. El tema de la conferencia fue "La civilización china y la civilización latinoamericana: mezcla y reconocimiento mutuo", se discutió la experiencia histórica del diálogo entre las civilizaciones de China y América Latina desde la modernidad, y se exploraron las rutas para promover aún más el intercambio cultural y el reconocimiento mutuo entre ambas civilizaciones. Más de 100 personas, entre funcionarios gubernamentales, diplomáticos, expertos académicos, representantes de agencias de difusión cultural de China y de 10 países de América Latina, asistieron al seminario. El Segundo Simposio Internacional sobre Diálogos entre las Civilizaciones China-América Latina está programado para septiembre de 2018 en Nanjing.

de la cultura y la civilización de China y Latinoamérica, el diálogo entre ambas civilizaciones debería enfocarse primero en descubrir los puntos comunes de los valores de ambos, y así encontrar la base para el diálogo.

Segundo, promover y apoyar la investigación sobre América Latina en China y construir una red de intercambio académico y de cooperación entre China y Latinoamérica. En respuesta a la investigación sobre América Latina en China, la iniciativa de la comunidad latinoamericana para estudiar a China también aumentaría significativamente. En los últimos años, varias universidades e instituciones académicas latinoamericanas han reforzado de distintas maneras la investigación de los problemas de China. A pesar de ello, en América Latina, la investigación de China todavía es un campo "emergente", el número de instituciones para la investigación sobre China sigue siendo muy limitado. En base a esto, 1) sería necesario dar rienda suelta al papel de la Academia de Estudios Latinoamericanos de China, integrar los recursos de investigación sobre América Latina que posee China, apoyar y formar sangre nueva para la investigación sobre Latinoamérica y, al mismo tiempo, desarrollar y cumplir el papel de puente para el intercambio académico entre ambas zonas, a fin de realizar una conexión estratégica con instituciones de investigación chinas en América Latina; 2) promover entre las instituciones académicas de China y Latinoamérica la construcción de un centro de investigación chino en América Latina para ayudar a formar las fuerzas de investigación sobre China, y apoyar a los intelectuales e instituciones latinoamericanas en la creación oportuna de una sociedad de investigación china; 3) establecer un instituto sino-latinoamericano como mecanismo de coordinación para el diálogo académico y el desarrollo de investigaciones conjuntas entre China y Latinoamérica, y como mecanismo de apoyo para la construcción de instituciones de investigación chinas en América Latina; y 4) fortalecer los intercambios e interacciones entre los profesionales de los medios de comunicación y los académicos de China y América Latina, y promover de forma oportuna el diálogo entre académicos y periodistas chinos y latinoamericanos.

Tercero, fortalecer el apoyo a las políticas y construir un mecanismo a largo plazo para el intercambio cultural basado en el mercado. La construcción actual del mecanismo de diálogo entre las civilizaciones de China y Latinoamérica está claramente dominada por el Gobierno. A pesar de su papel único, a largo plazo, el simple hecho de depender de las fuerzas del Gobierno hará que este mecanismo no pueda ser capaz de proporcionar una fuerza sostenible para apoyar el diálogo entre las civilizaciones de ambos territorios. La construcción de un mecanismo a largo plazo para el reconocimiento y la integración cultural sino-latinoamericana a día de hoy, con una economía global altamente desarrollada, requiere el establecimiento de una cooperación entre la industria cultural sino-latinoamericana basada en el mercado, tomando como eje los productos y servicios culturales. Esto se debe a que los productos culturales son portadores materializados que contienen símbolos culturales y valores espirituales. No solo tienen las mismas funciones que los intercambios culturales, sino que son más fuertes y potentes a efectos de difusión y motivación. Si bien el nivel actual de cooperación en la industria cultural sino-latinoamericana es relativamente bajo, a la larga tendrá un amplio espacio para la cooperación. Existen tres bases objetivas: China y América Latina poseen una rica y espléndida civilización, tienen la necesidad estratégica de desarrollar vigorosamente la industria cultural y de promover la cooperación internacional, y tienen un enorme potencial en el mercado cultural y poseen las bases para una cooperación apoyada en la igualdad y el beneficio mutuo[1].

---

[1] He Shuangrong: "Industria cultural e imagen internacional: la probabilidad de la cooperación entre China y América Latina tomando como ejemplo la cooperación de la industria del cine y la televisión", publicado en *Estudios latinoamericanos*, 2015, n.° 04, p. 40.

Parte III

Análisis de cinco países

Capítulo 8

La Franja y la Ruta en América Latina: La Ruta de la Seda atraviesa el Atlántico y sus efectos sobre Brasil

Evandro Menezes de Carvalho [1]

Rubia C. Wegner [2]

1. Introducción

Al celebrarse este 2018 los 40 años de la política de reforma y apertura iniciada por Deng Xiaoping a finales de la década de 1970, China ha dejado atrás su pasado de país subdesarrollado y predominantemente rural, y se ha afirmado como la segunda economía más grande del mundo y una nación más moderna y urbana. Con un PIB en torno a los 11,2 billones de dólares, China es la mayor potencia comercial (la suma de las exportaciones e importaciones de bienes totalizó 3,68 billones de dólares y, según el Banco Mundial, contribuyó en 2017 con el 30% del crecimiento económico global, un porcentaje superior al

[1]   Evandro Menezes de Carvalho es profesor de derecho global y coordinador del Centro Brasil-China de la Escuela de Derecho de la Fundación Getulio Vargas (FGV), además de profesor de derecho internacional y coordinador del Centro de Estudios de los Países BRICS de la Universidad Federal Fluminense (UFF). E-mail: evandro.carvalho@fgv.br .

[2]   Rubia C. Wegner es profesora del Departamento de Ciencias Económicas de la Universidad Federal Rural de Río de Janeiro (DeCE/UFRRJ). Investigadora del Centro Brasil-China de la Escuela de Derecho de la FGV. E-mail: rubicawegner@gmail.com

de EE.UU., que contribuyó con poco más del 17%[1].

La política de reforma y apertura ha demostrado haber sido exitosa. Estableció un nuevo tipo de relación de China con el mundo a través de la gradual reforma del modelo de gobernanza del Estado por el Partido, y de la apertura de las fronteras chinas para el comercio internacional y las inversiones extranjeras. Pasados cuarenta años, el desarrollo económico y social de China depende de una nueva estrategia de inserción internacional, ahora más activa y con alcance global. Si antes el desarrollo económico y social de China dependía de la exportación de sus productos y de las inversiones internacionales, actualmente China es un proveedor de capital, de tecnología, de marcas propias y amplía su presencia en el mundo a través de una política exterior que contrasta, cada vez más, con la diplomacia de bajo perfil que la caracterizó en las décadas anteriores.

El Gobierno del presidente Xi Jinping ha sido responsable de la redefinición estratégica de la política exterior del país, ampliando la presencia china en el mundo a través de grandes proyectos y plataformas de cooperación regionales, continentales e intercontinentales que favorecen la inserción económica, financiera y cultural del país en el mundo. La Iniciativa de la Franja y la Ruta (IFR) es un ejemplo de la ambición de la nueva diplomacia china, protagonizando proyectos de cooperación que se alinean con sus intereses nacionales, pero lo suficientemente flexibles para adaptarse a los intereses de otras naciones.

---

[1]   En segundo lugar viene EE.UU. con el 17,9% del crecimiento del PIB mundial. Informe del Banco Mundial publicado en el sitio web del World Economic Forum: https://www. weforum.org/agenda/2017/10/these-countries-are-leading-the-way-on-growth?utm_ content=buffer105fc&utm_medium=social&utm_source=facebook.com&utm_ campaign=buffer. En 2016, el Fondo Monetario Internacional pronosticó que la contribución de China representaría el 39% de la expansión económica mundial. (*China Daily*. "Two sessions to highlight Xi's thoughts". 3 de marzo de 2017).

En el XVIII Congreso Nacional del Partido Comunista de China (PCCh), a finales de 2012, Xi Jinping, entonces elegido secretario general del PCCh, convocó al país para unir esfuerzos en torno a la realización de lo que él llamó el "sueño chino", expresión que remite a la estrategia nacional de revitalización de la nación y que está correlacionada con las dos metas centenarias: la de 2020, cuando se pretende concluir la construcción de una sociedad moderadamente próspera en todos los aspectos; y la de 2050, cuando se pretende que China sea un "gran país socialista moderno"[1]. Cinco años después de haber anunciado el objetivo de realizar el "sueño chino", y con ocasión del XIX Congreso Nacional del PCCh, cuando fue reelegido secretario general del Partido, Xi anunció el "socialismo con características chinas para una nueva era". Esta declaración marca un giro de página decisivo en la historia contemporánea de la China post-Mao, y tiene como fundamento un hecho que el propio Xi, en aquella misma ocasión, explicitó: "China se está acercando al centro del escenario y haciendo mayores contribuciones a la humanidad". El pronóstico es que China sea la primera economía mundial hacia 2025. La "nueva era" sería, por lo tanto, el desdoblamiento, en el plano de los hechos, de aquella aspiración nacional del "sueño chino", en donde volver al centro del mundo es la síntesis de este sueño.

La principal iniciativa de política exterior que mejor refleja la dimensión internacional de esta "nueva era del socialismo chino" es la Iniciativa de la

---

[1]   Según Li Junru, "podemos llegar a comprender que luchar por materializar el 'sueño chino' de la revitalización de la nación, hoy en día, es luchar por materializar los objetivos de lucha de los 'dos centenarios'. Dicho de otro modo, materializar los objetivos de lucha de los 'dos centenarios' significa lograr la prosperidad y fortaleza del país, la vigorización de la nación y la felicidad del pueblo". (Li Junru, ¿Qué es el sueño chino? Beijing: Ediciones en Lenguas Extranjeras, 2015, p. 31). Los dos centenarios se refieren, respectivamente, al centenario de la fundación del Partido Comunista de China (1921) y de la República Popular China (1949).

Franja y la Ruta (IFR) ① . Para evaluar el impacto global de esta iniciativa, es necesario entender qué es y cómo puede afectar al resto del mundo, en particular a América Latina. Esta expresión se refiere a la Franja Económica de la Ruta de la Seda ("Silk Road Economic Belt") y la Ruta Marítima de la Seda del Siglo XXI ("21st Century Maritime Silk Road"). Ambas iniciativas fueron propuestas por Xi Jinping durante sus visitas a Kazajistán e Indonesia, en septiembre y octubre de 2013, respectivamente, y tienen como objetivo crear un equivalente en el siglo XXI de la antigua Ruta de la Seda, que data de más de 2000 años atrás y que conectaba, a través de diversas rutas comerciales e intercambios culturales, las principales civilizaciones de Asia, Europa y África.

En marzo de 2015, dos años después de lanzar la iniciativa, la Comisión Nacional de Desarrollo y Reforma, el Ministerio de Relaciones Exteriores y el Ministerio de Comercio chinos, con la autorización del Consejo de Estado, divulgaron conjuntamente el documento titulado Plan de Acción de la Iniciativa de la Franja y la Ruta②, que explicita los principios, prioridades y mecanismos de cooperación de la iniciativa y también su dimensión geográfica.

---

① En inglés "Belt and Road Initiative", y en chino "一带一路" (en pinyin: "yi dai yi lu").

② Disponible en el sitio web del Consejo de Estado de China en el siguiente link: http://english.gov.cn/archive/publications/2015/03/30/content_281475080249035.htm. Este documento fue publicado el 30 de marzo de 2015 y es una copia del documento publicado dos días antes y titulado "Vision and Actions on Jointly Building the Silk Road Economic Belt and 21st-Century Maritime Silk Road". (http://en.ndrc.gov.cn/newsrelease/201503/t20150330_669367.html) Hay una versión en portugués divulgada por la Embajada de China en Portugal, bajo el título "Visão e Ações para Promover a Construção Conjunta da Faixa Econômica da Rota da Seda e da Rota Marítima da Seda do Século XXI", en el link: http://pt.china-embassy.org/pot/xwdt/t1381040.htm El sitio web del Consejo de Estado de China publicó una cronología de la Iniciativa de la Franja y la Ruta: http://english.gov.cn/news/top_news/2015/04/20/content_281475092566326.htm

En cuanto a las prioridades [①] se encuentran: 1) reforzar la cooperación intergubernamental a través de mecanismos de comunicación e intercambio para profundizar la integración de intereses e incorporar las estrategias de desarrollo de los países a lo largo de las rutas; 2) promover la interconectividad de las infraestructuras; 3) promover el libre flujo de comercio e inversión, 4) profundizar la cooperación financiera, fomentando, entre otras medidas, la construcción de un sistema monetario estable, un sistema de inversión y financiación y un sistema de crédito en el continente asiático; y, finalmente, 5) promover el entendimiento entre los pueblos como base social para la construcción de la Franja y la Ruta por medio del intercambio cultural y académico.

En cuanto a la dimensión geográfica, dice el documento:

"La Franja y la Ruta atraviesa los continentes asiático, europeo y africano, vincula el círculo más dinámico de Asia Oriental y el círculo más desarrollado de Europa, y abarca varios países con vastos territorios y un enorme potencial para el desarrollo económico. La Franja Económica de la Ruta de la Seda conecta principalmente a China y Europa (el Mar Báltico) vía Asia Central y Rusia, al Golfo Pérsico y el Mar Mediterráneo a través de Asia Central y Asia Occidental, y al Sudeste y el Sur de Asia y el océano Índico. La Ruta Marítima de la Seda del Siglo XXI está proyectada desde los puertos del litoral de China a través del océano Índico, a Europa a través del Mar Meridional de China, y al Pacífico Sur a través del Mar Meridional de China" [②].

---

① Capítulo IV del "Plan de acción de la Iniciativa de la Franja y la Ruta". Disponible en portugués en el link: http://pt.china-embassy.org/pot/xwdt/t1381040.htm

② El capítulo VI del "Plan de acción de la Franja y la Ruta" indica cómo las regiones chinas participarán en la consecución de la apertura de la IFR.

La IFR es un proyecto de alcance intercontinental y que se estructura a través de acuerdos de cooperación centrados en la inversión en infraestructura, un mercado euroasiático que reúne a 4.400 millones de personas de 64 países y un PIB de 21 billones de dólares, que equivaldría al 29% de la producción global (CNRD, 2015) (Figura 1)[1]. La IFR representa una iniciativa geoeconómica y geopolítica sin precedentes para abarcar el gran mercado euroasiático y para constituir una alternativa a la propuesta del Acuerdo de Asociación Transpacífica (Trans-Pacific Partnership, TPP) y a la Asociación Transatlántica para el Comercio y la Inversión (Transatlantic Trade and Investment Partnership, TTIP).

---

[1] Formalmente, y aprovechando los corredores internacionales que conectan las principales ciudades a lo largo de la ruta, la IFR se compone de seis corredores principales: (1) el Puente Continental Terrestre de Eurasia (del oeste de China al oeste de Rusia); (2) los corredores económicos de cooperación internacional China-Mongolia-Rusia (del noroeste de China al sudeste de Rusia); (3) China-Asia Central-Asia Occidental (del oeste de China hasta Turquía); (4) China-Península de Indochina (del suroeste de China a Singapur); (5) en el mar, una gran vía de transporte marítimo a través de los corredores económicos China-Pakistán (del oeste/sur de China hasta Pakistán) y (6) Bangladés-China-India-Myanmar (del suroeste de China a India). (i) China - océano Índico - África - Mediterráneo, (ii) China - Oceanía - Pacífico Sur y (iii) China - Europa - océano Ártico. (http://www.xinhuanet.com/silkroad/english/index.htm y https://eng.yidaiyilu.gov.cn/. Consultados el 26 de julio de 2017).

Figura 1 - IFR - trazado oficial

Fuente: Reuters (2017)

La cooperación es la marca de la Franja y la Ruta[1]. Hasta el momento, 40 países y organizaciones internacionales han firmado acuerdos con China en el marco de la IFR[2]. La IFR tiene el potencial de promover la reestructuración geoeconómica entre naciones en desarrollo y desarrolladas de Asia, África y Europa, además de involucrar a otras organizaciones. Un proyecto de esta magnitud promueve la integración económica, pero en bases diferentes de los modelos que predominaron en la segunda mitad del siglo pasado, y sus principios de construcción conjunta y las prioridades en la cooperación tienen el

---

[1]   Algunos ejemplos. China ha firmado 52 acuerdos de proyectos con Kazajistán para la cooperación productiva en sectores como química e industria manufacturera. Con Bélgica fueron 12 acuerdos en finanzas, telecomunicaciones y microelectrónica, los cuales llegaron a 18.000 millones de euros. Con la Unión Europea se firmaron en 2015 inversiones europeas en la IFR por aproximadamente 315 millones de euros (EY, 2016).

[2]   China Today. "Belt and Road Forum for International Cooperation: a meeting of great minds for a better, shared future". Vol. 66, n.° 6, June 2017, p. 16.

potencial de ser ampliados para América Latina.

2. La IFR: ¿Un nuevo enfoque de integración económica internacional?

La IFR es una plataforma de cooperación internacional que se estructura teniendo en cuenta los acuerdos e iniciativas de cooperación bilateral, regional y multilateral existentes en la región euroasiática[1]. No se trata, por tanto, de una organización internacional. Con el fin de promover la discusión del plan de acción en conjunto con los países participantes, el Gobierno chino realizó en mayo de 2017 el Foro de la Franja y la Ruta para la Cooperación Internacional[2]. Un total de 29 jefes de Estado y de Gobierno se hicieron presentes. De América del Sur asistieron la entonces presidenta de Chile, Michelle Bachelet, y el presidente de Argentina, Mauricio Macri. Todas las economías del G20

---

[1] El "Joint Communiqué of the Belt and Road Forum for Internacional Cooperation" cita, entre otras, las siguientes iniciativas y estructuras para la promoción de la cooperación regional: la Agenda de Acción de Adís Abeba, la Agenda 2063 de la Unión Africana, el Foro de las Civilizaciones Antiguas, el Plan de Conectividad de APEC, la Visión de la Comunidad Asia-Europa y su grupo sobre conectividad, la Iniciativa Aduanera Caravanserai, la Cooperación entre China y los Países de Europa Central y Oriental, la Ruta Expresa Marítima y Terrestre China-Europa, la Iniciativa del Corredor Este y Medio Oeste, la Plataforma de Conectividad UE-China, la Asociación Oriental de la UE, la Asociación Euroasiática basada en los principios de igualdad, apertura y transparencia, la Iniciativa para la Integración de la Infraestructura Regional en América del Sur, el Plan Director sobre la Conectividad ASEAN 2025, las Principales Directivas para el Desarrollo Económico de la Unión Económica Eurasiática hasta 2030, las Redes Transeuropeas de Transporte.

[2] Está previsto de que una segunda edición de este evento ocurra en 2019 también en Beijing, China. Ver: http://www.xinhuanet.com/english/special/201705ydylforum/index.htm

estuvieron representadas en el foro [1] . Acudieron más de 1.500 delegados de más de 130 países y representantes de 70 organizaciones internacionales, entre ellos, el secretario general de la ONU, António Guterres; el presidente del Banco Mundial, Jim Yong Kim; y la directora gerente del FMI, Christine Lagarde.

El Comunicado Conjunto de los Líderes Asistentes a la Mesa Redonda del Foro de la Franja y la Ruta para la Cooperación Internacional[2], adoptado por los 30 jefes de Estado y de Gobierno, incluido el presidente Xi Jinping, y divulgado tras el encuentro de estos líderes, resalta:

"Defendemos la cooperación internacional, incluida la Iniciativa de la Franja y la Ruta y diversas estrategias de desarrollo, mediante el establecimiento de asociaciones de colaboración más estrechas, que incluyen el avance de la cooperación Norte-Sur, Sur-Sur y la cooperación triangular" [3] .

Se observa que la cooperación en el marco de la IFR puede traspasar los

---

[1] Estuvieron presentes seis de los jefes de Estado o de Gobierno de los países del G20: Vladimir Putin (Rusia), Recep Tayyip Erdogan (Turquía), Mauricio Macri (Argentina), Joko Widodo (Indonesia), Paolo Gentiloni (primer ministro de Italia) y, naturalmente, Xi Jinping (China). De la Unión Europea asistieron cinco jefes de Estado o de Gobierno: además de Italia, estuvieron presentes el jefe del Gobierno de España, Mariano Rajoy; el presidente de la República Checa, Milos Zeman; el primer ministro de Grecia, Alexis Tsipras; el primer ministro de Hungría, Viktor Orbán; y la primera ministra de Polonia, Beata Szydlo.

[2] Disponible en: Joint Communiqué of the Leaders Roundtable of the Belt and Road Forum for International Cooperation, http://www.chinadaily.com.cn/china/2017-05/16/content_29359366.htm

[3] Joint Communiqué, ítem 5. El Comunicado Conjunto establece en el punto 15 (a) que la IFR debe "perseguir el diálogo y la consulta para crear sinergias en las estrategias de desarrollo entre los países participantes, tomando nota de los esfuerzos por fortalecer la cooperación para coordinar el desarrollo de la Iniciativa de la Franja y la Ruta con otros planes e iniciativas mencionados en el Párrafo 6 y promover asociaciones entre Europa, Asia, Sudamérica, África y otras regiones".

límites territoriales de la región euroasiática y alcanzar otros continentes, incluso América del Sur. Es lo que dice explícitamente el 5.° ítem del Comunicado Conjunto al afirmar que la IFR no pretende solamente mejorar la conectividad entre Asia y Europa, pues "también está abierto a otras regiones como África y América del Sur".

La IFR inaugura una nueva etapa de las relaciones de China con el resto del mundo. Se trata de una iniciativa central para la política exterior china. Hay autores que analizan la IFR como un modelo diferente de globalización del siglo XXI[1], que sería más inclusivo, con menos asimetrías entre países desarrollados y en desarrollo. Las autoridades chinas, por su parte, sitúan a la IFR en el plano de los Cinco Principios de la Coexistencia Pacífica y centrándola en "bases comunes de cooperación y desarrollo" (CNRD, 2015) [2]. A pesar de alguna incredulidad en cuanto a su efectividad, Pautasso y Ungaretti (2017) refuerzan[3] que el potencial de la IFR se basa en que China articule sus capacidades, que son: (i) industria en cierta medida con sobreutilización (acero, cemento, máquinas); (ii) el capital disponible para el financiamiento; y (iii) el *know-how* en la prestación de servicios de ingeniería para las demandas de los diferentes países vecinos. Así, el tipo de integración pensada en el ámbito de la IFR es la

---

[1] Pautasso, D. A China na nova arquitetura geoeconômica global e o caso do Banco Asiático de Investimento em Infraestrutura. Meridiano 47 (UnB), v. 16, pp. 12-19, 2015; Pautasso, D.; Ungaretti, C. A Nova Rota da Seda e a recriação do sistema sinocêntrico. Estudos Internacionais, v. 4, pp. 25-44, 2017; Yiwei, Wang. China's "New Silk Road": A Case Study in EU-China Relations. ISPI Report Xi's Policy Gambles: The Bumpy Road Ahead, Alessia Amighini, Axel Berkofsky (Eds.), 2015, p. 18.

[2] Los cinco principios son los siguientes: respeto mutuo por la soberanía y la integridad territorial, la no agresión mutua, la no interferencia en los asuntos internos de otros países, igualdad y beneficio mutuo, y la coexistencia pacífica.

[3] Pautasso, D.; Ungaretti, C. A Nova Rota da Seda e a recriação do sistema sinocêntrico. Estudos Internacionais, v. 4, pp. 25-44, 2017.

conectividad de ideas, diplomacia e institucional [1]. El aspecto *"win-win"* en la integración económica sería dado por el desarrollo de las áreas de finanzas, energía, comunicación y logística entre todos los países a lo largo de la franja[2].

En la IFR, la infraestructura es la inversión que impulsará la integración económica a través de la conexión física entre los países. Pero los proyectos de cooperación económica tienen grados variables de complejidad y objetivos de acuerdo con los intereses nacionales de los países involucrados. En las Américas, durante la década de 1990, dos modelos de cooperación fueron predominantes. Por un lado, el modelo orientado a la conformación de un mercado común, como es el caso del Mercado Común del Sur (Mercosur), y, por otro, los esquemas de cooperación económica que se limitaban a crear una zona de libre comercio, como es el caso del Tratado de Libre Comercio de América del Norte (más conocido en sus siglas en inglés, NAFTA[3]).

Por último, vale mencionar que en 2000, bajo el impulso de la presidencia de Fernando Henrique Cardoso, se propuso la creación de la Iniciativa para la Integración de la Infraestructura Regional Suramericana (IIRSA), con el objetivo de la construcción de infraestructura física regional en todos los países de América del Sur [4]. Esta propuesta fue institucionalmente apoyada y estructurada en la forma del Comité de Coordinación Técnica (CCT) por el Banco Interamericano de Desarrollo (BID), por la Corporación Andina de

---

[1]   Callahan, William A. China's Belt and Road Initiative and the New Eurasian Order. Norwegian Institute of International Affairs, Policy Brief, n.° 22, 2016, p. 4.

[2]   Yiwei (2016).

[3]   North America Free Trade Agreement.

[4]   Iniciativas de integración económica y de infraestructura ya se habían registrado en la región. Un ejemplo fue la firma en 1986 por los entonces presidentes de Argentina y Brasil de los acuerdos que establecieron el Programa de Integración y Cooperación Económica (PICE) y el propio Tratado de la Cuenca del Plata, que daría origen al FONPLATA.

Fomento (CAF) -que a partir de 2007 pasó a ser denominada como el Banco de Desarrollo de América Latina- y por el Fondo Financiero para el Desarrollo de la Cuenca del Plata (FONPLATA[①]). La principal justificación para la creación de la IIRSA se basaba en las premisas del regionalismo abierto, es decir, en la promoción de la inversión privada, así como en la sustentación de mayores niveles de competitividad en los mercados internacionales[②]. La planificación de la cartera de inversiones en infraestructura y de la correspondiente división territorial de América del Sur fue realizada por el CCT, siguiendo criterios de proximidad geográfica y complementariedad productiva y de base económica. Los Gobiernos esperaban que las inversiones fueran financiadas por arreglos innovadores de financiación a largo plazo, lo que no sucedió. Otra gran crítica conferida a la IIRSA fue la de que sus proyectos de inversión en infraestructura se destinaban mucho más a facilitar el flujo de la exportación en el formato de "corredores de exportación" que a fomentar una integración productiva regional (Padula, 2015). Entre 2000 y 2010, los resultados de la IIRSA fueron técnicos, entre los cuales se destacan: elaboración entre los Gobiernos de los países sudamericanos de la cartera con más de 500 proyectos en infraestructura de transporte, energía y telecomunicaciones para nueve ejes de integración y

---

① El FONPLATA se inició en febrero de 1967 con las tratativas del Acta de Santa Cruz de la Sierra firmada entre Argentina, Bolivia, Brasil, Paraguay y Uruguay, lo que dio origen al Tratado de la Cuenca del Plata, luego al FONPLATA, en 1970. Es una persona jurídica internacional cuya sede está en Bolivia. La estructura accionaria del FONPLATA, que es la división de su propiedad entre los países accionistas, revela su misión de promover el desarrollo armonioso de la región de la cuenca del Plata. Sus recursos propios suman 100 millones de dólares, de los cuales Argentina y Brasil deben contribuir con el 33,35% y los demás países, con el 11,1% (Wegner, 2018).

② Corazza, Gentil. O "regionalismo aberto" da Cepal e a inserção da América Latina na Globalização. Ensaios FEE, Porto Alegre, v. 27, n.º 01, pp. 135-151, 2006.

desarrollo (EID [1]) -en cierta medida, una concepción similar a los corredores en la IFR-, así como de una agenda para la implementación de 31 proyectos prioritarios, dado su fuerte impacto esperado para fomentar la integración. En este escenario, en 2011 la IIRSA fue incorporada por el Consejo Sudamericano de Infraestructura y Planificación de la Unasur, la cual había sido creada en 2008. Se entendía que la infraestructura regional debía ser articulada en torno a un acuerdo formal de integración -la Unasur-, con más espacio para discusiones acerca del papel del capital privado y del capital público en la financiación de los proyectos. Pasó a ser denominada IIRSA-COSIPLAN y área de influencia. Con base en datos oficiales, los EID [2] aumentaron en 2016 hasta 97,7% del territorio de América del Sur, siendo el eje Amazonas aquel con mayor influencia (8,1%) y el Perú-Brasil-Bolivia, el de menor (1,2%). En ese mismo año, los países del Mercosur -que están en variados EID- totalizaban 380 proyectos individuales en la cartera IIRSA-COSIPLAN. La evolución de la cartera de inversiones ha sido constante: en 2014 estaban previstos 419 proyectos; en 2015, 593 proyectos; y en 2016, 581 proyectos. En 2017 había un total de 581 proyectos de inversión por un monto de 192.000 millones de dólares, de los cuales solo el 22% estaba

---

[1]   El Plan de Acción priorizó los ejes de integración y desarrollo (EID) siguiendo estos parámetros: (i) cobertura geográfica de países y regiones, (ii) flujos de comercio existentes y potenciales; (iii) niveles actuales y volúmenes proyectados de inversiones productivas; (iv) potencial de atraer la participación del sector privado en el financiamiento y (v) grado de sostenibilidad ambiental de los proyectos (IIRSA, 2000). En 2017, la IIRSA-COSIPLAN se componía de los siguientes ejes: Amazonas, Andino, Capricornio, Sur, Escudo Guyanés, Hidrovía Paraguay-Paraná, Interoceánico Central, Mercosur-Chile, Perú-Brasil-Bolivia.

[2]   Son los siguientes ejes: Amazonas, Andino, Capricornio, Sur, Escudo Guyanés, Hidrovía Paraguay-Paraná, Interoceánico Central, Mercosur-Chile, Perú-Brasil-Bolivia. La composición de cada eje se define a partir de porciones territoriales de los países sudamericanos, según el trazado de los proyectos de conectividad física.

concluido y otro 30%, en ejecución[1].

Después de 2008, la IIRSA se convirtió, por lo tanto, en una estructura institucional de la Unasur, lo que representó una gobernanza relativamente más organizada. Aunque se ha mantenido el CCT, la presentación de proyectos y los trámites para su aprobación pasaron a ser pautados por los objetivos presentados por los países de Unasur al COSIPLAN. La estructura de financiación, sin embargo, no ha sido radicalmente alterada, es decir, alianzas público-privadas: la decisión de financiamiento parte de las instituciones financieras, y los tesoros nacionales, hasta 2016, eran la principal fuente (el 61% de los proyectos), seguido por entes privados/corporativos (11%), BID (7%), CAF (4%) y bancos privados (4%), según Wegner (2018). La iniciativa sudamericana presenta una gobernanza relativamente fluida.

Hay un gran número de instituciones en la región, aunque su efectividad, así como el papel de Brasil, contiene ambigüedades. Siguiendo el ejemplo de China en su actuación en Asia, Brasil necesita construir una estructura para avanzar en la región en función de sus intereses. Después de 2016, vale resaltar, la Unasur dejó de ser prioridad para los Gobiernos de los países del Mercosur.

Se percibe que, a diferencia de las iniciativas lideradas por Estados Unidos, aquellas que surgieron del contexto sudamericano se aproximan al modelo de la IFR. Sin embargo, la IFR se distingue de aquellos modelos de cooperación económica que dominaron el contexto sudamericano. En primer lugar, la IFR no es una organización internacional con el propósito de promover un mercado común, como el Mercosur. En segundo lugar, la IFR no se limita a promover solo un área de libre comercio entre los países, parte de los moldes propuestos

---

[1]   Wegner, Rubia C. Investimento em conexão física e o aprofundamento da integração na América do Sul: evidências a partir do seu financiamento. Economiae Sociedade (UNICAMP), 2018.

por EE.UU. a los países de América del Sur y Centroamérica. Y, por último, la IFR pretende ser una plataforma más amplia geográfica y económicamente, orientada por la flexibilidad y el pragmatismo, cuya cooperación económica no se limita a la promoción del comercio, ya que hace énfasis en la inversión en infraestructura para la conectividad regional e incluso intercontinental. A pesar de estas características y de la grandiosidad del proyecto, la IFR todavía encuentra en China su principal motor y patrocinador.

3. El protagonismo de China en las estructuras de financiamiento de la IFR

La IFR se basa en un cambio estructural del patrón de inserción internacional de China. Desde las reformas económicas iniciadas en 1978, las prioridades de China han sido modernizar la economía hasta romper con su aislamiento, y la IFR refleja un nuevo momento en la estrategia internacional del país de mayor inserción en el mundo.

La IFR ha representado un impulso para la inversión extranjera directa (IED), que desde la crisis financiera internacional de 2008 ha experimentado algunos reveses. De acuerdo con la perspectiva de la Conferencia de las Naciones Unidas sobre Comercio y Desarrollo (UNCTAD, siglas en inglés), en los últimos años se ha producido una recuperación de los flujos de la IED: con una perspectiva de aumento de 1,8 billones de dólares en 2017 y 1,85 billones de dólares en 2018, sin igualarse, sin embargo, a los altos niveles de 2007 [1]. Considerando la IED en términos porcentuales respecto al PIB de China, en 2016, China se convirtió en el segundo mayor inversor del mundo. En los

---

[1]   UNCTAD. World Investment Report: investment, and the digital economy. United Nations Publication, Geneva, 2017, p. 252.

últimos años aumentó el volumen de la IED recibido por el país (Gráfico 1), manteniéndose apenas detrás de Estados Unidos en la recepción de inversión directa. La IED es un importante instrumento utilizado por China para la internacionalización de su moneda, el *renminbi*.

Tabla 1 - China: instituciones financieras multilaterales (2017)

Indicadores	Nuevo Banco de Desarrollo de los BRICS	Banco Asiático de Inversión en Infraestructura (BAII)	Fondo de la Ruta de la Seda
Número de miembros	05	84	01
Capital autorizado (US$ millones)	100.000	100.000	40.000
Capital suscrito (US$ millones)	50.000	93.000	40.000
Capital suscrito y pagado (US$ millones)	10.000	18.600	10.000
Activo total (US$ millones)	10.000	18.500	--
Objetivos	Movilizar recursos para financiar infraestructura y proyectos de desarrollo sustentable	Financiar proyectos de infraestructura rural, energía, protección ambiental, transporte y TI, saneamiento, logística y desarrollo urbano	Promover el desarrollo y la prosperidad de China y las demás naciones de la IFR
Nivel de influencia de China	Medio	Relativamente pequeño	Alto

Fuente: Chan, Lai-Ha. Soft balancing against the US 'pivot to Asia': China's geostrategic rationale for establishing the Asian Infrastructure Investment Bank. Australian Journal of International Affairs, n.° 71, v.6, 2017; www.ndb.int; www.aiib.org/en/index.html; ww.silkroadfund.com.cn/enwap/27363/index.html.

En su discurso en la ceremonia de apertura del Foro de la Franja y la Ruta para la Cooperación Internacional, en mayo de 2017, Xi Jinping resaltó la interdependencia que la IFR ha traído, así como la necesidad de nuevos actores para el crecimiento económico, que debe ser más inclusivo y balanceado entre las naciones. Xi Jinping recordó que, desde 2013, cuando la Franja y la Ruta fue anunciada, la inversión entre los países de la iniciativa superó los 50.000 millones de dólares, además de que las empresas chinas se establecieron en 56 zonas de cooperación económica entre 20 países, promoviendo una mayor recaudación y generación de empleo[1]. De hecho, la IFR ha inducido al aumento de las inversiones de las empresas chinas en un momento de tasas de crecimiento económico comparativamente menores. Entre los países aglutinados en la iniciativa, se acordó que el *stock* de IED *inward* se aproximó a los 6 billones de dólares[2]. Desde entonces, los avances obtenidos pueden ser explicados por la movilización de recursos financieros.

Los datos de la Tabla 1 sugieren que las iniciativas financieras multilaterales, fomentadas a partir de la asertividad de la política exterior china, se caracterizan por cierta especialización en cuanto a sus países miembros y por la actuación generalizada en cuanto a sus objetivos, que son muy similares. El Fondo de la Ruta de la Seda tiene a China como el único miembro -en términos de aporte de capital- y su actuación se dirige hacia la promoción del desarrollo a lo largo de la IFR. El Banco Asiático de Inversión en Infraestructura (BAII) está originalmente destinado a financiar inversiones de infraestructura en Asia y representa la institución más significativa fomentada por China en términos de esfuerzo colectivo y político.

La constitución del BAII y del Nuevo Banco de Desarrollo de los BRICS, así como del Fondo de la Ruta de la Seda son iniciativas que representan

---

[1] Disponible en: http://www.xinhuanet.com/english/2017-05/14/c_136282982.htm

[2] Op. cit.

alternativas al convencional sistema multilateral de financiamiento, con China buscando una transformación de la arquitectura financiera internacional, y que podrán tener un papel fundamental en la financiación de los proyectos de la IFR. La cooperación financiera es uno de los elementos esenciales de la IFR y buena parte de los países implicados son países en desarrollo, con un sistema financiero no desarrollado. La inversión en infraestructura depende de la financiación a largo plazo, incrementando la demanda de instrumentos alternativos a los sistemas financieros nacionales.

Al ejercer una influencia sobre el desarrollo económico de los países y regiones a lo largo de las rutas, con repercusiones sobre la economía mundial, los analistas cuestionan si la IFR sería el vector de un nuevo orden internacional más inclusivo y justo [1]. Si aún es temprano para afirmar esto, al menos podemos decir que el discurso diplomático chino ha llevado el concepto "Franja y Ruta" a otras regiones del mundo, por ejemplo, América Latina.

4. La IFR y el Foro China-CELAC: las plataformas chinas para América Latina

A partir de 2013, con el inicio del primer mandato del presidente Xi Jinping, la relación de China con la región latinoamericana ganó una importancia inédita, con impacto sobre las políticas externas de los países de América Latina y el Caribe. China se volvió el segundo mayor socio comercial de la región y publicó

---

[1]   En el contexto de este debate, Gal Luft, codirector del Institute for the Analysis of Global Security, considera que "la Iniciativa de la Franja y la Ruta es el primer intento real de China de remodelar el orden internacional y se ha convertido en la marca registrada de la era Xi. Por supuesto, esto puede beneficiar mucho a China. Pero lo que fortalece a China no debilita necesariamente a Estados Unidos". ("US petulance toward Belt, Road self-defeating". Global Times, 2 de julio de 2015, p. 17.)

su primer Documento sobre la Política de China hacia América Latina y el Caribe en 2008, donde declaró que el Gobierno chino considera la relación con los países de la región "desde un plano estratégico" y propuso una Asociación de Cooperación Integral China-América Latina. En el año siguiente, en 2014, el presidente Xi hizo su primera visita como jefe de Estado a varios países latinoamericanos y participó en la VI Cumbre de los BRICS, que se realizó en la ciudad de Fortaleza, en Brasil[1]. En ese mismo año, en la reunión de APEC, en Beijing, se lanzó el Área de Libre Comercio de Asia Pacífico (FTAAP, por sus siglas en inglés), que abarca países de América del Sur y Central. Se adoptó, en dicha ocasión, un Plan de Conectividad para 2015-2025, con el objetivo de fortalecer la conectividad física, institucional e interpersonal para hacer que la región de Asia-Pacífico esté plenamente conectada hasta 2025.

El año 2015 marcó un hito importante en la relación China-América Latina y el Caribe, ya que es cuando se realizó la Reunión Ministerial del Foro China-Comunidad de Estados Latinoamericanos y Caribeños (Foro China-CELAC). En aquella ocasión, el presidente Xi Jinping se reunió con casi 30 miembros de la CELAC[2] y propuso que el volumen de comercio entre ambas partes alcance la cifra de 500.000 millones de dólares durante los 10 años siguientes, y que la inversión directa china en América Latina alcance el valor de 250.000 millones de dólares. Desde entonces, las relaciones China-América Latina y el Caribe han entrado en una nueva fase de cooperación integral. En ese mismo año, el primer ministro chino, Li Keqiang, visitó Brasil, Colombia y Perú, y firmó diversos

---

[1] En la Cumbre de los BRICS en Fortaleza se creó el Nuevo Banco de Desarrollo de los BRICS.

[2] La Comunidad de Estados Latinoamericanos y Caribeños (CELAC) es un organismo internacional creado formalmente en julio de 2011, en Caracas. El bloque cuenta con 33 miembros y es el principal foro para el diálogo político en la región, sin la presencia de Estados Unidos y Canadá.

acuerdos. La ida de los dos principales líderes políticos chinos a América Latina en un espacio de tiempo de menos de un año denota la importancia que el Gobierno chino pasó a darle a la región.

Asimismo, en el año 2016, el presidente Xi visitó Ecuador, Perú y Chile. Fue el tercer viaje de Xi a América Latina en su primer mandato. El Gobierno chino publicó el Documento sobre la Política de China hacia América Latina y el Caribe, que explicitó el nuevo formato "1+3+6" de la cooperación con América Latina. El número "1" se refiere al Plan de Cooperación China-América Latina y el Caribe (2015-2019); el número "3" corresponde a las fuerzas motrices de esta cooperación, que son: comercio, inversión y finanzas; y el número "6" se refiere a los sectores prioritarios de la cooperación: energía y recursos naturales, construcción, agricultura, industria manufacturera, innovación científica y tecnológica, y tecnología de la información. Además de este formato "1+3+6", el documento menciona el "nuevo modelo de cooperación en capacidad productiva "3x3", que se refiere a la construcción conjunta de tres canales de interacción para el desarrollo de la relación China-América Latina y el Caribe. Ellos son: (1) logística, electricidad e información; (2) realización de la interacción entre las empresas, la sociedad y los Gobiernos; y, finalmente, (3) la expansión de los canales de financiamiento que son fondos, créditos y seguros[1]. Además de las plataformas de cooperación multilateral, China ha avanzado también en las relaciones bilaterales a través de acuerdos de libre comercio con Perú, Chile y Costa Rica. Actualmente, el Gobierno chino negocia un acuerdo de libre comercio con Uruguay y Colombia.

En enero de 2018 se celebró la Segunda Reunión Ministerial del Foro China-CELAC, en Santiago de Chile. En su mensaje enviado a los líderes

---

[1] Documento sobre la Política de China hacia América Latina y el Caribe, 2016. Disponible en el link: http://portuguese.xinhuanet.com/2016-11/24/c_135855243.htm

presentes en la reunión, el presidente Xi declaró que "en los últimos tres años, el foro entre China y la Comunidad de Estados Latinoamericanos y Caribeños ya se ha convertido en una plataforma central para profundizar la colaboración bilateral". Y dijo, además, que China también ha participado en más de 80 proyectos de financiamiento en la región [1]. En este mismo documento, el presidente chino apeló a los países latinoamericanos a participar activamente en la IFR, a fin de abrir un camino trans-Pacífico de cooperación capaz de acercar aún más a China y América Latina [2].

Con motivo de esta Segunda Reunión Ministerial del Foro China-CELAC, se aprobaron tres documentos: la Declaración de Santiago, el Plan de Acción Conjunto de Cooperación China-CELAC 2019-2021 y la Declaración Especial sobre la Iniciativa de la Franja y la Ruta. En esta última declaración, la parte china afirmó que "esta iniciativa está siendo ampliamente compartida por la comunidad internacional, y considera que los países de América Latina y el Caribe forman parte de la extensión natural de la Ruta Marítima de la Seda y son participantes indispensables de la cooperación internacional de la Franja y la Ruta" [3].

La política exterior china encara a América Latina y el Caribe como un gran

---

[1]   Diario del Pueblo (China). "Segunda Reunión Ministerial del Foro China-CELAC realizada en Chile", 24 de enero de 2018. Link: http://portuguese.people.com.cn/n3/2018/0124/c309808-9419231.html

[2]   Diario del Pueblo (China). "Presidente chino pide esfuerzos concertados con América Latina en la Iniciativa de la Franja y la Ruta", 23 de enero de 2018. El ministro de Relaciones Exteriores de China, Wang Yi, sugirió que China y los países de ALC deben construir conjuntamente la conectividad tanto en el mar como en la tierra. (Embajada de la RPC en Brasil). Enlace: http://www.fmprc.gov.cn/ce/cebr/es/szxw/t1529889.htm)

[3]   Declaración Especial de Santiago de la Segunda Reunión Ministerial del Foro CELAC-China sobre la Iniciativa de la Franja y la Ruta. http://www.itamaraty.gov.br/images/2ForoCelacChina/Declaracin-Especial-II-Foro-CELAC-China-VF-22-01-2018.pdf

bloque a ser articulado a través de la infraestructura intercontinental. El Foro China-CELAC se ha convertido en el principal canal de cooperación entre China y toda la región de la CELAC, y la IFR tiende a ser el modelo de cooperación propuesto por el Gobierno chino por medio del cual se intensificará la relación entre las partes.

5. Expansión de las inversiones de empresas chinas en América Latina - el caso de Brasil

La posición de Brasil en esta reciente y asertiva estrategia de política exterior de China, la IFR, será analizada por el camino más concreto posible, esto es: relaciones económicas entre ambos países, es decir, la evolución de la IED y del comercio exterior entre Brasil y China.

En Brasil, en noviembre de 2017, el Ministerio de Planificación, a través de la Secretaría de Asuntos Internacionales (SEAIN), lanzó un boletín [1] de divulgación bimestral que señala las inversiones chinas en Brasil. Sus principales ítems son: (i) inversiones confirmadas y no confirmadas; (ii) inversiones chinas en Brasil por sectores; (iii) origen de la inversión (privada o pública) y tipo de inversión. El boletín fue lanzado en el marco del Fondo Brasil-China, a partir del cual las relaciones bilaterales entre los países se han profundizado y refleja una postura asertiva, respecto a China, de planificación.

---

[1] Financial Times, The Heritage Foundation & American Enterprise Institute, Conselho Empresarial Brasil-China, Aiddata, Reuters, Bloomberg, Gazeta Mercantil, G1, UOL, Folha, Estadão, Valor Econômico, Dealogic, Terra, Macauhub, Embajada de China en Brasil y Embajada de Brasil en China.

Figura 2 – China: Evolución de la IED en Brasil y América del Sur

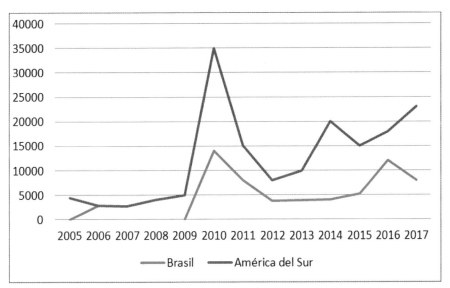

Fuente: China Global Tracker, actualizado en enero de 2018.

En 2013, las empresas chinas anunciaron inversiones en la región por un monto de 11.000 millones de dólares. Sin embargo, se habrían realizado efectivamente alrededor de 5.000 millones de dólares. Aunque es posible constatar cierta regularidad en el importe de la IED negociado por empresas chinas, no es posible observarla en las inversiones realizadas. La base de datos utilizada por los autores discrimina las transacciones que solo fueron anunciadas de aquellas que de hecho se realizaron[1].

---

[1]   Avendano, Rolando; Melguizo, Angel; Miner, Sean. Chinese FDI in Latin America: We extend a special thanks to HSBC for the generous support for this initiative, without which this report would not have been possible. New Trends with Global Implications. The Atlantic Council of the United States- OECD, 2017, p. 28.

Figura 3 – Evolución del monto de la IED de China en América Latina (2003-2016) (en US$ mil millones)

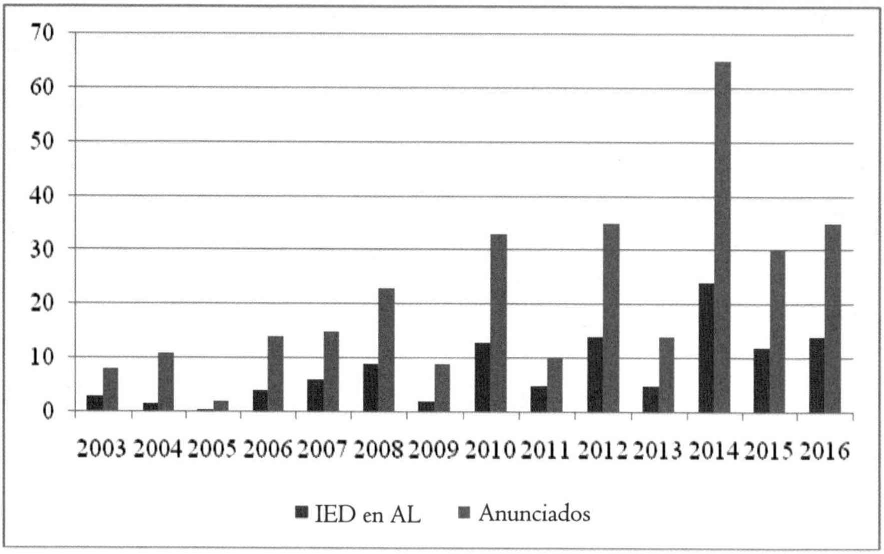

Fuente: Bureau van Dijk, FDI Markets (2017). [1]

Entre 2008 y 2012, el sector de recursos naturales era el destino preponderante de las inversiones de empresas chinas en la región. Se definió el debate en al menos tres direcciones: (i) aspecto negociador, entendiendo a las inversiones chinas como una oportunidad para la región; (ii) en términos de los desafíos de desarrollo económico enfrentados por China; y (iii) un pequeño grupo que buscó analizar los efectos de esa presencia en el sector de recursos naturales para el desarrollo económico de la región. El sector servicios ha recibido la mayor parte de las inversiones en los últimos años. Si de 2003 a 2012 el sector extractivo representaba más del 60% del monto de la IED de empresas chinas en la región, de 2013 a 2016 esa proporción se redujo al 40%; en cambio,

---

[1] Disponible en: https://www.bvdinfo.com/en-apac/our-products/economic-and-m-a/economic-data/eiu-world-investment-service

los servicios y la energía aumentaron un 40% y un 10%, respectivamente [1] .
El escenario económico de China de retracción del crecimiento económico
y de sobreutilización de la capacidad industrial en algunos sectores, como la
siderurgia, ha hecho de la internacionalización de sus empresas estatales una
estrategia competitiva de mercado.

Las inversiones chinas confirmadas entre 2003 y 2018 en Brasil alcanzaron
un monto de 54.100 millones de dólares, realizadas por empresas públicas,
mayoritariamente. Entre 2003 y 2017, fueron anunciados 156 proyectos de
inversión del orden de los 67.000 millones de dólares. Este órgano del Gobierno
Federal brasileño concuerda que a partir de 2010, las inversiones chinas
comenzaron a diversificarse hacia los sectores energéticos y de extracción
natural. Sin embargo, de aquel monto, el 24% se destinó a la extracción de
petróleo y gas, otro 23% a energía eléctrica y gas (generación, transmisión y
distribución) y un 12% a la extracción de minerales metálicos. La modalidad de
fusión y adquisición fue la más utilizada [2] .

Los datos de la Tabla 1 -que se refieren solo a las transacciones con
un monto superior a 1.000 millones de dólares- no se oponen a los datos
presentados por la SEAIN en el boletín elaborado específicamente para Brasil.
Las principales empresas chinas inversoras en Brasil fueron China Three Gorges,
State Grid, SINOPEC. Prácticamente el 80% de las inversiones fueron destinadas
a la generación y transmisión de energía eléctrica, extracción de minerales y
petróleo y gas. La diversificación de las inversiones chinas en 2017 se inició con
servicios financieros, fármacos químicos, así como logística y transporte por un
total de 10.600 millones de dólares, sectores que se han expandido en el marco
de la IFR y el plan "Hecho en China 2025".

---

[1]   Avendano, Melguizo e Miner, Op. cit.

[2]   SEAIN, Op. cit.

Tabla 2 - IED China-Brasil: transacciones de mayor monto realizadas (2005-2017)

Año	Empresa china	Monto US$ millones	Participación comprada	Empresa brasileña	Sector
2006	Sinopec	$1.290		Petrobras	Energía
2010	East China Mineral Exploration and Development Bureau (Jiangsu)	$1.200		Bernardo de Mello Itaminas	Minería
2010	Sinochem	$3.070	40%	Statoil	Energía
2010	State Grid	$1.720	100%	Plena Transmissoras	Energía
2010	Sinopec	$7.100	40%	Repsol	Energía
2011	Taiyuan Iron, CITIC, Baosteel	$1.950	15%	CBMM	Minería
2011	Sinopec	$4.800	30%	Galp Energia	Energía
2013	CNOOC e CNPC	$1.280	10%, 10%	Petrobras, Shell e Total	Energía
2015	State Grid	$2.200			Energía
2015	ICBC	$2.000		Petrobras	Energía
2016	Three Gorges	$3.660			Energía
2016	China Molybdenum	$1.500		Anglo American	Química
2016	CIC	$1.090		Petrobras	Energía
2016	Three Gorges	$1.200		Duke	Energía
2016	State Grid	$4.490	55%	CPFL	Energía
2017	CITIC-led fund	$1.100		Dow	Agricultura
2017	State Power Investment	$2.260			Energía
2017	State Grid	$3.440	40%	CPFL	Energía

Fuente: China Global Tracker actualizado en enero de 2018.

Los datos de la Tabla 3 sugieren que el sector de tecnología e información, servicios financieros y energía, en 2017, recibió la mayor cantidad de inversión por parte de las empresas chinas. Las empresas chinas sofisticaron su presencia en servicios relacionados con infraestructura y logística, HNA entró en el consorcio Rio-Galeão, y también está el caso de la empresa China Energy Engineering, así como innovaciones en servicios financieros como la del CITIC-led fund.

Tabla 3 – China: Inversión de empresas en Brasil en 2017

Empresa china	Monto US$ millones	Participación	Empresa brasileña	Sector	Año
China Communications Construction	$100	80%	Concremat	Construcción	2009
China Communications Construction	$150			Transporte	
China Communications Construction	$280	51%		Transporte	
China Energy Engineering	$150		Sistema Productor		2017
Shanghai Pengxin	$250		DKBA		2016
CITIC-led fund	$1.100		Dow		2017
HNA	$320	60%	Odebrecht	Transporte	2015
China Merchants	$920	90%	TPC	Transporte	2017
State Power Investment	$2.260			Energía	2017
CNPC	$120	20%		Energía	2017
State Grid	$3.440	40%	CPFL	Energía	2010

Fuente: China Global Tracker actualizado en enero de 2018.

Desde 2008, los países sudamericanos de modo general y, en particular,

Brasil, han expandido las inversiones en infraestructura. El de energía es uno de los sectores que experimentó transformaciones importantes. En 2010, State Grid anunció una inversión de aproximadamente 990 millones de dólares en la empresa Plena Transmissoras, en Brasil. Su presencia en el sector eléctrico brasileño desde entonces se ha ampliado considerablemente. En 2015, en consorcio con Eletronorte (24,5%) y Furnas (24,5%), fue la vencedora, con una participación del 51%, de la licitación para la construcción de la línea de transmisión de energía de la usina de Belo Monte. En 2017, empresas chinas, como State Grid y China Three Gorges Corporation (CTGC), manifestaron interés en adquirir Belo Monte, reforzando la expresiva y masiva presencia de empresas chinas en el sector eléctrico brasileño. La empresa china CTGC está presente en otros grandes proyectos de hidroeléctricas a lo largo de la cuenca del río Amazonas. En 2016 se produjo un acuerdo entre la empresa brasileña Furnas, controlada por Eletrobras, para la construcción y operación, en el estado de Pará, de la usina Hidroeléctrica São Luiz do Tapajós (UHE Tapajós). Desde 2014, CTGC y Furnas son socias también en el consorcio encargado de la construcción de la hidroeléctrica de São Manoel (UHE São Manoel) en el río Teles Pires, también en el estado de Pará y con 700 MW. Sin embargo, en 2016, el proceso de licenciamiento de la hidroeléctrica Tapajós fue cancelado por el Instituto Brasileño del Medio Ambiente y de los Recursos Naturales Renovables (Ibama), mientras que la hidroeléctrica São Manoel se terminó de construir a fines de 2016 y entró ya en operaciones.

En base a las informaciones del sitio web del Ministerio de Planificación, el Fondo para la Cooperación Brasil-China fue lanzado en el ápice de la iniciativa china IFR y, sobre todo, del discurso del presidente Xi Jinping sobre estrechar el "sueño chino" y el "sueño latinoamericano", en el marco de la CELAC. El Fondo de Cooperación Brasil-China fue firmado entre la Secretaría de Asuntos

Internacionales del Ministerio de Planificación y el Fondo de Inversión de la Cooperación Industrial China-Co, Ltd (Claifund) [1] . Estas instituciones se encargarán de clasificar los proyectos prioritarios para el Gobierno brasileño en sectores de infraestructura, logística, energía, recursos minerales, agroindustria, tecnología avanzada, almacenamiento agrícola, manufactura, servicios digitales, entre otros que tengan relación con la profundización de la cooperación industrial. El fondo va a operar en Brasil y su estructura es la siguiente: comité directivo, grupo de trabajo técnico y secretaría ejecutiva. Las cartas/consultas enviadas a la Secretaría Ejecutiva serán los medios por los cuales los proyectos serán evaluados por los Grupos de Trabajo, que los clasificarán para luego presentárselos al Comité Directivo. Las decisiones sobre el financiamiento, sin embargo, deben ser tomadas por los potenciales inversores [2] con base en los reglamentos internos de cada proyecto. Esto es, no siendo un fondo de inversión, el Fondo de Cooperación Brasil-China opera como un clasificador de proyectos prioritarios. El fondo no desembolsa los importes para financiar estos proyectos, quienes lo hacen son los potenciales financiadores. Son los potenciales financiadores quienes definen las condiciones de financiamiento y el formato del aporte. El Claifund tampoco funcionará como mecanismo de garantía.

Los sectores prioritarios establecidos en este fondo de cooperación exponen al menos dos preocupaciones estratégicas de las relaciones bilaterales Brasil-China: diversificar y sofisticar las exportaciones, incluyendo sectores de manufactura, servicios digitales y tecnología avanzada y, por otro lado, facilitar el flujo y logística de productos importados por China, los recursos minerales y productos agrícolas. Este fondo ha sido presentado como innovador por el

[1]   Es un fondo de inversión chino, es decir, la principal fuente de recursos chinos en el Fondo de Cooperación Brasil-China.

[2]   Son las instituciones chinas y brasileñas interesadas en aportar recursos en los proyectos que sean certificados por el fondo de cooperación.

Gobierno brasileño, ya que la responsabilidad de los aportes de financiamiento no es del fondo, aunque guarde la función de dinamizar ese proceso y dirigir las inversiones a los sectores prioritarios. La IIRSA-COSIPLAN, la mayor iniciativa en América del Sur para la construcción de infraestructura de conexión física, experimentó restricciones en función de los esquemas de financiamiento que preveían fuentes de recursos públicos y privados (Wegner, 2018). Sin embargo, el fondo de inversión chino no financiará inversiones, como los demás fondos estructurados en la IFR.

La Figura 4 ilustra el avance de la infraestructura de conexión física en el mundo, a través de ferrocarriles, y pone en evidencia un trazado que en Brasil puede ser aumentado. De hecho, está prevista la construcción de una vía transoceánica entre Brasil y Perú, con el financiamiento de China. Esta vía representará un activo estratégico para los chinos teniendo en cuenta que facilitará el flujo de la soja brasileña a través del océano Pacífico, posibilitando realizar ese tipo de transacción a un menor costo. Además, de acuerdo con el trazado previsto, se entiende que esa vía implicará la consolidación de la expansión de la frontera agrícola brasileña, notablemente la de soja, hacia la región norte del país. Además, Perú funcionará no solo como potencial proveedor de minerales de cobre y hierro, sino también como plataforma exportadora de diversos recursos naturales para China a costos menores.

Figura 4 – China-Brasil en la conectividad física global

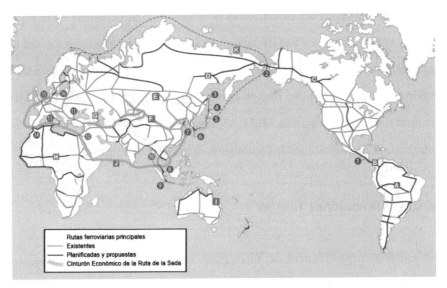

Fuente: larouchepac.com/20141125/eir-releases-new-silk-road-becomes-world-land-bridge. Consultado en marzo de 2018

Otro posible trazado del proyecto prevé la conexión de Porto Velho a Lucas do Rio Verde. En este ámbito, los estudios técnicos ya se iniciaron. De Lucas do Rio Verde se establecería otra conexión hasta Uruaçu (Goiás), cuya concesión ya fue incluida en los acuerdos firmados entre Brasil y China. Posteriormente, ese camino continuaría hasta Corinto (Minas Gerais), llegando a Porto Açu (Río de Janeiro). La concreción de esta vía transoceánica representará un nuevo puerto estratégico para los chinos. Se puede conformar un canal directo de comunicación entre proveedores locales y compradores chinos, que, a su vez, podrá reducir aún más los costos de transporte entre las dos regiones.

Uno de los tramos que ha presentado mayores dificultades para ser efectivizado va desde Porto Velho (Rondônia) hasta Pucallpa (Perú), región en la que hay una gran concentración de empresas chinas. La región peruana presenta una concentración grande de empresas del ramo de la minería, como Chinalco, Minmetals y Jiangxi Copper. En relación con las inversiones anunciadas/realizadas en Brasil, estas presentan mayor densidad en la región sudeste, notablemente, en Río de Janeiro en asociación con empresas ligadas a la explotación petrolífera en la Cuenca de Campos. En ese contexto, aparecen como importantes indicativos del interés chino en el acceso a recursos energéticos las inversiones en la empresa MMX Minería, en Repsol, y en el consorcio con Petrobras, Shell y Total para la explotación del campo de Libra.

6. Consideraciones finales

Durante la presidencia de Xi Jinping, la relación China-América Latina ha ganado un nuevo estatus. Desde 2008, con la publicación por el Consejo de Estado chino del Documento sobre la Política de China hacia América Latina y el Caribe, la presencia china en esa región sigue evolucionando sin abandonar las premisas de los planes quinquenales correspondientes. Los países de la región latinoamericana están en el radar de las estrategias chinas de desarrollo a largo plazo. Términos como "cooperación" y "beneficio mutuo" son utilizados por Beijing para valorar su presencia en los países latinoamericanos y caribeños. Los sectores fundamentales no pueden ser resumidos en recursos naturales. Infraestructura, energía e incluso ciencia y tecnología se destacan en los planes quinquenales presentados por el Consejo de Estado, incluyendo allí oportunidades para la concesión de préstamos y la internacionalización del *renminbi*, con Argentina, en 2009, convirtiéndose en la primera economía en firmar un acuerdo de canje de divisas para comercializar con China sin convertir las transacciones al dólar. Con estas iniciativas, China pone en evidencia que América Latina y el Caribe son regiones relevantes en su agenda de política exterior.

El fortalecimiento de China en el liderazgo de la gobernanza global pasa por la cooperación con los países en desarrollo, en la medida en que el país asiático representa un relevante mercado y que esas economías en desarrollo -en particular las economías sudamericanas- representan para China espacios para el crecimiento y avance de su IED y el acceso a materias primas, así como el incremento de sus exportaciones, las cuales deberán ser cada vez más sofisticadas como consecuencia, por ejemplo, del plan "Hecho en China 2025".

Si China tiene una estrategia de cooperación integral para América Latina y el Caribe, lo mismo no se puede decir de esta región con respecto a China. La cantidad y la diversidad de intereses de los países latinos y caribeños dificultan la elaboración de una propuesta común de cooperación con China que propicie el desarrollo integrado de la región. El crecimiento económico bajo, agravado por contextos internos de inestabilidad política en algunos países, aumenta la desagregación de los países de la región. Sin embargo, el Foro China-CELAC puede ser la plataforma por medio de la cual los países latinoamericanos y caribeños consigan establecer una agenda de desarrollo común, capaz de articularlos entre sí y en conjunto con los esquemas de integración y cooperación económica existentes en la región.

La presencia de China en Brasil, tanto en el ámbito del comercio como en el de las inversiones, no da señales de que disminuirá. Y Brasil, por su peso económico regional, puede ser un importante vector de promoción de la IFR en América del Sur. En 2015, Xi Jinping anunció que para 2020 China planea invertir 250.000 millones de dólares en Brasil. Solo en el año 2017, la Cámara de Comercio China-Brasil estimó 20.000 millones de dólares en inversiones de empresas chinas en Brasil[1]. Li Jinzhang, embajador de China en Brasil, declaró

---

[1]   En: Robert Obert Muggah and Adriana Erthal Abdenur, China's Strategic Play in Brazil, Sept. 27, 2017, http://www.americasquarterly.org/content/chinas-strategic-play-brazil

que:

> *"China y Brasil son defensores y creadores del Foro China-CELAC, y ambos son sus padrinos. La cooperación China-Brasil es una locomotora para la cooperación China-América Latina y el Caribe. China está lista para discutir con Brasil el acoplamiento de la Iniciativa de la Franja y la Ruta con la estrategia de desarrollo de Brasil, y fortalecer la cooperación en infraestructura, agricultura, energía eléctrica, comunicaciones y máquinas de construcción, apoyar la construcción de los canales de logística, electricidad, energía e información de la región, promoviendo la conexión y conectividad regional, alcanzando así la transformación y actualización de la cooperación China-América Latina y el Caribe"*[1].

América Latina y el Caribe están materialmente fuera de la IFR, pero están bajo su influencia ante la presencia efectiva de las inversiones chinas y del comercio con China en la región. En otras palabras, si una "nueva Ruta de la Seda" es un concepto distante para los latinoamericanos, las inversiones chinas, contrariamente, son una realidad muy concreta. Y desde este punto de vista, se puede decir que la región latinoamericana ya está incluida en la gran estrategia de la IFR del Gobierno chino.

En su anhelo de convertirse en líder global, una iniciativa como la de la Franja y la Ruta representa una contundente proyección externa de China y posiciona al país como bastión del desarrollo de los países en desarrollo. El ministro de Relaciones Exteriores chino, Wang Yi, mencionó que Xi Jinping había vinculado el "sueño chino" al "sueño latinoamericano", así como al "sueño

---

[1] Ver en el link: Foro China-CELAC: Nuevas Oportunidades para el Desarrollo, http://www.chinacelacforum.org/esp/ltdt_2/t1527418.htm.

Asia-Pacífico". En ese sentido, la realización del "sueño latinoamericano" depende estratégicamente de una cooperación económica con China que esté efectivamente basada en el beneficio mutuo. La IFR y el Foro China-CELAC son las plataformas principales para hacer de este sueño una realidad. En su discurso en la ceremonia de apertura del Foro de la Franja y la Ruta para la Cooperación Internacional, Xi dijo: "El desarrollo de la Iniciativa de la Franja y la Ruta no pretende reinventar la rueda". De hecho, innumerables modelos de cooperación económica existen en el mundo, así como en América Latina. Pero si China no está reinventando la rueda, al menos la está haciendo girar.

Capítulo 9

Argentina y la Franja y la Ruta : ¿Oportunidad o desafío?

Eduardo Daniel Oviedo [1]

Introducción

La Franja y la Ruta [2] es una iniciativa del Gobierno chino prevista para conectar a países y regiones de Asia, Europa y África. En 2015 expandió su ámbito hasta Oceanía y en 2017 sumó al continente americano cuando el presidente Xi Jinping consideró a "América Latina como la extensión natural de

---

[1]   Eduardo Daniel Oviedo es investigador del CONICET y profesor titular de la Universidad Nacional de Rosario, Argentina. Dirección postal: Jorge Newbery 1755, (2132) Funes, Argentina. E-mail: eduardodanieloviedo@hotmail.com

[2]   La traducción al chino de la denominación Ruta de la Seda es "*sichouzhilu*" （丝绸之 路）. La Franja y la Ruta en chino se expresa "*yidai yilu*" （一带一路）, comúnmente conocida por las siglas en inglés de OBOR (One Belt, One Road) o BRI (Belt and Road Initiative). La traducción precisa del chino al español es "Una Franja, Una Ruta"(UFUR), también denominada "Un Cinturón, Un Camino", aunque los traductores oficiales chinos han optado por la denominación de "Iniciativa de la Franja y la Ruta". Su denominación completa en chino es 丝绸之路经济带和 21 世纪海上丝绸之路 , que se traduce como "Franja Económica de la Ruta de la Seda y Ruta Marítima de la Seda del Siglo XXI".

la Ruta Marítima de la Seda del Siglo XXI"①. En consecuencia, esta iniciativa regional paso a ser global, afectando a todos los países del orbe.

Su documento marco se titula "Perspectivas y acciones sobre la construcción conjunta de la Franja Económica de la Ruta de la Seda y la Ruta Marítima de la Seda del Siglo XXI", publicado de forma conjunta en 2015 por la Comisión Nacional de Reforma y Desarrollo, el Ministerio de Relaciones Exteriores y el Ministerio de Comercio de China②. La versión en idioma chino de este documento la define como "un proyecto sistémico, que requiere promover activamente la mutua articulación de las estrategias de desarrollo de los Estados a lo largo de la Franja y la Ruta, adhiriéndose a los principios de consulta conjunta, construcción conjunta y beneficio conjunto"③. La Franja y la Ruta entonces se presenta como una iniciativa económica. En este plano, resulta de interés saber si la iniciativa clasifica en la dicotómica tipificación de los

---

① 习近平同阿根廷总统马克里举行会谈。两国元首一致同意推动中阿全面战略伙伴关系得到更大发展，北京 2017 年 5 月 17 日。"Xi Jinping conversó con el presidente argentino Macri. Los jefes de Estado de los dos países acordaron unánimemente promover un mayor desarrollo de la asociación estratégica integral entre China y Argentina", Beijing, 17 de mayo de 2017. Disponible en: http://www.fmprc.gov.cn/web/gjhdq_676201/gj_676203/nmz_680924/1206_680926/xgxw_680932/t1462761.shtml

② 中华人民共和国国家发展改革委、外交部和商务部，推动共建丝绸之路经济带和 21 世纪海上丝绸之路的愿景与行动，北京 2015 年。Comisión Nacional de Reforma y Desarrollo, Ministerio de Relaciones Exteriores y Ministerio de Comercio de la República Popular China, "Perspectivas y acciones sobre la construcción conjunta de la Franja Económica de la Ruta de la Seda y la Ruta Marítima de la Seda del Siglo XXI", Beijing, 2015.

③ La versión en inglés ha sido traducida diferente de la versión china: "The Belt and Road Initiative is a systematic project, which should be jointly built through consultation to meet the interests of all, and efforts should be made to integrate the development strategies of the countries along the Belt and Road". Ver: National Development and Reform Commission, Ministry of Foreign Affairs, and Ministry of Commerce of the People's Republic of China, *Vision and Actions on Jointly Building Silk Road Economic Belt and 21st-Century Maritime Silk Road*, Beijing, 2015. Disponible en: http://en.ndrc.gov.cn/newsrelease/201503/t20150330_669367.html

modelos de cooperación o integración.

Schweitzer y Hummer definen cooperación como "la colaboración de las uniones cooperantes manteniendo su estructura, con el fin de intensificar las relaciones. Bajo integración, se entiende la colaboración en las modificaciones de las estructuras primeras, con el fin de lograr una unidad integrada" [1] . Visto desde esta perspectiva, la Franja y la Ruta conforma un esquema de cooperación incipiente y laxo, indefinido en su institucionalidad, sin alcanzar un nivel de integración, pues el derecho internacional reserva dicho concepto "para aquellas instituciones que tienen órganos comunitarios, donde emerge la supranacionalidad" [2]. Además, no se ciñe a ninguna de las clases de cooperación (zona de preferencia arancelaria, zona de libre comercio; unión aduanera); ni a las de integración (mercado común; unión económica e integración económica total). En realidad, China busca construir un nuevo régimen de cooperación internacional que exprese su posición de liderazgo a través de un entramado flexible y laxo para articular las estrategias de desarrollo de los países integrantes.

Argentina se incorporó a esta iniciativa en mayo de 2017, cuando el presidente Mauricio Macri y otros líderes mundiales presidieron en Beijing el Foro de la Franja y la Ruta para la Cooperación Internacional. Esta participación hizo reflexionar sobre cuáles son las oportunidades y desafíos de este país en la iniciativa china. Al pensar estos dos ejes de investigación, de inmediato surgen diversas interrogantes que son necesarias aclarar desde el punto de vista académico. Por ejemplo, ¿qué entiende el presidente Xi Jinping por "extensión natural"? ¿Qué conexión existe con Argentina? ¿Cuáles son los

---

[1] Michael Schweitzer y Walder Hummer, Derecho Europeo, p. 5, citado en Eduardo A. Monsanto, Derecho internacional y derecho de la integración (a propósito del derecho comunitario), en Ponencias, Año II, n.° 5, Rosario, 1996, p. 7.

[2] Idem.

intereses argentinos en esta iniciativa? ¿Cuáles son los intereses convergentes existentes entre Argentina y China en la Franja y la Ruta? En última instancia, esta investigación intenta responder a la pregunta clave, desde la perspectiva argentina, sobre cuáles son las oportunidades y desafíos concretos del país en el marco de esta iniciativa estratégica.

La propuesta del presidente Macri de articular la Iniciativa para la Integración de la Infraestructura Regional Suramericana (IIRSA) con la Franja y la Ruta resulta una ocasión para diversificar exportaciones, tanto en bienes como en mercados, y contribuir a la seguridad alimentaria de sus integrantes. A esto se suman los potenciales préstamos para infraestructura en proyectos que Argentina tiene pensado desarrollar en el marco de la IIRSA. Sin embargo, desarrollar la infraestructura y la conectividad no necesariamente soluciona los problemas estructurales de la relación bilateral. Por el contrario, ambas pueden acrecentar las desigualdades económicas, los desequilibrios del intercambio centro-periférico, la asimetría Norte-Sur y la dependencia del capital chino.

Para alcanzar el objetivo de explicar las oportunidades y desafíos de Argentina en la Franja y la Ruta, el presente artículo se divide en cinco secciones. La primera introduce a la posición argentina hacia las principales iniciativas internacionales, en el contexto de los cambios acaecidos en su política exterior como consecuencia de la alternancia política de 2015. La segunda examina la contrapropuesta de articular las estrategias de desarrollo de la IIRSA y la Ruta de la Seda. La tercera sondea las oportunidades emergentes para Argentina tras su incorporación a la Franja y la Ruta. La cuarta sección plantea el desafío de revertir la década perdida en el comercio con China como interés sustantivo del país. Por último, la conclusión sintetiza oportunidades y desafíos de Argentina en la iniciativa china, al tiempo que propone nuevos ejes de investigación.

1. Argentina y las nuevas iniciativas internacionales

La Franja y la Ruta es una de las cuatro principales iniciativas político-económicas vigentes en el mundo actual. Las otras tres son el Acuerdo Transpacífico de Cooperación Económica (TPP, siglas en inglés);[1] la Asociación Transatlántica para el Comercio y la Inversión (TTIP, siglas en inglés);[2] y el Corredor de Crecimiento Asia-África (AAGC, siglas en inglés)[3]. La primera es liderada por China; la segunda tuvo como líder a Estados Unidos hasta enero de 2017; la tercera a Estados Unidos y la Unión Europea; y la cuarta a Japón e India.

De las cuatro iniciativas, Argentina solo participa en la Ruta de la Seda. En junio de 2016, el país ingresó como miembro observador de la Alianza del Pacífico con la intención de converger, a largo plazo, en el TPP. La salida de Estados Unidos del acuerdo disminuyó abruptamente su importancia político-económica y desalentó el interés del Gobierno en su estrategia hacia el Pacífico, si bien once países continuaron negociando el acuerdo, ahora denominado TPP-11. Donald Trump también congeló la negociación con la Unión Europea por la TTIP; mientras que el AAGC es de reciente data y se limita a la cooperación entre África y Asia.

La participación de Argentina en la Franja y la Ruta, en principio, no genera intereses contradictorios con las otras grandes potencias, en la medida que el TPP carece de sentido sin la participación de Estados Unidos y las relaciones con Japón e India salieron fortalecidas desde la llegada de Macri al poder. Distinto

---

[1] En inglés: Trans-Pacific Partnership.

[2] En inglés: Transatlantic Trade and Investment Partnership.

[3] En inglés: Asia Africa Growth Corridor. Ver: African Development Bank Meeting, Asia Africa Growth Corridor. Partnership for Sustainable and Innovative Development, Ahmedabad, India, 22-26 May 2017.

es el caso de la TTIP que, de alcanzarse un acuerdo final, podría afectar intereses argentinos en la medida que el Gobierno propulsa la firma del acuerdo Mercosur-Unión Europea. Por otra parte, el inicio de la "guerra comercial" entre Estados Unidos y China abre expectativas favorables para las exportaciones argentinas hacia la potencia asiática, pues la contramedida enunciada por el Ministerio de Comercio de China a la prohibición estadounidense de importar acero y aluminio desde China, incluye productos agropecuarios que pueden ser reemplazados por proveedores argentinos [1].

A diferencia de otros periodos históricos (como la Guerra Fría), donde la fragmentación política e ideológica del orden internacional impedía la interrelación entre regiones y países, la coyuntura de finales de la segunda década del siglo XXI presenta un sistema internacional abierto política e ideológicamente, con tensiones proteccionistas en el plano económico. Argentina despliega su inserción de forma autónoma, participativa e integral desde el "giro pragmático" de su política exterior. En efecto, luego del cierre de la economía, la sustitución de importaciones y el aislamiento parcial de la comunidad internacional hacia el Gobierno de Cristina Fernández de Kirchner, en diciembre de 2015 Argentina realizó su tercera alternancia política desde el régimen democrático reinstaurado en 1983. Este cambio político modificó la orientación del Estado y su política exterior, iniciándose un proceso de apertura y liberalización comercial, un retorno a los mercados de capitales y una participación internacional. En este contexto, el Gobierno de Macri revisó la relación con China, pasando de la cooperación a la discordia para, luego, retomar una nueva fase de cooperación iniciada -coincidentemente- con el anuncio del

---

[1]　En marzo de 2018, el Ministerio de Comercio de China anunció que la retorsión china compredió en total 128 productos de siete categorías, entre ellos, frutas frescas, frutas secas, vinos, etanol modificado, ginseng, tubos de acero sin costura.

presidente Xi Jinping de extender la Franja y la Ruta hacia América Latina y el Caribe (ALC)[1].

A principios de 2017, el presidente Macri tenía la intención de realizar una visita de Estado a China, con miras a alcanzar los consensos finales para resolver las tensiones e inconvenientes surgidos en la relación, a partir de la revisión que su gestión realizó a varios acuerdos bilaterales firmados durante la administración de Fernández de Kirchner. La Cancillería china sugirió la fecha de mediados de mayo de 2017, para hacer coincidir la visita presidencial con el Foro de la Franja y la Ruta para la Cooperación Internacional y, así, obtener el apoyo de Argentina. China planeaba extender la iniciativa hacia ALC y necesitaba la colaboración de presidentes latinoamericanos en la reunión. Argentina fue funcional a la estrategia china y acompañó el objetivo chino de mostrar al mundo la participación de ALC en la Franja y la Ruta y de exhibir resultados concretos de esta estrategia en el momento crucial de negociar los desacuerdos bilaterales. Por eso, no fue casualidad que el presidente Xi Jinping enunciara que "América Latina es la extensión natural de la Ruta Marítima de la Seda del Siglo XXI"[2] durante la reunión con el presidente Macri.

2. Articulación de las estrategias de desarrollo entre la IIRSA y la Ruta de la Seda

Con la propuesta de la Franja y la Ruta, la diplomacia china manifiesta

---

[1] Oviedo, Eduardo Daniel, *Argentina: alternancia política y política exterior. La relación con China durante el mandato del presidente Mauricio Macri,* China Hoy, noviembre de 2017, pp. 40-42.

[2] 王慧慧，拉美是21世纪海上丝绸之路的自然延伸，新华社，北京2017年5月18日。Wang Huihui, "América Latina es la natural extensión de la Ruta de la Seda del Siglo XXI", Xinhua, Beijing, 18 de mayo de 2017. Disponible en: http://www.stdaily.com/index/toutiao/2017-05/18/content_544667.shtml

su carácter activo e iniciador, con miras a asociar a los países de ALC a su estrategia global. En principio, dos países de la región -Argentina y Chile- apoyaron la iniciativa, confirmando el tradicional carácter reactivo de las políticas latinoamericanas ante las iniciativas de las grandes potencias que tan claramente describió Luis Maira en la década de 1980[1]. Este binomio de actores activos y pasivos es similar a la clasificación de la profesora Cheng Dawei, quien divide a los sujetos de articulación de la Franja y la Ruta en iniciadores y respondedores, o exportadores y receptores de políticas[2]. No obstante, si bien China es el iniciador o lanzador de la propuesta, no es el único Estado promotor y realizador de la misma, pues requiere del beneplácito y esfuerzo de los países de las áreas involucradas. Por eso, se parte de la premisa de que la nueva Ruta de la Seda no es una política impuesta, tal como sucedió en la antigüedad, sino un instrumento de cooperación internacional laxo.

Conforme al artículo 5 del Comunicado de la Mesa Redonda del Foro, el Gobierno argentino, junto con otros jefes de Estado y de Gobierno asistentes al mismo, dio la bienvenida y apoyó la Iniciativa de la Franja y la Ruta[3]. Este agradecimiento se reiteró en el punto 3 de la Declaración Conjunta emitida con motivo de la visita de Estado del presidente Macri a China, en el que se afirma que:

---

[1]   Luis Maira, *Los escenarios internacionales y el proceso de formación de las políticas exteriores*, en Manfred Wilhelmy (comp.), *La formación de la política exterior: los países desarrollados y América Latina,* Grupo Editor Latinoamericano, Buenos Aires, 1987, pp. 393–430.

[2]   En chino:「对接的主体存在倡导者和回应者，或政策的输出者和接受者之分」。 Ver: Cheng Dawei, *Cómo entender la estrategia de "articulación" en la iniciativa "Un Cinturón y Un Camino",* en Foros Populares, 2017 n.º 17, p. 85. 程大为 : 如何理解 "一带一路" 倡议中的 "对接" 策略, 人民论坛, 2017 年, 第 17 期, 第 85 页。

[3]   Comunicado Conjunto de la Cumbre de Mesa Redonda sobre el Foro de la Franja y la Ruta para la Cooperación Internacional (texto completo), Beijing, 15 de mayo de 2017. "一带一路" 国际合作高峰论坛圆桌峰会联合公报（全文）, 北京 2017 年 5 月 15 日。

"El presidente Mauricio Macri agradeció al presidente Xi Jinping por la invitación al Foro de la Franja y la Ruta para la Cooperación Internacional y extendió sus felicitaciones por el pleno éxito del foro. Ambas partes aunarán esfuerzos, en el marco de la Iniciativa de la Franja y la Ruta, para articular sus estrategias de desarrollo y fortalecer la conectividad y el desarrollo interconectado, con vistas a construir un desarrollo estable, sostenido, equilibrado e inclusivo de la economía mundial" [①].

También el Acta de la Segunda Reunión de la Comisión Binacional Permanente entre ambos Gobiernos dejó asentado un similar criterio:

"La parte argentina felicitó a la parte china por la exitosa realización del Foro de la Franja y la Ruta para la Cooperación Internacional. La parte china agradeció a la parte argentina el apoyo a la Iniciativa de la Franja y la Ruta, dándole la bienvenida a participar en la construcción de la misma. Ambas partes aunarán esfuerzos, en el marco de la Franja y la Ruta, para articular sus estrategias de desarrollo y fortalecer la conectividad y el desarrollo interconectado, con vista a promover un crecimiento robusto, sostenible, equilibrado e inclusivo de la economía mundial" [②].

Para la diplomacia y académicos chinos, la palabra central de ambos párrafos es "articular" las estrategias de desarrollo, entendida por Cheng Dawei de la siguiente manera:

① Declaración Conjunta entre la República Popular China y la República Argentina, Beijing, 17 de mayo de 2017.

② Acta de la Segunda Reunión de la Comisión Binacional Permanente entre la República Argentina y la República Popular China, Beijing, 17 de mayo de 2017.

"La premisa de articular es que el otro país tiene su propia estrategia de desarrollo y considera una mayor cooperación en los puntos de correspondencia estratégicos existentes entre las dos partes. Esto difiere de las negociaciones comerciales de la Organización Mundial del Comercio (OMC), pues en la mayoría de las negociaciones comerciales de la OMC, los temas son nuevos, los países iniciadores presentan el asunto y después de recibir respuestas de cada país, comienza la negociación del nuevo asunto, siendo un proceso de elaboración de reglas. La actual articulación es principalmente bilateral, es la coordinación de las políticas exteriores bajo el respeto mutuo del marco político existente y la búsqueda de oportunidades de cooperación. La articulación no es necesariamente el proceso de formular las reglas. Puede ser solo un tipo de cooperación y también puede conducir a la formulación de reglas" [1].

Entre los 18 artículos del comunicado conjunto del foro, varios de ellos pueden ser direccionados a articular la cooperación entre Argentina y la estrategia china, por ejemplo: 1) la iniciativa china de la Franja y la Ruta expande la conectividad a la esfera global con la apertura hacia ALC y otras regiones (artículo 5); 2) la IIRSA y otros marcos e iniciativas de cooperación internacional, regional y nacional pueden generar oportunidades de cooperación para avanzar en la interconexión y el desarrollo sostenible (artículo 6); 3) la posibilidad de cooperación bilateral, triangular, regional, multilateral (artículo 3) y sectorial (artículo 9); 4) construir una economía abierta, asegurar un comercio libre e inclusivo, y oponerse a todas las formas de proteccionismo (artículo 7); 5) promover la cooperación Norte-Sur, la cooperación Sur-Sur y la cooperación triangular (artículo 8); 6) cooperar en base a los principios de consulta en

---

[1]   Cheng Dawei, ob. cit., p. 85.

igualdad de condiciones; beneficio mutuo y ganancias conjuntas; armonía e inclusión; operaciones basadas en el mercado; equilibrio y sustentabilidad (artículo 14)[①].

Cabe recordar que el desarrollo de proyectos en infraestructura es el eje de la Franja y la Ruta, particularmente en materia ferroviaria e informática. Ante la iniciativa diplomática china, el presidente Macri -en carácter de presidente *pro tempore* de la Unasur- propuso que la IIRSA coopere con la Franja y la Ruta en infraestructura sudamericana, adaptando la estrategia china a las iniciativas regionales y en carácter de contrapropuesta coincidente con la idea de articulación mencionada por académicos chinos. Precisamente la IIRSA aparece enunciada en el artículo sexto del comunicado conjunto del foro.

Constituida en la primera Cumbre Sudamericana en el año 2000, la IIRSA tiene como objetivo mejorar la infraestructura en comunicaciones, energía y transporte de Sudamérica. Para ello, cuenta con el Consejo Suramericano de Infraestructura y Planeamiento (COSIPLAN), que "es la instancia de discusión política y estratégica para planificar e implementar la integración de la infraestructura de América del Sur, en compromiso con el desarrollo social, económico y ambiental"[②]. La IIRSA gestiona en total 562 proyectos de infraestructura y conectividad nacional e internacional por valor de 200.000 millones de dólares[③].

El profesor Xie Wensi considera dos principales dificultades y desafíos para

---

① Comunicado Conjunto de la Cumbre de Mesa Redonda sobre el Foro de la Franja y la Ruta para la Cooperación Internacional (texto completo), Beijing, 15 de mayo de 2017. "一带一路" 国际合作高峰论坛圆桌峰会联合公报（全文），北京 2017 年 5 月 15 日。

② Unión de Naciones Sudamericanas, Cosiplan, disponible en: http://www.iirsa.org/Page/Detail?menuItemId=119

③ Consejo Suramericano de Infraestructura y Planeamiento de la Unasur (COSIPLAN), Sistema de Información del Proyecto, disponible en http://www.iirsa.org/proyectos/ (Consultado el 27 de diciembre de 2017).

desarrollar la IIRSA: 1) la falta de capital; 2) la dificultad de coordinación: en materia de planificación del desarrollo regional, criterios de selección y métodos para proyectos prioritarios, normas técnicas, sistemas de evaluación de impacto ambiental y social, mecanismos de financiación y garantía, así como disputas territoriales y obstáculos para desarrollar las relaciones bilaterales [1]. Además, en el caso de China, se agrega la carencia de relaciones diplomáticas con Paraguay, país ubicado en el centro de Sudamérica y partícipe de 64 proyectos [2].

Como se puede observar, existen objetivos concurrentes entre la IIRSA y la Franja y la Ruta en cuanto a la naturaleza de los proyectos a desarrollar. Además, la iniciativa china vendría a solucionar la primera dificultad mencionada por el profesor Xie Wensi, es decir, la carencia de financiamiento. Por eso, la articulación de las dos iniciativas de desarrollo cuenta con dos contenidos centrales -infraestructura y financiamiento- que reposan sobre la base de las "ideas afines" mencionadas por el ministro Wang.

3. Comercio y financiamiento como oportunidades para Argentina

A diferencia de la idea general que existe en académicos chinos sobre la

---

[1]   Xie Wenze, The China-South America Railway Cooperation from the Perspective of 'One Belt, One Road', Pacific Journal, Vol. 24, n.º 10, 2016, p. 50. 谢文泽，"一带一路" 视角的中国-南美铁路合作，《太平洋学报》，2016年第10期，第50页。

[2]   Consejo Suramericano de Infraestructura y Planeamiento de la Unasur (COSIPLAN), Sistema de Información del Proyecto, disponible en http://www.iirsa.org/proyectos/ (Consultado el 17 de enero de 2018).

"década dorada" del crecimiento económico de América Latina [1], Argentina desaprovechó la fase de altos precios de los *commodities*[2]. Dentro de estos datos adversos para el país sudamericano que impone la realidad de los intercambios económicos bilaterales, la decisión del Gobierno chino de extender la Franja y la Ruta hacia América Latina constituye una oportunidad para reencauzar la relación, en la búsqueda de revertir esta desfavorable situación y cooperar con mayor equidad, menos asimetrías y supresión de factores adversos a la complementariedad comercial entre los dos países. La "extensión natural" de la Franja y la Ruta hacia ALC abre oportunidades de cooperación con Argentina en los siguientes ámbitos:

a) Reorientación parcial de capitales hacia ALC. De haberse seguido el plan originario, los Gobiernos integrantes de la Franja y la Ruta hubiesen concentrado recursos financieros, inversiones y créditos exclusivamente en desarrollar la infraestructura de Eurasia y África, marginando a ALC de esta iniciativa [3]. La presencia de los jefes de Estado de Argentina y Chile [4] en el Foro de la Franja

---

[1] 沈安，新形势下深化中拉合作关系的必要性、路径选择和挑战，拉丁美洲研究，第 39 卷，第 6 期，北京，2017 年 12 月，第 23 页。Shen An, *Necesidad, selección de caminos y desafíos de la profundización de las relaciones cooperativas sino-latinoamericanas bajo la nueva situación,* Estudios Latinoamericanos, Vol. 39, n.° 6, Beijing, diciembre de 2017, p. 23.

[2] Según el Banco Mundial, el Producto Interno Bruto (PIB) a precios actuales de Argentina pasó de 361.588 millones de dólares en 2008 a 546.476 millones en 2016. El PIB per cápita basado en PPA pasó de 17.711 dólares en 2008 a 19.939 en 2016.

[3] Recordemos que "la franja" une Asia y Europa a través de países de Asia, África y Europa. "La ruta" se bifurca en tres orientaciones: 1) a través de Rusia hacia Europa; 2) a través de Asia central y occidental hasta el golfo Pérsico y el Mediterráneo; 3) desde China hacia el Sudeste Asiático, el sur de Asia hasta el océano Índico.

[4] El caso de Chile es interesante dado que la visita de la presidenta Michelle Bachelet aparece como la expresión del reacomodamiento de la politica exterior chilena tras la crisis del TPP.

y la Ruta para la Cooperación Internacional, el apoyo expresado por ambos a la iniciativa en el comunicado conjunto del foro, y la mención a la IIRSA como uno de los marcos de cooperación en comunicación y coordinación con la Franja y la Ruta hacen que al menos dos países de la región articulen sus relaciones con la iniciativa china. Como resultado, capitales originariamente pensados para ejecutar proyectos eurasiáticos podrían ser reorientados hacia obras de infraestructura en la región. Dependerá del resto de los países latinoamericanos acompasar o no esta estrategia de cooperación internacional.

b) Financiamiento para proyectos de infraestructura en el marco de la IIRSA. La potencial cooperación entre la IIRSA y la Ruta de la Seda abre expectativas favorables para financiar obras de infraestructura y conectividad de proyectos argentinos o regionales con participación de este país. Cabe recordar que la IIRSA cuenta con diez ejes, de los cuales Argentina está conectada en cinco: Eje Hidrovía Paraguay-Paraná; Eje de Capricornio; Eje Mercosur-Chile; Eje Andino del Sur y Eje del Sur. Hasta 2017, Argentina había participado en 162 proyectos por un valor de 48.207 millones de dólares, de los cuales 33 proyectos han sido concluidos; 19 se encuentran en perfil; 57 en pre-ejecución y 53 en ejecución[1]. La propuesta de cooperación bilateral, triangular o regional estipulada en el artículo tercero del comunicado del foro posibilitaría financiar proyectos nacionales y regionales relacionados con Argentina, a través del Fondo de la Ruta de la Seda, el Banco Asiático de Inversión en Infraestructura (BAII)[2], el Fondo de Cooperación China-América Latina y el Fondo de Inversión para la Capacidad Productiva China-América Latina, entre otras instituciones

[1]   Consejo Suramericano de Infraestructura y Planeamiento de la Unasur (COSIPLAN), Sistema de Información del Proyecto, disponible en http://www.iirsa.org/proyectos/ (Consultado el 27 de diciembre de 2017).

[2]   En inglés: Asian Infrastructure Investment Bank.

financieras.

Mitigar los riesgos es parte central de las sugerencias de los académicos chinos a su Gobierno en cuanto a las inversiones y préstamos chinos en ALC. La profesora Lin Hua estima que:

"Argentina seguirá mejorando el ambiente de inversión durante el periodo de gobierno de Macri. Pero Argentina siempre ha sido un país de oportunidades y riesgos. Riesgo político, riesgo económico, riesgo legal, riesgo laboral y otros riesgos no pueden ser ignorados. Especialmente en la actual Argentina, que está en proceso de reestructuración económica, es mayor el riesgo de cambios en la política. La clave para evitar los riesgos es comprender plenamente todos los aspectos del país, con el fin de predecir con precisión el riesgo y reducir las pérdidas" [1].

Por su parte, en coincidencia con la anterior autora, Sheng An considera que:

"El Gobierno o las empresas chinas deben adoptar un enfoque positivo, seguro y prudente a la hora de promover la cooperación con los países latinoamericanos. Debe haber una evaluación adecuada de los riesgos. En el caso de perspectivas inciertas, la escala de cooperación no debería expandirse fácilmente, no debería haber nuevos proyectos" [2].

---

[1] Lin Hua, *The New Government Reform Measures in Argentina and Its Impact on Sino-Argentine Relations,* Dangdai Shijie, n.º 11, Beijing, 2016, p. 57.

[2] Shen An, *ob. cit.*, p. 33.

Además, la misma autora sugiere al Gobierno chino adherirse al desarrollo independiente de la política exterior y las relaciones diplomáticas normales con los países de América Latina y no estar ideológicamente alineado[1]. Este aspecto es importante en la medida que los capitales chinos fluyeron a países como la Venezuela de Chávez y Maduro, el Ecuador de Rafael Correa o la Argentina de Cristina Fernández de Kirchner. Por otra parte, para evitar contradicciones y desacuerdos innecesarios en proyectos desarrollados en el marco de la IIRSA, el profesor Xie Wenzi recomienda al Gobierno chino poner énfasis en la cooperación bilateral y llevar a cabo estudios de factibilidad y planificación por separado, así como construir e implementar en etapas[2].

c) Financiamiento alternativo para proyectos bilaterales. Cabe distinguir entre el financiamiento de la Franja y la Ruta y el procedente del marco regulatorio bilateral. Los dieciséis Proyectos de Cooperación Prioritaria, incluidos en el Plan Integrado Quinquenal China-Argentina para la Cooperación en Infraestructura (2017-2021), han sido negociados por las partes durante el Gobierno de Cristina Fernández de Kirchner y revisados por la administración Macri, previo a la incorporación del país a la Franja y la Ruta. Estos proyectos representan la intención de cooperación de ambas partes y no implican ninguna obligación ni responsabilidad, en virtud del derecho internacional, para ninguna de las partes[3].

El Decreto 338 del 15 de mayo de 2017, firmado por la vicepresidenta

---

[1] Idem, p. 34.

[2] Xie Wenze, *ob. cit.*, p. 57.

[3] Plan Quinquenal Integrado China-Argentina para la Cooperación en Infraestructura (2017-2021), Beijing, 17 de mayo de 2017, artículo 5.

Gabriela Michetti, definió el alcance del término "financiamiento concesional"[1], estipulado en el Artículo 5 del Convenio Marco de Cooperación Económica y de Inversiones firmado en 2014. El decreto establece que esta modalidad de financiamiento puede aplicarse a los dieciséis proyectos listados. Sin ser considerados compartimentos estancos, las partes pueden utilizar el financiamiento del convenio marco para proyectos bilaterales y dejar el financiamiento de la Ruta de la Seda para los proyectos que pasen por el marco de la IIRSA, seleccionando el más conveniente.

Shen An, además, expresa que "dadas las capacidades reales de China y las condiciones específicas de cada país, es probable que la Iniciativa de la Franja y la Ruta no incluya todo, sino que debe partir de las capacidades reales de China y ponerla en práctica de manera específica. Por lo tanto, el Gobierno chino debe seguir cumpliendo el alcance original de la aplicación de la Franja y la Ruta, y no debe ampliarse indefinidamente. No debe colocar todos los mecanismos y proyectos de cooperación existentes en la Iniciativa de la Franja y la Ruta; menos aún, no debe usar la iniciativa para reemplazar la cooperación que ya ha sido implementada y se ha demostrado que es efectiva"[2].

d) Expansión y diversificación de exportaciones. Desde el punto de vista

---

[1] El Decreto 338 define "financiamiento concesional" como aquel financiamiento que cumple las siguientes condiciones: a) un período de gracia equivalente, como mínimo, al plazo contemplado de ejecución material del proyecto, sea total o parcial, en el caso de que se prevean etapas para la ejecución del proyecto; b) una tasa de interés con un descuento de, al menos, 25% con respecto a la tasa de interés de los títulos públicos emitidos por Argentina sujetos a la ley y jurisdicción del Estado de Nueva York, con similar duración, considerado al momento de la firma de los contratos de préstamo de financiamiento concesional; y c) un plazo de repago de, al menos, diez años contados a partir del vencimiento del periodo de gracia. En Boletín Oficial de la República Argentina, Decreto 338/2017, Buenos Aires, 16 de mayo de 2017.

[2] Shen An, *ob. cit.*, p. 33.

comercial y en función del número de países que la integran, la Franja y la Ruta representa uno de los principales mercados del mundo y ofrece un marco multilateral de cooperación para expandir las exportaciones y su diversificación en productos y destinos, en particular hacia China y otros mercados emergentes. Según el artículo 7 del Comunicado Conjunto del Foro, los países miembros de la Franja y la Ruta reafirmaron el compromiso compartido de construir una economía abierta, asegurar el comercio libre e inclusivo, en oposición a todas las formas de proteccionismo[1]. Además, promueven un funcionamiento universal, basado en normas, abierto, no discriminatorio y equitativo sistema multilateral de comercio con la OMC en su núcleo[2]. Este es un punto central de interés para la inserción argentina, en la medida que este país ha entrado en una fase de liberalización comercial y puede contribuir a la seguridad alimentaria de los países de la Franja y la Ruta.

China ha tenido un superávit relativamente grande en el comercio bilateral entre 2008 y 2017. Su Gobierno se ha percatado de este problema y, en aras de mantener armónica y en buen estado la relación, realizó algunas acciones para reducir el desequilibrio en los intercambios. Por una parte, resulta relevante destacar que dos acuerdos bilaterales han sido incluidos en la Lista de Logros del Foro: el Plan de Acción Estratégico en Materia de Cooperación Agrícola, suscrito entre el Ministerio de Agroindustria de Argentina y la Administración General de Supervisión de Calidad, Inspección y Cuarentena de China (AQSIQ), y el Acuerdo de Cooperación Cuarentenaria, firmado entre la AQSIQ y la

---

① Comunicado Conjunto de la Cumbre de Mesa Redonda sobre el Foro de la Franja y la Ruta para la Cooperación Internacional (texto completo), Beijing, 15 de mayo de 2017. "一带一路"国际合作高峰论坛圆桌峰会联合公报（全文），北京2017年5月15日。

② Idem.

parte argentina correspondiente [1] . Ambos tienden a promover el acceso de productos argentinos al mercado chino. Como consecuencia, a fines de 2017, el Gobierno chino disminuyó aranceles aduaneros de 32 productos importados desde Argentina [2] y acordó el protocolo sanitario para exportar carnes frescas y con hueso a China, luego de 15 años de negociaciones bilaterales, [3] lo cual es relevante para las exportaciones argentinas.

e) Los chinos residentes en Argentina como "puente" hacia la Franja y la Ruta. Argentina es un país de inmigrantes y la comunidad china es cada vez más importante en cuanto al número de residentes. Según diversos académicos chinos, los residentes de origen chino *(huaoqiao)* y los nacionalizados *(huaren)* cumplen la función de "puente" entre China y el resto del mundo. Teniendo en cuenta que Fujian es uno de los ejes chinos de la Ruta de la Seda y que el 80% de los 180.000 chinos que se estiman que viven en Argentina provienen de Fujian [4], estos inmigrantes deberían cumplir un rol importante como actores indirectos y nexos entre Argentina y la Franja y la Ruta.

---

[1]　"一带一路"国际合作高峰论坛成果清单（全文），北京 2017 年 5 月 16 日，第十点和第十三点。Lista de logros del Foro de la Franja y la Ruta para la Cooperación Internacional (texto completo), Beijing, 16 de mayo de 2017, puntos 10 y 13. Disponible en: http://www.beltandroadforum.org/n100/2017/0516/c24-422.html

[2]　Martín Kanenguiser, "El Gobierno chino redujo el arancel para el ingreso de exportaciones argentinas", La Nación, Buenos Aires, 19 de diciembre de 2017. Disponible en: http://www.lanacion.com.ar/2093882-el-gobierno-chino-redujo-el-arancel-para-el-ingreso-de-exportaciones-argentinas

[3]　"Histórico: autorizan el ingreso de más cortes de carne argentina de calidad a China", en Infobae, Buenos Aires, 17 de enero de 2018. Disponible en: https://www.infobae.com/economia/2018/01/17/historico-autorizan-el-ingreso-de-mas-cortes-de-carne-de-calidad-a-china/

[4]　Eduardo Daniel Oviedo, *Introducción a la migración china en Argentina*, Jsapiens, Año I, n.° 1, Seminario Rabínico Latinoamericano Marshall T. Mayer, Buenos Aires, 2017, p. 25.

4. Revertir la década perdida como gran desafío de Argentina

El desarrollo de infraestructura no necesariamente soluciona los problemas estructurales de la relación bilateral con China y otros países de la Franja y la Ruta. Por el contrario, puede acrecentar las desigualdades económicas, los desequilibrios del intercambio centro-periférico, la asimetría Norte-Sur y la dependencia del capital chino. Por su parte, China opera comercial y financieramente en esta estructura económica consolidada en la última década.

Shen An considera la estructura económica de los países de América Latina como causa de este problema y promueve la firma de tratados de libre comercio como una forma de superar el estancamiento comercial, en especial después de que partidos de centro-derecha accedieran al poder, tal como se lo califica al Gobierno de Macri en China[1]. Ahora bien, este autor considera que los acuerdos de libre comercio son la solución para el interés chino, aunque contradictoriamente pueden acentuar la estructura económica.

Cabe aclarar que, si bien la estructura económica juega un rol importante como obstáculo al desarrollo del intercambio comercial equitativo, también hay que tener en cuenta la falta de complementariedad, el proteccionismo y los subsidios chinos a la agricultura como causa de los desequilibrios. Como expresa un informe de FIEL en base al índice de Michaely: "A pesar de que muchos productos principales que exporta la Argentina ocupan un lugar en las importaciones chinas, en términos comparados, existen otros países con los que

---

[1]   Shen An, *ob. cit.*, p. 35.

el intercambio se revela más complementario"[1].

Otros países de América del Sur, como Brasil y Chile, tuvieron amplios superávits comerciales y no precisaron de aportes financieros externos para equilibrar sus reservas internacionales. Argentina tuvo déficits comerciales anuales, constantes y crecientes entre 2008 y 2017, transfiriendo en total 44.368 millones de dólares a China[2]. Brasil obtenía 256.151 millones de dólares[3] y Chile 48.840 millones de dólares de saldos favorables en el mismo periodo[4]. Precisamente más de dos terceras partes de los 373.972 millones de dólares de reservas internacionales del Banco Central de Brasil a diciembre de 2017[5] corresponden a saldos comerciales favorables con China; mientras que en Chile superan los 38.982 millones de dólares de reservas a esa misma fecha[6]. Por eso, mientras estos países disponían de divisas para afrontar la inestabilidad financiera mundial iniciada en 2008, Argentina debió recurrir a préstamos chinos para estabilizar la débil situación financiera entre 2014 y las elecciones presidenciales de 2015. Es decir, el comercio con China generó un ciclo desfavorable para Argentina, cuyas consecuencias financieras adversas, en parte, fueron subsanadas con el aporte de los capitales chinos.

Para determinar las causas de este desequilibrio, contrastar Argentina con Brasil es más acertado que con Chile. Ambos Estados son miembros del

---

[1] M. Cristini y G. Bermúdez, *La nueva China cambia el mundo*, Documento de Trabajo n.° 81, FIEL, Buenos Aires, 2004, p. 29.

[2] INDEC Informa, 2008-2017.

[3] Ministério da Indústria, Comércio Exterior e Serviços, Estatísticas de Comércio Exterior, 2008-2017. Disponible en: http://www.mdic.gov.br/index.php/comercio-exterior/estatisticas-de-comercio-exterior

[4] Prochile, Reporte Anual del Comercio Exterior de Chile, 2008-2017.

[5] Banco Central do Brasil, Quadro Sinóptico das Reservas Internacionais, 31 de diciembre de 2017. Disponible en: http://www.bcb.gov.br/pt-br/#!/n/RESERVA

[6] Banco Central de Chile, Reservas Internacionales, diciembre de 2017.

Mercosur y sus políticas comerciales hacia la potencia asiática son más similares que el vínculo que el país trasandino mantiene con China, en la medida que este último asienta su estrategia en el acuerdo de libre comercio de 2006. Sin embargo, los datos estadísticos dejan en claro el amplio éxito de Brasil en el comercio con China, a diferencia del fracaso de Argentina. Varios factores jugaron en forma adversa para que Argentina no se integrase en el comercio con China de la misma manera que lo ha hecho Brasil, entre ellos: 1) Brasil aceptó la complementación centro-periférica generando un modelo rentístico con reprimarización[1]; 2) la internacionalización de Brasil, a diferencia del *default* de 2001 y el consecuente aislamiento parcial de Argentina respecto del mercado mundial de capitales hasta abril de 2016; 3) la política de derechos a las exportaciones en Argentina, que limitó la exportación de porotos de soja a China; 4) la existencia de dos *commodities* relevantes en Brasil (soja y mineral de hierro) y uno en Argentina (soja); 5) las decisiones empresariales chinas que optan por la escala de Brasil para crear sus filiales o centros de consolidación de importaciones en ese país para todo el Mercosur; 6) el relativo mantenimiento de la paridad entre el real y el dólar en Brasil, en oposición a la persistente devaluación del peso en Argentina; 7) la distancia geográfica desfavorable respecto de sus competidores principales (Australia, Nueva Zelanda y otros países exportadores de productos agrícolas del Sudeste Asiático); 7) la inserción de Brasil en esquemas multilaterales (BRICS) con China en donde Argentina no interactúa.

Tras la alternancia política, los capitales chinos continuaron arribando a Argentina como flujos de inversión extranjera directa (IED), préstamos para infraestructura y *swap* de divisas. El Gobierno de Macri prefiere las inversiones

---

[1]   Pierre Salama, "Brasil y China: caminos de fortalezas y desconciertos", Revista Problemas del Desarrollo, 188 (48), enero-marzo 2017.

chinas directas (o indirectas) más que los préstamos intergubernamentales, visión en plena armonía con la política china de estimular la inversión en el extranjero, plasmada en la política de "salir afuera" (*Go Out policy*, 1999) y los dos Documentos sobre la Política de China hacia América Latina y el Caribe (2008 y 2016)[1]. No obstante, el consenso acordado durante su visita a China en 2017 giró en torno a los más de 20.000 millones de dólares en préstamos intergubernamentales para infraestructura, acordados durante la gestión de Fernández de Kirchner y renegociados por Macri en Beijing. Por su parte, la Agencia Argentina de Inversiones y Comercio Internacional informa de 19 proyectos con origen en China por valor de 1.413 millones de dólares desde el inicio del Gobierno de Macri hasta el 31 de diciembre de 2017[2]. Si bien las condiciones macroeconómicas para las inversiones extranjeras son más favorables que en el Gobierno anterior, esta magnitud de inversiones chinas es irrelevante para las necesidades de capitales de Argentina. Como se expresó, los académicos chinos explican esta situación en base a que las empresas chinas deben afrontar riesgos de diferente índole para invertir en el país[3]. Por ejemplo, el intento de venta de las acciones de la empresa Sinopec en noviembre de 2017 (luego no autorizada por el Gobierno chino), es un hecho poco halagüeño para atraer nuevas inversiones chinas. Además, el carácter intergubernamental de los proyectos deja ciertas dudas sobre la transparencia de los mismos. Precisamente, el modelo de firma de acuerdos bilaterales de préstamos para infraestructura

---

[1] El primer Documento sobre la Política de China hacia América Latina y el Caribe fue entregado por primera vez el 5 de noviembre de 2008 a la presidenta Cristina Fernández de Kirchner. El segundo Documento sobre la Política de China hacia América Latina y el Caribe fue publicado en noviembre de 2016.

[2] Agencia Argentina de Inversiones y Comercio Internacional, Mapa de la Inversión al 31 de diciembre de 2017. Disponible en: http://www.inversionycomercio.org.ar/mapadelainversion.php

[3] Lin Hua, *ob. cit.*, p. 67; Shen An, *ob. cit.*, ps. 33-34.

es un instrumento carente de receptividad en la opinión pública argentina, la cual prefiere que las empresas chinas compitan con otras empresas, como las europeas y estadounidenses, aunque la estrategia china de inversiones está focalizada -precisamente- en estos acuerdos intergubernamentales.

La participación en la Franja y la Ruta puede acrecentar la dependencia hacia el capital chino. En el contexto de aislamiento internacional, el Gobierno de Fernández de Kirchner profundizó la cooperación financiera y en materia de inversiones con China, en especial desde el establecimiento de la Asociación Estratégica Integral en julio de 2014. China, país que nunca había sido acreedor de Argentina, se transformó en un importante Estado prestamista de capitales ante las apremiantes necesidades financieras del Gobierno argentino. Así se inició la deuda externa con China a través del *swap* de divisas de 10.375 millones de dólares y préstamos intergubernamentales para realizar obras de infraestructura por más de 20.000 millones de dólares. Estas necesidades financieras de los países en desarrollo como Argentina coinciden con la construcción del poder global chino [1] (donde la política de "salir afuera" y de internacionalización del *renminbi* surgen como principales en el sector financiero), además del aislamiento internacional de Argentina mencionado *ut supra*.

---

[1]   Susan Strange describe cuatro estructuras en el sistema internacional que interactúan: el control sobre la seguridad, la producción, el crédito y el control sobre el conocimiento, las creencias y las ideas. En Susan Strange, *State and Markets*. London: Bloomsbury, 2015. En términos más específicos que las estructuras de Strange, Keohane considera que los poderes hegemónicos deben tener control sobre las materias primas, control sobre las fuentes de capital, control sobre los mercados y ventajas competitivas en la producción de bienes de alto valor agregado, Robert Keohane, *Después de la hegemonía: Cooperación y discordia en la economía política mundial*, Grupo Editor Latinoamericano, Buenos Aires, 1988, p. 63.

5. Conclusiones

La Franja y la Ruta es una de las cuatro principales iniciativas estratégicas del mundo actual. Impulsada por el Gobierno chino, comenzó siendo una iniciativa regional, afectando a Eurasia principalmente. Cuatro meses después del retiro de Estados Unidos del TPP, se extendió hacia ALC, abarcando los cinco continentes y transformándose en una iniciativa global. Con la misma, China busca crear un régimen de cooperación internacional laxo, flexible, abierto.

Si bien la iniciativa remite a las tradicionales Rutas de la Seda, en sentido estricto, históricamente ALC no ha sido una parte de las mismas. No obstante, el argumento de la diplomacia china es loable y pragmático para articular los intereses de los Estados de la región con la iniciativa china que, de no ser incluidos, hubiesen quedado marginados de un proyecto de relevancia global iniciado por la segunda economía mundial y sobre el cual pretende invertir ingentes cantidades de divisas. De esta manera, China acrecienta su poder financiero global y estimula la oferta y demanda mundiales para mantener vigente su modelo exportador de manufacturas. Cabe recordar que esta iniciativa estratégica tiene su epicentro en Asia[1], ámbito neurálgico de la política exterior china, siendo ALC una región marginal a la periferia china.

De las cuatro principales iniciativas a nivel mundial, Argentina solo participa en la Franja y la Ruta. Su adhesión abre nuevas expectativas para el desarrollo del comercio y financiamiento del país, aunque demanda prudencia

---

[1] 陈功，"一带一路"重点应在"新丝绸之路"，新京报，2015 年 1 月 27 日。Chen Gong, "La Franja y la Ruta debería centrarse en la nueva Ruta de la Seda", The Beijing News, 27 de enero de 2015. Disponible en: http://epaper.bjnews.com.cn/html/2015-01/27/content_559447.htm?div=-1

sobre los virtuales resultados a alcanzar. La iniciativa china tiende a favorecer la infraestructura vial, ferrovial y comunicacional, la cual elevaría los niveles de comunicación y contacto entre ALC, China y otros destinos comerciales de los países de la región. Sin embargo, dos obstáculos emergen: 1) ¿cómo pensar en nuevas obras ferroviarias cuando el proyecto del tren México-Querétaro fue cancelado y el proyecto del tren bioceánico que une las costas de Brasil y Perú ha quedado momentáneamente suspendido?; 2) los virtuales proyectos e intereses de China en la región entran en competencia con iniciativas e intereses de otros actores, como la Unión Europea, y el consiguiente posicionamiento estratégico de los países de la región hacia las grandes potencias. Por ejemplo, los Gobiernos de Bolivia y Suiza han firmado acuerdos para la planificación, construcción de la infraestructura y suministro de locomotoras y vagones del proyecto boliviano de un tren bioceánico[1]; mientras que los "Gobiernos de Argentina y Suiza firmaron en Davos un memorando de entendimiento con el objetivo de desarrollar actividades de cooperación en el sector de la infraestructura ferroviaria"[2]. Estos hechos menguan la viabilidad para desarrollar este tipo de iniciativa y muestran la resistencia que enfrenta la "diplomacia del ferrocarril" de China en ALC.

Por supuesto, la creación de infraestructura deja aún pendiente revertir la década perdida de Argentina en el comercio bilateral con China; la persistencia del modelo centro-periferia; las asimetrías comerciales; la concentración de

---

[1]   "Suiza participará en el proyecto boliviano del tren bioceánico que unirá las costas de Sudamérica", en Infobae, 12 de noviembre de 2017. Disponible en: https://www.infobae. com/america/america-latina/2017/11/12/suiza-anuncio-que-participara-en-el-proyecto-boliviano-del-tren-bioceanico-que-unira-las-costas-de-sudamerica/

[2]   Ministerio de Relaciones Exteriores y Culto de la República Argentina, "Argentina y Suiza firmaron en Davos un acuerdo para trabajar juntos en materia ferroviaria", Información para la Prensa n.º 018/18, Buenos Aires, 24 de enero de 2018. Disponible en: http://www.mrecic.gov.ar/argentina-y-suiza-firmaron-en-davos-un-acuerdo-para-trabajar-juntos-en-materia-ferroviaria

las exportaciones en pocos productos y la dependencia financiera. Por eso, la creación de infraestructura es loable para aproximar la región de América del Sur a Asia, pero puede profundizar el modelo de relaciones y acrecentar sus efectos no deseados. Por eso, se requiere prestar atención a cómo revertir las consecuencias comerciales y financieras desfavorables al tiempo de desarrollar la infraestructura regional.

Solo una inserción inteligente que combine desarrollo de infraestructura y reversión del esquema económico actual podría revertir la situación desfavorable en la que se encuentra Argentina en el comercio con China. Mientras se espera cambiar este esquema de relaciones en el largo plazo, los *commodities* agrícolas siguen siendo la única alternativa a corto y mediano plazo para, al menos, rápidamente equilibrar el comercio bilateral, siguiendo estrategias exitosas como las realizadas por Brasil y Chile. En este orden, la "guerra comercial" entre Estados Unidos y China abre un sinnúmero de oportunidades para remplazar las provisiones de un competidor importante de Argentina hacia el país asiático.

Capítulo 10

La relación entre México y China en el contexto de la Iniciativa de la Franja y la Ruta

Enrique Dussel Peters[1]

La relación entre México y la República Popular China data desde hace varios siglos y ha implicado profundos intercambios culturales, comerciales, políticos, entre otros. Desde la segunda mitad del siglo XX, esta relación bilateral se ha intensificado de manera significativa, en particular desde la década de 1990-1999, y ante el masivo nuevo posicionamiento económico, político y cultural de China a nivel global. Es probable que no exista en la actualidad un rubro en el que el intercambio con China –incluyendo los aspectos académicos, científicos y el del turismo, por solo señalar algunos– no se haya incrementado en forma significativa.

En buena medida esta nueva etapa en la relación bilateral ha sido impulsada por aspectos económicos, lo cual no demerita al resto de los rubros bilaterales, y sobre todo no se pretende caer en determinismos simplistas. Lo cierto es que esta relación bilateral ha crecido en forma dinámica y ha integrado diversos factores. Es en esta circunstancia que el objetivo del presente documento es analizar

---

[1]   Enrique Dussel Peters es profesor de tiempo completo del posgrado en Economía de la Universidad Nacional Autónoma de México; coordinador del Centro de Estudios China-México de la Facultad de Economía de la UNAM, y coordinador de la Red Académica de América Latina y el Caribe sobre China (Red ALC-China), <http://dusselpeters.com>.

la relación bilateral entre México y China en el contexto de la Iniciativa de la Franja y la Ruta, definida por el presidente Xi Jinping en 2013.

Con base en estos objetivos, el documento se divide en cuatro secciones. En la primera se establecen brevemente los principales antecedentes de la Iniciativa de la Franja y la Ruta desde 2013, así como los antecedentes en la relación México-China para poder entender la relación comercial bilateral: un breve análisis sobre aspectos geoestratégicos e internacionales recientes y, con mayor detalle, las principales instituciones bilaterales y los acuerdos recientes relevantes para la comprensión de la relación comercial actual. En el segundo apartado se examinan a detalle las principales características del comercio bilateral y sus principales cadenas de valor. Con el objetivo de encarar explícita y directamente las problemáticas bilaterales que se han generado en las últimas dos décadas, en la tercera sección se abordan los temas principales en el ámbito del comercio y de otros aspectos económicos que han generado tensiones y que se consideran relevantes para lograr una realista y detallada comprensión de la situación comercial bilateral actual. En el último apartado, con base en las dos secciones anteriores, se propone una agenda comercial bilateral que permita generar acuerdos en el corto, mediano y largo plazos.

En todas las secciones se buscará priorizar un enfoque actual del comercio bilateral y sus condiciones, aunque se incluyen aspectos relevantes e información anterior para la comprensión de los respectivos temas, con el objetivo explícito de profundizar la agenda propuesta en el último apartado.

1. Antecedentes: la Iniciativa de la Franja y la Ruta y la relación comercial bilateral entre México y China

En las últimas décadas, el principal factor económico de dinamismo global ha sido la creciente presencia de Asia y en particular la de China. La participación de China en el PIB global –medido en dólares corrientes– aumentó del 1,6% en 1990 al 14,8% en 2016, mientras que la de Estados Unidos cayó de más del 35% en la década de 1960-1969 al 26,5% en 1990 y al 24,6% en 2016. No obstante lo anterior, el PIB per cápita –medido en dólares corrientes– de la economía más dinámica a nivel global en las últimas décadas representó el 14,1% de Estados Unidos y el 99% de México en 2016. Adicionalmente, desde 2013 China se convirtió en el principal exportador a nivel mundial, aunque su participación en las importaciones mundiales fue de apenas 9,5% –y por debajo del 13,4% de Estados Unidos en 2016. Como resultado de esto, China se ha convertido en el país que representa la segunda presencia comercial en el mundo: durante 1990-2015 incrementó su participación en el comercio mundial en más de diez veces hasta representar el 10,6% en 2015, mientras que Estados Unidos lo hizo con el 12% y México con el 2,0% (wdi, 2017).

En el período reciente, China ha continuado profundizando y ampliando el proceso de reformas domésticas. Bajo el lema de la "nueva normalidad", el Gobierno Central ha buscado en la segunda década del siglo XXI reorientar y cambiar en forma cualitativa el modelo de crecimiento desde finales de la década de 1980. Desde hace más de un lustro, el Gobierno Central ha enfatizado el incremento del nivel de vida de la población y del consumo, y en paralelo ha incrementado la eficiencia económica, social y ambiental de las inversiones. La creciente importancia del mercado doméstico, el sector servicios, un generalizado proceso de escalamiento industrial para integrarse a segmentos de cadenas globales de valor de mayor sofisticación tecnológica y de innovación son algunos de los objetivos del cambio cualitativo del modelo de acumulación. Asimismo, el rápido proceso de urbanización también genera nuevos factores de crecimiento de la economía y retos en los ámbitos sociales, ambientales, educativos, entre otros [1].

Esta creciente presencia global –en el contexto de profundas reformas sociales, económicas y políticas desde finales de la década de 1970-1979 [2] – también se ha reflejado en el aumento de actividades y responsabilidades de China en el Consejo de Seguridad de las Naciones Unidas; en el reconocimiento de la relevancia de China en el sistema financiero internacional mediante la participación en 2016 del *renminbi* en la canasta de monedas que componen los derechos especiales de giro (SDR, por sus siglas en inglés), y en un creciente liderazgo en el G20. Desde una perspectiva internacional es muy significativo el lanzamiento por parte de China en 2013 de las iniciativas de la Nueva Ruta Marítima de la Seda y Una Franja-Una Ruta (OBOR, *One Belt-One Road*) [3] , esta última a cargo del vicepremier y miembro del Comité Permanente del Buró Político Central del Partido Comunista China, Zhang Gaoli, así como de otros cuatro líderes de alto nivel. Ambas iniciativas tienen como objetivo central incrementar la cooperación de China con más de sesenta países de Asia, África y Europa, específicamente mediante cinco vínculos: políticas, caminos y carreteras, comercio, tipo de cambio y un último de pueblo-pueblo (Long, 2015). El establecimiento del Nuevo Banco de Desarrollo con los países BRICS (Brasil,

---

[1]   El China Development Forum, organizado por el Consejo de Estado, por ejemplo, analiza cada año las diversas estrategias, políticas y los instrumentos en el corto, mediano y largo plazos (CDF, 2017).

[2]   Para un análisis desde una perspectiva reciente del proceso de reformas en China, véase: DRC, BM (2012), OCDE (2002, 2017) y Wu (2005).

[3]   El 14 y 15 de mayo de 2017 se llevó a cabo el Foro de la Franja y la Ruta para la Cooperación Internacional en Beijing, el cual probablemente fue el evento estratégico de mayor importancia en 2017, en particular a nivel global y orientado hacia los países en vías de desarrollo. El presidente Xi Jinping aseguró un financiamiento por más de 120.000 millones de dólares por la vía de bancos chinos, y volvió a enfatizar el aporte de esta iniciativa en la generación de proyectos de infraestructura. El foro contó con la presencia de representantes de más de 130 países y 29 mandatarios.

Rusia, India, China y Sudáfrica), así como el Banco Asiático de Inversión en Infraestructura (BAII) son potentes instrumentos de esta iniciativa global.

La Iniciativa de la Franja y la Ruta ha pasado por diversas etapas y discusiones en China desde su concepción propuesta por el presidente Xi Jinping en octubre de 2013[1]. Después de más de cuatro años de su propuesta inicial, la Iniciativa de la Franja y la Ruta ofrece una sofisticada propuesta de cooperación de largo plazo con base en los principios de una cooperación abierta, la relación armónica e incluyente, con base en operaciones de mercado, y siempre y cuando sea de beneficio para todas las partes (Xinhua, 2017[2]). En la actualidad, de igual forma, la Iniciativa de la Franja y la Ruta presenta un grupo de prioridades: coordinación política, conectividad, comercio irrestricto, integración financiera y el vínculo gente-gente. Si bien por el momento las iniciativas de Una Franja-Una Ruta y la Nueva Ruta Marítima de la Seda no incluyen explícitamente a América Latina y el Caribe, tampoco la excluyen. Como lo veremos más abajo, China ha desarrollado un grupo de iniciativas y estrategias plenamente compatibles con la Iniciativa de la Franja y la Ruta.

Como parte de estas iniciativas, China ha participado en un creciente grupo de acuerdos comerciales, y hoy día cuenta con diez tratados de libre comercio –incluyendo los signados con Australia, Corea del Sur, Costa Rica, Chile y Perú–, además de acuerdos con Hong Kong, Macao y negociaciones en curso con un grupo de otros países, como con Pakistán e Israel. Desde una perspectiva regional, China también ha liderado esfuerzos en el marco de los veintiún miembros de APEC (siglas en inglés de Foro de Cooperación Económica Asia-Pacífico) y los diez países miembros de la ANSEA (Asociación de Naciones

---

① Para una detallada discusión al respecto, véase: Shanghai Academy (2017) e ILAS/CASS (2017).

② Xinhua. 2017. Full Text: Vision and Actions on Jointly Building Belt and Road. http://news.xinhuanet.com/english/china/2015-03/28/c_134105858.htm.

del Sudeste Asiático) [1] . No obstante lo anterior, en el último lustro China ha priorizado su apoyo a la Asociación Económica Integral Regional (RCEP, por sus siglas en inglés) constituida por dieciséis países, incluyendo a Filipinas, Japón, Corea del Sur, Australia, India y Vietnam. Por el momento ningún país latinoamericano participa.

Por otro lado, en las últimas décadas México ha puesto énfasis en una significativa reorientación de su aparato productivo hacia las exportaciones manufactureras: si aún a inicios de la década de 1980 más del 80% de las exportaciones provenían del petróleo, en la actualidad más del 80% de sus exportaciones son manufactureras. La entrada en vigor del Tratado de Libre Comercio de América del Norte (TLCAN) en 1994 permitió consolidar las históricas relaciones comerciales con Estados Unidos, así como un aparato productivo profundamente heterogéneo y polarizado (Ros y Brid Moreno, 2010 [2]). Como resultado de este proceso, hoy día México cuenta con un muy dinámico y reducido grupo de cadenas de valor y respectivas empresas orientadas hacia el exterior y el resto de las cadenas de valor y empresas orientadas hacia el mercado doméstico y, en general, con rezagos importantes en productividad y en generación de valor agregado (Dussel Peters, 2017a [3]). En concordancia con estas estrategias, México no solo ha logrado un alto grado de apertura comercial y de instrumentos para la atracción de inversión extranjera directa (IED), sino también la firma de doce tratados de libre comercio con 46

---

[1] Para una descripción de los acuerdos comerciales actuales de China, véase: Mofocom (2017).

[2] Ros, Jaime y Juan Carlos Moreno-Brid. 2010. *Desarrollo y crecimiento en la economía mexicana*. México: FCE.

[3] Dussel Peters, Enrique. 2017a. "Efectos del TPP en la economía de México: impacto general y en las cadenas de valor de autopartes-automotriz, hilo-textil-confección y calzado", en Cuadernos de Trabajo vol. 4. México: Centro de Estudios Internacionales Gilberto Bosques, Instituto Belisario Domínguez, Senado de la República, pp. 1-66.

países, 32 Acuerdos para la Promoción y Protección Recíproca de las Inversiones (APPRI) y nueve acuerdos de alcance limitado (Acuerdos de Complementación Económica y Acuerdos de Alcance Parcial) (Leycegui Gardoqui, 2012; SE, 2017a[1]). Por otro lado, esta concentración geográfica, política y económica en América del Norte generó una tardía atención hacia Asia: instituciones públicas, privadas y académicas en fechas muy recientes han iniciado acciones concretas para reconocer la reorientación global y medidas concretas (Dussel Peters, 2014b); el Plan Nacional de Desarrollo 2013-2018 (PND, 2013), por ejemplo, traza siete líneas de acción como parte de un Programa Sectorial de Relaciones Exteriores con énfasis en Asia.

Desde la perspectiva estratégica mexicana, el Acuerdo de Asociación Transpacífico (TPP, por sus siglas en inglés) se convirtió en la apuesta reciente más significativa por parte del Gobierno de México durante el período 2013-2018: habiendo formado parte del TPP desde 2013, y después de complejas negociaciones con Vietnam, Estados Unidos y Japón, se logró que los ejecutivos de doce países firmaran el TPP en febrero de 2016, en Auckland, Nueva Zelandia. Sin embargo, el recién electo presidente Donald Trump descartó la participación de Estados Unidos, considerando que tanto Japón como Estados Unidos tienen poder de veto sobre la existencia del propio TPP (Dussel Peters, 2017a[2]). Desde esta perspectiva, la exigencia de la nueva administración Trump

---

[1]   Leycegui Gardoqui, Beatriz (coord.). 2012. *Reflexiones sobre la política comercial internacional de México 2006-2012*. México: ITAM, SE, Miguel Porrúa. Secretaría de Economía (SE). 2017a. *Comercio Exterior / Países con Tratados y Acuerdos firmados con México*. México: SE. En: <http://www.gob.mx/se/acciones-y-programas/comercio-exterior-paises-con-tratados-y-acuerdos-firmados-con-mexico?state=published>. Consultado en abril de 2017.

[2]   Dussel Peters, Enrique. 2017a. "Efectos del TPP en la economía de México: impacto general y en las cadenas de valor de autopartes-automotriz, hilo-textil-confección y calzado", en *Cuadernos de Trabajo* vol. 4. México: Centro de Estudios Internacionales Gilberto Bosques, Instituto Belisario Domínguez, Senado de la República, pp. 1-66.

de renegociar el TLCAN generó presiones significativas en la administración del presidente Enrique Peña Nieto y cuestionó el principal acuerdo comercial de México [1].

Es en este contexto que China y México han desarrollado un grupo de importantes instituciones regionales y bilaterales, y han participado en instituciones multilaterales como las antes señaladas. En América Latina y el Caribe (ALC) un grupo de iniciativas llaman la atención. Por un lado, China ya ha presentado dos "libros blancos" hacia ALC en 2008 y 2016, respectivamente (GPRC, 2011, 2016). Al menos cuatro planteamientos son relevantes en esta "nueva fase de cooperación integral" (GPRC, 2016: 3). Primero, la propuesta parte de "persistir en el intercambio y el aprendizaje mutuo" (GPRC, 2016: 5) en múltiples rubros de interés bilateral (de la cultura y la política hasta el comercio, la IED y el intercambio académico), enfatizando la importancia de mecanismos de diálogo y consulta. Segundo, en el ámbito económico-comercial (GPRC, 2016: 7-11) destacan trece áreas prioritarias, incluyendo la promoción del comercio de "productos de alto valor agregado y de alto contenido tecnológico" (GPRC, 2016: 7), la "cooperación en inversión industrial y capacidad productiva" (GPRC, 2016: 7), la "cooperación en infraestructura" (GPRC, 2016: 8) en la "industria manufacturera" (GPRC, 2016: 9) y la "cooperación entre las cámaras e instituciones de promoción de comercio e inversión" (GPRC, 2016: 10). En tercer lugar, nos parece particularmente relevante para este documento el énfasis en la promoción comercial de productos de alto valor agregado y contenido tecnológico, así como el que las empresas chinas en ALC debieran "promover el acoplamiento de la capacidad productiva de calidad

---

[1] México también ha participado en forma activa en la Alianza del Pacífico –constituida desde 2011 por Chile, Colombia, Perú y México–, aunque por el momento es secundaria para México ante su reducido peso en el comercio y la IED.

y los equipamientos aventajados de China con las necesidades de los países de ALC para ayudarles a mejorar su capacidad de desarrollo con soberanía" (GPRC, 2016: 7) y, en el contexto de proyectos de infraestructura, fomentar las asociaciones público-privada "en ámbitos de transporte, logística comercial, instalaciones de almacenamiento, tecnología de información y comunicación, energía y electricidad, obras hidráulicas, urbanismo y viviendas, etc." (GPRC, 2016: 8). Cuarto, la agenda propuesta por China hacia ALC destaca en forma explícita la cooperación hacia la industria manufacturera para "establecer líneas de producción y sedes de mantenimiento para materiales de construcción, metales no ferrosos, maquinarias, vehículos, equipos de comunicación y de electricidad, etc." (GPRC, 2016: 9).

En el contexto del Foro de ALC-China, llevado a cabo en Brasil en julio de 2014, el presidente Xi Jinping presentó un marco de cooperación entre ambas partes al que denominó "1+3+6"; es decir, un plan (el Plan de Cooperación 2015-2019 en el ámbito de la CELAC) más tres fuerzas propulsoras: comercio, inversión y cooperación financiera, más seis campos clave de la cooperación, que incluyen: energía y recursos, obras de infraestructura, manufactura e innovación científico-técnica. Este marco de cooperación sigue siendo válido para el futuro de la relación bilateral con ALC y México (GPRC, 2016: 4-5[1]). En el Foro CELAC-China, y desde la primera reunión ministerial del Foro CELAC-China, fechada en enero de 2015, se estableció un Plan de Cooperación de los Estados Latinoamericanos y Caribeños-China (2015-2019), con un amplio grupo de instrumentos concretos en los ámbitos político, cultural, educativo, económico, entre otros rubros. Para los temas que a este documento competen,

---

[1]   Gobierno de la República Popular China (GPRC). 2017. "Documento sobre la Política de China hacia América Latina y el Caribe", en Cuadernos de Trabajo del Cechimex, núm. 1, pp. 1-12.

resulta de particular interés la promoción bilateral entre las micro, pequeñas y medianas empresas, de instituciones financieras; la infraestructura y el transporte; la industria, la ciencia y la tecnología, así como sectores específicos como la industria aeroespacial, las industrias de la información y comunicación, entre otras. El documento hace referencia explícita a la "construcción conjunta de parques industriales, ciencia y tecnología, zonas económicas especiales y parques de alta tecnología entre China y los Estados miembros de la CELAC, en particular en actividades de investigación y desarrollo, con el fin de mejorar la inversión industrial y la formación de cadenas industriales de valor" (CELAC, 2015: 4 [1]). Además del establecimiento de foros especializados, como por ejemplo un Foro sobre Desarrollo y Cooperación Industrial China-América Latina y el Caribe, y la definición de un grupo de fondos específicos según los particulares objetivos, el Fondo de Cooperación China-América Latina y el Caribe, y el Crédito Especial para la Infraestructura China-América Latina y el Caribe, se plantea la posibilidad de obtener "otros recursos financieros para apoyar los proyectos de cooperación prioritarios entre China y los Estados miembros de la CELAC" (CELAC, 2015: 2 [2]). Para el sector educativo, el mismo documento propone que se otorguen seis mil becas gubernamentales y seis mil plazas para recibir capacitación en China, además de cuatrocientas becas para maestrías [3] .

En el ámbito bilateral también existen importantes instituciones. Si desde

[1]   Comunidad de Estados Latinoamericanos y del Caribe (CELAC). 2015. *Plan de Cooperación de los Estados Latinoamericanos y Caribeños-China (2015-2019)*. CELAC.

[2]   Comunidad de Estados Latinoamericanos y del Caribe (CELAC). 2015. *Plan de Cooperación de los Estados Latinoamericanos y Caribeños-China (2015-2019)*. CELAC.

[3]   La Cumbre Empresarial América Latina y el Caribe-China que se ha llevado a cabo en ALC y en China anualmente desde 2002, también ha sido relevante en términos comerciales bilaterales.

el inicio de las relaciones diplomáticas en 1972 y hasta la década de 1990 la relación bilateral se había fundamentado en aspectos políticos (Anguiano Roch, 2010 [1]), las respectivas reformas en China y México, así como el creciente intercambio comercial permitieron una nueva fase en la relación bilateral. Desde entonces se han creado instituciones bilaterales que han perdurado hasta el día de hoy: la Comisión Binacional México-China, que se reúne de manera anual, y el Grupo de Alto Nivel (GAN), ambos en funciones desde 2005. Desde entonces se han firmado docenas de acuerdos bilaterales significativos en materias de turismo, minería y marítimo, entre otros (Dussel Peters, 2012; Yang, 2016 [2]). [3] En 2013 la relación se definió como una "asociación estratégica integral" –en 2003 había sido una "asociación estratégica"–, además de la firma de un Acuerdo para la Promoción y Protección Recíproca de Inversiones (APPRI) en 2008 y del establecimiento de un Grupo de Alto Nivel Económico (GANE) y otro Grupo de Alto Nivel sobre Inversión (GANI), ambos desde 2013.

[1]   Anguiano Roch, Eugenio. 2010. "Perspectivas a largo plazo de la relación sino-mexicana", en Dussel Peters, Enrique y Yolanda Trápaga Delfín (eds.), *Hacia un diálogo entre México y China. Dos y tres décadas de cambios socioeconómicos.* México: Senado de la República, CICIR y UNAM-Cechimex, pp. 429-444.

[2]   Dussel Peters, Enrique. 2012. "Aspectos comerciales y de inversión entre China y México: ¿colisión o acuerdo?", en Dussel Peters, Enrique (coord.), 40 *años de la relación entre México y China. Acuerdos, desencuentros y futuro.* México, UNAM-Cechimex, Cámara de Senadores y CICIR, pp. 81-90.Yang, Zhimin. 2016. "México y China: condiciones y propuestas desde una perspectiva china,"en Dussel Peters, Enrique (coord.), *La relación México-China. Desempeño y propuestas para 2016-2018.* México: UNAM-Cechimex, MexiCham, pp. 38-48.

[3]   Durante 2008-2016 se han firmado docenas de acuerdos entre México y China, entre los que destacan: el acuerdo en materias de medidas de remedio comercial (2008), APPRI (2009), el tratado de extradición (2012), el acuerdo de cooperación técnica entre la Secretaría de Economía y la Administración de Normalización de China (2014), el protocolo de requerimientos fitosanitarios para la exportación de zarzamora (2014), el acuerdo entre Petróleos Mexicanos y la Corporación Bancaria de Desarrollo de China (2014), así como diversos acuerdos en materia de agricultura, ganadería, desarrollo rural y pesca, y otros en materia minera (2016).

Con las administraciones de Xi Jinping y Enrique Peña Nieto, los encuentros de alto nivel se intensificaron: durante 2013-2016 ambos mandatarios se reunieron en seis ocasiones y establecieron el Programa de Acción entre los Estados Unidos Mexicanos y la República Popular China para Impulsar la Asociación Estratégica Integral (SRE, 2014), además de veintiún visitas ministeriales en ambas direcciones (Ventura Valero y Meléndez Armada, 2016 [1]). El Fondo México-China refleja la búsqueda de ambos países por profundizar el comercio bilateral mediante financiamiento. Se trata de un fondo de capital por 1.200 millones de dólares, que es administrado por la Corporación Financiera Internacional (IFC, por sus siglas en inglés) del Banco Mundial. El Gobierno mexicano, el China Development Bank (CDB) y la China Investment Corporation (CIC) fueron los que aportaron al fondo. Además, a bancos como el Banco Comercial e Industrial de China (ICBC, por sus siglas en inglés) ya les fue autorizada la operación como institución de banca múltiple en México (SRE, 2014; Zamora Torres, 2016 [2]).

Por último, es importante destacar que como resultado de los esfuerzos bilaterales, en el último Programa de Acción entre México y China para 2014-2018 (SRE, 2014 [3]) ambas naciones se comprometieron a fomentar una mayor

---

[1]　Ventura Valero, Julián y Rodrigo Meléndez Armada. 2016. "Relaciones económicas México-China: una agenda de oportunidades", en *Revista Mexicana de Política Exterior*, vol. 108, pp. 27-49.

[2]　Secretaría de Relaciones Exteriores (SRE). 2014. *Programa de Acción entre los Estados Unidos Mexicanos y la República Popular China para Impulsar la Asociación Estratégica Integral*. México: SRE, 12 de noviembre. Zamora Torres, Abraham. 2016. "Oportunidades de inversión en México: infraestructura y ZEE", en Dussel Peters, Enrique (coord.), *La relación México-China. Desempeño y propuestas para 2016-2018*. México: UNAM-Cechimex, MexiCham, pp. 49-55.

[3]　Secretaría de Relaciones Exteriores (SRE). 2014. *Programa de Acción entre los Estados Unidos Mexicanos y la República Popular China para Impulsar la Asociación Estratégica Integral*. México: SRE, 12 de noviembre.

cooperación política, de manera particular en el ámbito económico por la vía del GAN, GANE y GANI. En específico, los compromisos buscaron incrementar las inversiones chinas en México, de modo particular en el sector energético y con el impulso de pequeñas y medianas empresas en los respectivos mercados, y dándole prioridad a la cooperación en materia turística. Asimismo, los últimos embajadores de China en México han sido contundentes en buscar incrementar las inversiones y el turismo chinos en México, así como promover el potencial de un tratado de libre comercio (Chavarría, 2008; *Expansión*, 2013; Qiu, 2014; *Zócalo*, 2011[1]).

2. Principales características del comercio bilateral

En primera instancia es importante reconocer que existen diferencias estadísticas muy significativas entre las fuentes oficiales de México (Banco de México y la Secretaría de Economía) con sus contrapartes chinas (el Ministerio de Comercio o Mofcom, por sus siglas en inglés). En el Cuadro 1 pueden verse reflejadas estas diferencias durante 1995-2016. Se observa que, en general, las importaciones mexicanas desde China registran valores significativamente mayores a las exportaciones que China registra hacia México: en 2005, por ejemplo, las diferencias fueron de un 320% y se han mantenido hasta 2016; por otro lado, las exportaciones mexicanas a China registran montos usualmente muy por debajo de las importaciones que China registra desde México: en 2016, por

---

[1] Chavarría, Engge. 2008. "China quiere TLC; México en desventaja". En: <*Bilateals. org*>, consultado el 18 de abril. *Expansión*. 2013. "China desea un TLC con México", en *Expansión*, 3 de junio.Qiu, Xiaoqi. 2014. "China, profundización integral de la reforma y sus relaciones con México", en *Cuadernos de Trabajo del Cechimex*, núm. 3. México: UNAM-Cechimex, pp. 1-12. *Zócalo*. 2011. "China quiere TLC con México", en *Zócalo*, 29 de diciembre.

citar un caso, este coeficiente fue del 52,53%. El tema es de la mayor relevancia y las causas de estas diferencias han sido analizadas con detalle (Dussel Peters, 2005; Morales Troncoso, 2008 [①]).

Con base en estas diferencias, en lo que sigue se utilizarán las estadísticas registradas por México.

Cuadro 1   Diferencias estadísticas comerciales entre México y China (años seleccionados)

	1995	2000	2005	2010	2011	2012	2013	2014	2015	2016
México: exportaciones a China (1)	37	310	1,136	4,196	5,964	5,721	6,468	5,964	4,873	5,407
México: importaciones de China (2)	520	2,878	17,696	45,608	52,248	56,936	61,321	66,256	69,988	69,521
China: exportaciones a México (3)	195	1,335	5,538	17,873	23,976	27,518	28,966	32,255	33,810	32,545
China: importaciones de México (4)	194	488	2,225	6,875	9,378	9,161	10,238	11,179	10,083	10,293
(1) / (4) (porcentaje)	19.03	63.52	51.03	61.03	63.60	62.45	63.18	53.35	48.33	52.53
(2) / (3) (porcentaje)	266.64	215.53	319.56	255.18	217.92	206.91	211.70	205.41	207.00	213.62

Fuente: elaboración propia con base en Banxico (2017), CCS (2017) y UN-Comtrade (2017).

[①]   Dussel Peters, Enrique. 2005. "El caso de las estadísticas comerciales entre China y México. Para empezar a sobrellevar el desconocimiento bilateral", en *Economía Informa*, núm. 335, pp. 50-59. Morales Troncoso, Carlos. 2008. "El comercio entre México y China: una colosal triangulación", en *Comercio Exterior*, vol. 58, núm. 12, pp. 885-894.

Desde la perspectiva china, América Latina y el Caribe ha incrementado significativamente su presencia en el comercio total: si bien la participación de ALC en el comercio de China llegó a su máximo en 2012, con el 6,71% del comercio de China, ALC continuó siendo el cuarto socio comercial de China en 2016, solo después de Estados Unidos, Japón y Corea del Sur. En ALC, México es el segundo socio comercial de China, después de Brasil, y participó con el 1,17% del comercio de China en 2016 (y muy por encima de niveles por debajo del 0,5% del comercio de China hasta 2000). Como resultado, México ha incrementado de modo significativo su posicionamiento en el comercio de China: en 2016 México fue el vigésimo cuarto socio comercial de China (después de haber sido el número 52 en 1995); el vigésimo noveno según las importaciones de China en 2016 y el décimo séptimo según las exportaciones chinas en 2016 (véase el Cuadro 2). Para el caso de México, el creciente posicionamiento ha sido mucho más significativo: desde 2003 China es el segundo socio comercial y si bien esto ha sido particularmente resultado de las crecientes importaciones provenientes de China, también en 2016 China se convirtió en el tercer destino de las exportaciones mexicanas, solo después de Estados Unidos y Canadá. Países como Japón, Alemania y España, entre otros, han sido desplazados en su posición del comercio de México por China.

En lo que sigue el análisis se dividirá en tres apartados. En el primero se examinan las principales tendencias agregadas y desagregadas de las exportaciones mexicanas a China, mientras que en la posterior sección se analizan las importaciones mexicanas provenientes desde China. En la última sección se presenta un grupo de cálculos para comprender la relevancia del comercio bilateral, integrando estimaciones de la balanza sectorial, la importancia de un grupo de cadenas de valor, concentración del comercio, nivel

Cuadro 2   México y China: posición de países y regiones seleccionados en el respectivo comercio (1995-2016)

	China														
	Exportaciones					Importaciones					Comercio				
	1995	2000	2010	2015	2016	1995	2000	2010	2015	2016	1995	2000	2010	2015	2016
Alemania	5	5	5	5	5	6	5	6	6	6	6	6	6	6	6
Argentina	42	43	39	37	42	32	33	32	41	43	36	37	35	41	42
Brasil	25	26	15	21	23	18	25	9	9	9	20	26	10	14	17
Corea del Sur	4	4	4	4	4	4	3	2	1	1	5	4	4	4	4
Estados Unidos	3	1	1	1	1	2	4	5	2	4	3	2	1	1	1
Hong Kong	1	2	2	2	2	5	6	25	28	36	2	3	3	2	2
Japón	2	3	3	3	3	1	1	1	5	2	1	1	2	3	3
México	46	24	23	18	17	44	44	31	31	29	52	35	29	27	24

Fuente: elaboración propia con base en UN-Comtrade para el período 1993-2015 (2017) y GTA (2017) para el 2016.

	México																			
	Exportaciones						Importaciones						Comercio						
	1995	2000	2010	2015	2016	1995	2000	2010	2015	2016	1995	2000	2010	2015	2016
Alemania	7	4	7	6	3	3	5	5	4	4	4	5	5	5	5
Canadá	2	2	2	2	2	4	4	6	6	6	3	2	3	3	4
China	41	19	3	3	3	12	6	2	2	2	17	6	2	2	2
España	5	3	4	7	6	9	11	11	12	12	5	7	8	8	9
Estados Unidos	1	1	1	1	1	1	1	1	1	1	1	1	1	1	1
Japón	3	5	8	8	5	2	2	3	3	2	3	4	4	3	3

Fuente: elaboración propia con base en UN-Comtrade para el período 1993-2015 (2017) y GTA (2017) para el 2016.

tecnológico y el índice de comercio intraindustrial. Todos estos aspectos serán significativos para que en los siguientes capítulos se logre un análisis integral que abarque la creciente complejidad del comercio entre México y China. Los respectivos temas abordados también generarán la base para los siguientes capítulos.

En primer lugar, y con respecto a las exportaciones mexicanas hacia China, diversos aspectos llaman la atención.

2.1 Principales características de las exportaciones mexicanas a China

En la actualidad las exportaciones mexicanas continúan altamente concentradas en Estados Unidos: si bien hasta finales de la década de 1990-1999 llegaron a representar más del 88% de las exportaciones mexicanas, en 2016 lo hicieron con el 80,9%; como contraparte, China aumentó su participación en las exportaciones mexicanas de menos del 1% hasta 2009 al 1,45% en 2016. Además, es importante destacar que las exportaciones mexicanas hacia China se han estancado en términos absolutos desde 2013, alcanzando un máximo de 6.468 millones de dólares. En 2016 apenas representaron el 83,57% de 2013, el retroceso reciente más importante de las exportaciones mexicanas con alguno de sus principales mercados de exportación.

De igual forma, en el Gráfico1 se presentan algunas de las principales características y estructuras de las exportaciones mexicanas. Llama la atención que las exportaciones mexicanas presenten una muy alta participación de los bienes de capital e intermedios, con 73% en 2015 para el total de las exportaciones; 73,69% para las destinadas a Estados Unidos y 77,64% hacia China. Una diferencia significativa de las exportaciones mexicanas hacia China –y a diferencia del total y hacia Estados Unidos– es la relativamente baja participación de los bienes de capital, de apenas 9,74% en 2015 y 31,20%

hacia Estados Unidos. Esta diferencia se vincula con la composición de las exportaciones, como veremos en párrafos siguientes.

Gráfico 1
México: exportaciones por tipo de bien por países seleccionados (1990-2015)

Por otro lado, también se refleja el alto grado de concentración de las exportaciones mexicanas: como se había analizado antes, en la actualidad un grupo relativamente pequeño de capítulos del Sistema Armonizado, en particular de la cadena autopartes-automotriz (capítulos 84 y 87) y de la electrónica (capítulo 85) concentraron en 2016 el 60,50% y el 48,72% de las exportaciones e importaciones, respectivamente. Para el caso de China –y a diferencia de ALC que concentra sus exportaciones a China en materias primas– el 62,14% de las exportaciones mexicanas se concentraron en la cadena automotriz, electrónica y en minerales, escorias y cenizas (capítulo 26 del Sistema Armonizado). Esta creciente presencia china en las exportaciones mexicanas aún es muy inferior a la de Estados Unidos, aunque el Cuadro 3 refleja que en un grupo de capítulos China ya es el principal destino de las exportaciones mexicanas (por ejemplo, en minerales, escorias y cenizas (capítulo 26); también llama la atención que la participación de China en las exportaciones mexicanas de la cadena autopartes-automotriz hasta 2016 haya sido mínima en comparación con la de Estados

Unidos.

Cuadro 3   México: participación de China y Estados Unidos en las exportaciones
totales de cada capítulo (1993-2016)

		1993	2000	2010	2016	1993	2000	2010	2016
		China				Estados Unidos			
	Total	0.05	0.19	1.41	1.45	82.75	88.16	80.07	80.94
26	Minerales, escorias y cenizas.	0.00	2.41	53.12	37.31	39.32	36.97	6.39	0.54
47	Pastas de madera o de otras materias fibrosas celulósicas, desperdicios y desechos de papel o cartón.	0.00	0.00	33.61	23.85	99.98	86.70	56.19	59.64
74	Cobre y manufacturas de cobre.	0.00	2.15	30.19	22.92	63.64	90.36	45.17	55.45
37	Productos fotográficos o cinematográficos.	0.00	0.15	1.87	14.24	38.44	77.14	39.54	32.77
23	Residuos y desperdicios de las industrias alimentarias, alimentos preparados para animales.	0.00	0.15	4.00	12.08	86.88	56.95	15.68	10.43
87	Vehículos automóviles, tractores, ciclos y demás vehículos terrestres, sus partes y accesorios.	0.00	0.02	1.24	1.33	81.38	88.74	79.36	83.56
85	Máquinas, aparatos y material eléctrico y sus partes, aparatos de grabación o reproducción de sonido, aparatos de grabación o reproducción de imágenes y sonido en televisión, y las partes y accesorios de estos aparatos.	0.02	0.04	0.42	1.00	97.56	97.13	83.88	87.63

Fuente: elaboración propia con base en UN-Comtrade para el período 1993-2015
(2017) y GTA (2017) para el 2016.

Cuadro 4　China: importaciones de México y tasa arancelaria ponderada a ocho dígitos del Sistema Armonizado (2016)

(tomando como referencia el mínimo de la tasa arancelaria publicada por MOFCOM para el 2017)

			Importaciones de México (1)	Tasa arancelaria ponderada de las importaciones de México asumiendo arancel de NMF 2016 (2)	Arancel pagado ponderado de las importaciones de México asumiendo arancel de NMF 2016 (3)=(2*1)	Tasa arancelaria ponderada de las importaciones de México asumiendo arancel de NMF 2017 (4)	Arancel pagado ponderado de las importaciones de México asumiendo arancel de NMF 2017 (5)=(4*1)	Diferencia entre la tasa arancelaria aplicada en 2016 y la tasa arancelaria aplicada en 2017 (6)= (2-4)	Diferencia entre el arancel pagado aplicando la tasa arancelaria del 2016 y el pagado aplicando la tasa arancelaria del 2017 (7)=(3-5)	Contribución al incremento del arancel pagado (8)	Participación en las importaciones (9)
			(millones de dólares)	(%)	(millones de dólares)	(%)	(millones de dólares)	(%)	(millones de dólares)	(%)	(%)
		Total	10,293								100.00
		Subtotal de 822 fracciones	2,241	9.72	218	5.54	124	4.18	94	100.00	21.77
1	90039000	Partes de marcos y para el montaje de espectáculos	1,219	10.00	122	6.00	73	4.00	49	52.04	11.84
2	85371090	Paneles para la distribución eléctrica	304	8.40	26	4.00	12	4.40	13	14.26	2.95
3	85044030	Inversores	237	8.30	20	6.00	14	2.30	5	5.81	2.30
4	34029000	Preparaciones para la limpieza	53	9.00	5	7.00	4	2.00	1	1.13	0.51
5	84135031	Bombas hidráulicas	45	10.00	5	6.00	3	4.00	2	1.93	0.44
6	85261090	Aparatos y radares	39	3.80	1	1.00	0	2.80	1	1.16	0.38
7	90079200	Accesorios para proyectores cinematográficos	36	8.40	3	3.00	1	5.40	2	2.08	0.35
8	94049040	Artículos para camas y muebles	32	20.00	6	10.00	3	10.00	3	3.39	0.31
9	84082010	Motores de diésel	30	9.00	3	4.00	1	5.00	1	1.58	0.29
10	85044099	Otros convertidores	26	8.30	2	3.00	1	5.30	1	1.47	0.25

Fuente: elaboración propia con base en CCS (2017) y Mofcom (2017).

Cuadro 5   México: importaciones totales por países seleccionados (1993-2016) (orden de los principales países de acuerdo al comercio al 2015)

	1993	1994	1995	1996	1997	1998	1999	2000	2001	2002	2003	2004	2005	2006	2007	2008	2009	2010	2011	2012	2013	2014	2015	2016	1993-2000	2000-2016
	millones de dólares																								TCPA	TCPA
Total	65,272	79,335	72,453	89,355	111,983	125,324	141,956	174,397	168,377	168,651	170,546	196,808	221,819	256,086	281,927	308,583	234,385	301,482	350,843	370,751	381,210	399,977	395,232	387,065	15.1	5.1
Estados Unidos	48,321	54,813	53,973	67,615	83,214	93,307	105,376	127,690	114,060	106,900	105,723	111,262	118,973	130,810	139,931	151,746	112,789	145,450	174,878	185,684	187,758	195,858	187,301	179,583	14.9	2.2
China	454	499	520	760	1,289	1,615	1,920	2,878	4,027	6,274	9,400	14,373	17,696	24,438	29,744	34,690	32,529	45,608	52,248	56,936	61,321	66,256	69,988	69,521	30.2	22.0
Canadá	988	1,620	1,374	1,743	2,020	2,256	2,948	4,015	4,234	4,480	4,120	5,327	6,169	7,376	7,957	9,442	7,304	8,607	9,645	9,890	9,847	10,045	9,948	9,632	22.2	5.6
Japón	3,057	4,778	3,951	3,837	4,466	4,535	5,081	6,463	8,085	9,348	7,595	10,583	13,078	15,295	16,343	16,282	11,397	15,015	16,493	17,655	17,076	17,545	17,368	17,751	11.3	6.5
Alemania	2,652	3,100	2,686	3,174	3,997	4,542	5,031	5,757	6,079	6,065	6,218	7,143	8,670	9,437	10,688	12,606	9,727	11,077	12,863	13,508	13,461	13,762	13,975	13,878	11.7	5.7
Unión Europea	7,164	8,873	6,618	7,622	10,299	11,590	13,000	15,120	16,720	17,021	18,493	21,719	25,881	29,093	33,927	39,264	27,315	32,573	37,745	40,964	43,095	44,530	43,728	42,323	11.3	6.6
América Latina y El Caribe	2,332	2,842	1,608	2,300	2,787	2,878	3,378	4,594	5,268	6,323	7,599	10,697	12,557	14,668	14,929	15,246	10,394	13,051	14,419	14,107	14,789	14,914	12,376	12,256	10.2	6.3

porcentaje sobre el total

	1993	1994	1995	1996	1997	1998	1999	2000	2001	2002	2003	2004	2005	2006	2007	2008	2009	2010	2011	2012	2013	2014	2015	2016
Total	100.00	100.00	100.00	100.00	100.00	100.00	100.00	100.00	100.00	100.00	100.00	100.00	100.00	100.00	100.00	100.00	100.00	100.00	100.00	100.00	100.00	100.00	100.00	100.00
Estados Unidos	74.03	69.09	74.49	75.67	74.31	74.45	74.23	73.22	67.74	63.39	61.99	56.53	53.64	51.08	49.63	49.18	48.12	48.25	49.85	50.08	49.25	48.97	47.39	46.40
China	0.70	0.63	0.72	0.85	1.15	1.29	1.35	1.65	2.39	3.72	5.51	7.30	7.98	9.54	10.55	11.24	13.88	15.13	14.89	15.36	16.09	16.56	17.71	17.96
Canadá	1.51	2.04	1.90	1.95	1.80	1.80	2.08	2.30	2.51	2.66	2.42	2.71	2.78	2.88	2.82	3.06	3.12	2.86	2.75	2.67	2.58	2.51	2.52	2.49
Japón	4.68	6.02	5.45	4.29	3.99	3.62	3.58	3.71	4.80	5.54	4.45	5.38	5.90	5.97	5.80	5.28	4.86	4.98	4.70	4.76	4.48	4.39	4.39	4.59
Alemania	4.06	3.91	3.71	3.55	3.57	3.62	3.54	3.30	3.61	3.60	3.65	3.63	3.91	3.69	3.79	4.09	4.15	3.67	3.67	3.64	3.53	3.44	3.54	3.59
Unión Europea	10.98	11.18	9.13	8.53	9.20	9.25	9.16	8.67	9.93	10.09	10.84	11.04	11.67	11.36	12.03	12.72	11.65	10.80	10.76	11.05	11.30	11.13	11.06	10.93
América Latina y el Caribe	3.57	3.58	2.22	2.57	2.49	2.30	2.38	2.63	3.13	3.75	4.46	5.44	5.66	5.73	5.30	4.94	4.43	4.33	4.11	3.81	3.88	3.73	3.13	3.17

TCPA = tasa de crecimiento promedio anual para el respectivo período

comercio total= suama de exportaciones más importaciones

Fuente: elaboración propia con base en UN-Comtrade (2017) y GTA (2017).

A un nivel más desagregado, por subpartidas o a seis dígitos del Sistema Armonizado, las exportaciones de México a China reflejan tendencias adicionales de interés. Con excepción del petróleo (subpartida 270900), las principales diez subpartidas exportadas por México se vinculan a manufacturas, en particular de la cadena autopartes-automotriz. Estas diez subpartidas concentraron el 28,66% de las exportaciones totales de México en 2016. Por el contrario, las exportaciones mexicanas a China reflejan características diferentes: tres de las principales diez subpartidas se refieren a manufacturas de la cadena autopartes-automotriz, mientras que las otras siete partidas son de productos de cobre y petróleo. Además, las diez principales subpartidas concentraron el 61,13% de las exportaciones mexicanas a China; es decir, presentan un índice de concentración muy superior al de las exportaciones mexicanas totales.

Por último, y con base en información entregada directamente por el Ministerio de Comercio de China (Mofcom, por sus siglas en inglés), se buscó

Gráfico 2

México: exportaciones a China, participación de las 10 principales subpartidas sobre el total de las exportaciones a China (1993-2016)

realizar una estimación parcial [1] de los aranceles que pagan las importaciones chinas provenientes de México. La estimación es interesante –aunque cabe reconocer que la información arancelaria solo hace referencia al 22% de las importaciones chinas provenientes de México, y no se cuenta con información arancelaria para el resto de las importaciones provenientes de nuestro país– en cuanto a que refleja que las importaciones chinas provenientes de México pagaron en 2016 un arancel relativamente alto –del 9,72%– que se reduciría a un 5,54% en 2017, ante la reducción unilateral propuesta por China. En términos del costo del arancel, la reducción sería de 218 millones de dólares a 124 millones de dólares. Es particularmente importante analizar los diez casos presentados en el Cuadro 4, ordenados según su monto importado en 2016.

El universo de fracciones hace referencia en forma exclusiva a productos manufacturados y refleja muy importantes beneficios para las importaciones chinas provenientes de México, en particular para los principales tres productos. De tal forma, la fracción 90039000 (partes de marcos), que representa el 11,84% de las importaciones chinas desde México, vería reducir la tasa arancelaria del 10% al 6%, con una reducción arancelaria de 49 millones de dólares; lo mismo con la fracción 85371090 (tarjetas para la distribución eléctrica), cuyo arancel caería del 8,4% al 4%. En otros casos –la fracción 94049040– la disminución de la tasa arancelaria es del 20% al 10%. En general, entonces, se percibe una tasa arancelaria relativamente alta –del 9,72%– y medidas unilaterales por parte de China que

---

[1] La información provista contiene 822 fracciones a ocho dígitos del Sistema Armonizado con información sobre la tasa arancelaria de Nación Más Favorecida (NMF), así como un arancel provisional que China, de modo unilateral, les ofrece a todos los países. Esta información se vinculó con las importaciones chinas provenientes de México para calcular una tasa arancelaria ponderada para 2016 y la reducción arancelaria resultante de las medidas unilaterales chinas y de las que se beneficiaría México. El banco de datos incluye en algunos casos mínimos y máximos de la tasa arancelaria y se tomó el mínimo para la estimación. De las 822 fracciones, México solo exportó a China 272.

benefic
ian, desde 2017, de manera significativa, a las exportaciones mexicanas.

2.2 Principales características de las importaciones mexicanas desde China

El Cuadro 5 da cuenta de uno de los cambios estructurales más profundos del comercio exterior mexicano y muestra una efectiva diversificación del mismo, en particular de sus importaciones provenientes de Asia y de modo puntual de China. Hasta el año 2000, más del 70% de las importaciones mexicanas provenían de Estados Unidos –en 1996 alcanzó el 75,67%– y desde entonces se han desplomado hasta llegar, a partir de 2007, a niveles inferiores al 50%. En 2016 fue de apenas 46,40%. Llama la atención que también las importaciones de México provenientes de la Unión Europea y América Latina y el Caribe hayan disminuido en el período de análisis.

En contraparte, las importaciones de México provenientes de China han aumentado en forma sustantiva, con una tasa de crecimiento promedio anual (TCPA) del 30,2% y 22,0% para 1993-2000 y 2000-2016, respectivamente (véase el Cuadro 5). Para ambos períodos, la TCPA de las importaciones chinas más que duplicó la TCPA de las importaciones totales mexicanas, y en 2000-2016 la TCPA de las importaciones chinas fue diez veces superior a la de Estados Unidos. Como resultado, la participación de China en las importaciones mexicanas aumentó de menos del 1% en 1995 al 7,98% en 2005, y al 17,96% en 2016. Desde una perspectiva mexicana se trata del más rápido y profundo cambio estructural del comercio exterior mexicano.

Por otro lado, la estructura de las importaciones mexicanas totales de Estados Unidos y de China, según el tipo de bien para 1990-2015, presenta resultados significativos. Para las importaciones mexicanas totales y para las provenientes de Estados Unidos llama la atención que la participación de los bienes de consumo y de capital caigan en forma continua durante el período. La participación de los bienes de capital provenientes de Estados Unidos disminuye del 23,06% en 1990 al 13,98% en 2005 y al 12,49% en 2015. Sin embargo, para el caso de China se perciben incluso cambios estructurales en la estructura de las importaciones de México más significativas: si a inicios de la década de 1990-1999 las importaciones de consumo representaron más del 40%, desde entonces estas han caído de modo continuo hasta representar el 13,81% en 2015. Las importaciones de bienes intermedios provenientes de China se han consolidado como las más relevantes, aumentando de niveles cercanos al 40% en la década de 1990 hasta niveles superiores al 50% desde 2009 y al 53,19% en 2015. El aspecto más significativo, sin embargo, es la creciente presencia de los bienes de capital en las importaciones de México provenientes de China: en ambos períodos –1990-2000 y 2000-2015– la TCPA de estos bienes fue la mayor de las importaciones chinas, y de representar menos del 20% en la década que estamos analizando, desde 2004 representaron más del 30% y el 33% en 2015. Así, en un período relativamente breve las importaciones mexicanas provenientes de China han logrado casi duplicar la participación de los bienes de capital, y se han colocado muy por encima de la participación de los bienes de capital de las importaciones totales y de Estados Unidos [1].

---

[1] El tema es de relevancia crucial y apunta a una creciente sustitución de las importaciones estadounidenses por las chinas en los últimos veinte años. El tema es significativo en las discusiones actuales sobre la renegociación del TLCAN (Dussel Peters y Ortiz Velásquez, 2016; Dussel Peters, 2017a). Dussel Peters, Enrique y Samuel Ortiz Velásquez. 2016. "El Tratado de Libre Comercio de América del Norte, ¿contribuye China a su integración o desintegración?", en Dussel Peters, Enrique (coord.), *La nueva relación comercial de América Latina y el Caribe con China, ¿integración o desintegración regional?* México: Red ALC-China, UDUAL, UNAM-Cechimex, pp. 245-308. Dussel Peters, Enrique. 2017a. "Efectos del TPP en la economía de México: impacto general y en las cadenas de valor de autopartes-automotriz, hilo-textil-confección y calzado", en *Cuadernos de Trabajo* vol. 4. México: Centro de Estudios Internacionales Gilberto Bosques, Instituto Belisario Domínguez, Senado de la República, pp. 1-66.

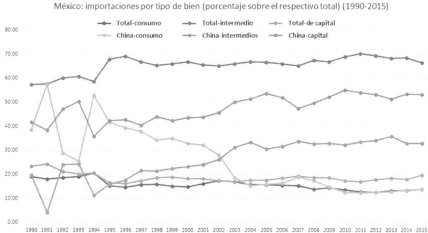

Gráfico 3
México: importaciones por tipo de bien (porcentaje sobre el respectivo total) (1990-2015)

Por otro lado, se reflejan las principales características de las importaciones mexicanas a nivel de capítulos del Sistema Armonizado. Destaca, por un lado, que tres capítulos –la cadena autopartes-automotriz y la electrónica– hayan mantenido un alto grado de concentración de sus importaciones, cercanas al 50% de las importaciones mexicanas totales. En 2016 fue del 48,72%. Para el caso de las importaciones provenientes de China –los principales tres capítulos se refieren a electrónica, autopartes e instrumentos de óptica–, su concentración aumentó de niveles inferiores al 40% en la década de 1990 hasta el 75,59% en 2010 y al 69,55% en 2016. Lo anterior explica que las importaciones mexicanas de China presenten los más altos coeficientes de concentración a nivel de capítulos.

Las tendencias anteriores también muestran la profundidad de las importaciones mexicanas provenientes de China en capítulos específicos. En la actualidad, en ciertas manufacturas ligeras, como sombrillas, juguetes, artículos de sombrerería y manufacturas de espartería, China participa con más de dos terceras partes de las importaciones totales, y en todos los casos ha desplazado de manera sustantiva a Estados Unidos. El caso de los paraguas (capítulo 66) es simbólico: mientras que China incrementa del 12,95% de las importaciones mexicanas del capítulo en 1993 al 84,85% en 2016, la participación estadounidense se desploma del 72,79% al 10,73%, respectivamente. Además, en el Cuadro 6 se analiza el rápido posicionamiento de las importaciones chinas en las importaciones totales en sectores específicos relevantes, según el peso de las importaciones mexicanas. Cadenas de valor estratégicas para México, como la de autopartes-automotriz y la electrónica reflejan el profundo posicionamiento de China en las importaciones mexicanas (véase el Cuadro 6). En electrónica (capítulo 85), por ejemplo, China ya desplazó a Estados Unidos como el principal importador en México en 2016, y se prevé una fuerte competencia en el segmento automotriz (capítulo 87), en particular en autopartes (capítulo 84). El rápido y profundo posicionamiento de China en las importaciones mexicanas no solo se ha centrado en importaciones de manufacturas ligeras, sino que en forma creciente ha abarcado mercancías de mayor sofisticación, tal y como se mostrará en los siguientes párrafos.

Desde una perspectiva más desagregada, a seis dígitos del Sistema Armonizado, las importaciones mexicanas que provienen de China también reflejan características particulares. Por un lado, y con dos excepciones, todas las subpartidas están vinculadas con autopartes (capítulo 84) o con electrónica (capítulo 85). En segundo lugar, llama la atención el relativamente alto grado de concentración de las importaciones mexicanas provenientes de China: las diez subpartidas más importantes representaron desde 2009 más del 40% de las importaciones chinas, aunque en 2016 cayó al 34,18%; incluso solo las tres primeras representaron más del 15% de las importaciones desde China. Es de particular importancia la subpartida 847330 –partes y accesorios para máquinas automáticas y procesamiento de datos– que en 2003 llegó a representar el 14,14% de las importaciones chinas.

Los aspectos anteriores son relevantes en el contexto de la tarifa arancelaria

Cuadro 6   México: participación de China y Estados Unidos en el total importado de cada capítulo (1993-2016)

		1993	2000	2010	2016	1993	2000	2010	2016
		China				Estados Unidos			
	Total	0.70	1.58	15.13	17.96	74.03	73.22	48.25	46.40

(capítulos seleccionados según la participación en las importaciones mexicanas)

		1993	2000	2010	2016	1993	2000	2010	2016
66	Paraguas, sombrillas, quitasoles, bastones, bastones- asientos, látigos, fustas y sus partes.	12.95	59.26	90.63	84.85	72.70	22.04	4.50	10.73
67	Plumas y plumón preparados y artículos de plumas o plumón, flores artificiales, manufacturas de cabellos.	1.07	66.56	82.88	80.90	69.12	23.52	3.95	3.27
95	Juguetes, Juegos y artículos para recreo o para deportes, sus partes y accesorios.	4.51	36.23	66.24	73.74	72.57	45.26	19.86	11.19
65	Artículos de sombrerería y sus partes.	3.00	20.26	61.29	65.93	73.33	46.15	17.33	17.60
46	Manufacturas de espartería o de cestería.	0.07	58.24	79.63	62.30	72.93	22.78	1.68	4.40

(capítulos seleccionados según la participación en las importaciones mexicanas de China)

		1993	2000	2010	2016	1993	2000	2010	2016
85	Máquinas, aparatos y material eléctrico y sus partes, aparatos de grabación o reproducción de sonido, aparatos de grabación o reproducción de imágenes y sonido en televisión, y las partes y accesorios de estos aparatos.	0.51	1.96	29.89	34.60	82.28	76.55	26.58	25.69
84	Reactores nucleares, calderas, máquinas, aparatos y artefactos mecánicos; partes de estas máquinas o aparatos.	1.30	1.64	23.99	23.79	66.23	66.87	40.57	38.32
90	Instrumentos y aparatos de óptica, fotografía o cinematografía, de medida, control o de precisión; instrumentos y aparatos médico-quirúrgicos; partes y accesorios de estos instrumentos o aparatos.	0.45	2.52	20.25	22.45	72.05	72.77	40.11	38.42
87	Vehículos automóviles, tractores, ciclos y demás vehículos terrestres, sus partes y accesorios.	2.42	0.23	3.33	5.95	71.61	72.18	54.87	50.03
39	Materias plásticas y manufacturas de estas materias.	0.43	0.97	5.91	8.10	92.28	89.14	74.75	68.29

Fuente: elaboración propia con base en UN-Comtrade para el período 1993-2015 (2017) y GTA (2017) para el 2016.

que pagaban las importaciones mexicanas provenientes de China en 2015[1]. Por otro lado, destaca la relativamente baja tasa arancelaria que México cobra a las importaciones de China, de apenas 1,77%, por encima de la tasa arancelaria de las importaciones estadounidenses, de 0,32%, como resultado de los beneficios arancelarios del TLCAN. Se estiman los beneficios de las importaciones mexicanas provenientes de China al aplicárseles la tasa arancelaria que pagó Estados Unidos en 2015. En términos agregados, además de un ahorro de aranceles de 1.013 millones de dólares, llama la atención que los capítulos más significativos que importa México desde China –por ejemplo electrónica, autopartes e instrumentos ópticos– si bien recibirían reducciones significativas en la tasa arancelaria, en general en 2015 ya contaban con niveles muy bajos, tal es el caso de la electrónica (capítulo 85), que en 2015 pagó una tasa arancelaria del 0,45%, y con el tratamiento TLCAN se reduciría al 0,13% y un ahorro arancelario de apenas 93 millones de dólares. El que las importaciones chinas recibieran el tratamiento del TLCAN afectaría, sobre todo, a manufacturas ligeras de la cadena hilo-textil-confección, calzado y muebles, entre otros rubros. La cadena del calzado es paradigmática (capítulo 64): si las importaciones chinas recibieran el trato arancelario que obtienen las importaciones de Estados Unidos, su tasa arancelaria se reduciría del 22,53% al 4,06%.

---

[1] Las estimaciones arancelarias para las importaciones de México se realizaron con base en estimaciones anteriores para 2015 (Dussel Peters, 2016; 2017).
Dussel Peters, Enrique (coord.). 2016. *La relación México-China. Desempeño y propuestas para 2016-2018*. México: UNAM-Cechimex y MexCham.
Dussel Peters, Enrique. 2017a. "Efectos del TPP en la economía de México: impacto general y en las cadenas de valor de autopartes-automotriz, hilo-textil-confección y calzado", en *Cuadernos de Trabajo* vol. 4. México: Centro de Estudios Internacionales Gilberto Bosques, Instituto Belisario Domínguez, Senado de la República, pp. 1-66.
Dussel Peters, Enrique. 2017b. "Chinese infrastructure projects in México", a publicarse en Dussel Peters, Enrique y Ariel C. Armony (coords.), *Chinese infrastructure projects in Latin America*. México: Red ALC-China, Universidad de Pittsburgh.

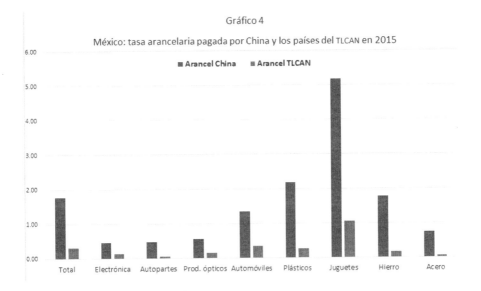

Gráfico 4

México: tasa arancelaria pagada por China y los países del TLCAN en 2015

2.3 Balanza comercial, nivel tecnológico y comercio intraindustrial del comercio bilateral

El análisis detallado del comercio exterior entre México y China realizado en las páginas anteriores permite una comprensión puntual de las principales tendencias por capítulos y fracciones y de los aspectos arancelarios bilaterales. En lo que sigue se realizará un breve examen de tres aspectos adicionales: la balanza comercial, el nivel tecnológico y el comercio intraindustrial entre ambos países.

La balanza comercial entre México y China, y más allá de las diferencias en el registro del comercio analizado anteriormente, ha sido tema de tensiones bilaterales durante los últimos veinte años, y en diversas ocasiones se ha buscado un mayor equilibrio entre los flujos comerciales. En el Gráfico 5 se da cuenta de la creciente *dualidad* del comercio exterior mexicano: por un lado, genera masivos superávits comerciales con Estados Unidos y, por el otro, déficits comerciales con el resto de sus socios comerciales, en particular con China. En 2016 la relación importación/exportación fue de 13:1, también considerando el estancamiento de las exportaciones mexicanas a China durante 2013-2016, que ya se analizó en estas páginas. Electrónica, autopartes e instrumentos de óptica son los principales capítulos generadores del significativo déficit comercial de México *vis a vis* China.

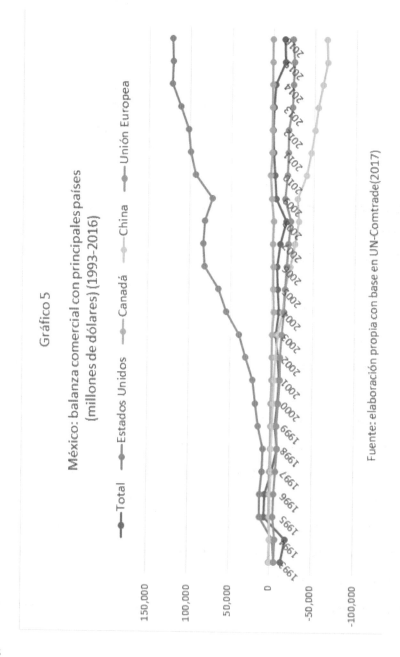

Gráfico 5

México: balanza comercial con principales países (millones de dólares) (1993-2016)

Fuente: elaboración propia con base en UN-Comtrade(2017)

El comercio exterior por nivel tecnológico medio y alto [1] , por un lado, refleja esfuerzos significativos por parte de México: desde finales de la década de 1990-1999 las exportaciones de nivel tecnológico medio y alto representaron más del 60% y el 66,00% en 2016; con Estados Unidos incluso las exportaciones de nivel tecnológico medio y alto representaron más del 70% del total durante 2015 y 2016. Sin embargo, con China existe una significativa brecha del comercio basada en su nivel tecnológico. Si bien es importante reconocer que México es una excepción en el ámbito del comercio exterior latinoamericano, al considerar que la mayoría de las exportaciones de ALC no llegan al 5% de nivel tecnológico medio y alto, en la última década las exportaciones mexicanas a China son cercanas al 40%, mientras que las importaciones provenientes de China cuentan con más del 70% de nivel tecnológico medio y alto. Esta estructura refleja también –y es un tema que se abordó con mayor detalle en las secciones anteriores– la estructura de los flujos comerciales bilaterales.

Por último, cabe dar cuenta del comercio intraindustrial (CII) [2] de México con China y Estados Unidos. Las estimaciones reflejan con nitidez que de 1993 a 2016 el comercio de México con Estados Unidos pasó por diversas fases, siendo que el CII alcanzó su nivel más alto en 1998 con un 0,468. Desde entonces el CII ha disminuido de manera constante hasta alcanzar un 0,399 en 2016. No obstante la tendencia anterior del CII de México con Estados Unidos, el CII del comercio de México con China refleja que el comercio entre ambos

---

[1]   Se define al comercio exterior como de nivel tecnológico medio y alto a los respectivos capítulos 84-90.

[2]   El CII refleja el grado de integración entre los respectivos países, y fue calculado a cuatro dígitos del Sistema Armonizado. Para un análisis, véase: Dussel Peters, Enrique (coord.). 2016. *La relación México-China. Desempeño y propuestas para 2016-2018*. México: UNAM-Cechimex y MexCham.

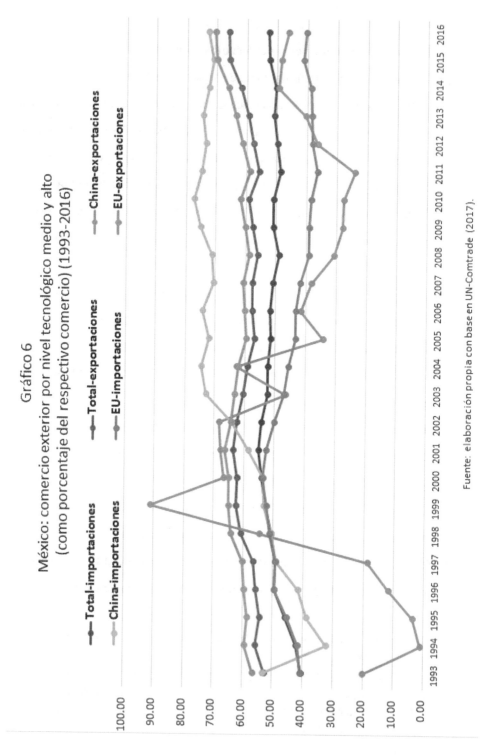

Gráfico 6

México: comercio exterior por nivel tecnológico medio y alto
(como porcentaje del respectivo comercio) (1993-2016)

Fuente: elaboración propia con base en UN-Comtrade (2017).

aún es cualitativamente diferente al que México tiene con cualquiera de sus socios comerciales importantes. El CII de México con China en pocas ocasiones llega al 0,1% y en 2016 fue de apenas 0,060%. Lo anterior muestra que por el momento la mayor parte del comercio bilateral es de carácter interindustrial; es decir, que existe poca integración entre los respectivos aparatos productivos.

3. Principales problemáticas en la relación bilateral

Con el fin de permitir un efectivo diálogo propositivo que aborde las principales temáticas entre México y China en el ámbito comercial, en lo que sigue se estudia un grupo de aspectos que son relevantes y que han generado diversas "tensiones"; algunos de los aspectos abordados no hacen referencia directa a tópicos comerciales, pero, como veremos, sí influyen en su desempeño. Los temas serán relevantes para la última sección de este documento. Se han detectado al menos seis aspectos que serán descritos en forma breve, con el objeto de comprender su dimensión y vínculo con los respectivos temas comerciales bilaterales.

1. Bajos flujos de inversión extranjera directa china en México. Si bien los presidentes Xi Jinping y Enrique Peña Nieto buscaron potenciar la IED china en México desde 2013, y de manera explícita con el nuevo panorama que brinda una "asociación estratégica integral", también es una realidad que desde 2013 (Qiu, 2014[1]) la IED china ha estado muy por debajo de su potencial en México

---

[1]   Qiu, Xiaoqi. 2014. "China, profundización integral de la reforma y sus relaciones con México", en *Cuadernos de Trabajo del Cechimex*, núm. 3. México: UNAM-Cechimex, pp. 1-12.

(Dussel Peters y Ortiz Velásquez, 2016[1]) y también de la IED que China realiza en otros países latinoamericanos. Según fuentes mexicanas (SE, 2017b[2]) el CII chino acumuló durante el período que va de 1999 a 2016 485 millones de dólares o el 0,1% de la IED que México capturó durante ese tiempo; fuentes chinas (Mofcom, 2016[3]) indican flujos de salida de IED acumulados para 2004-2014 de 410 millones de dólares hacia México o el 0,06% del total para el mismo período. Además de los bajos montos y de las oscilaciones que no proyectan una tendencia al alza en el último lustro, estudios de caso de la IED china en ALC y en México reflejan (Dussel Peters, 2014b[4]) que por el momento las empresas chinas han requerido de relativamente largos y costosos procesos de aprendizaje en los respectivos países, además de que en general no son acompañados por instituciones mexicanas o chinas en este proceso. No obstante, se destaca un significativo potencial de la IED china en México, en particular en cadenas de valor como la electrónica y la de autopartes-automotriz (Dussel Peters, 2016[5]).

2. Proyectos de infraestructura y Zonas Económicas Especiales (ZEE).

[1] Dussel Peters, Enrique y Samuel Ortiz Velásquez. 2016. "El Tratado de Libre Comercio de América del Norte, ¿contribuye China a su integración o desintegración?", en Dussel Peters, Enrique (coord.), *La nueva relación comercial de América Latina y el Caribe con China, ¿integración o desintegración regional?* México: Red ALC-China, UDUAL, UNAM-Cechimex, pp. 245-308.

[2] Secretaría de Economía (SE). 2017b. *Informe estadístico sobre el comportamiento de la inversión extranjera directa en México (enero-diciembre de 2016)*. México: SE, Comisión Nacional de Inversiones Extranjeras.

[3] Ministerio de Comercio (Mofcom). 2016. *Report on Development of China´s Outward Investment and Economic Cooperation 2015*. Pekín: Mofcom.

[4] Dussel Peters, Enrique (coord.). 2014b. *La inversión extranjera directa de China en América Latina: 10 casos de estudio*. México, Red ALC-China, UDUAL y UNAM-Cechimex.

[5] Dussel Peters, Enrique (coord.). 2016. *La relación México-China. Desempeño y propuestas para 2016-2018*. México: UNAM-Cechimex y MexCham.

Si bien China ha realizado más de 1.100 proyectos de infraestructura en el mundo y más de una centena en ALC, en México por el momento solo han sido tres (Dussel Peters, 2017b [1]): el proyecto de Dragon Mart en Cancún (desde 2007 y cancelado en 2015), el tren rápido Ciudad de México-Querétaro (la licitación se publicó en agosto de 2014 y el proyecto se canceló en enero de 2015) y la hidroeléctrica Chicoasén II, cuya licitación fue ganada por Sinohydro Costa Rica en enero de 2015 y se encuentra temporalmente suspendida desde julio de 2016 [2]. La cancelación de los dos primeros proyectos, particularmente el del tren rápido, afectaron de modo significativo la relación bilateral. Sin embargo, y no obstante los fracasos binacionales en este rubro, existen importantes expectativas en torno al potencial que China pudiera jugar en las Zonas Económicas Especiales (ZEE) a cargo de la Secretaría de Hacienda y Crédito Público (SHCP) y la Autoridad Federal para el Desarrollo de las Zonas Económicas Especiales (AFDZEE) (DOF, 2016a; Zamora Torres, 2016 [3]). El Puerto Lázaro Cárdenas, definido como una de las tres ZEE establecidas hasta el momento, y que cuenta ya con la empresa de Hong Kong Hutchinson Port Holdings, que es la mayor operadora portuaria del mundo y forma parte de la empresa Hutchinson Whampoa Limited desde 2004, pareciera contar con un significativo potencial para concretar proyectos bilaterales en materia de parques

---

[1]   Dussel Peters, Enrique. 2017b. "Chinese infrastructure projects in México", a publicarse en Dussel Peters, Enrique y Ariel C. Armony (coords.), *Chinese infrastructure projects in Latin America. México*: Red ALC-China, Universidad de Pittsburgh.

[2]   Para un análisis detallado, véase: Monitor de la Manufactura Mexicana (2015) y Dussel Peters, (2017b).

[3]   *Diario Oficial de la Federación (DOF)*. 2016a. "Decreto por el que se expide la Ley Federal de Zonas Económicas Especiales y se adiciona un quinto párrafo al artículo 9 de la Ley General de Bienes Nacionales". México: DOF, 1 de junio.
Zamora Torres, Abraham. 2016. "Oportunidades de inversión en México: infraestructura y ZEE", en Dussel Peters, Enrique (coord.), *La relación México-China. Desempeño y propuestas para 2016-2018*. México: UNAM-Cechimex, MexiCham, pp. 49-55.

industriales y en cadenas de valor específicas. Como se analizó antes, en la "nueva complejidad" de la relación México-China, y desde una perspectiva, estos proyectos de infraestructura son particularmente significativos y estratégicos.

3. El gran y creciente déficit comercial de México con China ha sido tema de análisis y críticas en México, como ya se ha examinado en este texto. Más allá del monto del déficit comercial –de niveles superiores a los 60.000 millones de dólares desde 2014– es al menos tan significativo destacar la falta de dinamismo por parte de las exportaciones mexicanas a China desde 2013. El tema, sin embargo, no ha sido analizado de manera suficiente en México y en China, y requiere de mayor profundización: como se analizó antes (véase el capítulo 1), las importaciones mexicanas procedentes de China en particular destacan por una alta participación de bienes intermedios y de capital; es decir que constituyen primordialmente mercancías para incrementar la productividad y su transformación para su consumo en México o su exportación. No existen, sin embargo, análisis puntuales que permitan establecer el porcentaje de los bienes intermedios y de capital importados de China por su destino (para el mercado doméstico o para el mercado de exportación).

4. Tensiones en cadenas de valor específicas. En los últimos años se han generado múltiples tensiones comerciales bilaterales en cadenas de valor específicas, como las de hilo-textil-confección, calzado, juguetes y otras manufacturas ligeras, así como en la del acero. En la mayoría de los casos, las demandas mexicanas ante la Organización Mundial del Comercio (OMC) y la imposición de cuotas, salvaguardas y otros instrumentos a las importaciones chinas datan desde el ingreso de China a la OMC en 2001, lo que se sumó a la creciente sobreproducción china en estos y otros productos (Monitor de la

Manufactura Mexicana, 2007; Grijalva, 2007; Yang, 2010[1]). Si bien el Gobierno Central chino ha buscado limitar la sobreproducción y respectivas exportaciones hacia el mundo y México en particular, en hilo-textil-confección y en acero las tensiones subsisten hoy día (Flores Ayala, 2017[2]).

5. Debilidad de las instituciones bilaterales existentes. Llama la atención que si bien existe un grupo significativo de instituciones bilaterales al menos desde 2004 –la Comisión Binacional, el GAN, GANE y GANI, además de múltiples visitas de delegaciones y reuniones entre los respectivos Ejecutivos, Legislativos, partidos políticos, etc.–, las diversas instituciones tienen dificultades para abordar y dar solución a las temáticas bilaterales relevantes, y lo mismo sucede en el ámbito comercial (Agendasia, 2012; Oropeza García, 2016[3]). Esta relativa debilidad institucional bilateral pareciera requerir la

[1] Monitor de la Manufactura Mexicana. 2007. "Extinción de la Cláusula de Paz entre México y China en diciembre de 2007. ¿Inicio de una 'Guerra' o rendición anticipada?", en Monitor de la Manufactura Mexicana, vol. 3, núm. 6, pp. 44-49.
Grijalva, Amapola. 2007. "Los efectos de las incongruencias arancelarias en las relaciones comerciales México-Estados Unidos-China. Una propuesta alternativa a la política de protección", en Dussel Peters, Enrique y Yolanda Trápaga Delfín (coords.). *Hacia un diálogo entre México y China. Dos y tres décadas de cambios socioeconómicos.* México: UNAM-Cechimex, CICIR, Fundación Friedrich Ebert y Senado de la República, pp. 392-415.
Yang, Zhimin. 2010. "Trade Frictions Facing China", Ciclo de Conferencias China-México. México: UNAM-Cechimex, 20 de octubre.

[2] Flores Ayala, Jesús. 2017. "La industria del acero en México y en China: condiciones y tensiones recientes", en Ciclo de Conferencias del Centro de Estudios China-México. México: UNAM-Facultad de Economía, 8 de marzo.

[3] Agendasia. 2012. Agenda estratégica México-China. Dirigido al C. presidente electo Enrique Peña Nieto. México: Agendasia.
Oropeza García, Arturo. 2016. "Descifrar a China o la importancia de institucionalizar su conocimiento (2006-2016)", en Dussel Peters, Enrique (coord.), *La relación México-China. Desempeño y propuestas para 2016-2018.* México: UNAM-Cechimex, UDUAL, Cámara de Comercio de México en China, pp. 29-31.

efectiva implementación de la voluntad de los presidentes Enrique Peña Nieto y Xi Jinping en sus respectivas reuniones y definida desde 2013 como una asociación estratégica integral (Zapata, 2016[1]).

6. Aspectos pendientes. Con el ingreso de China a la OMC en 2001 se planteó un período transitorio de quince años para que esta nación fuera reconocida como una "economía de mercado". A pesar de diversas solicitudes y encuentros explícitos sobre el tema entre China y México, aún no ha logrado establecerse un acuerdo (Leycegui Gardoqui, 2007; Martínez Cortés, 2016[2]). El Banco Asiático de Inversión en Infraestructura (BAII), que entró en funciones en enero de 2016, cuenta en la actualidad con setenta miembros, y China tiene el interés y la expectativa de que México participe en el mismo, a fin de que pueda hacer uso del financiamiento y sus instrumentos, aunque por el momento no se ha dado una respuesta. Ambos temas son relevantes para la relación bilateral México-China.

4. Conclusiones y hacia una agenda bilateral México-China en el marco de la Iniciativa de la Franja y la Ruta

El documento parte de las estrategias de desarrollo de China y México, tanto domésticas como internacionales, que han permitido un significativo

---

[1] Zapata, Roberto. 2016. "La relación económica México-China: desempeño y propuestas para 2016-2018", en Dussel Peters, Enrique (coord.), *La relación México-China. Desempeño y propuestas para 2016-2018*. México: UNAM-Cechimex, UDUAL, Cámara de Comercio de México en China, pp. 56-63.

[2] Martínez Cortés, José Ignacio. 2016. "Acuerdo de asociación estratégica: institucionalización de la relación México-China", en Dussel Peters, Enrique (coord.), *La relación México-China. Desempeño y propuestas para 2016-2018*. México: México: UNAM-Cechimex, UDUAL, Cámara de Comercio de México en China, pp. 80-84.

incremento en los flujos comerciales bilaterales. Adicionalmente se presentan las diversas instituciones regionales y bilaterales que existen entre China y México, y se toma en cuenta el importante potencial que pudieran tener para la efectiva implementación de instrumentos bilaterales útiles para sobrellevar diversas estructuras señaladas en el análisis de este documento, así como puntuales tensiones bilaterales que se han generado en el ámbito comercial y en otros rubros durante el siglo XXI. Estas instituciones son la base para instrumentar una "agenda comercial en el corto, mediano y largo plazos para un acuerdo comercial entre México y China".

La segunda sección del documento analiza con detalle las principales estructuras y flujos de las exportaciones e importaciones bilaterales, así como de los aranceles existentes. Más allá de aspectos puntuales –la creciente presencia comercial de China en México y de México en China, la relativa concentración de las exportaciones mexicanas hacia China, así como su estancamiento desde 2013, la importante brecha en el comercio por nivel tecnológico y los relativamente bajos aranceles que México cobra a las importaciones chinas, entre otros–, el documento sostiene que es plenamente viable, y debiera ser de interés para ambas partes, entablar negociaciones para sobrellevar las diversas dificultades bilaterales en el rubro del comercio. En estas reuniones también se deben incluir en forma explícita aspectos que si bien no se vinculan de manera directa con el comercio, sí lo afectan, así como la relación bilateral: la IED china en México, los proyectos de infraestructura de China en México y el potencial de las Zonas Económicas Especiales, así como las tensiones bilaterales comerciales en cadenas de valor específicas, entre otros. Por otro lado, y si bien existe un importante potencial de los proyectos de infraestructura de China en México, estos por el momento no han culminado exitosamente: los proyectos de Dragon Mart, el tren rápido México-Querétaro y la hidroeléctrica Chicoasén II no se han llevado a cabo y solo la última se encuentra paralizada desde julio de 2016.

Con base en el análisis del documento, en lo que sigue se plantearán aspectos necesarios para el diseño de una estrategia que derive en una efectiva agenda integral bilateral, la misma que inicie con la efectiva implementación de una "asociación estratégica integral", a la cual se comprometieron ambos países desde 2013.

En primer lugar, es indispensable que ambas partes concreten las múltiples estrategias presentadas por China en la última década y particularmente la Iniciativa de la Franja y la Ruta, aunque también las que China lanzó para América Latina y el Caribe en 2008, en 2016 y en el Foro CELAC-China. Este marco permite el establecimiento de extensos y profundos instrumentos bilaterales que, por el momento, se han explotado solo de forma insuficiente en la relación México-China.

En segundo lugar, es indispensable crear un Grupo de Trabajo México-China integrado por funcionarios, representantes de organismos empresariales y académicos, que sesione de manera periódica, y que tenga como objetivo específico apoyar a las instituciones bilaterales existentes. Este Grupo de Trabajo México-China tendría que partir del análisis de múltiples propuestas ya elaboradas durante el último lustro, tanto en China como en México[1], y contar con un financiamiento binacional proveniente de las instituciones bilaterales existentes, a fin de que el Grupo de Trabajo pueda cumplir sus funciones. El propio Grupo de Trabajo definiría los temas significativos a ser abordados en el corto, mediano y largo plazos, y los resultados a los que llegara se entregarían a las instituciones bilaterales existentes para que estas las consideren y gestionen su implementación. Este Grupo de Trabajo México-China debiera reunirse periódicamente para resolver temáticas ya definidas hace más de una década: problemáticas comerciales bilaterales y en el marco de la OMC, solución a proyectos de infraestructura como el de Chicoasén II, así como el de estadísticas comerciales y de inversión extranjera directa. Por otro lado, también debiera ser propositivo para abordar temas como el potencial del puerto Lázaro Cárdenas, el cual, como uno de los sitios definidos para ser una de las Zonas Económicas Especiales, también debe recibir especial atención, entre otros de los aspectos señalados en el documento. Asimismo, existen protocolos de acceso al mercado

---

[1]   Existe un grupo amplio de propuestas específicas para el ámbito comercial, véase, al menos:

2012. Agenda estratégica México-China. Dirigido al C. presidente electo Enrique Peña Nieto. México: Agendasia.

Dussel Peters, Enrique (coord.). 2016. *La relación México-China. Desempeño y propuestas para 2016-2018*. México: UNAM-Cechimex y MexCham.

Wu, Hongying. 2010. "Treinta años de relaciones de China y México como socios estratégicos: desarrollo económico y social", en Dussel Peters, Enrique y Yolanda Trápaga Delfín (eds.). *Hacia un diálogo entre México y China. Dos y tres décadas de cambios socioeconómicos*. México: Senado de la República, CICIR, UNAM-Cechimex, pp. 9-38.

Yang, Zhimin. 2016. "México y China: condiciones y propuestas desde una perspectiva china", en Dussel Peters, Enrique (coord.), *La relación México-China. Desempeño y propuestas para 2016-2018*. México: UNAM-Cechimex, MexiCham, pp. 38-48.

Varios de estos esfuerzos incluyen la participación de docenas de autores de los sectores público, privado y académico, con propuestas puntuales en el ámbito comercial y para temáticas y sectores específicos.

chino avanzados que requieren de una mayor celeridad (Zapata, 2016[1])[2]. La problemática de los desequilibrios en la balanza comercial, en los proyectos comerciales y en la inversión, que buscan cerrar la brecha tecnológica en el comercio, además de propiciar un mayor grado de integración comercial con base en proyectos en cadenas de valor específicas, como las de agricultura, hilo-textil-confección, calzado, electrónica y autopartes-automotriz, también debiera ser parte de las labores de este Grupo de Trabajo México-China.

Por último, tanto México como China debieran considerar –y desde una perspectiva de largo plazo, y con base en los avances alcanzados en el corto y mediano plazo– aspectos puntuales y concretos de la "asociación estratégica integral" entre ambos países establecida en 2013. La CELAC y APEC, entre otras instituciones regionales, también pudieran jugar un papel estratégico binacional, en el que México y China podrían liderar procesos de acuerdos comerciales con efectos regionales. La participación de México en el BAII y la RCEP podría enviar señales de un efectivo interés estratégico en el largo plazo, e incluso permitir la realización de las diversas estrategias e instrumentos propuestos por China en su último "libro blanco" hacia la región, a finales de 2016.

---

[1]   Zapata, Roberto. 2016. "La relación económica México-China: desempeño y propuestas para 2016-2018", en Dussel Peters, Enrique (coord.), *La relación México-China. Desempeño y propuestas para 2016-2018*. México: UNAM-Cechimex, UDUAL, Cámara de Comercio de México en China, pp. 56-63.

[2]   En el corto plazo también sería deseable que las autoridades responsables en México se definieran sobre el estado de "economía de mercado" de China en la OMC y su participación en el BAII, entre otros temas.

Bibliografía

Agendasia. 2012. Agenda estratégica México-China. Dirigido al C. presidente electo Enrique Peña Nieto. México: Agendasia.

Anguiano Roch, Eugenio. 2010. "Perspectivas a largo plazo de la relación sino-mexicana", en Dussel Peters, Enrique y Yolanda Trápaga Delfín (eds.), *Hacia un diálogo entre México y China. Dos y tres décadas de cambios socioeconómicos.* México: Senado de la República, CICIR y UNAM-Cechimex, pp. 429-444.

Banco de México (Banxico). 2017. Banco de *México. Estadísticas.* En: <http://www.banxico.org.mx/estadisticas/index.html>. Consultado en abril de 2017

Centro de Investigación de Desarrollo del Consejo de Estado/Banco Mundial (drc/bm). 2012. *Building a Modern, Harmonius, and Creative High-Income Society.* Washington, D.C.: drc/bm.

Chavarría, Engge. 2008. "China quiere TLC; México en desventaja". En: <*Bilateals.org*>, Consultado el 18 de abril.

China Customs Statistics (CCS). 2017. *Información comercial anual.* Hong Kong: CCS.

Comunidad de Estados Latinoamericanos y del Caribe (CELAC). 2015. *Plan de Cooperación de los Estados Latinoamericanos y Caribeños-China (2015-2019).* CELAC.

Diario Oficial de la Federación (DOF). 2016a. "Decreto por el que se expide la Ley Federal de Zonas Económicas Especiales y se adiciona un quinto párrafo al artículo 9 de la Ley General de Bienes Nacionales". México: *DOF*, 1 de junio.

Diario Oficial de la Federación (DOF). 2016b. "Decreto por el que se crea la Autoridad Federal para el Desarrollo de las Zonas Económicas Especiales y se reforman y adicionan diversas disposiciones del Reglamento Interior de la Secretaría de Hacienda y Crédito Público". México: *DOF*, 30 de junio.

Dussel Peters, Enrique. 2005. "El caso de las estadísticas comerciales entre China y México. Para empezar a sobrellevar el desconocimiento bilateral", en *Economía Informa*, núm. 335, pp. 50-59.

Dussel Peters, Enrique. 2012. "Aspectos comerciales y de inversión entre China y México: ¿colisión o acuerdo?", en Dussel Peters, Enrique (coord.), *40 años de la relación entre México y China. Acuerdos, desencuentros y futuro*. México, UNAM-Cechimex, Cámara de Senadores y CICIR, pp. 81-90.

Dussel Peters, Enrique. 2014a. "Mexico and the Asian Challenge 2000-2012", en Arnson, Cynthia J. y Jorge Heine (eds.), *Reaching Across the Pacific: Latin America and Asia in the New Century*. Washington, D.C.: Woodrow Wilson Center, pp. 187-222.

Dussel Peters, Enrique (coord.). 2014b. La *inversión extranjera directa de China en América Latina: 10 casos de estudio*. México, Red ALC-China, UDUAL y UNAM-Cechimex.

Dussel Peters, Enrique (coord.). 2016. *La relación México-China. Desempeño y propuestas para 2016-2018*. México: UNAM-Cechimex y MexCham.

Dussel Peters, Enrique. 2017a. "Efectos del TPP en la economía de México: impacto general y en las cadenas de valor de autopartes-automotriz, hilo-textil-confección y calzado", en *Cuadernos de Trabajo* vol. 4. México: Centro de Estudios Internacionales Gilberto Bosques, Instituto Belisario Domínguez, Senado de la República, pp. 1-66.

Dussel Peters, Enrique. 2017b. "Chinese infrastructure projects in México", a publicarse en Dussel Peters, Enrique y Ariel C. Armony (coords.), *Chinese infrastructure projects in Latin America*. México: Red ALC-China, Universidad de Pittsburgh.

Dussel Peters, Enrique y Samuel Ortiz Velásquez. 2016. "El Tratado de Libre Comercio de América del Norte, ¿contribuye China a su integración o desintegración?", en Dussel Peters, Enrique (coord.), *La nueva relación comercial de América Latina y el Caribe con China, ¿integración o desintegración regional?* México: Red ALC-China, UDUAL, UNAM-Cechimex, pp. 245-308.

Expansión. 2013. "China desea un TLC con México", en *Expansión*, 3 de junio.

Flores Ayala, Jesús. 2017. "La industria del acero en México y en China: condiciones y tensiones recientes", en Ciclo de Conferencias del Centro de Estudios China-México. México: UNAM-Facultad de Economía, 8 de marzo.

Gobierno de la República Popular China (GRPC). 2011. "La política de China hacia América Latina y el Caribe", en *Cuadernos de Trabajo del Cehimex*, núm. 3. México: UNAM-Cechimex, pp. 1-11.

Gobierno de la República Popular China (GRPC). 2017. "Documento sobre la Política de China hacia América Latina y el Caribe", en *Cuadernos de Trabajo del Cechimex,* núm. 1, pp. 1-12.

Grijalva, Amapola. 2007. "Los efectos de las incongruencias arancelarias en las relaciones comerciales México-Estados Unidos-China. Una propuesta alternativa a la política de protección", en Dussel Peters, Enrique y Yolanda Trápaga Delfín (coords.). *Hacia un diálogo entre México y China. Dos y tres décadas de cambios socioeconómicos*. México: UNAM-Cechimex, CICIR, Fundación Friedrich Ebert y Senado de la República, pp. 392-415.

ILAS (Institute for Latin American Studies) / CASS (Chinese Academy of Social Sciences). 2017. Expanding the Belt and Road: A New Perspective on China-Latin America Integrated Cooperation. National Think Tank 2017 (7), A Series of

OBOR By Silk Road Academy.

Leycegui Gordoqui, Beatriz. 2008. "México-China en el camino: construyendo estrategias para una relación positiva", en Oropeza García, Arturo (coord.), *México-China. Culturas y sistemas jurídicos comparados*. México: UNAM-IIJ, pp. 429-437.

Leycegui Gardoqui, Beatriz (coord.). 2012. *Reflexiones sobre la política comercial internacional de México* 2006-2012. México: ITAM, SE, Miguel Porrúa.

Long, Guoqiang. 2015. "'One Belt, One Road': A New Vision for Open, Inclusive Regional Cooperation", en *Cuadernos de Trabajo del Cechimex*, núm. 4. México: UNAM-Cechimex, pp. 1-8.

Martínez Cortés, José Ignacio. 2016. "Acuerdo de asociación estratégica: institucionalización de la relación México-China", en Dussel Peters, Enrique (coord.), *La relación México-China. Desempeño y propuestas para 2016-2018*. México: México: UNAM-Cechimex, UDUAL, Cámara de Comercio de México en China, pp. 80-84.

Ministerio de Comercio (Mofcom). 2016. *Report on Development of China's Outward Investment and Economic Cooperation 2015*. Pekín: Mofcom.

Ministerio de Comercio (Mofcom). 2017. China FTA Network. China: Mofcom. En: <http://fta.mofcom.gov.cn/topic/enpacific.shtml>. Consultado en abril de 2017.

Monitor de la Manufactura Mexicana. 2007. "Extinción de la Cláusula de Paz entre México y China en diciembre de 2007. ¿Inicio de una 'Guerra' o rendición anticipada?", en Monitor de la Manufactura Mexicana, vol. 3, núm. 6, pp. 44-49.

Monitor de la Manufactura Mexicana. 2015. "¿Por qué no invierte China en México?", en Monitor de la Manufactura Mexicana, vol. 11, pp. 50-55.

Morales Troncoso, Carlos. 2008. "El comercio entre México y China: una colosal triangulación", en *Comercio Exterior*, vol. 58, núm. 12, pp. 885-894.

Organización para la Cooperación y el Desarrollo Económicos (OCDE). 2002. China in the *World Economy. The Domestic Policy Challenges*. París: OCDE.

Organización para la Cooperación y el Desarrollo Económicos (OCDE). 2017. OCDE Economic Surveys China. París: OCDE.

Oropeza García, Arturo. 2016. "Descifrar a China o la importancia de institucionalizar su conocimiento (2006-2016)", en Dussel Peters, Enrique (coord.), *La relación México-China. Desempeño y propuestas para 2016-2018*. México: UNAM-Cechimex, UDUAL, Cámara de Comercio de México en China, pp. 29-31.

Plan Nacional de Desarrollo (PND). 2013. *Plan Nacional de Desarrollo 2013-2018*. México: Gobierno de la República.

Qiu, Xiaoqi. 2014. "China, profundización integral de la reforma y sus relaciones con México", en *Cuadernos de Trabajo del Cechimex*, núm. 3. México: UNAM-Cechimex, pp. 1-12.

Ros, Jaime y Juan Carlos Moreno-Brid. 2010. *Desarrollo y crecimiento en la economía mexicana*. México: FCE.

Secretaría de Economía (SE). 2017a. *Comercio Exterior / Países con Tratados y Acuerdos firmados con México*. México: SE. En: <http://www.gob.mx/se/acciones-y-programas/comercio-exterior-paises-con-tratados-y-acuerdos-firmados-con-mexico?state=published>. Consultado en abril de 2017.

Secretaría de Economía (SE). 2017b. *Informe estadístico sobre el comportamiento de la inversión extranjera directa en México (enero-diciembre de 2016)*. México: SE, Comisión Nacional de Inversiones Extranjeras.

Secretaría de Relaciones Exteriores (SRE). 2014. *Programa de Acción entre los Estados Unidos Mexicanos y la República Popular China para Impulsar la Asociación Estratégica Integral*. México: SRE, 12 de noviembre.

Shanghai Academy. 2017. Belt and Road Initiative and China-Latin America Relations. Shanghai Academy, Center for Latin American Studies, Shanghai University, Shanghai, Octubre 20-31.

UN-Comtrade. 2017. *UN-Comtrade International Trade Statistics Database*. En:

<http://comtrade.un.org>. Consultado en abril de 2017.

Ventura Valero, Julián y Rodrigo Meléndez Armada. 2016. "Relaciones económicas México-China: una agenda de oportunidades", en *Revista Mexicana de Política Exterior*, vol. 108, pp. 27-49.

Wu, Hongying. 2010. "Treinta años de relaciones de China y México como socios estratégicos: desarrollo económico y social", en Dussel Peters, Enrique y Yolanda Trápaga Delfín (eds.). *Hacia un diálogo entre México y China. Dos y tres décadas de cambios socioeconómicos*. México: Senado de la República, CICIR, UNAM-Cechimex, pp. 9-38.

Wu, Jinglian. 2005. *China´s Long March Toward A Market Economy*. Shanghai: Shanghai Press and Publishing Development Company.

Xinhua. 2017. Full Text: Vision and Actions on Jointly Building Belt and Road. http://news.xinhuanet.com/english/china/2015-03/28/c_134105858.htm.

Yang, Zhimin. 2010. "Trade Frictions Facing China", Ciclo de Conferencias China-México. México: UNAM-Cechimex, 20 de octubre.

Yang, Zhimin. 2012. "Cooperación económica y comercial entre China y México: elevando el nivel desde una óptica estratégica", en Dussel Peters, Enrique (coord.). 40 *años de la relación entre México y China. Acuerdos, desencuentros y futuro*. México: UNAM-Cechimex, Senado de la República y CICIR.

Yang, Zhimin. 2016. "México y China: condiciones y propuestas desde una perspectiva china". en Dussel Peters, Enrique (coord.), *La relación México-China. Desempeño y propuestas para 2016-2018*. México: UNAM-Cechimex, MexiCham, pp. 38-48.

Zamora Torres, Abraham. 2016. "Oportunidades de inversión en México: infraestructura y ZEE", en Dussel Peters, Enrique (coord.), *La relación México-China. Desempeño y propuestas para 2016-2018*. México: UNAM-Cechimex, MexiCham, pp. 49-55.

Zapata, Roberto. 2016. "La relación económica México-China: desempeño y propuestas para 2016-2018", en Dussel Peters, Enrique (coord.), *La relación México-China. Desempeño y propuestas para 2016-2018*. México: UNAM-Cechimex, UDUAL, Cámara de Comercio de México en China, pp. 56-63.

Zócalo. 2011. "China quiere TLC con México", en *Zócalo*, 29 de diciembre.

Capítulo 11

Promoviendo la inversión china en Chile bajo el contexto de la Franja y la Ruta

Osvaldo Rosales [1]

1. Reconocimiento del importante rol de China en el escenario global

China ya es la primera o segunda economía mundial, según se la mida en dólares constantes o en poder de paridad de compra. Es el primer exportador mundial de bienes, la principal potencia manufacturera y el principal detentor de reservas internacionales. En la lista de los 10 principales bancos mundiales, cinco son chinos. Su poderío económico es indiscutible, en dominios tan variados como el comercio internacional, las inversiones en el exterior, las finanzas globales y más recientemente en innovación y propiedad intelectual. Del mismo modo, destacan sus crecientes vínculos con el mundo en desarrollo de Asia, así como con África y América Latina.

Cuando Occidente asiste con perplejidad a los fenómenos de Trump, el

---

[1] Osvaldo Rosales, exviceministro de Comercio de Chile (2000-2004), exdirector de la División de Comercio Internacional e Integración de la Comisión Económica para América Latina y el Caribe de las Naciones Unidas (CEPAL) y representante principal en negociaciones en temas de acuerdos de libre comercio con China, Estados Unidos, la Unión Europea y Corea del Sur.

Brexit, Le Pen y otros populismos nacionalistas en Europa, destaca con mayor relevancia el compromiso de China con economías abiertas y con negociaciones comerciales de suma positiva, es decir, donde todos ganan. En este sentido, la persistencia de China con las negociaciones para una Asociación Económica Integral Regional (RCEP, por sus siglas en inglés) y su propuesta de un acuerdo de libre comercio en APEC son ejemplos de un compromiso con búsquedas plurilaterales que estimulen la expansión del comercio y de las inversiones.

La Asociación Económica Integral Regional (RCEP) es una negociación comercial en curso que incluye a China, Japón, Corea del Sur, las 10 economías de la Asociación de Naciones del Sudeste Asiático (ASEAN, por sus siglas en inglés), más Australia, India y Nueva Zelanda. Clausurada la opción del Acuerdo Transpacífico de Cooperación Económica (TPP, por sus siglas en inglés) y congeladas las negociaciones de la Asociación Transatlántica de Comercio e Inversión (TTIP, por sus siglas en inglés) entre Estados Unidos y la Unión Europea, entonces la iniciativa de la RCEP es el más ambicioso de los megaacuerdos comerciales en negociación.

De concretarse, sin duda alguna, acentuaría el privilegio del Asia-Pacífico en la dinámica del comercio y la economía mundiales. Es por eso que Chile y la Alianza del Pacífico deben seguir de cerca esta iniciativa, buscando incorporarse a ella en cuanto sea posible. Del mismo modo, la convergencia entre Mercosur y la Alianza del Pacífico abre una buena oportunidad para que el vínculo entre América Latina y el Asia-Pacífico se refuerce, generando nuevas corrientes de inversión y de comercio en un contexto de beneficio mutuo.

Hay que destacar los importantes esfuerzos de China por avanzar en una institucionalidad para una globalización más acorde con la situación relativa de los principales actores y con los desafíos del siglo XXI. El Nuevo Banco de Desarrollo de los BRICS (NBD BRICS) y el Banco Asiático de Inversión en

Infraestructura (BAII) son buenos ejemplos de estos esfuerzos. Más importante aún, la Iniciativa de la Franja y la Ruta (OBOR, por sus siglas en inglés) no solo representa la versión actualizada de la Ruta de la Seda, sino que además constituye el mejor ejemplo de la trilogía cooperación-inversión-comercio. En efecto, si bien OBOR no constituye un acuerdo de libre comercio, por su favorable impacto en la infraestructura vial, ferroviaria y marítima mejorará considerablemente las oportunidades de comercio entre un amplio conjunto de países de Asia, Europa y África. Más temprano que tarde, ello se reflejará en una nueva red de acuerdos comerciales, con mayor razón aún si ese proceso es apoyado con financiamiento de la banca china y con fondos del NBD BRICS y del BAII.

Por lo anterior, justo cuando Europa y Estados Unidos dan muestras de desconfianza en el comercio y en las inversiones extranjeras, China continúa impulsando una amplia batería de iniciativas que, sin duda, están reformulando el mapa global del comercio y de las inversiones. Chile, como una economía abierta con vínculos crecientes con China y Asia, no puede estar ajeno a estos importantes procesos de redefinición de la economía global. En este tema como en muchos, una relación más profunda y más meditada con China es esencial. Por lo tanto, en un sentido, Chile debe actuar con más iniciativa. Es necesario que nuestro país siga aplicando los acuerdos firmados en el Segundo Foro CELAC-China celebrado en Santiago de Chile en enero de 2018. Por otro lado, hay que explicar la importancia de China a los países de la Alianza del Pacífico y de toda América Latina.

Para Chile es importante incorporarse a todas estas iniciativas: a la RCEP, a OBOR, al BAII y al NBD BRICS. Participar en estas iniciativas será fundamental para extraer lecciones que luego puedan aplicarse en la integración latinoamericana. Además, en 2019 se va a celebrar en Chile la Cumbre de

APEC, en la que aspectos como la gestión internacional de comercio e inversión, la modificación y el mejoramiento de los acuerdos ya existentes deben hacerse temas núcleos.

2. Historia de la relación Chile-China

En la memoria de la diplomacia china se habla de que Chile es "el campeón de los primeros" en América Latina. En efecto, Chile fue el primer país sudamericano en establecer relaciones diplomáticas con la República Popular China (1970), el primer país latinoamericano en apoyar el ingreso de China a la OMC, negociando para ello el protocolo respectivo (1999) y el primer país en el mundo en negociar un TLC con China (2005). En rigor, China concluyó negociaciones con Macao (2003) y Hong Kong (2004), ambos territorios con vinculación administrativa con China. Sin embargo, se trataron de acuerdos bastante simples, con un sello más bien de cooperación. El primer TLC de amplia cobertura fue con Chile (2005) [1]. Previo al inicio de la negociación comercial, Chile fue también el primer país de América Latina en reconocerle a China su estatus de "economía de mercado" (2004). Además, la Primera Cumbre Empresarial China-América Latina y el Caribe se desarrolló en Santiago (2007), y la primera Cumbre Ministerial CELAC-China realizada en América Latina tuvo lugar en Santiago en enero de 2018. Ello correspondió a la segunda Cumbre, pues la primera se realizó en Beijing en enero de 2015.

---

[1] Los contactos partieron en 2003. En 2004 se realizó el estudio de factibilidad y el entonces director general de Relaciones Económicas Internacionales de Chile (O. Rosales) viajó a China en agosto, donde sostuvo una reunión con su contraparte, el viceministro de Comercio, con quien se evaluó el resultado de dicho estudio. Allí se concordó en que el estudio concluía positivamente para ambas partes y se decidió que el anuncio del inicio de las negociaciones se haría en Santiago, en la Cumbre de APEC en noviembre de 2004, aprovechando la visita del presidente Hu Jintao.

Considerando la lejanía de Chile respecto de Asia y el reducido tamaño de nuestra economía en el espacio global y regional, la verdad es que la cantidad de visitas de autoridades chinas de alto nivel refleja un mensaje especial de cercanía política y de espacios posibles para reforzar la cooperación. Estos espacios se podrían aprovechar mejor de contarse con un plan estratégico de mediano plazo que incorpore temas de comercio, inversión, tecnologías y conectividad, entre otros. Esas visitas han sido las del presidente Jiang Zemin (2001), el presidente Hu Jintao (2004), el vicepresidente Xi Jinping (2011), el primer ministro Wen Jiabao (2012), el primer ministro Li Keqiang (2015), el presidente Xi Jinping (2016). Estas visitas de líderes chinos han sido correspondidas con las siguientes visitas presidenciales de Chile: Ricardo Lagos (2001), Michelle Bachelet (2008), Michelle Bachelet (2009), Sebastián Piñera (2010), Michelle Bachelet (2014), Michelle Bachelet (mayo de 2017).

Ya desde fines de la primera década de este siglo, China se ha convertido en el principal socio comercial de Chile y en el primer destino de sus exportaciones. Cerca del 25% de las exportaciones chilenas se dirigen a China y, por tanto, la evolución de nuestra economía está fuertemente ligada a lo que acontezca con la economía china. El intenso intercambio comercial tiene sí un problema, pues muy pocos productos explican el grueso de las exportaciones. Solo el cobre, en sus diversas manifestaciones, explica cerca de las tres cuartas partes de nuestras exportaciones a China. El cobre y tres o cuatro productos más explican casi el 85% de las exportaciones a China. Claramente esta situación no es sostenible. Diversificar nuestras exportaciones dirigidas a nuestro principal socio comercial es un desafío clave para avanzar en nuestros objetivos de crecimiento, innovación y generación de empleo calificado.

Considerando los estrechos lazos de China con el resto del Asia-Pacífico, la relación comercial con el Asia-Pacífico se ha transformado en eje crucial de nuestra inserción internacional y de las perspectivas de crecimiento. Si sumamos las exportaciones de Chile que se dirigen a China (26%), Japón (9%), Corea del Sur (7%) y Taiwán (2%), resulta que el 44% de nuestras ventas externas va a esa zona geográfica. Ello contrasta con un 13% que se dirige a Estados Unidos y una cifra similar a la UE.

Si todas las proyecciones económicas de corto y mediano plazo sugieren que China, India y el Asia-Pacifico seguirán siendo las zonas de mayor crecimiento en las próximas décadas, es claro que Chile debiera adoptar una orientación más proactiva para acompañar sus iniciativas de comercio e inversión con esta zona. En estos esfuerzos, reforzar el vínculo con China es fundamental.

Existe una notable coincidencia entre los criterios básicos del Plan Quinquenal 2016-2020, que orienta las reformas económicas en curso en China, y la Agenda 2030 para el Desarrollo Sostenible y los 17 Objetivos de Desarrollo Sostenible (ODS), aprobados por la Asamblea General de Naciones Unidas en septiembre de 2015. En ese sentido, la cooperación China-América Latina encuentra un carril preciso por donde transitar. Por ejemplo, tanto China como Chile y América Latina, en diferentes contextos y urgencias, necesitan con premura diversificar sus exportaciones; en nuestro caso, revirtiendo la inquietante reprimarización exportadora de los últimos años.

Tanto China como Chile y el resto de América Latina necesitan crecer con más igualdad en un contexto de acelerado cambio tecnológico, de conformación de cadenas de valor y de creciente digitalización de los procesos productivos. Ello plantea singulares desafíos en productividad, innovación, infraestructura, logística y formación y capacitación de recursos humanos. En este sentido, el crucial desafío de la cooperación china con nuestra región es su grado de contribución a esta transformación productiva, renovando la política industrial, favoreciendo el procesamiento de los recursos naturales y sus encadenamientos productivos con manufacturas y servicios. De este modo, la región podría diversificar sus exportaciones, elevando su contenido de conocimiento y tecnologías.

Este discurso cala bien en las autoridades chinas y desde nuestra parte no ha sido suficientemente desarrollado ni menos articulado en torno a iniciativas concretas. El tema de la atracción de inversiones chinas debería ser ubicado en este contexto. En efecto, la cooperación china puede colaborar eficazmente en estos procesos, ayudando a cerrar nuestras brechas en infraestructura, logística y conectividad, estimulando así también el comercio intrarregional y la gestación de cadenas regionales o subregionales de valor. Chile debiera contribuir además a este proceso en el ámbito regional. Esto significa robustecer la convergencia entre la Alianza del Pacífico y el Mercosur, por un lado; y fortalecer la integración y la cooperación regional, por el otro. De este modo, un vínculo más sólido entre la Alianza del Pacifico y el Mercosur ayudará a que las prioridades regionales de la cooperación con China se puedan perfilar con mayor nitidez y también abrirá espacios para alianzas económicas, comerciales y tecnológicas de mayor alcance entre América Latina y China. La posibilidad de avanzar en la fibra óptica que pueda conectar a Chile con China reforzaría esta postura, esto es, de actuar como un puente de conectividad para buena parte de las operaciones de comercio e inversión entre América del Sur y China.

3. Promoción de la inversión china en Chile

(1). Aprovechar la Iniciativa de la Franja y la Ruta (OBOR)

La Iniciativa de la Franja y la Ruta (OBOR, por sus siglas en inglés) es un parteaguas en la economía mundial. La prensa estadounidense ya la equipara al Plan Marshall, el que ayudó a la reconstrucción de Europa en la posguerra. Hay, sin embargo, diferencias importantes:

En primer lugar, OBOR no solo no está respondiendo al fin de un conflicto bélico, sino que se trata de infundir más dinamismo a la zona más dinámica del mundo (Asia-Pacífico) sobre la base de un paquete colosal de inversiones en infraestructura que elevará el estándar de autopistas, vías férreas, puertos y temas ligados, como transporte y logística. En segundo lugar, no solo mejorará el vínculo económico y comercial intra-Asia, sino que también mejorará ese vínculo con Europa. En tercer lugar, está respaldado en una novedosa institucionalidad de financiamiento (el Banco Asiático de Inversión en Infraestructura) que brindará apoyo a los proyectos de inversión. En cuarto lugar, en ese banco participarán varios países europeos, elevando la talla global de la iniciativa. Finalmente, en quinto lugar, empresas estadounidenses, como Caterpillar, ya han manifestado su gran interés en la iniciativa, toda vez que la demanda china por sus productos crece proporcionalmente a la intensidad del crecimiento chino.

Se trata entonces, sin lugar a dudas, de la principal iniciativa económica-comercial en el actual momento de la globalización. Es cierto que no es un acuerdo de libre comercio como el TPP, sin embargo, sería un gran error no percibir que terminará gestando más comercio e inversiones que lo que podría haber generado un acuerdo comercial entre todas las economías involucradas.

Ello será así porque habrá importantes inversiones en infraestructura y financiamiento para concretarlas. Vale la pena recordar que un acuerdo de libre comercio *per se* genera importantes corrientes de inversión y comercio solo en aquellos casos de muy marcada represión a tales flujos, los que se liberarían con el acuerdo comercial. No era ese el caso del TPP, con una serie de acuerdos ya existentes entre buena parte de sus miembros. La iniciativa OBOR, por el contrario, partirá por las inversiones en infraestructura, generando de inmediato corrientes de comercio. En tanto estas inversiones se vayan concretando, surgirá una fase obvia de avances en facilitación de comercio entre las economías vinculadas a OBOR, lo que a su vez generará condiciones para gestar acuerdos de libre comercio que liberalicen los flujos de bienes, servicios, inversiones y personas. En este sentido, OBOR invierte la relación clásica que venía desde el comercio a las inversiones y la plantea desde estas al comercio.

Cualquier estadía de más de una semana en Beijing permite apreciar cómo todo el mundo, literalmente, está buscando atraer inversión china. Más allá del discurso inicialmente conflictivo de Trump y de sus asesores en política comercial, lo interesante es que, justo en paralelo a ese discurso, no han cesado de acudir a China misiones empresariales estadounidenses, acompañadas de gobernadores y de bancos de dicho país.

Cabe recordar que el duro enfrentamiento inicial de Trump contra China no duró más de dos meses y después del encuentro Xi-Trump en West Palm Beach, a inicios de abril de 2017, Trump declaró que "la relación con China está en un nivel formidable". A no dudar que Trump y sus asesores recibieron mensajes claros de las oportunidades de negocios ligadas tanto a la economía china como a las perspectivas de la iniciativa OBOR.

(2). Competir por atraer la inversión china

Esto no puede ser un factor aislado de una estrategia más global de vínculo con China y el Asia-Pacífico. No puede, por tanto, responder a un ministerio único o a una agencia de un ministerio. Las razones son variadas:

Todo el mundo, literalmente, está buscando atraer inversión china.

Buena parte de los Gobiernos, además, lo está haciendo con más convicción y recursos que nosotros.

En China hay inmensas oportunidades de inversión. Por tanto, salir a invertir afuera requiere proyectos que puedan superar los atractivos de invertir en el propio país.

El despliegue de China en Asia-Pacífico hace más natural que la etapa inicial de inversión en el exterior parta por esa zona, aprovechando además similitudes culturales, contactos y colonias chinas en Macao y Hong Kong, en primer lugar, y luego Singapur, Malasia, todas además espléndidas zonas de negocios.

El gran objetivo nacional de OBOR (la Franja y la Ruta) no solo significa que buena parte de las inversiones de las empresas estatales chinas se oriente a los programas de OBOR, sino también significa que la poderosa banca china ha establecido líneas especiales de financiamiento para tales inversiones.

Por lo tanto, cualquier decisión de los inversionistas chinos para invertir en América Latina debe ser capaz de superar el binomio rentabilidad-riesgo de cualquiera de las tres opciones previas: invertir en la propia China, en el entorno asiático geográfico y culturalmente más cercano, o en las economías de la iniciativa OBOR.

Los inversionistas chinos, además, no terminan de entender nuestra política "horizontal", "sin discriminación" en la política de atracción de inversiones porque no es esa la experiencia que enfrentan en los demás países. No se trata de llenarlos de subsidios, pero sí de detectar prioridades productivas y tecnológicas en el accionar gubernamental. El "síndrome Intel" aún nos pesa[1].

Por lo tanto, más inversión china tendremos cuando ellos vean que hay directrices gubernamentales precisas, apoyadas en proyectos específicos y reforzadas por una manifiesta coordinación intergubernamental (ministerios y agencias remando en la misma dirección y con el mismo entusiasmo).

En adición a ello habría que aprovechar la buena disposición de la Comisión Nacional de Desarrollo y Reforma de China (CNDR) de contactarnos con las empresas líderes en cada sector que nos interese. En ese sentido, por ejemplo, creo que sería muy útil una misión de la Corporación de Fomento de la Producción de Chile (Corfo) y del Ministerio de Energía con todos los antecedentes del "Distrito Solar Tecnológico" en el norte chileno, incluyendo costos, plazos y resultados esperados. Lo mismo en el caso de proyectos y concesiones próximas en infraestructura. También en lo referente a la industria del litio. Hay más de una empresa china relevante, incluida en las *Fortune 500*, interesada en montar un parque industrial tecnológico asociado al litio. Diseñar visitas ministeriales a Beijing para explicar y difundir estas oportunidades es vital. Mejor aún si las autoridades y el sector privado chilenos logran articular una propuesta de largo plazo que vincule las iniciativas del litio y del "Distrito Solar Tecnológico". En este último caso, no dudo de que la recepción de

---

[1] A fines de la década de 1990, la empresa Intel consultó el interés de las autoridades chilenas en recibir una inversión en semiconductores. La contraparte de esta inversión apuntaba a algún apoyo tributario o en terrenos. La respuesta fue que en Chile se aplicaba una "política horizontal", sin discriminar entre inversionistas, sin subsidio alguno. Luego de consultar otros países, Intel finalmente se ubicó en Costa Rica, donde obtuvo apoyos estatales diversos. Al cabo de varios años, Costa Rica logró diversificar notablemente sus exportaciones; actualizó el pénsum de varias carreras universitarias, con el apoyo de Intel, y gestó una política masiva de reforzamiento del inglés en sus profesionales. Volviendo al caso chileno, lo lamentable es que el argumento "horizontal", además, no era estrictamente cierto, pues la industria forestal, el transporte camionero y la agricultura cuentan o han contado con subsidios o rebajas tributarias considerables.

empresas y autoridades chinas sería muy favorable.

Las oportunidades de inversión que Chile ofrece son muchas, sin embargo, hay dos áreas que pueden aportar evidentes beneficios mutuos. La primera corresponde a sectores de provisión de servicios regulados como la generación de energía, la operación de caminos o los servicios de telecomunicaciones. En Chile, una porción importante de estos servicios es provista por empresas privadas a través del otorgamiento de contratos de concesión por parte del Estado, mediante procesos de licitación. Este modelo de operación ha traído importantes beneficios para Chile, aun cuando –debemos reconocer– no siempre es fácil de entender por parte de empresas que no operan bajo este esquema en sus países de origen. Ello explica que pocas empresas chinas hayan invertido hasta ahora en esos sectores en Chile. Pero ello ha ido cambiando con la presencia de empresas chinas en la generación de energía y en el proceso de licitación de la operación de una importante vía de nuestra capital, Santiago. Para que estos ejemplos se multipliquen, es necesario un especial esfuerzo en informar adecuadamente a los potenciales inversionistas chinos acerca de los futuros procesos de licitación y de los detalles de cómo ellos operan[1].

Un segundo grupo de importancia estratégica para Chile es el de aquellos sectores exportadores de desarrollo incipiente en los que Chile posee un gran potencial de crecimiento. Son los casos de la generación de energía solar y las manufacturas asociadas, la producción de equipos y tecnologías para la minería, los servicios globales intensivos en tecnologías de información y comunicaciones, los alimentos sofisticados y el turismo de intereses especiales. En estos rubros existe una gran oportunidad para la inversión de las empresas

---

[1]   Autoridades chinas han sugerido la importancia de organizar en China talleres de capacitación orientados a explicar la lógica y los procedimientos administrativos y legales de los procesos de concesión, junto con permitir que las postulaciones se puedan realizar en mandarín.

chinas, las que pueden aportar con su conocimiento tecnológico y obtener a cambio la posibilidad de utilizar recursos naturales de excepción, un recurso humano de alta calificación y el acceso privilegiado a vastos mercados, en especial al de América Latina.

(3). Promover la inversión china con ideas innovadoras

Es necesario reconocer que Chile está rezagado en esta carrera por ganar espacio en la inversión china en el exterior. Como ya se ha señalado, en China hay inmensas oportunidades de inversión. Por tanto, salir a invertir afuera requiere proyectos bien atractivos.

Los desafíos de las reformas económicas plantean un amplio espectro de inversiones. El plan "Hecho en China 2025" apuesta a la industria 4.0, difundiendo las innovaciones tecnológicas al tejido industrial, transitando desde la competitividad en bienes-salarios y en ramas industriales intensivas en energía y capital a otras de mayor complejidad tecnológica donde el diseño, la calidad, el vínculo con servicios modernos y las nuevas tecnologías sean el sello distintivo de la nueva competitividad china. Ello ya se expresa en una explosión de patentamientos, superando a Alemania y ubicándose ya en el segundo lugar, muy cerca de Estados Unidos. Eso, por una parte, porque la otra es invertir en la reconversión de aquellas industrias ya maduras que gradualmente irán abriendo paso a la nueva industria. Aquí se trata de procesos gigantescos de reducción de capacidades excedentes en sectores como acero, aluminio, cemento, vidrios, entre los principales. A la vez, ello genera de manera súbita cierres de empresas, generando desempleo de miles y miles de trabajadores en provincias y localidades diversas. Es aquí cuando los gobiernos locales, que son los que reciben el *shock* político y social de estos cierres de empresas, están buscando cómo generar nuevas oportunidades productivas y de empleo para sus trabajadores. El Gobierno está aportando con importantes recursos para esta reconversión ocupacional y productiva, pero escasean los buenos proyectos y en línea con las nuevas orientaciones.

Este punto es importante porque los gobiernos regionales chinos cuentan con recursos, institucionalidad y organizaciones empresariales dispuestas a invertir en el exterior. Dada la reducida escala comparativa de nuestra economía y de nuestras regiones *vis a vis* las chinas, surge una posibilidad de seguir con atención estos procesos de reducción de capacidad para atraer empresas chinas que estén disponibles a desplazarse a Chile. En otras palabras, hay empresas que deben cerrar o reducir drásticamente su producción en los rubros ya mencionados para evitar acusaciones *antidumping* de Europa y Estados Unidos. Algunas de estas empresas podrían emigrar a nuestro país, ubicándose en alguna región con ventajas comparativas para ello. Al ser producción realizada en Chile, calificaría para ser exportada, libre de aranceles, a cualquiera de los países con que Chile ha firmado tratados de libre comercio, y esa producción, dados su origen y sus bajos niveles –comparativos a los niveles chinos– no estaría afecta a acusaciones *antidumping*. Es decir, un porcentaje reducido de aquella producción "excedente" de China podría desplazarse a Chile, sin impactar en los agregados globales, pero sí influyendo en nuestros agregados nacionales de producción, empleo y tecnologías.

Aquí el desafío es sostener un buen diálogo con la CNDR y con el Consejo Chino para la Promoción del Comercio Internacional (CCPIT, por sus siglas en inglés), entidad esta última que ya firmó un memorándum de entendimiento con InvestChile. Se trataría de conocer casos de empresas que deben reducir producción excedente y evaluar posibilidades de traslado a nuestro país. Para ser rigurosos, esto también requiere afinar la política migratoria, pues esta inversión no sería viable sin la presencia de técnicos y/o trabajadores chinos. Una modalidad intermedia sería explorar la posibilidad de que parte de los ingresos generados en Chile por estas exportaciones fuesen a financiar programas de reconversión de un año para trabajadores desplazados en las respectivas provincias chinas. Es posible que para este tipo de inversiones se pueda contar con apoyo del Banco de Construcción de China, presente ya en Santiago.

(4). La lógica de las cadenas de valor asiáticas

El despliegue de China en el Asia-Pacífico hace más natural que la etapa inicial de inversión en el exterior parta por esa zona, aprovechando además similitudes culturales, contactos y colonias chinas en Singapur, Hong Kong, Malasia, todas además espléndidas zonas de negocios. Con rasgos distintos, también desde Corea del Sur y Japón es posible detectar los nodos de la inversión china y vincularse de mejor forma a ella.

Al entender esto, surge de inmediato la necesidad de reformular el accionar de nuestras oficinas comerciales en el Asia-Pacífico. Por cierto, cada una de estas ubicaciones tiene su especificidad, sin embargo, también es cierto que la lógica de cadenas de valor articuladas en torno a China como *hub* abre espacio para que las tareas de promoción de exportaciones, promoción de la Marca Chile y la atracción de inversiones tienda a replicar esa lógica de cadenas de valor. Es decir, se trata de que nuestras oficinas de promoción comercial privilegien su presencia en iniciativas asiáticas que converjan en China, de modo que tengan presencia en las redes de comercio e inversión que allí se van generando. Dicho de otra forma, es posible que la manera más rápida de acceder a un inversionista chino calificado sea a través de alguna actividad realizada en Corea del Sur o en Malasia, por ejemplo.

Esto obligaría a una gestión mucho más integrada y coordinada entre las oficinas comerciales e incluso embajadas nuestras en la zona: conferencias telefónicas bien frecuentes, encuentros mensuales de balance y perspectivas, iniciativas de rango plurinacional (que incluyan a varios países asiáticos) son algunas de las iniciativas con las que se podría partir. Si los inversionistas chinos o las agencias chinas de inversión detectan este nuevo rasgo de comportamiento más sistémico en nuestras agencias de comercio e inversión, es bien probable que crezcan las posibilidades de acercamiento.

(5). Explicar con pedagogía nuestra política de atracción de inversiones y de concesiones

Los inversionistas chinos no terminan de entender nuestra política "horizontal", "sin discriminación" en la política de atracción de inversiones porque no es esa la experiencia que enfrentan en los demás países. No se trata de llenarlos de subsidios, pero sí que ellos puedan detectar prioridades productivas y tecnológicas en el accionar gubernamental.

Es claro que resta una fase importante aún de necesaria pedagogía con los inversionistas chinos respecto de nuestra política de concesiones en infraestructura o de nuestra política de atracción de inversiones. Seminarios, talleres, folletos (ojalá en inglés o mandarín) siguen siendo necesarios. Sin embargo, dados los niveles de competencia por atraer inversión china, por una parte, y el costo de oportunidad de los inversionistas chinos de atender posibilidades remotas de inversión –fuera de China y fuera del Asia-Pacífico– es claro que ello no basta. Se requiere una acción público-privada coordinada, en condiciones de presentar propuestas avanzadas de inversión, ojalá ya con análisis de preinversión realizados y con propuestas de alianzas empresariales con socios locales.

Hay que aprender a utilizar la presencia en Santiago del Banco de Construcción de China, uno de los principales bancos del mundo por sus capital y reservas. En nuestra élite política y empresarial existe gran ignorancia al respecto, tendiendo a subestimar el *expertise* y el potencial de este banco *vis a vis* la banca europea y estadounidense. Este banco, para quien no lo sepa, está presente en Europa y en Estados Unidos, desarrollando negocios de gran escala. Es necesario que las autoridades chilenas y nuestros líderes empresariales se acerquen a este banco y vayan construyendo relaciones de confianza y de camaradería, las mismas que en el caso asiático son más relevantes que en el vínculo con la banca occidental. Es necesario acercarse a sus oficinas, consultar su visión, indagar sus objetivos y procedimientos, sus principales aspiraciones, las metas que les pone la agencia central y buscar modalidades de negocios que siendo de carácter *win-win*, mejoren la percepción que la central del banco en Beijing tenga de su filial en Santiago de Chile.

(6). Visitar China con renovación en formas y contenidos

Es fundamental que nuestro empresariado se abra a las nuevas realidades y empiece a aceptar la presencia china, su tecnología, a transar en yuanes y a moverse por el mundo con folletos y *brochures* en mandarín. Las comitivas asociadas a estas iniciativas estratégicas que viajen a Beijing deben ser de composición público-privada y debieran llegar con "números" y no solo con versos. Tiene poco sentido una visita empresarial en el primer semestre, sin representantes del Gobierno, y organizar luego el *Chile Week* con presencia de ministros pero con baja representación empresarial en el segundo semestre. Son iniciativas caras, complejas de organizar y se reduce drásticamente su impacto y eficacia, si es que no se consigue la necesaria coordinación de esfuerzos públicos y privados. A partir de esos requisitos, la CNDR les podría organizar entrevistas con las empresas top-10 del respectivo sector, además de vincularlos con el Banco de Desarrollo de China y el Fondo LAC del China Eximbank. Si en esas misiones participasen técnicos de Hacienda o del Banco Central de Chile con alto *expertise* en créditos y operaciones financieras, el resultado podría sería mejor aún.

Sin embargo, más allá de eso, el punto a destacar es que necesitamos un cambio de óptica para abordar estas misiones. Ya está agotada la fase de presentarnos como economía estable, abierta al mundo y con buenos indicadores internacionales. En general, eso es bien conocido a nivel gubernamental chino y también a nivel de las principales empresas chinas. La respuesta de ellos es: OK, eso lo sabemos y ¿ahora cómo la hacemos?

La demanda actual es por proyectos específicos, por oportunidades de inversión bien detalladas y ojalá con estudios de preinversión avanzados. La competencia por los fondos chinos es ardua, por ende, esta es una barrera que habrá que cruzar y nuestros empresarios deberán acostumbrarse a *joint-ventures* con empresas chinas, si es que se desea avanzar en los procesos de internacionalización.

Tenemos ventajas importantes que debemos explotar. La presencia en Chile del Banco de Construcción de China y el acuerdo de "clearing" entre el Banco Central nuestro y el de China que permite transacciones en RMB, nos permiten ser más audaces para atraer a grandes empresas chinas a que instalen su HQ (*headquarter*) regional en Chile para desde allí atender a América Latina. En este sentido, el cable submarino de fibra óptica que nos podría vincular con China es decisivo. El *pack* "sede del Banco de Construcción en Santiago+acuerdo *swap* de monedas+acuerdo de 'clearing' entre bancos centrales" abre posibilidades para constituirnos en la plaza financiera regional para la internacionalización del RMB. Ciertamente esto requiere varios pasos y medidas adicionales. Sería bueno iniciar ese trabajo y evaluar su proyección.

(7). La necesidad de una estrategia para atraer la inversión china

1) Oficina de InvestChile en Shanghai

La próxima instalación de la Oficina de InvestChile en Shanghai sería muy útil para la estrategia esbozada. El contacto de esta agencia con las autoridades del Gobierno chino es fundamental para acceder a la mejor información sobre las perspectivas, sectores e intereses de las inversiones chinas de ultramar. Más aún, el CNDR ya ha manifestado su mejor disposición para permitir acceder a las Top-10 empresas de cada sector económico.

Este trabajo sería más efectivo si se realiza en estricta coordinación con la Agregaduría Comercial, como ya lo hacen Colombia, Costa Rica y Perú. La tarea de esta agencia de InvestChile debiera ser entregar información permanente y actualizada sobre políticas, institucionalidad, concesiones, regulaciones y proyectos de inversión.

Hay un tema interesante por resolver. La inversión china en el exterior tiene fuertes vínculos con Hong Kong. Por ende, la eventual oficina de InvestChile en Shanghai debiera buscar fórmulas para atender también las perspectivas y oportunidades que la inversión china en el exterior plantee desde Hong Kong. Esto sugiere la necesidad de una conversación especial con Cancillería y con Hacienda en particular, toda vez que lo que allí se necesitaría es un puesto con *expertise* en inversiones y finanzas.

2) Estrategias y colaboración

Hay que partir por lo obvio. El desafío inicial de esta estrategia de acercamiento a China y al Asia-Pacífico es preguntarnos si realmente la necesitamos, tal como Australia y Nueva Zelanda ya lo decidieron. O si las debilidades estructurales de nuestro patrón exportador las podremos resolver con más de lo mismo. En tanto estas opciones estratégicas no estén bien claras y al más alto nivel, el resto se tratará solo de iniciativas aisladas y sin proyección en el tiempo.

Toda estrategia necesita definir metas, plazos, recursos y actores. Por cierto, es una tarea que no se resuelve en pocos meses, pero hay que empezarla. Al respecto, me atrevo a sugerir la conformación de una Mesa Público-Privada Chile y el Asia-Pacífico del más alto nivel, lanzada en la Casa de Gobierno, La Moneda, con participación presidencial y de varios ministros en su sesión inicial. Esta mesa, en contacto con centros académicos, líderes empresariales y autoridades del Gobierno debiera definir un listado bien acotado de prioridades a abordar en la relación bilateral con China, en el vínculo con la ASEAN, la RCEP y otros. También debiera perfilar a la brevedad los puntos de interés para Chile en la próxima Cumbre APEC 2019 que será en nuestro país.

Se trata de decisiones estratégicas que marcarán las próximas décadas de nuestro crecimiento. Sin exagerar, se trata de ponernos los pantalones largos, dejar atrás el rentismo asociado a los recursos naturales y empezar a incursionar por el escarpado sendero de la innovación y la productividad, sendero que, por lo demás, es la vía inescapable para llegar al desarrollo.

Tratándose de un viraje en la estrategia de desarrollo, la coordinación entre actores es fundamental, tanto la coordinación intragobierno como aquella público-privada. La coordinación entre ministerios y agencias de Gobierno es clave para coincidir en las prioridades, sumando recursos y energía política en pos de objetivos compartidos. Esta coordinación debe explicitarse en las diversas instancias de diálogo y cooperación que mantienen Chile y China. Por cierto, esta agenda necesita ser concordada internamente, de modo que cualquier visita ministerial transmita siempre la misma jerarquía de prioridades. Esto siempre causa buenos resultados en Beijing.

(8). Espacios de cooperación

Los espacios de cooperación económica entre Chile y China son muy variados. Aquí solo se listan algunos:

a. Más inversión china en Chile: elevando los volúmenes y diversificándolas hacia infraestructura, manufacturas, servicios y nuevas tecnologías.

b. Apoyo chino a la diversificación de las exportaciones chilenas destinadas a China.

c. Conversaciones respecto de iniciativas comerciales: un nuevo TPP con China, la RCEP.

d. Convergencia entre la Alianza del Pacífico y el Mercosur en planes y programas orientados a mejorar la calidad de la relación con China.

e. Una misión de Corfo y Energía con todos los antecedentes del "Distrito Solar Tecnológico", incluyendo costos, plazos y resultados esperados. Lo mismo en el caso de infraestructura.

f. Industria del litio. Hay más de una empresa china relevante (Fortune 500) interesada en montar un parque industrial tecnológico asociado al litio. Ahí creo que la clave es una visita a Beijing, inmediatamente después de la visita presidencial de mayo, de una comitiva de alto nivel Corfo-InvestChile y Energía. Esta comitiva podría abordar iniciativas del litio y del "Distrito Solar Tecnológico".

g. Parque tecnológico en la Zona Franca de Iquique.

h. Propuestas para participar en la internacionalización del RMB.

i. Participación en el BAII (Banco Asiático de Inversión en Infraestructura). El BAII ha expresado que financiaría proyectos en América Latina que favorezcan a Asia y, en ese sentido, los proyectos de conectividad física y digital intra-América Latina y entre América Latina y Asia claramente se pueden vender en esa óptica.

j. El cable submarino transpacífico. Para comprender la magnitud de esta iniciativa, habría que saber que la fibra óptica submarina que cubre Asia tuvo la participación de China Telecom, China Mobile, Google, Singapore Telecom Ltd., Japan KDI y Malaysia Global Transit. Se trata de megaproyectos, con actores globales y con repercusiones económicas de envergadura. Tendríamos que atrevernos a participar en estas grandes apuestas globales. Financiamiento para esta iniciativa no va a faltar, tanto de megaactores privados como de la banca multilateral, como el CAF, el BID o la propia banca china.

Es muy importante que los criterios de la política chilena en su acercamiento a China velen por una mirada de conjunto que contemple toda esta serie de elementos, buscando en cada uno de ellos la complementariedad con otros países de la región, dependiendo de los temas y, en particular, la convergencia del ABC (Argentina, Brasil y Chile) y de la Alianza del Pacífico con el Mercosur.

Este es el contexto en el que debiera enmarcarse la política de atracción de inversión china. Más inversión china tendremos cuando ellos vean que hay directrices gubernamentales precisas, apoyadas en proyectos específicos y reforzadas por manifiesta coordinación intergubernamental, esto es, ministerios y agencias remando en la misma dirección y con el mismo entusiasmo. Esto es particularmente válido en iniciativas ligadas a cobre, litio, energías, infraestructura y telecomunicaciones.

4. Conclusiones: La Franja y la Ruta y la cooperación China-Chile y China-América Latina (2018-2030)

La Iniciativa de la Franja y la Ruta (OBOR) si bien se orienta básicamente a reforzar los vínculos comerciales y económicos de China con Asia, Europa y el norte de África, también abre espacios de cooperación con América Latina que podrían ser interesantes. Su objetivo básico apunta a impulsar la inversión china en el exterior favoreciendo la integración de China con los países de Eurasia. De hecho, los países OBOR cubren cerca de 70 países de Asia, África, Oriente Medio, Oceanía y Europa; un 33% del PIB mundial, 66% de la población mundial y un cuarto de los flujos mundiales de IED. (BBVA Research January 2018, *OBOR: What's in it for Latin America?*)

Vale decir, bajo cualquier métrica que se considere, es la principal iniciativa de cooperación e integración regional que está en curso en la economía mundial. Más aún, considerando que es una iniciativa de inversión, apoyada en la banca china, en el Nuevo Banco de Desarrollo de los BRICS y en el recién creado Banco Asiático de Inversión e Infraestructura (BAII), parece claro que también es una potente iniciativa en materia de comercio. Esto es así pues las inversiones en infraestructura demandarán insumos, equipos y maquinarias, por una parte, y por otra parte, al entrar en funcionamiento, las nuevas vías facilitarán el transporte y la logística, estimulando las corrientes comerciales probablemente con mayor intensidad que los propios acuerdos comerciales.

Parece también altamente probable que, en el futuro próximo, cuando las inversiones en infraestructura estén ya disponibles, los flujos de comercio resultantes operarán como un estímulo a la búsqueda de acuerdos que permitan no solo eliminar aranceles, sino también facilitar los flujos de comercio a través de acuerdos que limiten barreras no arancelarias o que estimulen la convergencia en los diversos tipos de regulación que afecten el comercio de bienes y servicios y de la inversión. Desde este punto de vista, aunque OBOR no es un acuerdo de libre comercio, probablemente hoy sea el principal estímulo a la expansión de los flujos globales de comercio.

La pregunta es si esto tiene algo que ver con América Latina, dada la gran distancia geográfica que nos separa de China. Frente a eso, cabe consignar que la gran distancia que nos separa no ha sido un impedimento para que China se haya ido constituyendo en un socio comercial cada vez más relevante de América Latina. De las conversaciones que el autor de esta nota ha mantenido con autoridades chinas es posible desprender que la iniciativa OBOR está abierta a países latinoamericanos, por una parte, y por otra, que las puertas del BAII también están abiertas para inversiones en infraestructura o de otro tipo que estimulen el comercio entre América Latina y Asia.

Siendo así, la iniciativa OBOR podría ser considerada con más atención por los países latinoamericanos para avanzar en alguno de los siguientes objetivos: (a) inversiones en infraestructura que, junto con estimular el comercio de la región con China y con Asia, también mejoren las condiciones de la infraestructura, la logística y el transporte para estimular el propio comercio intrarregional; (b) inversiones en conectividad digital vía fibra óptica y convergencia regulatoria en telecomunicaciones que estimulen el comercio electrónico, los pagos digitales y reduzcan o eliminen los trámites excesivos o innecesarios, apoyando el "comercio sin papeles" y respuestas más ágiles del sector público; y (c) inversiones en zonas económicas especiales que refuercen la sinergia entre bienes, servicios e inversiones, favoreciendo así la diversificación de exportaciones y el estímulo a la innovación tecnológica. En todos estos temas, AL puede aprender mucho de las experiencias asiáticas y de otras en curso en la gestación de la iniciativa OBOR. Por cierto, no se trata de repetir ni de calcar, desconociendo las especificidades latinoamericanas. Sí se trata de estar abiertos a otras experiencias de articulación entre lo público y lo privado, entre empresas y sistema de innovación, buscando dotar de nuevos bríos a la integración regional, anclándola esta vez en la lógica de economía abierta, que apuesta a avanzar en productividad e innovación, agregando conocimiento a nuestros recursos naturales, esforzándonos por tener mayor presencia y más jerarquía en las cadenas de valor asociadas a esos recursos naturales.

Desde la sede de la CEPAL (ECLAC, en inglés), el primer ministro Li Keqiang, a mediados de 2015, propuso un nuevo paso en la estrategia china de cooperación con América Latina al esbozar el modelo "3x3", el cual busca reforzar la capacidad de producción regional y el intercambio con China en logística, infraestructura, energía y tecnologías de información. Dicho modelo busca: (a) atender las demandas regionales en esos tres sectores; (b) reforzar la cooperación entre empresas, sociedad y Gobiernos; y (c) reforzar a los tres canales de financiamiento (fondos, créditos y seguros, "los otros 3").

Desde esta óptica, es claro que el modelo "3x3" es una variante de la iniciativa OBOR que puede ser aplicada en América Latina. Para que los perfiles de ello se acomoden mejor a los requerimientos de nuestra región, es fundamental que los países de América Latina refuercen su integración y su capacidad de definir prioridades precisas que orienten a la cooperación china. Solo de esta forma será posible que la cooperación entre China y América Latina alcance un nuevo nivel y pueda contribuir a: (a) diversificar las exportaciones de la región hacia China; (b) elevar y diversificar la inversión china en América Latina; (c) estimular la inversión en infraestructura, de modo que ello favorezca el comercio con Asia y el comercio intrarregional, explorando vías que favorezcan la gestación de cadenas regionales de valor; y (d) explorar también opciones que permitan que la región se vaya insertando en el proceso de internacionalización del RMB, proceso que también podría colaborar a los desafíos de diversificación exportadora y de inversiones. Este es pues el desafío de los países de América Latina para mejorar la calidad de su vínculo de economía y comercio con la República Popular China.

Capítulo 12

La Franja y la Ruta y el Perú: Visión estratégica desde la perspectiva de la integración física sudamericana y la inserción competitiva en Asia-Pacífico

Rosario Santa Gadea [1]

1. Introducción

En este capítulo analizaremos cómo el Perú podría vincularse a la Iniciativa

[1]   Rosario Santa Gadea es doctora en Economía Internacional por la Universidad de París (Ouest, Nanterre La Défense), directora del Centro de Estudios sobre China y Asia-Pacífico de la Universidad del Pacífico de Lima, Perú, y coordinadora del área de Economía, Negocios y Relaciones Internacionales del Centro de Investigación de dicha universidad.

La autora agradece la valiosa colaboración brindada para esta investigación por Leolino Rezende, asistente del Centro de Estudios sobre China y Asia-Pacífico, y Gabriel Arrieta, asistente del área de Economía, Negocios y Relaciones Internacionales del Centro de Investigación. En particular, la participación de Leolino Rezende ha sido muy significativa en la sección 5 sobre el ferrocarril bioceánico Perú-Brasil. Por su parte, Gabriel Arrieta colaboró especialmente en la sección 2 sobre la Iniciativa de la Franja y la Ruta. Ambos han tenido también otras tareas de apoyo en investigación a lo largo de la preparación de este capítulo.

Asimismo, la autora agradece al Dr. Niu Haibin, *Senior Fellow, Deputy Director del Center for American Studies y Assistant Director del Institute for International Strategic Studies del Shanghai Institute for International Studies (SIIS)* por sus comentarios sobre los alcances de la Iniciativa de la Franja y la Ruta y sugerencias con respecto al diseño inicial de esta investigación.

de la Franja y la Ruta impulsada por China, tomando como punto de vista la visión estratégica de la integración física sudamericana y la búsqueda de una inserción competitiva en Asia-Pacífico. Este enfoque se justifica porque, como intentaremos demostrar, existen puntos de encuentro muy importantes entre los conceptos de esta iniciativa y aquellos de la Iniciativa para la Integración de la Infraestructura Regional Suramericana (IIRSA), lanzada en el año 2000 por los presidentes de América del Sur e integrada, después de 2010, como foro técnico del Consejo Suramericano de Infraestructura y Planeamiento (COSIPLAN) de la Unión de Naciones Suramericanas (UNASUR).

Analizaremos, en primer lugar, la iniciativa de China para comprender sus alcances y conceptos principales. Luego presentaremos el enfoque de la integración física sudamericana. La visión comparativa de ambos esquemas nos permitirá abordar la pregunta de en qué medida podrían converger.

La vinculación de América del Sur a esta iniciativa podría realizarse a través de una nueva ruta transpacífica que sería una extensión de la Ruta Marítima de la Seda del Siglo XXI. Postularemos que el Perú tiene un rol potencial muy importante para lograr esta aspiración debido a su posición geográfica en el centro de la costa del Pacífico de América del Sur, lo que permitiría que se convierta en un *hub* del comercio internacional entre la región sudamericana y los países asiáticos. Esta proyección se articularía con la integración física sudamericana, ya que los Ejes de Integración y Desarrollo (EID) del COSIPLAN serían el complemento necesario de esa ruta marítima directa por el Pacífico sur entre Asia y América del Sur. De allí que el ofrecimiento que hace China de extender la Franja y la Ruta a América Latina relanza el tema de la integración física sudamericana.

Como una ilustración de este potencial, pero también de la dificultad de su realización, examinaremos el proyecto del ferrocarril bioceánico Brasil-Perú, con la participación de China. Por otro lado, entre las nuevas oportunidades señalaremos el potencial que tendría el establecimiento de una conexión digital transpacífica que vincularía China y América Latina. El Perú debería examinar sus posibilidades de ser el punto de interconexión de este lado del Pacífico, oportunidad que interesa a varios países de la región. También nos referiremos brevemente al interés que tiene el país en mejorar la conectividad aérea con China.

Como veremos en la parte final de nuestro análisis, la relación Perú-China tiene avances significativos en las prioridades de cooperación que involucra la iniciativa impulsada por China. El Perú es uno de los dos países latinoamericanos que tiene, simultáneamente, un Tratado de Libre Comercio (TLC) y una Asociación Estratégica Integral con China. La relación Perú-China también es muy importante en materia de las inversiones: el Perú es el segundo destino de la inversión directa de China en América Latina. De otro lado, siete países latinoamericanos han sido aceptados como miembros futuros del Banco Asiático de Inversión en Infraestructura (BAII), uno de ellos es el Perú. Finalmente, la cooperación se ha desarrollado ampliamente entre ambos países.

Se trata de incorporar a todo ello el área de la conectividad, en la cual radica la clave de la Franja y la Ruta. Al respecto, postularemos que el planeamiento estratégico conjunto a mediano plazo de la relación Perú-China, que se ha instaurado recientemente, debe incluir una reflexión permanente sobre la extensión de esta iniciativa al Perú y, por dicha vía, su ampliación a América del Sur.

2. La Franja y la Ruta: enfoque y conceptos principales

En el año 2013, el presidente Xi Jinping realizó una visita de Estado a

Kazajistán e Indonesia y propuso por primera vez la construcción de la Franja Económica de la Ruta de la Seda y la Ruta Marítima de la Seda del Siglo XXI (la Franja y la Ruta, en adelante), la cual está basada en las rutas históricas utilizadas para comerciar entre China y Asia Central, Europa y África.

Esta nueva iniciativa no solamente se centra en ampliar el comercio de China con sus socios comerciales, como se realizaba en aquellas épocas con las rutas antiguas, sino que, según Erthal y Gonzalez, se trata de "un programa de desarrollo para aumentar el comercio y la inversión a través de dos raíces: la Franja Económica de la Ruta de la Seda, que se constituye como una serie de corredores para unir China con Europa a través de Asia Central y el Medio Oriente, y la Ruta Marítima de la Seda del Siglo XXI, la cual se define como un *cluster* de rutas marítimas que conectan la costa china con el Mediterráneo, a través de los océanos Índico y Pacífico, y parte de la costa africana"[1].

En marzo de 2015, la iniciativa fue formulada formalmente al más alto nivel por la Comisión Nacional de Desarrollo y Reforma (CNDR), el Ministerio de Relaciones Exteriores (MFA, por sus siglas en inglés) y el Ministerio de Comercio de la República Popular China (MOFCOM, por sus siglas en inglés), lo cual serviría para delinear el plan futuro de la misma[2]. Uno de los principales hitos del desarrollo de esta iniciativa fue la realización del Primer Foro de la Franja y la Ruta para la Cooperación Internacional, el cual se desarrolló en Beijing el 14 y 15 de mayo de 2017, contando con la participación de 29 jefes de Estado y de Gobierno, así como de otros representantes oficiales de países

---

[1] Erthal, Adriana, y Ariel Gonzalez. "Trans-Regional Cooperation in a Multipolar World: How is the Belt and Road Initiative Relevant to Latin America?". *LSE Global South Unit Working Paper Series*, n.°1/2018. Londres: London School of Economics and Political Science, 2018.

[2] NDRC, MFA y MOFCOM. *Vision and Actions on Jointly Building Silk Road Economic Belt and 21st-Century Maritime Silk Road*. Beijing: 2015. https://eng.yidaiyilu.gov.cn/qwyw/qwfb/1084.htm

y organizaciones multilaterales [1]. En la actualidad, la iniciativa cuenta con la participación de 70 países de diferentes continentes [2].

Según Amighini, la Franja y la Ruta es un marco comprehensivo que contribuye a que las políticas internas y externas de China logren resultados satisfactorios [3]. Dichas políticas han sido planteadas en los últimos años por los principales líderes chinos en el XIII Plan Quinquenal y el XIX Congreso del Partido Comunista de China. El XIII Plan Quinquenal, presentado en marzo de 2016, dio a conocer un programa de aplicación de políticas económicas para el periodo 2016-2020. En lo referido a la iniciativa, este plan señala que la cooperación con los países participantes debe basarse en el beneficio mutuo y abarcar múltiples sectores. Asimismo, se buscará generar mayor cohesión entre los planes de desarrollo y los estándares tecnológicos de China y de los países participantes. Igualmente, se incrementará la conectividad basada en redes de infraestructura y transporte multimodal entre subregiones al interior de Asia y entre Asia, Europa y África. La construcción de *hubs* marítimos estratégicos y el desarrollo de *clusters* industriales alrededor de los puertos principales asegurarán el mejor funcionamiento de las rutas marítimas [4].

Por su parte, el XIX Congreso del Partido Comunista de China, desarrollado en octubre de 2017, puso de manifiesto que la iniciativa contribuirá al logro de

[1]   Xinhuanet. "(Franja y Ruta) Líderes mundiales se oponen a toda forma de proteccionismo". 15 de mayo, 2017. http://spanish.xinhuanet.com/2017-05/16/c_136286461.htm

[2]   Belt and Road Portal. "Profiles". Última modificación noviembre de 2017. https://eng.yidaiyilu.gov.cn/info/iList.jsp?cat_id=10076&cur_page=1

[3]   Amighini, Alessia. "Towards a New Geography of Trade?". En *China's Belt and Road: a Game Change?*, ed. Alessia Amighini, pp. 121-39. Milán: Italian Institute for International Political Studies (ISPI), 2017.

[4]   NDRC. *The 13th Five-Year Plan for Economic and Social Development of the People's Republic of China (2016-2020)*. Beijing: Compilation and Translation Bureau, Central Committee of Communist Party of China, 2016.

un desarrollo balanceado dentro de China y promoverá la apertura a través de las conexiones terrestres y marítimas, por el este y el oeste. La conectividad será una nueva plataforma para la cooperación internacional que contribuirá a crear nuevos motores de desarrollo [1].

Rutas y corredores económicos

La iniciativa comprende tres rutas terrestres y dos marítimas. Tomando en consideración estas referencias geográficas, se plantea la construcción de seis corredores económicos de cooperación: (i) China-Mongolia-Rusia; (ii) China-Asia Central-Asia Occidental; (iii) China-Península Indochina; (iv) China-Pakistán; (v) Bangladés-China-India-Myanmar; y (vi) Nuevo Puente Continental Euroasiático (ver el Mapa 1).

Mapa 1: Los corredores económicos de la Franja y la Ruta

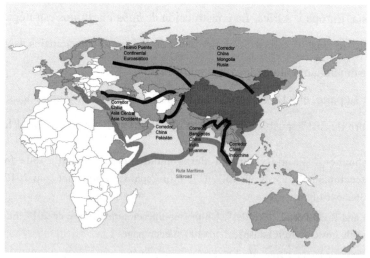

Fuente: Wikimedia Commons Contributors, "File:One-belt-one-road.svg", 2017.

---

[1]　Niu, Haibin. "Belt and Road Initiative: Definition, Evolution and Implications". PowerPoint presentado en reunión con el Centro de Estudios sobre China y Asia-Pacífico, Universidad del Pacífico, Lima, 24 de noviembre de 2017.

Los corredores económicos se conformarán con base en seis medios de comunicación: ferrocarriles, carreteras, infraestructura para el tráfico marítimo, infraestructura para el tráfico aéreo, oleoductos y gaseoductos, red de información espacial. Estos constituirán "el contenido principal de la interconexión e intercomunicación en infraestructura"[1]. Sin embargo, la infraestructura no es el único sustento de la construcción de los corredores económicos. Un ejemplo interesante es el corredor económico China-Pakistán, el cual considera, además de la infraestructura, el desarrollo de recursos energéticos, proyectos de agricultura e irrigación, tecnologías de la información y las comunicaciones, parques industriales y zonas de libre comercio[2].

Más ampliamente, la iniciativa plantea cinco prioridades de cooperación: (i) promoción de la concertación de políticas, que consiste en crear mecanismos de coordinación para la adopción de políticas y estrategias orientadas al desarrollo de los países; (ii) facilitación de la conectividad mediante la construcción de infraestructura; (iii) liberalización del comercio, incluyendo la facilitación y la creación de zonas de libre comercio; (iv) integración financiera, propiciando una mayor utilización del *renminbi* e incentivando una mayor participación y presencia de los bancos y fondos creados para financiar proyectos[3]; y (v) desarrollo de vínculos de pueblo a pueblo, a través de intercambios culturales y académicos, cooperación entre medios de comunicación, turismo, entre otros[4].

---

[1]   Oficina del Grupo Dirigente de Fomento de la Construcción de la Franja y la Ruta. *Construcción conjunta de "la Franja y la Ruta": Concepto, Práctica y Contribución de China*. Beijing: Ediciones en Lenguas Extranjeras, 2017. p. 11.

[2]   Niu, "Belt and Road Initiative", 2017.

[3]   Entre ellos se puede destacar el BAII, el Fondo de la Ruta de la Seda, los bancos de desarrollo chinos (Eximbank y el Banco de Desarrollo de China), así como los bancos comerciales de dicho país.

[4]   NDRC, MFA y MOFCOM, *Visions and Actions,* 2015.

Lógicas interna y externa

En el plano interno, la iniciativa contribuiría a reducir las brechas de crecimiento y desarrollo entre el interior (las regiones menos desarrolladas) y las costas de China, a través de una mayor integración de las primeras con las economías vecinas[1]. Debido a la débil recuperación de la economía mundial, se busca crear motores estratégicos para el desarrollo del interior del país[2]. De otro lado, se trataría de generar un nuevo comercio interno, reduciendo los costos de transporte en el interior del país, los cuales se encontrarían por encima del promedio mundial[3].

En el ámbito externo, se destaca la creación de nuevos mercados para posicionar a la producción china, no solamente la exportación de bienes, sino también la colocación del exceso de capacidad productiva en transporte, infraestructura, acero y cemento[4]. Otra de las razones por las cuales China encabezaría esta iniciativa sería la creación de una cadena de producción regional, en la cual cumpliría el papel de "centro de manufactura avanzada, de innovación y establecimiento de nuevos estándares"[5]. Otro punto a destacar es que la Franja y la Ruta sería la gran estrategia china para desarrollar liderazgo en el mundo y fortalecer lazos con los países vecinos. En este sentido, podría ser considerada como un ejemplo de globalización[6].

---

[1] Cai, Peter. *Understanding China's Belt and Road Initiative.* Sydney: Lowy Institute for International Policy, 2017.

[2] Niu, "Belt and Road Initiative", 2017.

[3] Amighini, "Towards a New Geography of Trade?", 2017.

[4] Amighini, "Towards a New Geography of Trade?", 2017.

[5] Cai, *Understanding China's Belt*, 2017, p. 5.

[6] Niu, "Belt and Road Initiative", 2017.

Extensión de la Franja y la Ruta hacia América Latina

Si bien la iniciativa se concentra en el desarrollo y fortalecimiento de las relaciones de China con, principalmente, Asia Central, Europa y África, esta se ha convertido en un proceso global abierto a todos los países. El espacio en el cual el presidente Xi Jinping realizó la invitación explícita, por primera vez, al continente americano fue el Primer Foro de la Franja y la Ruta para la Cooperación Internacional, en mayo de 2017 [1] . Este evento contó con la participación de diferentes países latinoamericanos, entre los que se destacó la presencia de los presidentes de Chile y Argentina. El Perú estuvo representado por el entonces ministro de Comercio Exterior y Turismo, Eduardo Ferreyros. Ello da cuenta del interés de los países latinoamericanos en la iniciativa.

Con posterioridad, tras la visita a China del presidente de Panamá, Juan Carlos Varela, en noviembre de 2017, se firmó entre ambos países un Memorándum de Entendimiento sobre Cooperación en el Marco de la Franja Económica de la Ruta de la Seda y la Ruta Marítima de la Seda del Siglo XXI[2] .

Por otro lado, el BAII ha aceptado siete postulaciones de países latinoamericanos (Argentina, Bolivia, Brasil, Chile, Ecuador, Perú y Venezuela), los cuales se encuentran catalogados como "miembros futuros" [3] . En el caso específico del Perú, el compromiso de adherirse al banco se estableció durante la visita del presidente Pedro Pablo Kuczynski a China, en setiembre de 2016. La

---

[1]   Xi Jinping. "Work Together to Build the Silk Road Economic Belt and The 21st Century Maritime Silk Road". Discurso en la ceremonia de apertura del Belt and Road Forum for International Cooperation. Xinhuanet, 14 de mayo de 2017. http://www.xinhuanet.com/english/2017-05/14/c_136282982.htm

[2]   Ministerio de Relaciones Exteriores de Panamá (MIRE). "Resumen de Acuerdos firmados entre Panamá y China". Consultado el 17 de enero de 2018. http://www.mire.gob.pa/images/PDF/resumen_de_aceurdos.pdf

[3]   BAII, "Members and prospective Members", 2018. El de estatus de "miembro futuro" corresponde al país miembro que aún no paga su cuota de ingreso al banco. Brasil tiene una característica particular, pues es considerado un miembro fundador futuro.

solicitud fue presentada el 28 de dicho mes y aceptada el 23 de marzo de 2017[①].

Cabe resaltar que, en el marco de la Segunda Reunión Ministerial del Foro Comunidad de Estados Latinoamericanos y Caribeños (CELAC)-China, llevada a cabo en Santiago de Chile el 21 y 22 de enero de 2018, se aprobó la Declaración Especial sobre la Iniciativa de la Franja y la Ruta, en la cual China reiteró su invitación a los países latinoamericanos y caribeños para incorporarse a esta iniciativa, destacando que considera que los países de la región forman parte de la "extensión natural de la Ruta Marítima de la Seda y son participantes indispensables en la cooperación internacional de la Franja y la Ruta". Los miembros de la CELAC, a su vez, manifestaron que acogen con interés esta iniciativa para profundizar la cooperación con China en los sectores económico, comercial, inversiones, cultural, turismo, entre otros [②]. En consonancia con lo anterior, y como resultado de la evolución de las relaciones entre China y América Latina, en esa ocasión también se acordó el Plan de Acción Conjunto de Cooperación en Áreas Prioritarias CELAC-China 2019-2021. Dicho documento prevé fortalecer e intensificar la cooperación en diversas áreas, incluyendo las cinco prioridades de la Franja y la Ruta mencionadas anteriormente [③].

[①] Novak, Fabian y Sandra Namihas. *La Inserción de China en ALC y el Perú. Su Impacto en la Relación con la UE*. Lima: Instituto de Estudios Internacionales - Pontificia Universidad Católica del Perú y Konrad Adenauer Stiftung, 2017.

[②] Declaración Especial de Santiago de la Segunda Reunión Ministerial del Foro CELAC-China sobre la Iniciativa de la Franja y la Ruta. Foro CELAC-China. 22 de enero de 2018. https://minrel.gob.cl/minrel/site/artic/20180122/asocfile/20180122175940/declaracio__n_de_santiago__ii_foro_celac_china_vf_22_01_2018.pdf

[③] Plan de Acción Conjunto de Cooperación en Áreas Prioritarias CELAC-China (2019-2021). Foro CELAC-China. 22 de enero de 2018. http://www.itamaraty.gov.br/images/2ForoCelacChina/Plan-de-Accin-II-Foro-CELAC-China-VF-22-01-2018.pdf

¿Hacia una convergencia de enfoques entre la Franja y la Ruta y la integración física sudamericana?

Es significativo que el comunicado conjunto resultante del Foro de la Franja y la Ruta para la Cooperación Internacional ofrezca la bienvenida a otras regiones y, en el punto 6, se refiera a la IIRSA como uno de los "marcos o iniciativas para promover la cooperación en conectividad y desarrollo sostenible", señalando que se podrían crear "oportunidades de coordinación y comunicación" con la Franja y la Ruta[1].

Como veremos en la sección 3, el enfoque y los conceptos principales de la integración física sudamericana convergen con los de la iniciativa impulsada por China. La integración física sudamericana ha sido desarrollada, en su primera década (2000-2010), por la iniciativa IIRSA. A partir de allí, hay que referirse al COSIPLAN, pues la IIRSA se convirtió en un foro técnico del mencionado consejo sudamericano. En este marco se han seguido desarrollando las estrategias y se han planeado los diez años siguientes de la integración física sudamericana para el periodo 2012-2022[2].

Cabe anotar que la Franja y la Ruta es más amplia que la IIRSA. Ambas tienen un fuerte anclaje territorial y un enfoque en la conectividad, como impulsora del desarrollo, pero la iniciativa china va más allá al plantear, por ejemplo, la concertación de políticas de desarrollo y la integración financiera, entre otros (*ver supra*). Asimismo, si bien la conectividad facilita el comercio, la agenda propia de la liberalización comercial no forma parte de la IIRSA, mientras que sí se plantea como una de las cinco prioridades de la iniciativa de China. Por tanto, esta última se acerca más a un programa comprehensivo de

---

[1]   Joint Communique. Leaders Roundtable of the Belt and Road Forum for International Cooperation. 15 de mayo de 2017. https://eng.yidaiyilu.gov.cn/zchj/qwfb/13694.htm

[2]   COSIPLAN, *Plan de Acción*, 2011; COSIPLAN, *Agenda de Proyectos*, 2011; y COSIPLAN, *Plan de Acción Estratégico*, 2017.

integración económica.

Sin embargo, la integración física sudamericana ha renovado enfoques en la integración regional de América del Sur, al pasar de una visión sectorial a una visión territorial del desarrollo, donde la conectividad debería lograrse a través de inversiones en "infraestructura de integración", principalmente de transporte, energía y comunicaciones, como elemento clave en los esfuerzos conducentes al desarrollo territorial. En ello, hay un punto de encuentro muy importante con la Franja y la Ruta, y es de esperar que esta convergencia de enfoques sirva de base para renovar la agenda de la cooperación de China con América del Sur, y el Perú en particular.

3. Renovación de enfoques en la integración regional: la integración física sudamericana

La integración física es un enfoque que ha renovado la integración regional en América del Sur, pasando de la eliminación de barreras comerciales al tema central de la infraestructura y la conectividad de la región. No se trata de agregar un componente más a la integración regional (adicional a muchos otros). Se trata de un enfoque que parte del territorio para abordar los problemas del desarrollo y la inserción internacional. Los conceptos clave de la integración física sudamericana, en su doble dimensión regional y global, se sistematizan a continuación.

Ejes de integración y desarrollo

El nuevo enfoque se caracteriza por superar una concepción de la integración física restringida a su impacto en los costos de transporte y pasar a considerarla como un medio para lograr el desarrollo descentralizado.

Este se implementa en la iniciativa IIRSA y posteriormente en el marco del COSIPLAN, a través del concepto de los EID, los cuales se conciben como las grandes regiones de América del Sur[1]. Los ejes no deben ser entendidos como si fueran los proyectos de infraestructura en sí; más bien, cada eje es un espacio geográfico del cual la infraestructura es el proyecto estructurante.

La integración física no es, por tanto, una cuestión únicamente funcional al comercio, es decir, que genere corredores de transporte para hacer más fluido el tránsito de mercancías. Si bien se busca dinamizar el comercio (intrarregional y extrarregional), el objetivo es el desarrollo descentralizado, a lo largo de los ejes. Esto no se comprendería si solo se tratara de facilitar el tránsito de mercancías, dentro de una óptica puramente de transportes[2].

En consecuencia, el enfoque se centra en articular el territorio sudamericano, cuya característica es ser discontinuo, es decir que los valiosos recursos naturales y geográficos que tiene la región también dividen el territorio, entre ellos, la Cordillera de los Andes, la selva amazónica, el río Amazonas, el Pantanal. Ello trae como consecuencia la generación de "islas", hablando en sentido figurado, en las que se concentra la densidad poblacional. La integración física sudamericana busca construir los "puentes" que permitan unir estas "islas". Dichos "puentes" son los EID que representan el concepto principal de planificación territorial sobre el cual se construye la iniciativa[3]. Véase el Mapa 2.

---

[1]   IIRSA, *Planificación Territorial*, 2005; y COSIPLAN, *Cartera de Proyectos*, 2017.

[2]   IIRSA, *Planificación Territorial*, 2005; COSIPLAN, *Plan de Acción Estratégico*, 2017; y COSIPLAN, *Cartera de Proyectos*, 2017.

[3]   IIRSA, *Herramienta de Trabajo*, 2003; y Santa Gadea, "Integración Sudamericana y Globalización: El Papel de la Infraestructura". En *Revista de la Integración: La Construcción de la Integración Sudamericana*, pp. 45-61. Lima: Secretaría General de la CAN, 2008.

Mapa 2: Ejes de integración y desarrollo de América del Sur

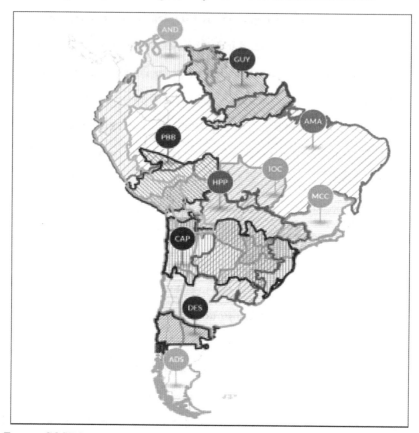

Fuente: COSIPLAN-IIRSA. "Ejes de Integración y Desarrollo". Consultado el 15 de enero de 2018. http://www.iirsa.org/infographic .

Nota: AND - EID Andino; GUY - EID Escudo Guayanés; PBB - EID Perú, Brasil, Bolivia; AMA - EID Amazonas; IOC - EID Interoceánico Central; HPP - EID Hidrovía Paraguay-Paraná; MCC - EID Mercosur-Chile; CAP - EID Capricornio; DES - EID del Sur; ADS - EID Andino del Sur.

Ejes emergentes y de orientación este-oeste

Históricamente la población y la producción sudamericanas se han concentrado en la costa (atlántica y pacífica) de América del Sur, mientras que el centro o *hinterland* del subcontinente ha permanecido, en gran parte, aislado y subdesarrollado [1]. De allí surge el segundo concepto principal para entender el nuevo enfoque: la distinción entre ejes (espacios) emergentes y ejes consolidados [2]. Estos últimos son espacios geográficos ya articulados por corrientes comerciales en el marco de esquemas de integración como el Mercado Común del Sur (Mercosur) y la Comunidad Andina de Naciones (CAN), que incorporan los centros urbanos principales de América del Sur.

Los ejes emergentes, por el contrario, son espacios con poca articulación interna, desconectados de los centros dinámicos del comercio y la producción regionales. Para ellos, la infraestructura de interconexión puede ser el elemento clave que conduzca al desarrollo y la mejora del nivel de vida de la población. Una característica importante es que los EID emergentes son principalmente "transversales", es decir de orientación este-oeste en el espacio geográfico sudamericano, articulando el *hinterland* o espacio interior de la región con las áreas más dinámicas, situadas en la periferia costera.

Así se estructura una visión geoeconómica del espacio sudamericano donde se presentan ejes consolidados, mayormente de orientación norte-sur, y ejes emergentes, mayormente de orientación este-oeste. El reto principal de la integración física es impulsar los ejes emergentes para convertirlos en consolidados. De esta forma, habrá un desarrollo descentralizado de América del Sur, con base en una mayor articulación del conjunto del espacio regional [3].

---

[1]   Pares, Ariel. "Integración Física Sudamericana y Salida al Pacífico: La Perspectiva de Brasil". En *Integración Física Sudamericana Diez Años Después: Impacto e Implementación en el Perú,* ed. Rosario Santa Gadea, pp. 89-113. Lima: BID, CEPEI y Universidad del Pacífico, 2012.

[2]   IIRSA, *Herramienta de Trabajo*, 2003.

[3]   Santa Gadea, "Oportunidades y Desafíos de la Integración Sudamericana: Una Perspectiva Andina". En *A América do Sul e a Integração Regional*, editado por Fundación Alexandre de Gusmão (FUNAG) & Instituto de Investigación de Relaciones Internacionales (IPRI). Brasilia: Ministerio de Relaciones Exteriores de Brasil, 2011.

De la infraestructura al desarrollo

El nuevo enfoque parte de la constatación siguiente: normalmente, los proyectos de infraestructura se implementan en los EID ya consolidados. En efecto, la forma tradicional de evaluación de la rentabilidad de un proyecto de infraestructura de transportes es estimar el flujo de tráfico futuro con base en el récord histórico anterior. Solo los proyectos en espacios consolidados alcanzan una proyección de tráfico suficiente como para ser rentables y justificar su inversión, desde una perspectiva económico-financiera. Por el contrario, en los ejes emergentes, la evaluación tradicional de los proyectos de transportes normalmente conduce a desestimarlos, pues no resultan rentables: debido a que el tráfico histórico es nulo o mínimo, su proyección a futuro también será modesta.

El nuevo enfoque considera a la infraestructura de transportes como "detonador" del tráfico, es decir, se busca romper el círculo vicioso que implica el razonamiento siguiente: no hay tráfico porque no hay infraestructura y no se coloca infraestructura porque no hay tráfico. En contraposición, la inversión en los ejes emergentes parte del supuesto de que, al poner la infraestructura, el tráfico se desarrollará, con sus efectos benéficos sobre el desarrollo económico y social del área de influencia concernida. Sin embargo, esto no es automático, hacen falta medidas de acompañamiento en el ámbito de la producción, la logística, la promoción y facilitación del comercio, entre otras.

Ejes sudamericanos y cuenca del Pacífico

En la visión estratégica de la integración física sudamericana también hay una dimensión internacional de los ejes, más allá de América del Sur. La idea de base es la siguiente: si se logra reducir costos logísticos, aquellos ejes transversales (desde los puertos del Pacífico hacia el interior del subcontinente y viceversa) podrían constituirse en alternativas de conexión entre los países asiáticos y el interior de América del Sur.

Para los países sudamericanos ribereños del Pacífico, ello significa mayores exportaciones, no solo de bienes sino también de servicios logísticos y la oportunidad de poner en valor su ubicación geográfica como factor de competitividad internacional [1] . Dentro de esa perspectiva, estos países se perciben como *hub,* plataforma o puente de la relación comercial de América del Sur con los mercados de Asia, buscando colocarse en el centro de una dinámica mundial donde el Pacífico cobra mayor importancia.

4. El Perú, la integración física sudamericana y la conexión al Pacífico

El Perú está en una ubicación central en Sudamérica, de cara a la cuenca del Pacífico y con casi 3.000 km de frontera con Brasil. Por tanto, las conexiones estratégicas de infraestructura vial en América del Sur que proyectó el Gobierno del Perú, y que propuso para ser incluidas entre los proyectos prioritarios de la IIRSA cuando se inició el proceso de planificación territorial indicativa de la iniciativa (2003-2004), tuvieron como objetivo principal la integración física con Brasil.

Estas conexiones han seguido siendo parte de las prioridades peruanas y sudamericanas desde entonces [2] . Por un lado, se trata de los proyectos de

---

[1]   Santa Gadea, "Integración Física Sudamericana y Globalización: Visión Estratégica del Perú". En *Integración Física Sudamericana Diez Años Después: Impacto e Implementación en el Perú*, editado por Rosario Santa Gadea, 131-154. Lima: BID, CEPEI y Universidad del Pacífico, 2012.

[2]   IIRSA, *Agenda de Implementación*, 2010; COSIPLAN, *Agenda de Proyectos*, 2011; y COSIPLAN, *Agenda de Proyectos*, 2017.

transporte multimodal (carretera-hidrovía) y los puertos marítimos y fluviales correspondientes a los ramales norte y centro del Eje del Amazonas[1]. Por otro lado, se trata de la carretera interoceánica sur (IIRSA sur) que es parte del Eje Perú-Brasil-Bolivia[2] (véase el Mapa 3).

Mapa 3: Diseño de la interconexión vial entre el Perú y Brasil en el marco de los EID

Fuente: Ministerio de Transportes y Comunicaciones del Perú (MTC), en Santa Gadea, "Integración Física Sudamericana y Globalización: Visión Estratégica del Perú". En Integración Física Sudamericana Diez Años Después: Impacto e Implementación en el Perú, editado por Rosario Santa Gadea, 131-154. Lima: BID, CEPEI y Universidad del Pacífico, 2012. p. 151.

---

[1] Las carreteras comprendidas en estas conexiones multimodales son conocidas en el Perú como IIRSA norte e IIRSA centro. Estas conexiones multimodales son parte de la Agenda de Proyectos Prioritarios de Integración (API) aprobada en 2011. COSIPLAN, *Agenda de Proyectos,* 2011.

[2] La carretera interoceánica (IIRSA sur) fue parte de los proyectos prioritarios en la Agenda de Implementación Consensuada (AIC), que precedió a la API. IIRSA, *Agenda de Implementación*, 2010.

Integración física nacional y Perú-Brasil:
¿dos caras de la misma moneda?

La visión estratégica del Perú con respecto a las conexiones hacia Brasil compatibiliza, en el ámbito nacional, con la idea de construir macrorregiones de carácter geográfico "transversal" (costa-sierra-selva), cuya viabilidad económica se acrecentaría por su salida al Pacífico y su vinculación con el país vecino. No se trata solo de integración fronteriza, sino de regiones más amplias. Las zonas alto andinas y amazónicas en el Perú, que se ubican del "otro lado" de los Andes, son las de menor desarrollo relativo. Se trata de vincularlas a la dinámica nacional y a la globalización. Por tanto, estos EID no solo servirían de "puente" para una integración mayor en el espacio sudamericano, sino que actuarían como instrumentos de integración nacional[1].

En lo que respecta a Brasil, su dinámica de ocupación territorial va del sudeste al centro-oeste y norte del país, es decir, hacia la región amazónica, que es la segunda más pobre de Brasil y abarca el 60% de su territorio. La integración física sudamericana prolonga el mismo movimiento que ocurre dentro de Brasil, pues busca el desarrollo del *hinterland* del subcontinente y, por tanto, se enfrenta al desafío del desarrollo futuro de la Amazonía[2]. De allí se concluye que hubo una convergencia de visiones nacionales que impulsó la integración física entre el Perú y Brasil.

---

[1]   Santa Gadea, *Oportunidades y Desafíos*, 2011.

[2]   Pares, *Integración Física Sudamericana*, 2012; y Bara Nieto, Pedro, Ricardo Sánchez y Gordon Wilmsmeier. *Hacia un Desarrollo Sustentable e Integral de la Amazonía: Los Corredores de Transporte en la Cuenca Amazónica Central-Occidental y sus Afluentes Principales en Brasil, Colombia, Ecuador y Perú*. Santiago de Chile: División de Recursos Naturales e Infraestructura de la CEPAL, 2006.

Integración descentralizada:
regiones del Perú y estados de Brasil

En el Eje del Amazonas existiría complementación económica entre la costa y la sierra del Perú y Manaos en Brasil. Si se completara la conexión terrestre-fluvial, esta podría competir con la ruta actual de abastecimiento de Manaos que recibe alimentos por vía aérea desde Sao Paulo, dado que existe un claro potencial de exportación de productos agrícolas peruanos a Manaos[1]. Cabe también recordar la visión formulada por ambos países en el Memorándum de Entendimiento sobre Integración Física y Económica entre Perú y Brasil, que se suscribió en 2003, en el marco del establecimiento de la llamada Alianza Estratégica entre ambos países, la cual ha sido considerada como uno de los hechos más importantes de la política exterior peruana de las últimas décadas[2].

Se incluye, como parte del diseño de la integración física binacional, el establecimiento de un centro de concentración logística, transformación y exportación del sector occidental del Eje del Amazonas en la ciudad de Iquitos, en la Amazonía peruana, para promover el desarrollo de la industria, el comercio y el turismo a través de su complementación con Manaos y la generación conjunta de exportaciones hacia terceros países. Otro elemento es el aprovechamiento conjunto de la biodiversidad para promover la innovación tecnológica y la bioindustria para exportación en la Amazonía[3]. Todo ello constituye todavía una agenda pendiente, aunque la conexión multimodal ha

---

[1] Urrunaga, Roberto y José Bonifaz. *Conexiones para el Desarrollo: Beneficios del Eje Multimodal Amazonas Norte*. Lima: Universidad del Pacífico, 2009.

[2] Wagner, Allan. "Prólogo". En *Integración Física Sudamericana Diez Años Después: Impacto e Implementación en el Perú*, ed. Rosario Santa Gadea, pp. 11-13. Lima: BID, CEPEI y Universidad del Pacífico, 2012.

[3] Memorándum de Entendimiento sobre Integración Física y Económica entre Perú y Brasil. MRE - Ministerio de Relaciones Exteriores de Brasil. 25 de agosto, 2003.

avanzado significativamente en la parte peruana[1].

Un punto interesante a señalar es la presencia de una empresa china en esta interconexión, Sinohydro Corporation Limited, cuya casa matriz es Power Construction Corporation of China (PowerChina). Esta empresa, en julio de 2017, logró ganar la licitación del proyecto "Hidrovía Amazónica", a través de un consorcio con la empresa peruana Construcción y Administración S.A. Este proyecto tiene como finalidad "mejorar las condiciones de navegabilidad en los ríos Huallaga, Marañón, Ucayali y Amazonas para desarrollar el transporte de carga y pasajeros, e impulsar el comercio regional, nacional e internacional"[2]; asimismo, "permitirá el paso de embarcaciones más grandes que estarán interconectadas con la IIRSA norte y la IIRSA centro"[3].

En lo que respecta a la Interoceánica Sur, inaugurada en 2011, se ha abierto el acceso directo del Perú a los estados brasileños fronterizos (Acre y Amazonas) y cercanos (Rondonia, Mato Grosso, Mato Grosso do Sul). Se pensaba que esta conexión sería de gran importancia para pasar del patrón tradicional de transporte Lima-Sao Paulo (puerto a puerto, por vía marítima) a un patrón descentralizado (por vía terrestre) que dinamizaría el comercio de la macrorregión sur del Perú con los estados del norte y centro-oeste brasileño. Estos estados están más lejos

[1] Para una información detallada del estado de ejecución de esta conexión véase COSIPLAN, *Agenda de Proyectos Prioritarios de Integración 2017*. VII Reunión Ordinaria de Ministros del COSIPLAN. Buenos Aires: Presidencia Pro Témpore Argentina 2017-2018, Foro Técnico IIRSA Comité de Coordinación Técnica, 2017.

[2] Montoya, Karina. "Hidrovía Amazónica se adjudicó a consorcio peruano-chino". *Semana Económica*. 6 de julio de 2017. http://semanaeconomica.com/article/sectores-y-empresas/conectividad/234235-hidrovia-amazonica-se-adjudico-a-consorcio-peruano-chino/?ref=a-arc

[3] Montoya, Karina. "Hidrovía Amazónica: una empresa china y otra peruana conectarán cuatro ríos". *Semana Económica*. 7 de julio de 2017. http://semanaeconomica.com/article/sectores-y-empresas/conectividad/234390-hidrovia-amazonica-las-empresas-que-conectaran-cuatro-rios-del-peru/

de Sao Paulo que del Perú, por lo que su conexión directa con el país vecino les da acceso a proveedores más cercanos, a nuevos mercados y a la salida al Pacífico [1]. La idea central era lograr un comercio más descentralizado entre ambos países, en beneficio de sus respectivos espacios subnacionales.

Los estudios de mercado identificaron diversos productos en la oferta exportable peruana que podrían venderse a Brasil, principalmente de los sectores: agropecuario y agroindustrial, textiles y confecciones, materiales de construcción, fertilizantes y abonos, entre otros [2]. Por otro lado, los empresarios de los estados brasileños fronterizos y cercanos al Perú eran conscientes de los altos costos de transporte y logística que enfrentaba su abastecimiento, que tradicionalmente se realizaba desde el sudeste de Brasil, y estaban en la búsqueda de alternativas viables [3]. El reto era acercar la oferta peruana a esta demanda, con costos logísticos competitivos, a través de la integración física.

El paso de frontera que corresponde a la carretera interoceánica es Iñapari (Perú)-Assis Brasil (Brasil). Comparando las cifras del comercio bilateral por esa frontera, entre 2010 y 2017, se observa un incremento significativo. En 2010, antes de la inauguración de la carretera, el intercambio comercial entre ambos países, registrado en la aduana de Assis Brasil, fue de 3,4 millones de dólares. En 2017 esta cifra se multiplicó por 10, alcanzando 36,9 millones de dólares [4]. Sin embargo, en términos relativos, se trata de una parte muy pequeña del

---

[1] De Souza, Miguel. "La perspectiva brasileña: la proyección al Pacífico. Oportunidades para el desarrollo regional de los estados brasileños fronterizos". En *La integración regional entre Bolivia, Brasil y Perú*, ed. Allan Wagner y Rosario Santa Gadea, pp. 175-180. Lima: CEPEI, 2002.

[2] *Plan de Desarrollo del Mercado de Brasil - POM Brasil*. Lima: MINCETUR, 2007. http://www.dirceturcusco.gob.pe/wp-content/uploads/2015/08/poms-POM_Brasil.pdf

[3] MINCETUR, *La Interoceánica*, 2009; y MINCETUR, *Centro de Promoción*, 2009.

[4] AliceWeb - Sistema de Análisis de Información de Comercio Exterior. (Exportación 1997 - 2017 NCM 8 dígitos; consultado el 16 de enero de 2018). http://aliceweb.mdic.gov.br

comercio total entre Brasil y el Perú (0,1% en 2010 y 1% en 2017). De allí que la evolución del comercio, a través de la carretera interoceánica, no ha cambiado la tendencia global, según la cual el modo de transporte marítimo sigue siendo el dominante en el comercio Perú-Brasil.

Más aún, el 94% del comercio que registra la aduana de Assis Brasil en 2017 corresponde a exportaciones de Brasil al Perú, lo que implica que los exportadores peruanos, especialmente los de la macrorregión sur, no han aprovechado suficientemente esta opción de conectividad terrestre con Brasil, siendo necesario un estudio profundo de los factores que han conducido a ese escaso aprovechamiento, a fin de extraer lecciones aprendidas. Por otro lado, a 2016, el departamento de Madre de Dios, que constituye la región amazónica peruana fronteriza con Brasil, seguía estando entre los más pobres del país, con un índice de casi el 30% de su población con al menos una necesidad básica insatisfecha[1].

Esta experiencia demuestra que la construcción de infraestructura de transportes debe estar acompañada por políticas y medidas complementarias muy activas por parte del Estado para propiciar la integración productiva en la zona de influencia, facilitar el comercio internacional, ordenar el territorio y proveer seguridad pública, entre otros aspectos, todo lo cual implica presencia y eficacia del Estado en el ejercicio de sus funciones relativas al ordenamiento del territorio, especialmente en zonas que adquieren conectividad, por primera vez, gracias a la infraestructura.

En el caso de la carretera Interoceánica se construyó una infraestructura de transportes, pero no se conformó un Eje de Integración y Desarrollo, que

---

[1]   Instituto Nacional de Estadística e Informática (INEI). (Necesidades básicas insatisfechas; consultado el 9 de mayo de 2018). https://www.inei.gob.pe/estadisticas/indice-tematico/sociales/

es el concepto clave postulado en la visión estratégica de la integración física. Este caso también demuestra las dificultades de avanzar, con infraestructura de transportes, hacia la Amazonía peruana y el centro del subcontinente sudamericano, lo que implica atravesar espacios muy sensibles desde el punto de vista socioambiental. De allí que, igualmente, el Estado debe ser cauteloso y eficiente para asegurar la prevención y mitigación de potenciales impactos directos e indirectos de la infraestructura.

Más aún, esta obra es actualmente objeto de grandes cuestionamientos por hechos de corrupción en la concesión vial. De allí que el convencimiento que existía de que la integración física Perú-Brasil sería un factor positivo ha perdido la credibilidad que tuvo en la década pasada. Por tanto, retomar los esfuerzos de integración física, con nuevos proyectos, necesitará mucha transparencia en la información y estudios técnicos precisos y profundos sobre los costos y los beneficios esperados, lo cual tiene implicancias para el proyecto del ferrocarril bioceánico Brasil-Perú, con la participación de China, que se examinará en la sección 5.

En ese contexto, la propuesta de extender la Franja y la Ruta a América Latina podría ser aprovechada por el Perú como una nueva oportunidad para actualizar su visión y objetivos sobre la integración física sudamericana, especialmente con Brasil. En particular, se trata de definir cómo el Perú puede avanzar, de manera realista pero también ambiciosa, en el objetivo de posicionarse como centro de la interconexión de América del Sur con China y los países asiáticos.

Potencial rol del Perú en la proyección de Sudamérica hacia la cuenca del Pacífico

La idea de base es consolidar carga en puertos peruanos para alcanzar mayor escala y hacer viable un tráfico marítimo directo con Asia por el Pacífico sur, reduciendo costos logísticos en el comercio internacional. Se pondría en valor de esta forma la ubicación privilegiada del Perú en el centro de la costa del Pacífico de América del Sur. El beneficio esperado sería ganar competitividad en nuestras relaciones con China y los otros países asiáticos, a través de la integración física que permitiría traer la carga de Brasil hasta el puerto peruano más adecuado en el Pacífico [1].

Existen dos zonas en Brasil donde se genera de manera importante carga de ida y/o vuelta con respecto a los países asiáticos. La primera zona está en el estado de Amazonas, donde se encuentra la Zona Franca de Manaos (ZFM). Los centros de abastecimiento de insumos electrónicos de las industrias que se localizan en la ZFM se encuentran en el continente asiático. La alternativa logística sería una conexión directa entre la ZFM y sus abastecedores de Asia, a través del Pacífico sur, pasando por el Perú. El establecimiento de un centro logístico bioceánico en un puerto marítimo del norte del Perú podría ser el punto intermedio de estos flujos [2].

Sin embargo, esta opción logística solo sería factible si es más competitiva que las rutas tradicionales. Desde Manaos, la gran mayoría de las rutas marítimas con destino al Asia utilizan el Canal de Panamá. Otra ruta intermodal conecta Manaos-Miami-Los Ángeles-Asia, por el Pacífico norte. Se requerirían políticas sostenidas en materia logística, inversión en los principales puntos intermodales y sostenimiento de la navegabilidad de las hidrovías amazónicas, entre varios otros factores, para que los puertos peruanos pudieran convertirse en una posible vía alterna entre América del Sur y Asia conectando con la ZFM [3].

---

[1] Santa Gadea, *Integración Física Sudamericana*, 2012.

[2] Memorándum de Entendimiento sobre Integración, 2003.

[3] Urrunaga y Bonifaz, *Conexiones para el Desarrollo*, 2009.

La otra zona de Brasil que es generadora de un volumen importante de carga hacia China es la región centro-oeste, principal productora de soya, la misma que se exporta mayoritariamente a China. Una conexión ferroviaria entre Brasil y el Perú tendría como principal funcionalidad facilitar el transporte a China de la soya brasileña. La idea no es nueva; por ejemplo, fue planteada en el Foro Empresarial Perú-Brasil, realizado en Sao Paulo en el año 2000[1]. Más adelante, el proyecto recibió el respaldo político del Perú y Brasil en 2008[2]. Lo nuevo, entonces, ha sido la participación de China a partir de 2014. En dicho año, los presidentes de Brasil, China y Perú anunciaron su interés común de explorar el potencial de una conexión ferroviaria entre Brasil y Perú, con el fin de "ampliar la infraestructura de transporte en América del Sur y facilitar la conexión entre las economías sudamericanas y asiáticas"[3]. En la sección siguiente, analizaremos las implicancias y dificultades de este proyecto.

También sería necesario explorar la opción de que el Perú pueda convertirse en el *hub*, centro o puerta de entrada y salida del comercio internacional entre China y América del Sur, en ausencia de la integración física con Brasil que, en gran medida, tiene la dificultad de atravesar zonas socioambientales muy sensibles en la Amazonía. La pregunta es si, acumulando la carga generada por los otros países vecinos (Bolivia, Ecuador, Colombia, Chile), sin Brasil, en un puerto peruano, habría un volumen suficiente como para justificar una conexión

---

[1] Ilustración Peruana Caretas, "Tren transcontinental", 2007.

[2] En marzo de 2018, el Perú promulgó la ley 29207 declarando el proyecto del ferrocarril bioceánico como "necesidad pública e interés nacional". Congreso de la República del Perú, Ley n.º 29207, 2008. En septiembre del mismo año, Brasil incluyó el proyecto en el "Plan Nacional de Transporte" con la ley 11772. Casa Civil Presidência da República do Brasil, *Sanção da Lei Nº 11.772*, 2008.

[3] Declaración para el Establecimiento de Cooperación entre Brasil, Perú y China sobre una Conexión Bioceánica. MRE, 16 de julio de 2014. (Obtenido a través del oficio n.º 0-2-B/189 de la Oficina de Transparencia y Acceso a la Información, MRE, 24 de abril de 2017).

marítima directa con China.

Las cifras de comercio exterior sugieren lo contrario (véase el Cuadro 1): en 2016, Brasil representó el 41% del comercio total de América del Sur con China (exportaciones más importaciones), la participación de Chile en ese total fue 22% y la del Perú, 12%. En conjunto, los tres países suman el 75% del comercio total China-América del Sur. En cuanto al resto, solo Argentina y Colombia alcanzan participaciones relativamente significativas, mientras que los demás se sitúan al nivel del 2% al 3% del total.

Cuadro 1: América del Sur-China. Comercio total por países (2016), en miles de millones de US$.

País	Comercio total	Participación (%)
Brasil	58,5	41%
Chile	31,5	22%
Perú	16,7	12%
Argentina	14,9	10%
Colombia	9,8	7%
Ecuador	3,7	3%
Paraguay	2,7	2%
Uruguay	2,4	2%
Bolivia	2,2	2%
Total	142,3	100%

Fuente: elaboración propia con base en UN Comtrade, 2018.
Nota: la fuente no incluye información de Venezuela.

Otra pregunta pertinente es la siguiente: ¿en qué medida el Perú necesita una conexión marítima directa con China para convertirse en el *hub* de América del Sur con respecto al comercio internacional con Asia? Es decir, ¿puede el Perú jugar ese rol utilizando la ruta de trasbordo en América del Norte (el puerto de Manzanillo, por ejemplo)? (véase el Mapa 4). Al respecto, hay que anotar que si el objetivo es ganar competitividad en las exportaciones a China, habría que disminuir el tiempo que toma llegar al mercado asiático de destino (sobre todo para los productos perecibles) y, en ello, el tránsito marítimo constituye el principal componente. Asimismo, para el establecimiento de una nueva ruta sería necesario que el costo del flete fuera menor y la frecuencia de la conexión marítima, mayor que en las rutas tradicionales.

Mapa 4: Rutas marítimas al Asia desde el Perú

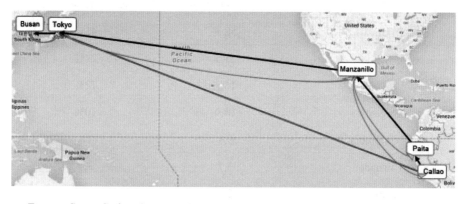

Fuente: Santa Gadea, Santa Gadea, Rosario (ed.). Analysis of Experiences in Trade and Investment between LAC and Korea: The Case of Member Countries of the Pacific Alliance. Discussion Paper N° IDB-DP-400. Washington DC: Inter-American Development Bank, 2015, fig. 6.

En suma, el Perú tiene el potencial de interconectar la Franja y la Ruta, en particular la Ruta Marítima de la Seda del Siglo XXI, con América del Sur, pero se requieren mayores estudios sobre costos logísticos, haciendo comparaciones entre la ruta alterna transpacífica y las rutas marítimas tradicionales. La tarea es medir las diferencias en tiempo, frecuencia y costo, y cómo se modificarían estas variables según el volumen y los distintos tipos de carga que puedan concentrarse en un puerto peruano. Ello permitiría construir una agenda que ayude a ganar competitividad, aprovechando la ubicación geográfica del Perú, sus inversiones portuarias, la integración física con Brasil y las crecientes relaciones comerciales de América del Sur con China[1].

Esta visión (véase el Mapa 5) parece convergente con la que brindan algunos analistas chinos, que se refieren a "la construcción de un corredor económico transpacífico que vincule América Latina (a la Franja y la Ruta)"[2].

Mapa 5: Conectividad de América del Sur con Asia-Pacífico

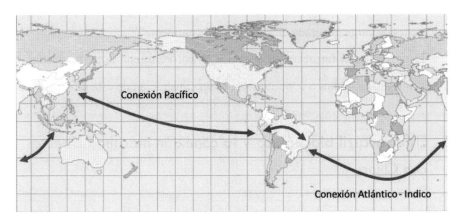

Fuente: Barceló, Marcel. "Conectividad América del Sur con Asia-Pacífico y Potencial Competitivo de las Rutas Interoceánicas". PowerPoint presentado en el Seminario Internacional sobre Integración Física Sudamericana Diez Años Después: Impacto e Implementación en el Perú, Universidad del Pacífico, Lima, 30 de noviembre y 1 de diciembre de 2010.

---

[1] Entre 2001 y 2016, el comercio de América del Sur con China creció 15 veces, representando, en este último año, el 59% del comercio total de América Latina con China. Trade Map, Yearly Time Series, 2018.

[2] Zhang Yong y Shi Peiran. "Expansion of Cooperation Scope on the 'Belt and Road Initiative': A Research on Status Quo, Opportunities and Challenges of Sino-Latin American Integrated Cooperation". En *Expanding the Belt and Road: A New Perspective on China-Latin America Integrated Cooperation*, ILAS-CASS, pp. 1-42. Beijing: China Social Sciences Press, 2017.

En este camino, hay que avanzar de manera realista y objetiva, teniendo en cuenta también los análisis que contradicen esta visión estratégica. Así, se señala que las distancias al Asia, desde puertos del Atlántico y del Pacífico, nunca son muy distintas, mientras que el costo que representa el transporte terrestre por ferrocarril, cuando hay que cruzar la cordillera andina, es muy alto. De otro lado, hay mucho mayor volumen de carga que se embarca por los puertos del Atlántico sudamericano, lo que incide en la frecuencia de los servicios, la capacidad de carga de los buques y, por ende, los menores fletes marítimos. De allí que "no debería esperarse que puedan desviarse hacia los puertos del Pacífico grandes volúmenes de carga generada en el centro del continente"[1].

El proyecto del ferrocarril bioceánico Brasil-Perú, con la participación de China, que analizaremos a continuación, es una ilustración de esta dificultad.

5. El ferrocarril bioceánico y la conexión marítima directa con China

Los Gobiernos de Brasil, China y el Perú suscribieron dos memorándums de entendimiento (en 2014 y 2015), mediante los cuales se creó un grupo de trabajo trilateral responsable de realizar el estudio básico de viabilidad del proyecto. China se encargó de la mayor parte de las tareas relativas al estudio, mientras que Brasil y el Perú quedaron a cargo del estudio preliminar de impacto ambiental, análisis de leyes y políticas nacionales relativas al proyecto, además

---

[1] COSIPLAN, *Insumos para elaborar una estrategia que facilite la integración ferroviaria de Suramérica*. Buenos Aires: Grupo de Trabajo sobre Integración Ferroviaria, 2017, p. 20. http://www.iirsa.org/Document/Detail?Id=4622.

de asistir y dar apoyo a la contraparte china en el desarrollo de sus tareas [1]. Asimismo, China concedió una donación de 16,3 millones de dólares [2] al Perú para financiar el desarrollo de sus tareas en el estudio básico de viabilidad [3].

Como se aprecia en el Mapa 6, el ferrocarril conectaría el centro-oeste de Brasil, compuesto por los estados de Mato Grosso, Mato Grosso do Sul, Goiás y Distrito Federal, a un puerto marítimo peruano en el océano Pacífico. En el territorio peruano, el estudio analizó tres posibles rutas (Norte, Centro y Sur) y concluyó que la mejor opción sería la ruta Norte [4].

---

[1] Memorándum de Entendimiento sobre la Creación, 2014; y Memorándum de Entendimiento sobre la Conducción, 2014.

[2] 100 millones de yuanes convertidos a dólares americanos al tipo de cambio del día de la firma del acuerdo (mayo de 2015). FMI, Representative Exchange Rates, 2018.

[3] Convenio de Cooperación Económica y Técnica, 2015.

[4] Bi, Qiang. "Apresentação do Estudo Básico de Viabilidade da Ferrovia Transcontinental Brasil-Peru". PowerPoint. Presentación exhibida durante la audiencia pública para tratar el proyecto del ferrocarril transcontinental, Senado brasileño, Brasilia, 29 de junio de 2016. https://www12.senado.leg.br/ecidadania/visualizacaoaudiencia?id=7734

Mapa 6: Posible trazo del tren bioceánico Brasil-Perú

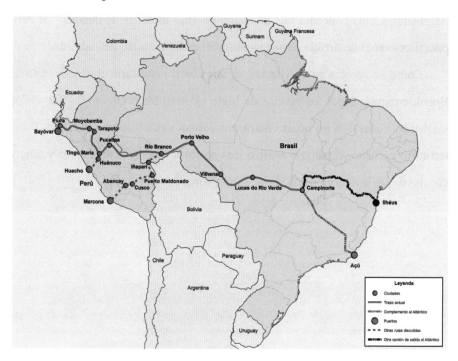

Fuente: elaboración propia con base en Bi, "Apresentação do Estudo Básico", 2016, p. 7; y MTPA, Projeto de Reavaliação de Estimativas e Metas do Plano Nacional de Logística e Transportes – PNLT. Brasilia: Secretaría de Política Nacional de Transportes, 2012. fig. 1.

Notas: En el territorio peruano, las rutas Centro y Sur del proyecto aparecen punteadas en rojo[1]. En el territorio brasileño, la línea roja punteada se refiere al tramo Campinorte-Puerto do Açu, que no es parte del proyecto examinado con China, pero sí se incluye en el Plan Nacional de Logística y Transportes de Brasil (proyecto ferroviario EF-354). La línea negra punteada en territorio brasileño corresponde, por una parte, al proyecto del Ferrocarril Norte-Sur y, por

---

[1] Bi, "Apresentação do Estudo Básico", 2016.

otra parte, al proyecto del Ferrocarril de Integración Oeste-Este [1].

Posibles beneficios del proyecto para Brasil y China

La principal funcionalidad del tren sería facilitar el transporte de la soya brasileña a China, producida principalmente en la región centro-oeste de Brasil [2]. La soya es el principal producto exportado por dicho país (25.700 millones de dólares en 2017) y casi el 80% del total se vende a China [3]. El problema es que la región centro-oeste tiene una matriz de transporte mayoritariamente compuesta por carreteras y el tránsito por esta vía es, por general, más caro que a través de otros modos de transporte; asimismo, se señala que las rutas existentes están saturadas y/o son deficientes [4].

Esta situación da como resultado un alto costo logístico promedio que, de acuerdo con una encuesta de la Fundação Dom Cabral [5], en el centro-oeste de Brasil alcanza el 30% de los ingresos de las empresas encuestadas, comparado al promedio nacional que es cercano al 12%. Asimismo, el problema del

[1]   Ministerio de Transportes, Puertos y Aviación Civil de la República de Brasil (MTPA). *Projeto de Reavaliação de Estimativas e Metas do Plano Nacional de Logística e Transportes – PNLT.* Brasilia: Secretaría de Política Nacional de Transportes, 2012.

[2]   Adins, "La Ferrovía Transcontinental", 2016; Dourojeanni, "Impacto Ambiental", 2016; y Vallim y Mello, "Perspectivas desde Brasil", 2016. En *Las relaciones de China con América Latina y el ferrocarril bioceánico Brasil-Perú, eds.* Jorge Caillaux, Fabián Novak y Manuel Ruiz, pp. 119-147. Lima: MacArthur Foundation, Pontificia Universidad Católica del Perú y Sociedad Peruana de Derecho Ambiental, 2016.

[3]   AliceWeb, Exportación, 2018.

[4]   Castro, César. "O Agronegócio e os Desafios da Infraestrutura de Transporte na Região Centro-Oeste". En *Desenvolvimento Regional no Brasil - Políticas, Estratégias e Perspectivas, orgs.* Aristides Monteiro, César Castro y Carlos Antonio Brandão, pp. 247-274. Brasilia: Instituto de Investigación Económica Aplicada, 2017.

[5]   Resende, Paulo Tarso Vilela de, Paulo Renato de Sousa, Paula Oliveira, Bruna Catão Braga, Larissa de Freitas Campos, y Rafael Barroso de Oliveira. *Pesquisa de Custos Logísticos no Brasil em 2015.* Nova Lima: Fundação Dom Cabral, 2015.https://www.fdc.org.br/conhecimento/publicacoes/relatorio-de-pesquisa-32576

transporte también constituye un importante factor limitante de la expansión de la producción agrícola en esta región [1] . Ante eso, el ferrocarril bioceánico podría mejorar significativamente la competitividad de la producción de Brasil y permitir su expansión, siempre y cuando este proyecto demostrara ser una opción económica competitiva, en comparación con las rutas actuales y otras alternativas potenciales para el transporte de soya.

En cuanto a China, el ferrocarril bioceánico también serviría a una agenda estratégica nacional. Este proyecto ayudaría a asegurar y facilitar la provisión de productos agrícolas (especialmente la soya) para satisfacer la demanda china[2] . El ferrocarril también podría facilitar el flujo de las exportaciones chinas hacia Brasil, pero para ello debería llegar a la región sudeste del país (São Paulo, Rio de Janeiro, Minas Gerais y Espirito Santo), que representó casi el 50% de las importaciones brasileñas desde China en 2017[3] . Asimismo, este megaproyecto, como se verá más adelante, implica una inversión cuantiosa, que brindaría a China la oportunidad de invertir racionalmente una parte de sus reservas de divisas, además de ayudar a absorber el exceso de capacidad nacional en industrias como acero y cemento[4] .

Por tanto, para Brasil y China, los beneficios del proyecto son claros, mientras que, por el lado peruano, habría que definirlos con precisión.

La necesidad de cuantificar los beneficios para el Perú

El MRE ha señalado que el proyecto "estimularía una mejora de la eficiencia de toda la cadena logística del país, actualmente caracterizada por

---

[1]   Bi, "Apresentação do Estudo Básico", 2016.

[2]   Adins, "La Ferrovía Transcontinental", 2016.

[3]   AliceWeb, Importación, 2018.

[4]   Cai, *Understanding China's Belt,* 2017.

generar altos sobrecostos"[1]. En esta misma línea, en la presentación del reporte intermedio del estudio de viabilidad, la parte china resalta que este ferrocarril podría ser uno de los principales corredores de exportación de minerales del Perú y un canal logístico importante para promover el desarrollo del noreste del país[2]. De otro lado, el tren facilitaría las exportaciones peruanas a Brasil, especialmente los fosfatos procedentes de Bayóvar (zona del norte del país), que se utilizarían como fertilizantes en las zonas de producción de soya[3].

Sin embargo, sería necesario hacer este análisis en términos de volumen de carga de ida y de retorno. No se conoce si estos estimados están incluidos en el estudio básico de viabilidad, pues el mismo no ha sido dado a conocer públicamente. Ello sería esencial a fin de sustentar los beneficios esperados para la exportación peruana hacia China, principalmente, y también, en el otro sentido, para la exportación peruana hacia el centro-oeste (fosfatos) y el sudeste de Brasil, que constituye el principal mercado del país.

Desde una perspectiva geoestratégica, la Cancillería peruana señala que "esta sería la primera medida concreta que tomaría el Perú para convertirse en el *hub* de la costa occidental de América del Sur, objetivo perseguido igualmente por nuestros vecinos Chile y Colombia, al incrementar sustancialmente la carga que se movilizaría por nuestros puertos"[4]. El aumento de los volúmenes de carga que propiciaría el ferrocarril impulsaría la llegada de grandes barcos chinos para

---

[1] Ministerio de Relaciones Exteriores del Perú (MRE), Dirección General de Asia y Oceanía para MRE, Dirección de Cooperación Internacional, "Memorándum N° DA00377/2015", 19 de junio de 2015. En Presidencia de la República y MRE para Presidencia del Congreso de la República, *Oficio N° 114-2015-PR*, pp. 45-46, 12 de agosto de 2015. Lima. http://www.leyes.congreso.gob.pe/Documentos/2016_2021/ Tratados_Internacionales/C-10720170120.pdf.

[2] Bi, "Apresentação do Estudo Básico", 2016.

[3] Adins, "La ferrovía transcontinental", 2016.

[4] MRE, "Memorándum N° DA00377/2015", 2015, p. 45.

recogerla, generando las condiciones para que Bayóvar pueda convertirse en un megapuerto en el Pacífico sur y para el establecimiento de una ruta marítima directa entre China y el Perú.

Bayóvar, además, tiene las condiciones geográficas necesarias para esta transformación, ya que se trata de un puerto de aguas profundas, lo que no sucede con el puerto de Ilo, en el sur del Perú. En efecto, el puerto de Bayóvar tiene una profundidad de muelle para carga (calado) de 71-75 pies para el terminal de petróleo, lo que muestra su potencial de poder atender a barcos muy grandes y convertirse en un megapuerto. En contraposición, el puerto de Ilo tiene un calado de solo 36-40 pies para su terminal de petróleo[1].

En esta perspectiva geoestratégica hace falta realizar estudios precisos y sobre todo analizar el conjunto del corredor en sus dos funcionalidades: *vis a vis* de la exportación peruana de bienes hacia China que beneficiaría el ferrocarril; y *vis a vis* de la exportación peruana de servicios logísticos que se generaría en el puerto marítimo de conexión a establecer, en el territorio peruano, entre China y América del Sur. Asimismo, es indispensable determinar si habría suficiente carga de retorno.

Asegurar prevención y/o mitigación de impactos socioambientales

La implementación de un megaproyecto como el ferrocarril bioceánico puede generar una serie de impactos socioambientales directos e indirectos en su zona de influencia, no solo durante la construcción, sino también durante su operación. Este es uno de los temas más sensibles relativos a este proyecto que se señalan en los pronunciamientos oficiales y en los análisis más críticos de los expertos ambientales. Desde luego, un factor agravante es la falta de

---

[1] SeaRates (website). *Puertos marítimos del Perú*. Consultado el 5 de febrero de 2018. https://www.searates.com/es/maritime/peru.html.

información sobre el proyecto. Como se ha señalado, el estudio socioambiental realizado en el marco del grupo intergubernamental no es público, es decir, no hay información oficial que permita ver con precisión las zonas que serían afectadas por el trazado del tren.

La preocupación se concentra en las áreas de protección ambiental y zonas de amortiguamiento del parque nacional Sierra del Divisor (que comparten Perú y Brasil), así como el parque nacional Cordillera Azul y el bosque de protección Alto Mayo (ambos en Perú), además de las áreas de bosques en los departamentos de la selva peruana por donde pasaría el tren. El principal riesgo es la deforestación y degradación ambiental que podrían causar las acciones humanas a partir de eventuales estaciones del tren y, en menor medida, los impactos directos de la propia obra. Otra preocupación se refiere a las comunidades indígenas nativas (etnias Shipibo, Ashaninka e Isconahua) y grupos ribereños tradicionales. Se advierte que el ferrocarril no debería pasar por el territorio de comunidades indígenas y que podría tener impactos indirectos muy importantes[1].

Por su parte, el Gobierno peruano, al más alto nivel, ha señalado el riesgo para el medioambiente que resultaría del proyecto al cruzar una selva prístina[2], es decir, primitiva y original, no intervenida hasta entonces. Por todo ello, es necesario que se difunda el estudio socioambiental realizado y que se profundicen los análisis que permitan responder a todas las inquietudes de manera transparente, así como diseñar los planes de prevención y/o mitigación de impactos que correspondan. Estos serían elementos indispensables, junto con la cuantificación de los beneficios económicos, para evaluar la viabilidad del

---

[1] Dourojeanni, "Impacto ambiental", 2016.

[2] Kuczynski, Pedro Pablo. "PPK: 'Fuerza Popular ha hecho cosas positivas para nosotros'". Entrevista concedida a Sebastian Ortiz M. *El Comercio*, 18 de setiembre de 2016. https://elcomercio.pe/politica/gobierno/ppk-fuerza-popular-hecho-cosas-positivas-260237

proyecto.

Estimaciones de la inversión requerida

Se conocen tres estimaciones de la inversión necesaria para ejecutar este proyecto: la primera, que sería muy preliminar, fue preparada por el grupo de empresarios que, en el año 2000, presentaron el anteproyecto de este tren; las otras dos estimaciones son más recientes y fueron elaboradas por los expertos chinos que realizaron el estudio básico.

Cuadro 2: Estimación de la inversión necesaria para el proyecto del ferrocarril bioceánico Brasil-Perú, miles de millones de US$

Estimaciones	Total	Perú	Brasil
Primera	10	-	-
Segunda	60	35	25
Tercera	72	41,6	30,4

Fuente: Elaboración propia con base en: 1) Ilustración Peruana Caretas, "Tren transcontinental", 2007; 2) Vizcarra, Martín. "China calcula que el tren Brasil-Perú costaría 60.000 millones de dólares". Entrevista concedida a Raúl Vargas. RPP TV, 15 de septiembre de 2016; y 3) Empresa de Planejamento e Logística (EPL) para Secretaria de Fomento para Ações de Transportes, "Oficio n.º 29/2017 – DPL/EPL - Ata da Reunião realizada 06/01/2017 do Subgrupo Técnico Brasileiro – Análise Quanto ao Relatório Final da Ferrovia Bioceânica". En Secretaria de Fomento para Ações de Transportes para Serviço de Informação ao Cidadão, Memorando n.º 95/2017/SFP, 22 de mayo de 2017.

Estas cifras son enormes, teniendo en cuenta el tamaño y las necesidades de infraestructura de la economía peruana. La estimación de 41.600 millones de dólares para el tramo del ferrocarril que se realizaría en el Perú, equivale a alrededor del 20% del Producto Bruto Interno (PBI) peruano en 2016 y podría cubrir más del 70% de la brecha en infraestructura de transportes a largo plazo del país[1]. El presidente peruano, Pedro Pablo Kuczynski, al tomar conocimiento de la inversión requerida para el tren, con ocasión de su visita a China en setiembre de 2016, manifestó en una entrevista a un medio de prensa del Perú, que el país tenía otras prioridades y señaló que la inversión necesaria para el tramo peruano del ferrocarril sería suficiente para poner agua potable en el hogar de todos los ciudadanos del país[2].

En Brasil se ha estimado que el uso de las normas y especificaciones técnicas chinas estaría elevando grandemente la inversión necesaria para el proyecto, ya que el costo promedio por kilómetro del ferrocarril sería casi tres veces superior al costo promedio referencial en el país[3]. Esto tendría relación con la gran cantidad de puentes y túneles que estarían siendo considerados en el diseño chino. Recientemente, en una entrevista a un medio de comunicación internacional, el secretario de Asuntos Internacionales del Ministerio de Planificación de Brasil declaró que "el proyecto se ha detenido porque es extremadamente costoso y el estudio de viabilidad fue muy insatisfactorio"[4].

---

[1] El PBI del Perú en 2016 fue de 192.000 millones de dólares. Banco Mundial, PBI (US$ a precios actuales), 2018. Asimismo, la brecha de infraestructura de transportes ascendería a 57.500 millones de dólares para el período 2016-2025. AFIN, *Un plan nacional,* 2015.

[2] Kuczynski, "PPK: Fuerza Popular", 2016. En 2015, más del 13% de la población del país (cerca de 4 millones de personas) todavía no tenía acceso a agua potable en sus hogares. Banco Mundial, Mejora en el Suministro de Agua, 2018.

[3] Empresa de Planejamento e Logística (EPL) para Secretaria de Fomento para Ações de Transportes, "Oficio n.º 29/2017 – DPL/EPL - Ata da Reunião realizada 06/01/2017 do Subgrupo Técnico Brasileiro – Análise Quanto ao Relatório Final da Ferrovia Bioceânica". En Secretaria de Fomento para Ações de Transportes para Serviço de Informação ao Cidadão, *Memorando n.º* 95/2017/SFP, 22 de mayo de 2017.

[4] Arbache, Jorge. "Brasil desiste de proyecto de tren al Pacífico por los altos costos". Entrevista concedida a Anthony Boadle y Leonardo Goy. *Reuters*, 2 de febrero de 2018. https://lta.reuters.com/article/domesticNews/idLTAKBN1FM1TI-OUSLD

Estructuración financiera por definir

Tampoco se han dado a conocer las posibles condiciones financieras del proyecto, a fin de identificar si sería viable la implementación de una concesión o bien sería necesaria una contrapartida pública bajo el esquema de una asociación público-privada (*public private partnership,* PPP). Se asume que China está en disposición de proveer el financiamiento y hacerse cargo de la construcción, incluyendo tecnología, equipos y soporte técnico/operacional. En ese caso, las empresas chinas interesadas tendrían que competir en una licitación internacional. De ganar la concesión, la pregunta que se plantea es si el endeudamiento necesario para ejecutar el proyecto sería asumido por la propia empresa. La viabilidad de un esquema de este tipo dependería de que el proyecto sea autosostenible financieramente. El Perú no podría asumir compromisos financieros de esta magnitud, ya que el monto de inversión estimado para el tramo peruano equivale a casi el 79% del total de la deuda pública actual [1].

Visión futura

Es claro que hay muchas preguntas abiertas todavía con respecto a este proyecto. En primer lugar, sería indispensable dar a conocer públicamente el estudio básico de viabilidad realizado para, a partir de allí, profundizar los análisis. En cuanto a la visión futura, es necesario anotar lo siguiente: en el debate sobre este proyecto, la mayor parte de la atención se ha concentrado en el ferrocarril, pero este es solo una parte del corredor de transporte a establecer.

Como ya se ha señalado, la conexión en conjunto tiene varios componentes: 1) ferrocarril Brasil-Perú, 2) puerto marítimo peruano, 3) ruta marítima directa a China y viceversa. El atributo "bioceánico" del ferrocarril es menos importante

---

[1] La deuda pública peruana asciende a 53.000 millones de dólares, casi el 30% del PBI. Ministerio de Economía y Finanzas del Perú (MEF), Deuda del Sector Público, 2018.

que esta conexión entre los dos lados de la cuenca del Pacífico. Por tanto, estudiar la factibilidad de este proyecto implica examinar si pueden asegurarse las condiciones para que la conexión completa se realice, a costos competitivos, en ambos sentidos.

Visto de esta manera, el proyecto es una oportunidad para lograr el establecimiento de una ruta marítima directa Perú-China-Perú. Su realización necesita un volumen de carga lo suficientemente alto en ambas direcciones. Intermediar en parte del comercio de Brasil con China en ambos sentidos podría permitir alcanzar ese nivel. Ello significa que la elección de la ruta del ferrocarril depende de la selección del mejor puerto de la costa peruana, que tenga las condiciones para convertirse en un megapuerto, transformando al Perú en un exportador de servicios logísticos a la carga y *hub* en América del Sur.

En forma coincidente un reciente estudio chino señala que "el ferrocarril bioceánico abriría las puertas del Perú a los países sudamericanos y del Pacífico [...] sus cargas podrían concentrarse en puertos peruanos [...] No se trata solo de un ferrocarril sino también de una ruta marítima que conecta con China"[1].

La posibilidad de realizar esta visión es lejana e inviable si la inversión requerida para el ferrocarril es la señalada por el estudio básico. Sería indispensable encontrar formas de reducción de ese costo y evitar los potenciales daños ambientales en la Amazonía que han sido advertidos. Asimismo, sería necesario un esquema de financiamiento del proyecto que no signifique compromiso de recursos públicos para el Perú. De ser así, el proyecto podría tener una posibilidad. Por otro lado, no solo hay que considerar la inversión en el tren, sino también en el puerto marítimo del Pacífico.

También es fundamental demostrar con precisión que, para el Perú, el balance costo-beneficio sería positivo. Sin ello, el proyecto carece de

---

[1]   Zhang y Shi, "Expansion of Cooperation", 2017.

credibilidad. En particular, sería necesario estimar cuánto podría reducirse el costo logístico para el envío de nuestras exportaciones a China; cuánto sería el mayor ingreso que tendría el Perú como resultado del tránsito por su territorio del tren bioceánico; y a cuanto ascenderían las exportaciones de servicios logísticos del Perú, resultantes de la operación del megapuerto a concretar, como punto de llegada y salida del tren bioceánico, y punto de entrada y salida de la ruta marítima transpacífica directa hacia China.

Otras alternativas

El "Corredor Ferroviario Bioceánico Central" impulsado por Bolivia prevé conectar el puerto de Santos, en Brasil, con el puerto de Ilo, en el Perú, cruzando el territorio boliviano (véase Mapa 7). Además de Bolivia, el proyecto involucra directamente a Brasil y el Perú, países con los cuales La Paz ya estableció memorándums de entendimiento[1]. El firmado con el Perú, en ocasión del II Gabinete Binacional Perú-Bolivia, realizado en noviembre de 2016, tiene por objeto "promover la viabilidad" de este corredor. En medios de prensa, el presidente del Perú expresó su apoyo a este proyecto, al señalar que el tren bioceánico debería pasar por Bolivia, no por la Amazonía, y llegar a un puerto del sur del Perú, por ser la ruta más corta y evitar el problema ambiental[2].

Según informaciones de la estatal Agencia Boliviana de Información (ABI), se estaría gestionando la creación de un consorcio suizo-alemán para la ejecución de la obra. El costo de inversión total sería entre 10.000 y 15.000

---

[1] Memorándum de Entendimiento para Promover, 2016; y Memorándum de Entendimiento sobre el Corredor, 2017.

[2] "PPK: Tren Bioceánico debe pasar por Bolivia para no afectar la selva peruana". Declaración a la prensa. *Gestión*, 4 de noviembre de 2016. https://archivo.gestion.pe/politica/ppk-tren-bioceanico-pasar-bolivia-no-afectar-selva-peruana-2173958

millones de dólares[①]. La inversión estimada para el tramo boliviano del corredor es de 7.000 millones de dólares y se encuentra en fase de pre-ejecución, con una fecha estimada de realización en 2024[②].

Aunque se mencione en los medios de prensa y discursos políticos que este proyecto reemplazaría al ferrocarril apoyado por China, se trata en realidad de proyectos con objetivos distintos, ya que el tren promovido por Bolivia no llegaría a la principal zona productora de soya de Brasil, es decir, el estado de Mato Grosso. "El corredor atraviesa el área de yacimientos de mineral de hierro y manganeso del Macizo de Urucum en Brasil y del Cerro Mutum en Bolivia. Este último […] es considerado el más importante a nivel mundial"[③]. Por tanto, el Ferrocarril Bioceánico Central tendría como función principal la salida de la producción boliviana al Pacífico.

---

①   Agencia Bolivia de Información (ABI). "Consorcio suizo alemán acompañará la ejecución del Tren Bioceánico". 18 de diciembre de 2017. http://www1.abi.bo/abi/?i=392786

②   COSIPLAN, *Insumos para elaborar*, 2017.

③   COSIPLAN, *Insumos para elaborar*, 2017, pp. 144-145.

Mapa 7: Proyectos de ferrocarriles bioceánicos que culminarían en un puerto en el Perú

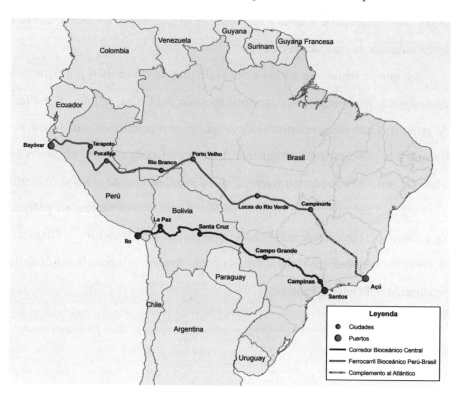

Fuente: elaboración propia con base en Bi, "Apresentação do Estudo Básico", 2016, p. 7; y COSIPLAN, Insumos para elaborar, 2017, mapa 2.

La discusión sobre los dos proyectos ferroviarios, supuestamente alternativos, debería considerar cuál trae más carga al Pacífico y cuál tiene más carga de retorno de Asia hacia América del Sur. Asimismo, cuál es el mejor puerto en el Pacífico peruano en términos de profundidad y amplitud para construir un megapuerto y cuál es la inversión necesaria en el puerto que complementa la ruta ferroviaria. En suma, hay que evaluar toda la conexión de ida y vuelta y no solo el tramo ferroviario para tener una visión comparativa completa.

Asimismo, hay que tener en cuenta que existen alternativas para facilitar las exportaciones brasileñas que no involucran una salida por el Pacífico. Una de estas sería, justamente, un ramal del ferrocarril bioceánico, desde la zona de producción de soya en Brasil, hasta un puerto en el Atlántico. Esta conexión sería técnicamente más simple que el ferrocarril previsto hacia el Pacífico y la inversión requerida sería menor [1].

La necesidad de elaborar una estrategia para la integración ferroviaria de América del Sur es un tema actual. De los siete corredores ferroviarios identificados en un reciente estudio del COSIPLAN [2], cuatro son "bioceánicos", dos de ellos culminan en un puerto en el Perú y dos en un puerto de Chile. Se trata del "Corredor Ferroviario Bioceánico Central" (Brasil-Bolivia-Chile-Perú), el "Corredor Ferroviario Bioceánico Brasil-Perú", el "Corredor Ferroviario Bioceánico Paranaguá-Antofagasta" (Brasil-Paraguay-Argentina-Chile) y el "Corredor Ferroviario Trasandino Central" (Argentina-Chile). Esto coincide con la identificación de cuatro ferrocarriles "horizontales" que hace un reciente estudio del Instituto de América Latina de la Academia China de Ciencias Sociales (ILAS-CASS), a partir del trabajo de la IIRSA y el COSIPLAN [3].

No obstante, es significativo que, sobre cada una de estas cuatro conexiones, el estudio del COSIPLAN señala que "no se presenta(n) como una alternativa competitiva para reducir el tiempo de los fletes de ultramar de las exportaciones/importaciones sudamericanas" [4]. Por tanto, existe mucho camino por recorrer en este tema. El ofrecimiento de China de extender la Franja y la Ruta a América

[1]   Bi, "Apresentação do Relatório Final", 2017.

[2]   COSIPLAN, *Insumos para elaborar*, 2017.

[3]   Xie, Wenze. "The Cooperation of Infrastructure Construction between China and Latin America from the Perspective of the Belt and Road Initiative: Taking the Cooperation of Railway Construction between China and South America as an Example. En *Expanding the Belt and Road: A New Perspective on China-Latin America Integrated Cooperation*, ILAS-CASS, pp. 119-152. Beijing: China Social Sciences Press, 2017.

[4]   COSIPLAN, *Insumos para elaborar*, 2017, pp. 147, 152, 163 y 167.

Latina, y en particular a América del Sur, es un factor que podría dinamizar la integración física sudamericana, al introducir en la discusión el tema de la conexión marítima directa con China desde un puerto del Pacífico sur, donde Chile y el Perú se perfilan como principales posibilidades de ser el *hub* del comercio internacional entre Asia y América del Sur.

6. Otras posibilidades para la extensión de la Franja y la Ruta al Perú

A fin de mejorar la conectividad en las comunicaciones internacionales, la Franja y la Ruta prevé la construcción de proyectos de cables ópticos submarinos transfronterizos y transcontinentales que conformarían la "Ruta de la Seda de la Información" (*Information Silk Road*) [1]. En este sentido, una red de fibra óptica submarina transpacífica entre China y América del Sur representaría otra importante oportunidad concreta de extender la iniciativa a la región.

Avanzando hacia el establecimiento de una conexión digital transpacífica

Al examinar la actual red mundial de cables de fibra óptica se puede observar que hay tres centros principales con gran cantidad de transmisión de datos, estos son: Asia-Pacífico, Estados Unidos y Europa. América del Sur tiene solamente unos pocos enlaces a través de Estados Unidos y Europa. Ese hecho podría representar una limitación para las comunicaciones de la región sudamericana con otros países, por ejemplo, China, puesto que la información es transmitida por una larga ruta a través de América del Norte o Europa (véase el Mapa 8).

---

[1]   NDRC, MFA y MOFCOM, *Visions and Actions,* 2015.

Mapa 8: Red mundial actual de cables submarinos

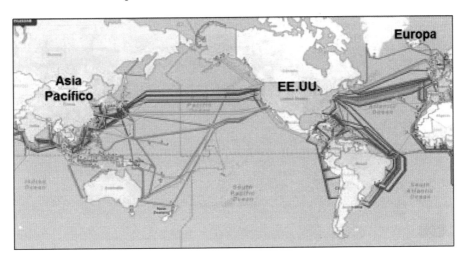

Fuente: Huang, Kim. "Comentarios". PowerPoint presentado en la Conferencia Internacional: Reforma e Internacionalización de las Empresas Chinas y Relaciones con América Latina y el Perú, Universidad del Pacífico, organizada por su Centro de Estudios sobre China y Asia-Pacífico, Lima, 6 de diciembre de 2017.

Por ello, a fin de facilitar el intercambio de información, una posibilidad es establecer una conexión directa, a través de un cable submarino, que conectaría un punto en China (posiblemente Shanghai, por la densidad de comunicaciones) y un punto en América del Sur. Este último se convertiría en el *hub* digital de la región con Asia-Pacífico. El Perú podría ser considerado una de las mejores opciones para ser ese punto de conexión debido a su posición geográfica privilegiada en el centro de la costa del Pacífico de América del Sur (véase el Mapa 9).

Mapa 9: Distancias entre el Perú y China para un posible trazo de cable submarino

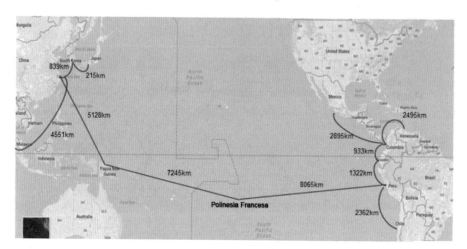

Fuente: Huang, Kim. "Comentarios". PowerPoint presentado en la Conferencia Internacional: Reforma e Internacionalización de las Empresas Chinas y Relaciones con América Latina y el Perú, Universidad del Pacífico, organizada por su Centro de Estudios sobre China y Asia-Pacífico, Lima, 6 de diciembre de 2017.

No obstante, hay que tener en cuenta que hay varios países latinoamericanos interesados en esta posibilidad, tanto en América Central como en América del Sur. En particular, Chile ya ha firmado acuerdos con China en la materia y se ha desarrollado un estudio de pre-factibilidad del proyecto [1] . Por tanto, conviene que el Perú estudie también sus posibilidades y que se adelanten esfuerzos para incorporar el tema a la agenda del diálogo bilateral con China, a fin de analizar en profundidad los alcances de este tema.

---

[1] Ramírez, Rodrigo. "El plan de Huawei para unir Shanghai y Chile con un cable submarino". Entrevista concedida a *Las Últimas Noticias,* 14 de noviembre 2017. http://www.infraestructurapublica.cl/el-plan-huawei-para-unir-shangai-y-chile-con-un-cable-submarino/

Ampliando la conectividad aérea entre Perú y China

En octubre de 2016 se firmó un convenio de colaboración entre el Ministerio de Comercio Exterior y Turismo (MINCETUR), el Ministerio de Transportes y Comunicaciones (MTC), la Comisión de Promoción del Perú para la Exportación y el Turismo (PROMPERU) y China Eastern Airlines, con la finalidad de realizar el primer envío de productos peruanos a China a través de esta aerolínea [1]. Este convenio fue fruto de las conversaciones realizadas en el marco de la visita del presidente Kuczynski a China, en septiembre de dicho año [2].

Se programaron siete vuelos de carga para el primer año desde Callao (Lima) hasta Shanghai. El 21 de noviembre de 2016 se realizó el primero de ellos, lo que marcó un hito importante en la relación bilateral. La conectividad aérea favorece la diversificación de las exportaciones al facilitar el transporte de productos no tradicionales perecibles, en particular alimenticios, entre los que se destacan arándanos, mangos, paltas, espárragos, entre otros [3]. Se esperaría que China Eastern Airlines instaure también vuelos para pasajeros que permitan la llegada de más turistas chinos y asiáticos hacia el Perú. Este paso sería coincidente con la meta fijada por el Gobierno peruano de triplicar el número de turistas chinos hacia el Perú, en un intervalo de dos años, pasando de 20.000 a

[1]   Ministerio de Comercio Exterior y Turismo del Perú (MINCETUR). "MINCETUR: China Eastern Airlines firma convenio con autoridades peruanas para realizar envío de productos del Perú a China", 25 de octubre de 2016. https://www.mincetur.gob.pe/mincetur-china-eastern-airlines-firma-convenio-con-autoridades-peruanas-para-realizar-envio-de-productos-del-peru-a-china/

[2]   *El Comercio*. "Aerolínea China Eastern evaluará conexión con Lima, dice MTC". 25 de octubre de 2016. https://elcomercio.pe/economia/peru/aerolinea-china-eastern-evaluara-conexion-lima-dice-mtc-225284.

[3]   *Xinhuanet*, "Carguero chino", 2016, y *Xinhuanet,* "Primer vuelo", 2016".

60.000 [1].

Tomando en consideración el marco de la Franja y la Ruta, la conectividad aérea debería permitir que se desarrollen cada vez más algunas de las prioridades de cooperación establecidas por la iniciativa, por ejemplo, el libre comercio, que incluye medidas de facilitación; y los vínculos pueblo a pueblo, fomentando el turismo y facilitando la relación entre las personas con fines culturales y de negocios.

7. A manera de conclusión: hacia una agenda futura que involucre la extensión de la Franja y la Ruta al Perú

Como se ha señalado en la sección 2, la Franja y la Ruta contempla cinco prioridades de cooperación: (i) promoción de la concertación de políticas (ii) facilitación de la conectividad mediante la construcción de infraestructura; (iii) liberalización del comercio; (iv) integración financiera y; (v) desarrollo de vínculos de pueblo a pueblo. La evolución de la relación bilateral Perú-China presenta avances en todas las áreas, aunque en algunas en mayor grado que otras.

Con respecto a la concertación de políticas, el Perú es uno de los seis países de América Latina cuyas relaciones de cooperación con China alcanzaron el estatus de Asociación Estratégica Integral, que es el nivel más alto de asociación con China [2]. De acuerdo con el ex primer ministro Wen Jiabao, ello significa que

---

[1] *Agencia Andina.* "Gobierno espera triplicar flujo de turistas chinos al Perú en dos años". 21 de noviembre de 2016. http://www.andina.com.pe/agencia/noticia-gobierno-espera-triplicar-flujo-turistas-chinos-al-peru-dos-anos-641454.aspx

[2] Cui, Shoujun. "China's New Commitments to LAC and its Geopolitical Implications". En *China and Latin America in Transition: Policy Dynamics, Economic Commitments and Social Impacts,* eds. en Shoujun Cui y Manuel Pérez García, pp. 15-33. New York: Springer, 2016.

la cooperación abarca con mayor profundidad una amplia gama de áreas y tiene vocación de ser sostenible en el largo plazo [1] . En efecto, desde 2013, cuando las relaciones Perú-China adquirieron este estatus, hasta la actualidad se han suscrito alrededor de 50 acuerdos entre ambas partes en distintos campos; entre ellos, se han introducido instrumentos que buscan propiciar mayor planeamiento estratégico de la relación bilateral, visión de conjunto de la cooperación y perspectiva de mediano plazo[2] .

En 2014 se estableció el Mecanismo de Diálogo Estratégico sobre Cooperación Económica entre el Perú y China, el cual funciona a través de reuniones anuales [3] . En 2016 se suscribió el Programa del Mecanismo de Diálogo Estratégico sobre Cooperación Económica, que estableció una lista con 18 proyectos de mutuo interés[4] . También en ese año se acordó el Fortalecimiento

---

[1]   Wen, Jiabao. "Wen Stresses Importance of Developing China-EU Comprehensive Stra-tegic Partnership". Declaración a la prensa. *People's Daily*, 7 de mayo de 2004. http://en.people.cn/200405/07/eng20040507_142556.html

[2]   Santa Gadea, "La presidencia china del Grupo de los 20 y su política de cooperación con América Latina: perspectivas para el Perú". En *La conexión china en la política exterior del Perú en el siglo XXI*, eds. Javier Alcalde, Chris Alden, y Álvaro Méndez. Bogotá: Pontificia Universidad Católica del Perú y London School of Economics (LSE) Global South Unit, 2018 (por publicar).

[3]   Memorándum de Entendimiento para el Establecimiento de un Mecanismo de Diálogo Estratégico sobre Cooperación Económica y entre el Gobierno de la República del Perú y el Gobierno de la República Popular China. MRE - National Development and Reform Commission of China (NDRC). 12 de noviembre de 2014. (Obtenido a través del oficio n.º 0-2-B/359 de la Oficina de Transparencia y Acceso a la Información, MRE, 12 de julio de 2017).

[4]   Memorándum de Entendimiento sobre el Programa del Mecanismo de Diálogo Estratégico sobre Cooperación Económica. MRE - NDRC. 21 de noviembre de 2016. (Obtenido a través del oficio n.º 0-2-B/472 de la Oficina de Transparencia y Acceso a la Información, MRE, 1 de diciembre de 2016).

de la Asociación Estratégica Integral[1] y se suscribió un Plan de Acción Conjunta 2016-2021, que busca orientar el intercambio y la cooperación binacional en 18 áreas[2]. Si bien estos instrumentos son genéricos, constituyen un marco inicial que podría ser aprovechado para lograr mayor coherencia y sinergia entre los distintos campos de la cooperación que abarca la relación bilateral. Introducir el tema de la Franja y la Ruta en estos diálogos puede ser una oportunidad para ello.

Por otro lado, una diferencia importante entre el estatus de Asociación Estratégica y el de Asociación Estratégica Integral sería que este último "no solo se extiende al ámbito político, económico y de cooperación, sino también al social, es decir, a la política de pueblo a pueblo"[3]. Ello implica que el desarrollo de vínculos de pueblo a pueblo tiene también un marco para seguir desarrollándose en la relación bilateral.

En materia de liberalización económica, que constituye otra de las prioridades de la cooperación en el marco de la Franja y la Ruta, el Perú es uno de los tres países latinoamericanos que tiene un TLC con China, el cual está en vigor desde marzo de 2010. Asimismo, ambos países firmaron un memorándum de entendimiento en 2016 para la realización de un estudio conjunto sobre la optimización de dicho TLC, a fin de profundizar y fortalecer la relación bilateral

---

[1] Memorándum de Entendimiento para el Fortalecimiento de la Asociación Estratégica Integral. MRE - NDRC. 21 de noviembre de 2016. (Obtenido a través del oficio n.º 0-2-B/472 de la Oficina de Transparencia y Acceso a la Información, MRE, 1 de diciembre de 2016).

[2] Plan de Acción Conjunta 2016-2021, 2016.

[3] Novak, Fabian y Sandra Namihas. *La inserción de China en ALC y el Perú. Su impacto en la relación con la UE*. Lima: Instituto de Estudios Internacionales - Pontificia Universidad Católica del Perú y Konrad Adenauer Stiftung, 2017.

y mejorar las relaciones económicas y comerciales [1] . En cuanto a integración financiera, como se ha mencionado en la sección 2, el Perú es uno de los siete países de América Latina que se ha adherido al BAII. Por tanto, conviene diseñar la estrategia peruana de aprovechamiento de las oportunidades que esa membresía podría involucrar.

La facilitación de la conectividad mediante la construcción de infraestructura es una de las prioridades clave de la iniciativa impulsada por China y, en la agenda bilateral, la acción en este campo se ha concentrado en el estudio básico de viabilidad del proyecto del corredor ferroviario bioceánico Brasil-Perú con la participación de China. Esta iniciativa ambiciosa enfrenta las dificultades que se han analizado en la sección 5 y, en la actualidad, no tiene condiciones de avanzar hacia una etapa de ejecución. Sin embargo, las numerosas interrogantes planteadas en torno a este proyecto deberían ser resueltas a través de mayores estudios. También se abren nuevos frentes a examinar, como son la conectividad digital y aérea, de acuerdo con lo planteado en la sección 6.

El tema de la construcción de infraestructura hay que verlo en el contexto de las nuevas tendencias de la inversión de China en América Latina. Hay un creciente interés chino en la inversión directa en la región latinoamericana, que también se verifica en el Perú. Comparando las dos décadas anteriores (1990-2009) con los primeros cinco años de la década actual (2010-2015), se observa una aceleración notable de la inversión directa china en la región, la cual se ha multiplicado por ocho. Esta misma evolución se observa en el Perú, que constituye el segundo destino de la inversión directa china en América Latina,

---

[1]   Memorándum de Entendimiento para la Optimización del Tratado de Libre Comercio Perú-China. Ministerio de Comercio Exterior y Turismo del Perú (MINCETUR) - MOFCOM. 21 de noviembre de 2016. (Obtenido a través del oficio n.º 0-2-B/472 de la Oficina de Transparencia y Acceso a la Información, MRE, 1 de diciembre de 2016).

después de Brasil [1] . La mayor parte de esta inversión se dirige a los sectores extractivos y, en el caso del Perú, fundamentalmente a la minería. Sin embargo, se observa el interés reciente de grandes empresas chinas en invertir en el sector de infraestructura de América Latina [2] . Esta tendencia se verifica también en el Perú.

Algunos ejemplos de empresas del sector de infraestructura e ingeniería que ya se encuentran en el mercado local son: Sinohydro Corporation Limited, que, como se mencionó en la sección 4, ganó la licitación del proyecto Hidrovía Amazónica; China Railway Engineering Corporation, un conglomerado de empresas entre las que se encuentra CREEC, encargada del estudio básico de viabilidad del corredor ferroviario bioceánico Brasil-Perú por parte de China; Power China y China Communications Construction Company (CCCC), dos de las 30 empresas chinas que más invierten fuera de su país, entre otras [3] .

En suma, están sentadas las bases para impulsar la expansión de la Iniciativa de la Franja y la Ruta al Perú. La invitación a América Latina para ser parte de la iniciativa es reciente y la manera en que esta extensión podría producirse constituye un tema nuevo en la agenda de China con la región latinoamericana. De igual forma, en los instrumentos del diálogo bilateral Perú-China tampoco hay una mención explícita a la iniciativa. Dada su importancia, sería necesario incluirla en la agenda bilateral como un tema prioritario dentro de los mecanismos de planeamiento estratégico recientemente creados.

---

[1] CEPAL, *Relaciones económicas entre América Latina y el Caribe y China: oportunidades y desafíos*. Santiago de Chile: Naciones Unidas, 2016.

[2] CEPAL, *Explorando nuevos espacios de cooperación entre América Latina y el Caribe y China*. Santiago de Chile: Naciones Unidas, 2018.

[3] Ministry of Commerce of China (MOFCOM), National Bureau of Statistics of the People's Republic of China (NBSPRC) y State Administration of Foreign Exchange (SAFE). *2015 Statistical Bulletin of China's Outward Foreign Direct Investment*. Beijing: 2016.

No obstante, para que un diálogo con China sobre esta materia sea fructífero, el Perú debería primero definir sus objetivos. Conviene que, en esta definición, no solo participe el sector gubernamental, sino que se abra la reflexión y el diálogo al sector empresarial y al ámbito académico, a fin de tener diferentes perspectivas acerca de las mejores estrategias y prácticas para concretizar la extensión de la Franja y la Ruta a nuestro país y a nuestra región.

Parte IV

Nuevos horizontes

Capítulo 13

La Franja y la Ruta
y las *mipymes* en América Latina

Aníbal C. Zottele [1]

Esteban Zottele [2]

1. Introducción

La Iniciativa de la Franja y la Ruta (en inglés, One Belt, One Road) fue lanzada por el presidente Xi Jinping en el año 2013. Dicha iniciativa –que tiene como referente histórico la antigua Ruta de la Seda– promueve, a través del financiamiento de infraestructura y conectividad por parte de China, la cooperación e intercambio comercial y cultural entre los países que participan y que actualmente son más de 60. En este marco de crecimiento, la Franja y la Ruta podría extenderse a América Latina (AL) en los próximos años. No hay que olvidar que ambas regiones también poseen una genética histórica de este proyecto: la *Nao de China*, un sistema de embarcaciones que desarrolló el

---

[1] Aníbal C. Zottele es coordinador del Cechiver (Centro de Estudios China-Veracruz de la Universidad Veracruzana, México) y director de la revista *Orientando. Temas de Asia Oriental. Sociedad, Cultura y Economía*.

[2] Esteban Zottele es profesor de la Universidad de Changzhou, investigador del CELA (Centro de Estudios Latinoamericanos de la Universidad de Changzhou), investigador del Cechiver (Centro de Estudios China-Veracruz de la Universidad Veracruzana, México) y presidente de la Asociación de Argentinos en China.

461

comercio y el intercambio cultural y de personas durante casi 250 años, hasta 1815.

Para que este proyecto funcione y sea sustentable a largo plazo deberá tener en cuenta a las micro, pequeñas y medianas empresas (*mipymes*), que en muchos países de AL representan más del 90% de las empresas, teniendo así una función social fundamental en la distribución de la renta en AL, debido a que son la columna vertebral de los procesos de desarrollo en los que, por su propia naturaleza, el valor fundamental es la inclusión de la mayor cantidad de actores sociales a los derechos humanos universales de alimentación, educación, salud y vivienda; es por ello que este sector ha sido estudiado con insistencia en los últimos años (Zottele, A., Li Y., & Santiago M., 2017)[1]. La integración de las microempresas en este ámbito generaría una mayor oferta laboral en las naciones, impactando en el crecimiento del Producto Interno Bruto de las mismas.

Las barreras que se perciben para la expansión de las *mipymes* son de diversos orígenes. Además, las dificultades para lograr financiamientos pertinentes con los riesgos y los problemas de rentabilidad –que sufren especialmente en las primeras etapas de su crecimiento– provocan que las contribuciones iniciales correspondan casi en su totalidad a esfuerzos personales o familiares.

En este contexto, las pequeñas empresas –en particular las microempresas– son muy susceptibles a los efectos secundarios no deseados de la tecnología; el concepto de la globalización y los precios potencialmente disponibles para las compañías capaces de llegar a clientes de todo el mundo son premios

---

[1] Zottele, A., Li Y., & Santiago M. (2017). Anexo I. En Z. A., L. Y., & S. M., *Las pymes mexicanas y chinas ante el crecimiento acelerado de las relaciones económicas entre ambas naciones*. México: Universidad Veracruzana.

muy atractivos para muchas de ellas. Pero, sin un conocimiento profundo del mercado, de los clientes, del cumplimiento de los pedidos, de los requisitos del comercio exterior y de las posibles dificultades, muchas pequeñas empresas que intentan pasar de un mercado local a uno global fracasan en el empeño y, en algunos casos, fracasan completamente (Swatman, P. , 2000) [1].

En tanto, se estima que el acceso al sistema financiero en la mayor parte de los países en vías de desarrollo se encuentra debajo del 20% del total. Sin embargo, aunque se reconoce ampliamente la preocupación de diversos organismos multilaterales en relación con el tema, esta tendencia no ha mejorado en los últimos años [2].

De acuerdo con esta línea, el reconocimiento de dichas dificultades es uno de los primeros esfuerzos contemplados por la Iniciativa de la Franja y la Ruta en el diseño de sus proyectos. Por ello, un eje de especial interés en esta propuesta es la creación de alternativas accesibles para que los grandes grupos de *mipymes*, dentro de los límites territoriales de América Latina, ubiquen mecanismos de progreso que acompañen el desarrollo de la infraestructura –incluyendo especialmente a la educación– con la participación activa de consorcios en las licitaciones de obras; de la misma forma, se pretende que estas compañías encuentren vías de colaboración para consolidar planes y gestiones que respondan a las necesidades de la sociedad involucrada.

En correspondencia con tales disertaciones, este capítulo propone una revisión crítica de las principales características de las *mipymes* de América Latina, pormenorizando en rasgos esenciales –como sus debilidades y fortalezas–

---

[1]   Swatman, P. (2000). Internet for SMEs: A New Silk Road? (cover story). *International Trade Forum*, (3) 22.

[2]   Al respecto existe una amplia cantidad de referencias en los registros de entidades como el G20, APEC, SELA, CELAC, CEPAL, Banco Mundial, IBD y de los organismos responsables de cada país.

para conformar un panorama analítico de sus estrategias de inserción a la gran iniciativa china de la Franja y la Ruta.

2. Antecedentes históricos de la Franja y la Ruta en América Latina

América Latina y China poseen una larga historia de intercambio cultural, comercial y de movilidad de personas (Zottele & Wei Qian, 2017) [1] . Hasta principios del siglo XIX, China fue una potencia económica debido a la magnitud de la exportación de sus productos y su capacidad productiva en la economía mundial. Cabe recordar que durante varios siglos anteriores y hasta el año 1850, China, tanto por su economía como por el nivel de avance y desarrollo de su sociedad, fue el principal productor de manufacturas a nivel mundial.

En ese marco, uno de los aspectos en los que se manifestó su mayor influencia fue la Ruta de la Seda, que durante más de 1500 años conectó América con parte de Asia y Europa. Otro fue lo que Quan y Lin (2015)[2] llamaron la "Ruta Marítima de la Seda", que desarrolló el comercio entre China y América Latina entre 1565 y 1815.

Desde finales del siglo XVI, el comercio entre China y América Latina se volvió muy frecuente. Este comercio también se popularizó con diferentes términos: Comercio de la Plata y Seda, Nao de China, Galeón de Manila o Nao de Acapulco (Liu, 1994) [3] . Este sistema de naves generó intercambios de

---

[1] Zottele, E., & Wei, Q. (octubre-marzo de 2017). La Franja y la Ruta: Oportunidad para América Latina y búsqueda de un desarrollo sostenible. *Orientando, 1* (13), 45-80.

[2] 全毅 (Quan Yi), 林裳 (Lin Shang), (2015), 漳州月港与大帆船贸易时代的中国海上丝绸之路, 福建行政学院学报

[3] 刘文龙 (Liu Wenlong), (1994), 马尼拉帆船贸易——太平洋丝绸之路, 复旦学报 (社会科学版)

productos entre ambas regiones. En ese periodo, un gran número de productos chinos, como la seda, la porcelana y el té, fueron transportados hacia América.

Según indica Mariano Bonialian (2012)[1], una parte del lote era destinada a las ventas locales en América, y otra se trasladaba hasta Veracruz, impulsando el desarrollo de la economía de los productos básicos y dándole mayor participación en la economía mundial. La línea comercial de la *Nao de China* y del espacio novohispano logró extenderse hacia Tierra Firme y al espacio peruano por las aguas del Pacífico. Pero la dirección hacia el Sur, por el Pacífico, no fue su única rama de amplitud; desde Acapulco se bifurcó un nuevo brazo que transitaba de Oeste a Este por todo el Virreinato de Nueva España, alcanzando el puerto de San Juan de Ulúa, en Veracruz. Esta gran ruta de intercambio histórico entre China y América Latina representa la genética histórica de la Franja y la Ruta en su llegada a América Latina.

3. El rol de las *mipymes* en el desarrollo económico

En las últimas décadas, a partir de un intenso proceso de modernización, China ha presentado una de las mayores tasas de crecimiento del PIB en el mundo. Con este progreso se ha convertido en una de las principales economías globales (Fanjul, 2011)[2].

El gran avance en la proyección internacional de China ha generado la expansión de las clases medias, especialmente de Asia, que a la vez se han convertido en el motor del crecimiento de la economía mundial a través del consumo de bienes y servicios. Un claro ejemplo de esta tendencia es el turismo

---

[1]   Bonialian, M. (2012). *El Pacífico hispanoamericano: política y comercio asiático en el Imperio Español (1680-1784)*. México: El Colegio de México.

[2]   Fanjul, E. (marzo de 2011). Hacia un nuevo modelo de crecimiento chino. *Economía exterior* (58).

emisor de China –el más alto a nivel mundial–, pues este sector superó los 130 millones de personas hasta 2016, constituyéndose como una fuente directa de miles de empleos en los países receptores. Cabe destacar que "la cantidad de personas que viajaron al extranjero se incrementó en un 6% en 2016, hasta los 135 millones. Este crecimiento consolida la posición de China como el primer mercado mudial desde 2012" (OMT, 2017)[1].

A propósito de este tema, la Comisión Económica para América Latina y el Caribe (CEPAL) estimó que para el año 2030, el 65% de las clases medias a nivel mundial corresponderán a los países asiáticos. Sin embargo, estas naciones –incluyendo a China– están preocupadas por que los beneficios del crecimiento se transformen en desarrollo e incluyan a la totalidad de la población (OCDE/CEPAL/CAF, 2015)[2].

Dejando a un lado la necesidad de que las políticas sociales amplíen el acceso a los derechos esenciales de las comunidades, es destacable que el crecimiento incluyente tiene como piedra angular de su sustentabilidad la creación y el fortalecimiento de las *mipymes*. En este sentido, se han constituido como un eje fundamental en la tarea de incrementar el potencial de América Latina y de crear empleos de mayor calidad.

Sin embargo, a pesar de su importante contribución al PIB –al constituir un 60% del total–, su productividad promedio es baja, en comparación con las grandes empresas de América Latina, cuyos índices de rendimiento son seis veces más altos. Esa diferencia es de solo 2,4 veces en los países miembros de la

---

[1] OMT, O. M. (2017). *En 2016, los turistas chinos gastaron un 12% más en sus viajes al extranjero*. OMT, Departamento de Prensa.

[2] OCDE/CEPAL/CAF. (2015). *Perspectivas económicas de América Latina 2016: Hacia una nueva asociación con China*. París: OECD Publishing.

Organización para la Cooperación y el Desarrollo Económicos (OECD, 2018)[1].

Por otra parte, estas carencias no han sido un freno para las *mipymes,* pues se han convertido en actores importantes en el desarrollo productivo de los países de América Latina; de igual forma, han contribuido significativamente a la generación de nuevas fuentes de empleo y al surgimiento de nuevas empresas. Su producción está mayormente vinculada con el mercado interno, por lo que una parte significativa de la población y de la economía de las regiones depende de su actividad.

Además, otro de los particulares de estas compañías radica en que son la base de las estructuras productivas integradas por mujeres, grupos de minorías nacionales y personas provenientes de las poblaciones más pequeñas en cuanto al número de habitantes.

Al mismo tiempo, a diferencia de lo que ocurre en los países más desarrollados, la participación de las pequeñas y medianas empresas en las exportaciones es muy reducida, como resultado de un escaso desempeño en términos de competitividad. Esta reducción también se expresa en una marcada brecha de productividad respecto de las grandes compañías (Stumpo & Ferraro, 2010)[2].

Sobre este punto, la Fundación Unión Europea-América Latina y el Caribe (EU-LAC), señaló en 2015 que el crecimiento de las economías latinoamericanas no correspondió a un aumento en su productividad:

Si se compara la evolución de la brecha de productividad (respecto a los Estados Unidos) de un grupo de países de la región con un grupo de países

---

[1]   OECD. (2018). OECD. De OECD: http://www.oecd.org/newsroom/nuevaspoliticasparap ymesserequierenparaimpulsarelcrecimientoenamericalatinasegunlaocdeylacepal.htm

[2]   Stumpo, G., & Ferraro, C. (2010). *Políticas de apoyo a las pymes en América Latina.* Santiago de Chile: Comisión Económica para América Latina y el Caribe.

del sudeste asiático, se identifican diferencias sustanciales. [...] La brecha de productividad de los países de América Latina y el Caribe se ha mostrado muy fluctuante, experimentando importantes aumentos en la década de 1980 y 1990, para luego reducirse a partir de los 2000. [...] La experiencia de los países asiáticos contrasta con la latinoamericana; en todos ellos cayó la brecha con respecto al punto de partida en 1980. (Fundación Unión Europea-América Latina y el Caribe, 2015)

En este sentido, los Gobiernos nacionales –en su ejercicio como organismos multilaterales– han establecido dentro de sus agendas la necesidad de fortalecer tales estructuras, comprendiendo que las *mipymes* son una de las principales oportunidades de inserción laboral en cada país.

De acuerdo con un informe publicado por la Organización Internacional del Trabajo [1], en América Latina existen cerca de 10 millones de micro, pequeñas y medianas empresas, cuyos índices registran el 47% de los empleos existentes en la región (Milano, 2016) [2]. Esta cifra constituye un número importante para la economía de una nación, no solo por impactar en las fuentes de trabajo, sino que también incrementa valores fundamentales como la productividad, aun en épocas de recesión o desaceleración (ver Cuadros 1, 2 y 3).

---

[1] *Gestión*. (08 de septiembre de 2015). OIT: En América Latina existen diez millones de micro y pequeñas empresas.

[2] Milano, N. (20 de junio de 2016). La importancia de las PYMES en la generación de trabajo en América Latina. *Portal PYME*.

Cuadro 1. Relevancia de las pymes en la región

Establecimientos por tamaño de empresa, 2016-2017 (porcentajes)				
País	Micro	Pequeñas	Medianas	Grandes
Argentina	69,6%	22,8%	5,6%	1,9%
Brasil	90,1%	8,5%	0,8%	0,6%
Chile	78,3%	17,6%	2,7%	1,4%
Colombia	96,4%	3,0%	0,5%	0,1%
Costa Rica	80,7%	13,0%	4,4%	1,9%
Ecuador	95,4%	3,8%	0,6%	0,2%
El Salvador	91,2%	7,1%	1,3%	0,4%
México	95,5%	3,6%	0,7%	0,2%
Perú	94,5%	4,5%	0,4%	0,6%
Uruguay	82,6%	13,7%	3,2%	0,5%
Alemania	82,8%	14,0%	2,7%	0,5%
España	93,1%	6,0%	0,8%	0,1%
Francia	93,0%	5,9%	0,9%	0,2%
Italia	94,3%	5,1%	0,5%	0,1%

Fuente: elaboración propia, con base en datos de (Stumpo, 2014).

Cuadro 2. Proporción total de empleo en América Latina, por tamaño de empresa (%)

Proporción de empleo por tamaño				
	Micro	Pequeña	Mediana	Grande
Argentina (1)	22,5	20,7	20,6	36,2
Brasil (2)	23	21	19	37
Chile (3)	44,1	17,7	13,2	25
Colombia (3)	50,6	17,5	12,8	19,1

Ecuador (3)	47,3	17,7	12,1	22,9
El Salvador (3)	37,7	16,1	11,6	34,6
México (4)	45,6	13,3	10,3	30,8
Perú (3)	48,4	10,3	8,9	32,4

Fuente: elaboración propia, con base en datos tomados de (1) (Instituto de Estudios Laborales y Sociales, 2015); (2) (OECD, Meeting of the OECD Council at Ministerial Level, 2017); (3) (Dini, 2014); (4) (INEGI, 2016).

Cuadro 3. Participación de las empresas en el empleo, el PIB y las exportaciones en América Latina (%)

	Microempresas	Pequeñas Empresas	Medianas empresas	Grandes empresas
Empleo	30	17	14	39
PIB	7	10	11	71
Exportaciones	0,2	1,8	6,4	91,6

Fuente: elaboración propia, con base en datos de (SELA, 2017).

Por tanto, es importante resaltar que las *mipymes* permiten un crecimiento a nivel regional más estable, que favorece el equilibrio y la mejora de la distribución del ingreso de las distintas regiones. Por ejemplo, con la aplicación de políticas adecuadas, se han presentado muchos casos de éxito en el campo del turismo y las actividades agroindustriales o de servicios profesionales; también se ha conseguido un impacto favorable en problemas antiguos, propios de concentraciones urbanas desorganizadas, como producto del crecimiento desigual de la demanda laboral que deriva en flujos migratorios constantes

(Milano, 2016)[1].

Por otra parte, desde hace algunos años, las *mipymes* han sido estudiadas como un apoyo importante de la "gran empresa", al ser un núcleo de alternativas en la resolución de algunos cuellos de botella en la producción a gran escala (Cam, 1997)[2].

Una de las vías de solución planteadas por las *mipymes* es incentivar la gestión de fuentes de empleo para personas de bajos recursos económicos, quienes se benefician de la oportunidad de ingresar al mercado laboral y contribuyen indirectamente con los niveles de producción de la gran empresa.

Sin embargo, es conveniente señalar que las *mipymes* no son un fenómeno exótico de los países preindustrializados del Tercer Mundo. Basta contemplar los dos millones de pequeñas y medianas empresas que han progresado en Alemania, ya que actualmente abastecen a los gigantes, como Volkswagen, Siemens, Basf y Bayer (Cabello, 2014)[3]. Tan solo en Japón, el 80% del PIB proviene de la pequeña y mediana industria. En los Estados Unidos, las transacionales más importantes en el campo de la informática han salido del seno de la pequeña empresa; un ejemplo es la marca Apple, que nació hace dos décadas en una cochera familiar con un capital inicial de solo 20.000 dólares.

En este marco, las microempresas no solo han tenido éxito en los países industrializados, sino también en las economías en transición. Tal es el caso de Taiwán, donde menos de 26 millones de habitantes tienen más de 701.000 establecimientos empresariales, casi todos considerados como pequeñas y

[1]   Milano, N. (20 de junio de 2016). La importancia de las PYMES en la generación de trabajo en América Latina. *Portal PYME*.

[2]   Cam, D. W. (1997). *Los grandes pequeños negocios. Empresarios y finanzas. Lima: Universidad del Pacífico*. Centro de investigación.

[3]   Cabello, S. Y. (2014). Importancia de las micro, pequeñas y medianas empresas en el desarrollo del país. *Revista LEX*, *II* (14), 2012-218.

medianas empresas (98%) (*Ibid.* p. 2014)[1].

Todo parece indicar que la reciente revolución científico-teconológica que se está viviendo a nivel mundial potenciará aún más las pequeñas unidades productivas, en la medida en que las nuevas tecnologías faciliten elevar la productividad a nivel personal o familiar. En este sentido, la inmediatez de la comunicación favorece la distribución con menos costo y los índices elevados de escolaridad homogeneizan la mano de obra y la califican en un horizante laboral más integrado (Orbe, 2008)[2]. Sin embargo, como se destacará más adelante, las condiciones fundamentales para que las *mipymes* accedan en forma adecuada a las innovaciones son la existencia de economías en crecimiento y la implementación de políticas orientadas a fortalecer ese sector.

Un criterio complementario es el que desarrollan Martínez et. al. (2009)[3] sobre la importancia de las *mipymes* en el desarrollo de las naciones, en el que los autores reconocen en ellas las siguientes cualidades:

a) Aseguran el mercado de trabajo mediante la descentralización de las manos de obra y cumplen un papel esencial en el correcto funcionamiento del mercado laboral.

b) Tienen efectos socioeconómicos importantes, ya que permiten la concentración de la renta y la capacidad productiva desde un número reducido de empresas hacia uno mayor.

c) Reducen las relaciones sociales a términos personales más estrechos entre los empleados y el empleador, favoreciendo las conexiones laborales, ya que, en

---

[1] Perrotti, D. E., & Sánchez, R. (2011). La brecha de infraestructura en América Latina y el Caribe. *Serie Recursos Naturales e Infraestructura* (153).

[2] Orbe, C. (2008). *Comentarios a la Constitución*. Lima: Juristas Editores.

[3] Martínez, D., Pelcastre, A., Reynoso, A., & Suárez, V. (2009). Impacto económico de las pymes en México, pp. 26-27. México, D.F.: Instituto Politécnico Nacional.

general, sus orígenes son unidades familiares.

d) Presentan mayor disponibilidad tecnológica y menos costo de infraestructura.

e) Obtienen economías de escala a través de la cooperación interpresarial, sin tener que reunir la inversión en una sola firma. (Martínez, Pelcastre, Reynoso & Suárez, 2009)

4. Situación de las *mipymes* en América Latina

Según señalan Ferranti et al. (2003), América Latina y el Caribe es una de las regiones con los índices más altos de desigualdad en el mundo, pues el concepto de desigualdad hace referencia a una tendencia de dispersión en la distribución de los recursos:

América Latina sufre de una enorme desigualdad. El país de la región con la menor inequidad en los ingresos sigue siendo más desigual que cualquier país de la Organización para la Cooperación y el Desarrollo Económicos (OCDE) o de Europa Oriental. Se trata, además, de un fenómeno invasor, que caracteriza a cada aspecto de la vida, como el acceso a la educación, la salud y los servicios públicos; el acceso a la tierra y a otros activos; el funcionamiento de los mercados de crédito y laborales formales, y la participación e influencia políticas. (De Ferranti, Perry, Ferreira & Walton, 2003) [1]

Si bien es cierto que el bienestar posee distintas aristas, los índices de desigualdad son registrados de acuerdo con múltiples variables; entre ellas son

[1]   De Ferranti, D., Perry, G., Ferreira, F. H., & Walton, M. (2003). Desigualdad en América Latina y el Caribe: ¿ruptura con la historia? El Banco Mundial, Estudios del Banco Mundial sobre América Latina y el Caribe. El Banco Mundial.

constantes la educación, la salud, la vivienda, la seguridad y el acceso a los servicios (Zottele & Wei, 2017). En este sentido, la calidad de vida es un indicador particular de cada país, que se considera de acuerdo con el alcance a la educación, la mejora en la infraestructura, el avance de la interconectividad y la atención gubernamental hacia la economía regional y la distribución de la renta, entre otros aspectos.

De acuerdo con estos apartados, en América Latina los países muestran diferencias y semejanzas de diversos valores, tales como la cultura, la economía y la historia, por mencionar algunos. Es por ello que, a pesar de que China es un socio entrañable de la región, hoy en día no existe un proyecto que agrupe a ambas partes en un plan de trabajo conjunto. Por esta razón, la Iniciativa de la Franja y la Ruta es un foco de interés para los representantes y mandatarios latinoamericanos, quienes muestran una motivación especial por integrarse a esta propuesta de cooperación multilateral.

Existe en el pasado de la cultura china y latinoamericana una conexión muy antigua, que se ha legado a través de los años como un cruce genético asimilado. Esta es una de las causas más fervientes del deseo de ambas regiones por recobrar la fuerza de este intercambio, que generaría notables beneficios en América Latina e impactaría en la mejora de la calidad de vida de la población. Algunas de las líneas que tendrían mayores transformaciones son las siguientes:

4.1 *Mipymes* e infraestructura

En la escala global, los países del primer mundo destacan por poseer una infraestructura coherente con su estructura productiva interna. Es por ello que uno de los grandes problemas en América Latina es la evidente falta de infraestructura, que se refleja en los bajos registros del índice de desarrollo humano (IDH).

Sobre este tema, Perrotti y Sánchez (2011)[1] señalan que en América Latina y el Caribe se ha notado una disminución en las inversiones correspondientes a la mejora de este aspecto durante los últimos años. Este fenómeno ha suscitado un desafortunado alejamiento entre las necesidades de infraestructura y las vías de provisión de las mismas; asimismo, esta reducción ha tenido efectos negativos en la productividad nacional y en la generación de fuentes de empleo, afectando indirectamente al desarrollo económico regional.

Algunos de los daños colaterales derivados de esta deficiencia se ven reflejados en la oferta de servicios sociales:

La falta de infraestructura puede generar problemas graves, como la falta de acceso a la comunicación, la deficiencia en la formación de estudiantes –debido a la falta de acceso a Internet–, situaciones relacionadas con la salud, la falta de agua potable, la lejanía de hospitales, el poco acceso a centros urbanos; dificultades que repercuten en la falta de oportunidades laborales, y producen pobreza y marginación. (Zottele & Wei, 2017)[2]

Según esta tendencia, múltiples conflictos se han asentado en América Latina, heredando largas cadenas de necesidades en materia de comercio y competitividad. En este sentido, el impulso adecuado a las economías regionales, por parte de los Gobiernos correspondientes, podría vincularse directamente con la mejora en la infraestructura nacional; es decir, una mejora simultánea de los sectores más cercanos a la calidad de vida de la población.

---

[1]   Perrotti, D. E., & Sánchez, R. (2011). La brecha de infraestructura en América Latina y el Caribe. *Serie Recursos Naturales e Infraestructura* (153).

[2]   Zottele, E., & Wei, Q. (octubre-marzo de 2017). La Franja y la Ruta: Oportunidad para América Latina y búsqueda de un desarrollo sostenible. Orientando, 1 (13), 45-80.

A su vez, parece haber un consenso en que la inversión en este campo puede servir como uno de los principales impulsores de la estrategia de crecimiento, como demuestran las decisiones del G20 y la información condensada en el título *Perspectivas de la economía mundial,* publicado en 2014 por el Fondo Monetario Internacional. Sin embargo, la financiación de la infraestructura parece tener la clave para este crecimiento estratégico.

Dos nuevos bancos de desarrollo han sido establecidos por las economías de mercado emergentes y comenzaron a funcionar en 2015: el Nuevo Banco de Desarrollo, determinado por la Cumbre de los BRICS [1] en julio de 2014, y el Banco Asiático de Inversión en Infraestructura (BAII), propuesto por China, al que ya se sumaron otros 56 países. Con estos avances se ha inyectado un nuevo impulso en la arena del desarrollo económico mundial (Lin & Wang, 2016) [2].

4.2 *Mipymes* e interconectividad

La revolución tecnológica ha cambiado el panorama mundial: por una parte, el comercio electrónico ha crecido exponencialmente y podría llegar al 20% del valor total del comercio global para 2020; por otra, la economía digital trae mejores y más puestos de trabajo.

En este contexto, países como China han duplicado su inversión en la economía digital, porque la mayoría de sus trabajos son susceptibles a la automatización. La tecnología ha cambiado la ecuación y los líderes de la industria deben participar activamente para establecer nuevas normas y tradiciones de la forma en que las empresas interactúan con sus pares, con los Gobiernos y con las organizaciones intergubernamentales. En tanto, las empresas

---

[1] Grupo integrado por Brasil, Rusia, India, China y Sudáfrica.

[2] Lin, J., & Wang, Y. (2016). New Structural Economics and Resource Financed Infrastructure. *Pacific Economic Review* [serial online]. February; 21 (1):102-117. Available from: Business Source Complete, Ipswich, MA. Accessed February 21, 2018.

que demoren la modernización se encontrarán en peligro de irrelevancia (Gravier, 2018)[1].

El déficit en el acceso a la información es una de las causas principales del crecimiento de la desigualdad social en América Latina. Si bien el desarrollo tecnológico y la participación ciudadana en el progreso científico de las naciones son puntos clave para el beneficio de la población, en esta región la falta de equidad de estos campos ha mermado el bienestar económico de las personas. Dicha repercusión ha impactado en los pequeños núcleos sociales que ven afectada su situación laboral y financiera.

La llamada "brecha digital", mencionada por diversos autores –entre los que destaca Carlos E. Cortés–, es un término ejemplar al determinar el acceso a la información presente en un país. De acuerdo con algunas investigaciones, este aspecto mide en gran medida el desarrollo de los individuos y de los grupos pertenecientes a cierta nación (Cortés, 2006)[2].

Por tanto, las marcadas distancias dentro de las sociedades, causadas por la existencia de mayor o menor cercanía a los medios digitales y a las herramientas informáticas, son trazadas por la modalidad de contratación de servicios presente en el entorno contemporáneo; poco accesible para los sectores pobres. Esta brecha en América Latina se ha extendido en los últimos años, develando una necesidad de mayor interconectividad entre los países, principalmente de Centro y Sudamérica.

4.3 *Mipymes y* las economías regionales

La distribución económica está estrechamente relacionada con la

---

[1] Gravier, M.J. (2018). Customs & Regulations Update: 10 observations on the "digital trade transformation". Logistics Management. 57, 1, 36-39, Jan. 2018. ISSN: 15403890.

[2] Cortés, C. E. (marzo de 2006). La fluidez de la información en la era digital. *Revista Latinoamericana de Comunicación CHASQUI* (093).

consolidación de las economías regionales. En América Latina, las *mipymes* han sido afectadas por políticas excluyentes que no reconocen la importancia de las pequeñas industrias nacionales, aun cuando estas representan a los productores –en su mayoría familias–, que, al ser desplazados de fuentes de trabajo autosustentables, tienen que buscar nuevas opciones laborales, muchas veces fuera de su país de origen. En este sentido, el apoyo a las economías regionales en las actividades del comercio exterior, no es más que un apoyo directo a las *mipymes*, consideradas como un factor esencial para alcanzar los beneficios en la calidad de vida de todos los actores sociales. Si las *mipymes* se convierten en participantes fuertes y activos en el comercio internacional, se lograrán dos objetivos:

1) Mejor distribución de ingresos, generación de empleo y participación en los beneficios para más emprendedores.

2) Apoyo a los equilibrios regionales, ya que las mipymes son la base de negocios para las regiones más lejanas y vulnerables. (Zottele & Wei, 2017)[1]

Como respuesta a esta necesidad de impulso a las *mipymes*, diversos organismos internacionales han realizado acciones oportunas para orientar la balanza mediática hacia este sector productivo. Uno de los eventos más recientes fue la firma del Acuerdo de Cooperación Técnica e Institucional entre el Sistema Económico Latinoamericano y del Caribe (SELA) y la OCDE, celebrada en noviembre de 2017.

Este documento propone "la realización de proyectos conjuntos orientados hacia la promoción de un crecimiento económico sostenible e inclusivo de

---

[1] Zottele, E., & Wei, Q. (2017). La Franja y la Ruta: Oportunidad para América Latina y búsqueda de un desarrollo sostenible. *Orientando, 1* (13), 45-80.

América Latina y el Caribe" (SELA, 2017)[1]. Además, establece un proyecto de cooperación específico, diseñado como una herramienta para el monitoreo de las políticas públicas, específicamente de aquellas destinadas al avance y apoyo de las *mipymes*. En este sentido, facilita el desarrollo de análisis comparativos de los resultados de diferentes países, para propiciar la retroalimentación entre sus representantes.

Asimismo, el SELA, en coordinación con la Secretaría del Mercado Común del Sur (Mercosur), organizó la Reunión Regional sobre Integración Productiva y Alianzas Estratégicas, llevada a cabo los días 16 y 17 del mismo mes. Este encuentro regional se convocó con el propósito de "identificar y divulgar estrategias óptimas que permitan dinamizar la promoción comercial de las pequeñas y medianas empresas" (SELA y. M., 2017)[2].

En consecuencia, expertos expusieron la necesidad de conectar a los actores involucrados con estas compañías para el establecimiento de redes de cooperación benéficas para la inserción de las *mipymes* en nuevas metas comerciales. También abordaron la planeación de actividades para vincular a todos los sectores y estructuras pertenecientes a este rubro con marcos de oportunidad de negocios más actuales, incentivando así la activación de los flujos económicos.

Por tanto, no hay que olvidar que el mercado chino es un foco de oportunidad para los pequeños empresarios latinoamericanos, pues representa una puerta hacia la diversificación de sus alcances y de sus productos. Asimismo, las compañías chinas cuentan con grandes ventajas en esta propuesta de

---

[1] SELA, Y. O. (15 de noviembre de 2017). *Sistema Económico Latinoamericano y del Caribe*. De SELA: http://www.sela.org/es/prensa/notas-de-prensa/2017/11/sela-y-ocde/

[2] SELA, y. M. (15 de noviembre de 2017). *Sistema Económico Latinoamericano y del Caribe*. De SELA: http://www.sela.org/es/prensa/notas-de-prensa/2017/11/sela-y-mercosur/

intercambio, pues tienen la posibilidad de incrementar su sistema de exportación e importación y de extender el acceso de sus sectores mercantiles.

6. Las *mipymes,* un tema poco recordado en la agenda de comercio entre China y América Latina

El comercio internacional es una palanca en el crecimiento económico que puede derivar a su vez en un motor de desarrollo para los pueblos. El intercambio comercial entre China y AL se multiplicó por 22 en el periodo 2000-2013; el año pasado alcanzó los 266.000 millones de dólares, según un documento de la CEPAL hecho público durante la Segunda Reunión de Ministros de la Comunidad de Estados Latinoamericanos y Caribeños (CELAC) y China. En el informe titulado "Explorando nuevos espacios de cooperación entre América Latina y el Caribe y China", la CEPAL analiza el recorrido seguido desde la primera reunión del Foro CELAC-China, celebrado en 2015 en Beijing. En aquel encuentro, ambas partes adoptaron el Plan de Cooperación 2015-2019, que fijó la meta de alcanzar un intercambio comercial de 500 billones de dólares para el año 2025 (La República, 2018)[1].

América Latina ha sido un gran proveedor de materias primas para China y, a su vez, China ha provisto a América Latina de diversos productos, muchos de los cuales poseen altos niveles de tecnología. Sin embargo, esta relación, en términos de intercambio y en términos de actores involucrados, puede acarrear serios problemas –desde mayor desigualdad de la balanza de pagos entre ambas regiones hasta la poca participación de diversos sectores de la población, entre otros–, impactando también en una pérdida de la imagen positiva del gigante

---

[1] *La República (Ecuador).* (21 de marzo de 2018). Comercio entre China y Latinoamérica se multiplicó por 22 entre 2000 y 2013.

asiático en esta región.

Según afirma Alicia Bárcena, directora de la CEPAL, América Latina solo exporta cinco productos básicos a China –datos censados hasta 2017–: porotos de soja, mineral de hierro, mineral de cobre, cobre refinado y petróleo; elementos que representan el 70% del valor total de los envíos.

Por ello, América Latina y China deben buscar una nueva forma de hacer comercio, en la cual exista producción en conjunto, así como mayor cantidad de productos de valor agregado que se exporten desde AL y mayor participación por parte de las empresas latinoamericanas en la cadena de valor.

Como indica Peraza (2018) [1] , China demostró estar comprometida con el progreso de los países en vías de desarrollo y desplegó iniciativas como el Banco Asiático de Inversión en Infraestructura (BAII) y la Iniciativa de la Franja y la Ruta, que sobre todo aspiran a crear un nuevo orden asiático. Pero eso no se queda ahí y debido a su nivel de influencia global también concede importancia a la cooperación Sur-Sur.

Esta nueva dirección del comercio entre ambas regiones resulta fundamental para lograr a su vez la incorporación de más actores en este tipo de comercio, así como mayor igualdad en las balanzas comerciales y en los términos de intercambio. De igual forma, este nuevo objetivo, de acuerdo con las autoridades de ambas partes, busca proyectar una nueva asociación estratégica y reestructurar los vínculos comerciales, ya que en décadas pasadas las inyecciones de capitales chinos en la región latinoamericana estuvieron centradas en la obtención de las materias primas necesarias para producir parte de los bienes que se venden en el mundo (Peraza, 2018).

[1]   Peraza, F. (2018) China y América Latina: una alianza con futuro. *Diario Gramma*.

7. La Franja y la Ruta y América Latina

La Iniciativa de la Franja y la Ruta es un proyecto de especial interés para la incorporación de América Latina. Dentro de su estructura propone la expansión en dos sentidos: de la ruta terrestre –conectando Irán, Turquía y Rusia– y de la ruta marítima –recorriendo Europa, Asia, África y América Latina–; como parte de este diseño, plantea el desarrollo de programas conjuntos entre empresas chinas y sus contrapartes en diversas zonas del mundo.

Además, la iniciativa impulsa la incorporación de las *mipymes* en los circuitos de cooperación internacionales, para la generación de servicios y bienes sociales:

Incluye como estrategia central la construcción de una vía interconectada de transporte de carga, mejorar la transparencia de los sistemas de aduanas, un transporte multimodal que una a todas las carreteras de la región, la mejora de la infraestructura portuaria, instalaciones aeroportuarias, la conectividad de las redes energéticas transfronterizas y la densificación de redes de fibra óptica (la Ruta de la Seda Informática). (Zottele, Li, & Santiago, 2017)[1]

En este sentido, la Iniciativa de la Franja y la Ruta constituye un marco necesario para el diálogo internacional entre las naciones interesadas en el desarrollo económico de su población y en la implementación de acuerdos centrados en la mejora de la infraestructura e industria global.

---

[1] Zottele, A., Li Y., & Santiago M. (2017). Anexo I. En Z. A., L. Y., & S. M., *Las pymes mexicanas y chinas ante el crecimiento acelerado de las relaciones económicas entre ambas naciones*. México: Universidad Veracruzana.

7.1 Principales planteamientos

Después de la formación del Fondo de la Ruta de la Seda en 2014, el Gobierno chino –a través de distintos órganos– fundó en 2015 el Banco Asiático de Inversión en Infraestructura (BAII), considerado actualmente como el organismo central para el financiamiento de la iniciativa. (Zottele, Li, & Santiago, 2017)

Posteriormente, en 2017, con la organización del Foro de la Franja y la Ruta para la Cooperación Internacional (BRF, por sus siglas en inglés) [1] , el mandatario Xi Jinping expresó los puntos principales de esta iniciativa:

Tenemos que establecer un mecanismo multinivel para la cooperación entre culturas, construir un mayor número de plataformas y canales de cooperación. Es importante promover la cooperación en la educación, incrementar el ámbito de intercambio de estudiantes extranjeros y colaborar en la mejora del nivel de estudios. Hay que acrecentar el papel de los grupos de expertos y establecer redes de colaboración entre ellos. En materias de tipo cultural, educacional y de salud debemos innovar en los modelos de cooperación y actuar mediante proyectos prácticos. Es fundamental hacer buen uso de la herencia cultural e histórica, proteger el patrimonio y crear un conjunto de productos turísticos con características distintivas de la Ruta de la Seda. Debemos fortalecer la comunicación entre parlamentos de los diferentes países, de los partidos políticos y las organizaciones humanitarias, así como prestar atención a las mujeres, los jóvenes y las personas con discapacidad y, asimismo, promover el desarrollo inclusivo. Tenemos que fortalecer la cooperación entre países para hacer frente a la corrupción, de manera que podamos hacer de la Franja y la Ruta un camino de honestidad. (Agencia de Noticias Xinhua, 14 de mayo de 2017)

---

[1]　"Belt and Road Forum for the International Cooperation", realizado en mayo de 2017.

Con estos planteamientos, el mandatario también señaló la importancia de mantenerse al margen de los asuntos propios de cada país y del desarrollo equilibrado, como pilar de la sinergia cooperativa y del impulso de una economía mundial abierta. De acuerdo con estos principios, la iniciativa supone un intercambio en múltiples aspectos, algunos de los más importantes son los referentes a la educación; por ello, contempla la creación de proyectos enfocados en la cultura.

En cuanto a la innovación científica y tecnológica, la Franja y la Ruta plantea impulsar la construcción de nuevos espacios para la generación y distribución del conocimiento, así como para la formación de estudiantes y especialistas en la materia.

Otro de los rasgos más destacables de esta iniciativa es el de enfrentar las barreras políticas de relaciones exteriores, pues "también impulsa la eliminación de las trabas fronterizas, reduce los costes operativos generales y aumenta la velocidad de las mercancías transportadas a lo largo de las rutas entre Europa y Asia" (Zottele, Li, & Santiago, 2017)[1].

7.2 Integración de América Latina

Durante el pasado Foro de la Franja y la Ruta para la Cooperación Internacional no se expresaron líneas formales sobre el papel de América Latina en la iniciativa. A pesar de esta falta de precisión, algunos líderes de países de AL – como Chile y Argentina– pronunciaron su interés por integrarse al magno proyecto. Desde entonces han trabajado de forma cercana con sus pares en China.

Tomando en cuenta los antecedentes históricos y la creciente relación

---

[1] Zottele, A., Li Y., & Santiago M. (2017). Anexo I. En Z. A., L. Y., & S. M., *Las pymes mexicanas y chinas ante el crecimiento acelerado de las relaciones económicas entre ambas naciones.* México: Universidad Veracruzana.

económica y cultural entre ambas regiones, la incorporación de la región de América Latina y el Caribe a la Franja y la Ruta es viable. Por ello, la actitud que China ha asumido muestra una gran apertura.

En tanto, los países de América Latina que han participado en las reuniones del proyecto han aportado líneas de trabajo particularizando en las necesidades de cada nación. Un ejemplo es el caso de Chile, "que considera de suma importancia la contribución de China para el desarrollo de su red de conectividad e infraestructura" (Zottele, Li, & Santiago, 2017) [1] .

Este país ha realizado un análisis especial de la ruta transoceánica propuesta para conectar a China con algunos puntos clave de Sudamérica, a través del océano Atlántico. Sobre este aspecto, el papel de la región variará de acuerdo con las opiniones que se presenten en el proceso de diseño e implementación y con la actitud de las partes involucradas.

Por otra parte, se sugiere una ruta alternativa que debería conectar a China con Veracruz (México), a través de los puertos mexicanos del océano Pacífico. Esta propuesta es consecuente con la importante e histórica ruta comercial conocida como la *Nao de China*, que, como se ha indicado, llegaba al puerto de Acapulco vinculando los productos y la cultura de China y otras regiones de Asia con Europa y amplias regiones de América Latina, a través del puerto de Veracruz y de los caminos coloniales.

7.3 La Franja y la Ruta y las *mipymes*

Durante los primeros meses de 2017, el Banco de Desarrollo de China acordó otorgar 150 millones de dólares al Banco de Inversión y Comercio

---

[1] Zottele, A., Li Y., & Santiago M. (2017). Anexo I. En Z. A., L. Y., & S. M., *Las pymes mexicanas y chinas ante el crecimiento acelerado de las relaciones económicas entre ambas naciones*. México: Universidad Veracruzana.

Exterior para el financiamiento de inversiones en *mipymes* en Argentina.

Este emprendimiento comprende el acceso de pequeñas empresas a fondos de crédito y préstamos con condiciones ventajosas para su pago. Además, ofrece líneas de crédito con "múltiples destinos en lo referido al financiamiento de inversiones productivas, como proyectos de pymes, generación de energías renovables, infraestructura energética y manufacturas agrícolas, entre otros" (Telam, 2017) [1]. Esta es solo una muestra de las sinergias internacionales que han surgido a partir de las tratativas para la extensión de la iniciativa china en el mundo.

Pero el camino de la Franja y la Ruta es largo y aún se encuentra en una etapa inicial; sin embargo, los logros de estos primeros pasos son prometedores en el panorama global. Así lo señalan expertos en el tema: "En una primera etapa, las pymes vinculadas a los sectores de equipamiento de transporte, energía y telecomunicaciones estarán en condiciones de participar en las licitaciones a las que pueden acceder las empresas de cualquier lugar del mundo" (Zottele, Li, & Santiago, 2017). Para el futuro de la iniciativa se avizora un rápido crecimiento del PIB en todos los países que integren el proyecto; además, se pronostica la consolidación de fondos de inversión muy sólidos.

En este marco, América Latina se verá beneficiada de las transformaciones de la estructura de sus industrias, al incrementar el volumen de las demandas de productos provenientes del exterior. También estas naciones serán parte de la conversación global sobre el comercio electrónico y podrán acceder a tecnologías que reducen el costo de la producción e incrementan la calidad de la misma.

---

[1] Telam (16 de abril de 2017). El Banco de Desarrollo de China otorgará U$S 150 millones al BICE para financiar inversiones de pymes. *Telam Agencia de Noticias.*

7.4 *Mipymes* y la Ruta de la Seda Digital

El comercio electrónico constituye una gran oportunidad para las *mipymes* de ambas regiones, debido a la posibilidad de vender sus productos de manera directa. En los últimos años ha habido un gran avance en la comunicación entre ambas regiones. Según Zottele y Wei (2017), la Franja y la Ruta incluye la construcción de vías de transporte de carga interconectada, la facilitación en materia de aduanas, el diseño de un transporte multimodal –que una a todas las carreteras de la región–, la mejora de la infraestructura portuaria y de las instalaciones del transporte aéreo civil, así como la conectividad de las redes energéticas transfronterizas y la densificación de redes de fibra óptica; este último punto se integra en un modelo subsecuente, que forma parte de la llamada "Ruta de la Seda Digital".

Guo Cunhai (2017) afirma que, a corto plazo, el desarrollo del comercio electrónico transfronterizo entre China y América Latina no contribuirá mucho al volumen comercial, pero a largo plazo tiene unas perspectivas muy brillantes. Además de esto, desempeñará un papel de ajuste del desequilibrio de la actual estructura comercial y beneficiará a las empresas medianas y pequeñas en ambos lados, haciéndoles disfrutar más de los beneficios de la globalización.

Sobre este tema, el Gobierno de China cree en el principio de la igualdad y de los beneficios mutuos; en consecuencia, la Ruta de la Seda y la Ruta de la Seda Digital darán acceso a nuevos mercados a las empresas de telecomunicaciones. Debido a sus planes de mejora de la infraestructura y de los servicios en Asia Central, Asia Sudoriental y los países africanos, esta iniciativa ofrece beneficios mutuos (Wenyuan, 2017).

Por otra parte, se han llevado a cabo reuniones y firmas de acuerdos entre Gobiernos de América Latina y la empresa Alibaba para reafirmar el compromiso y el entendimiento de la importancia del comercio electrónico para las *mipymes* de América Latina. Uno de los eventos principales ocurrió el 6 de septiembre de 2017, cuando el presidente mexicano, Enrique Peña Nieto, visitó la sede del Grupo Alibaba en la ciudad china de Hangzhou y fue testigo de la firma de un acuerdo de cooperación estratégica con el fundador y presidente ejecutivo del grupo, Ma Yun (Jack Ma). Dicho acto mostró una postura por parte de Ma Yun que permitirá abrir una cortina de diez años en América Latina y tendrá un impacto revolucionario en el futuro del comercio sino-latinoamericano (Guo, 2017).

Asimismo, el desafío del comercio electrónico en América Latina se encuentra también con el obstáculo de la falta de infraestructura y, en algunos casos, infraestructura y comunicaciones obsoletas, que no permiten la expansión de las economías regionales ni una mayor participación de las *mipymes*. En ese sentido, la Ruta de la Seda Digital deberá complementarse con diversos tipos de infraestructura, como la portuaria, de carreteras, ferroviaria, etc.

Con esa misma visión de la política latinoamericana, especialmente ahora que América Latina es identificada como una extensión natural de la Ruta Marítima de la Seda del Siglo XXI, Alibaba incluirá a esta región en su estrategia de desarrollo a largo plazo e insistirá en la inversión. Como afirma Jack Ma: "Esperamos que a través de los esfuerzos de una década, el comercio fluya hacia arriba y haya un intercambio cultural" (Guo, 2017). De esta manera las *mipymes*, que en su gran mayoría han sido excluidas del comercio internacional y en particular del comercio con China, poseen una gran posibilidad de acercarse a mercados que antes parecían imposibles de alcanzar.

7.5 Retos e interrogantes

Uno de los grandes desafíos suscitados por la implementación de la iniciativa en América Latina se ubica en el cruce cultural implicado. La sinergia sugerida por este intercambio pretende generar beneficios para todas las sociedades participantes, principalmente en cuanto a distribución del capital, el aumento de los ingresos para los sectores laborales y la expansión de los mercados.

De acuerdo con este objetivo, esta iniciativa ha acertado al no condicionar "ningún aspecto de las políticas macroeconómicas", ni imponer "exigencias respecto a las orientaciones económicas de cada país" (Zottele & Wei, 2017). Con este pronunciamiento, expuesto por el presidente Xi Jinping, se escinde un cuestionamiento central sobre la viabilidad de que América Latina participe en la Iniciativa de la Franja y la Ruta.

En este sentido, basta recordar ciertos puntos ubicados en el pasado de ambas regiones. Uno de ellos es la falla de algunas propuestas anteriores de internacionalización del comercio latinoamericano, al no cumplir con sus metas. Otro importante es que AL ha sido protagonista de transformaciones constantes en cuanto a la elección de sus Gobiernos. Dicha inestabilidad ha afectado la visión externa sobre el equilibrio de su mercado, derivando en una reducción de las inversiones extranjeras directas.

Por otra parte, aún persiste una relación de desconfianza entre China y América Latina, debido a la imagen de China en Occidente, pues las agencias, principalmente estadounidenses, han deteriorado la perspectiva internacional sobre esta nación. Con esta percepción equívoca, se han afectado indirectamente áreas como el intercambio comercial y económico, privando a América Latina y el Caribe de oportunidades de vinculación con Oriente.

7.6 Experiencias compartidas

Con la elección de Donald Trump como presidente de los Estados Unidos,

América Latina fue afectada directamente. Diversas redes de intercambio comercial, decretadas años atrás, se vieron envueltas en una espiral caótica poco prometedora. Uno de los cambios más citados es la renegociación del Tratado de Libre Comercio de América del Norte (TLCAN), que ahora plantea el incremento de aranceles sobre productos fabricados en México, incorporándose así a la ola de conflictos fronterizos de los flujos migratorios provenientes de AL.

Dichos desafíos han impactado en los países de la región, los mismos que presentan una gran preocupación sobre su economía. Debido a esta nueva etapa de la relación ALC-EE.UU., algunas de las naciones afectadas ahora miran hacia el establecimiento de tratados comerciales con China.

En este marco, Chile, Perú y Costa Rica, entre otros, han reforzado sus acuerdos con este país, atendiendo a cifras favorables para su desarrollo interno. Así lo señala Gao Chunyu (2017)[1]: "El volumen total del comercio entre China y América Latina en 2016 alcanzó los 216.600 millones de dólares; dicha cifra aumentó en 16 veces en comparación con el año 2000. La proporción en el comercio exterior total de China se elevó del 2,7% al 6%.

Actualmente, China posee un total de 14 tratados de libre comercio con 22 países. El objetivo principal de estas gestiones es lograr convenios voluntarios y favorables para organismos económicos de las regiones participantes. De esta forma, plantea una integración económica que derribe las fronteras comerciales entre las naciones interesadas en el desarrollo de sus sociedades.

---

[1] 高春雨 (Gao Chunhui), (2017)，中拉贸易调整中保持稳定发展势头，新华社，http://www.xinhuanet.com/2017-02/18/c_1120488968.htm

Cuadro 1. Volumen del comercio entre China y los países de AL con TLC en 2005-2016
(Unidad: mil millones de dólares)

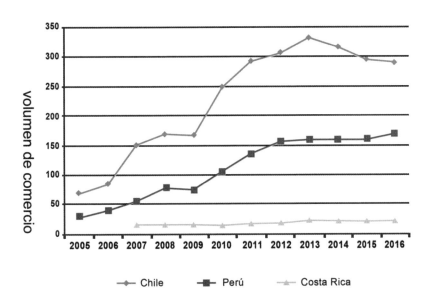

Fuente: Zottele, E., & Wei, Q. (octubre-marzo de 2017). La Franja y la Ruta:
Oportunidad para América Latina y búsqueda de un desarrollo sostenible. Orientando, 1
(13), 45-80.

8. Conclusiones

Las *mipymes* constituyen un nexo fundamental entre la vida económica
de una nación con el bienestar social de su población, no solo porque estas
empresas son las mayores generadoras de empleo, sino porque también son la
base de las economías regionales que morigeran los desplazamientos humanos
hacia los centros poblacionales más numerosos, con las consecuentes secuelas
de marginalidad y pobreza.

Las *mipymes*, incluyendo las unidades agropecuarias, han disminuido el
grave impacto provocado por la falta de oportunidades laborales, característica

de América Latina. Asimismo, estas estructuras conforman un núcleo de ingreso fundamental para las comunidades indígenas y representan una gran alternativa de progreso para las mujeres y los grupos vulnerables.

Por otra parte, las bajas tasas de crecimiento que han marcado el rumbo de las economías latinoamericanas han sido un factor determinante para la reducción de oportunidades, suscitando una inevitable necesidad de incorporar inversiones que incluyan aspectos relacionados con las innovaciones tecnológicas, sin aumentar la desigualdad entre las naciones prósperas respecto a gran parte de las que se encuentran en vías de desarrollo. Este reto de equilibrio tecnológico es muy notorio entre las *mipymes*, dado que las grandes empresas radicadas en América Latina disponen de mayores alternativas, especialmente por la transnacionalización que las caracteriza.

En este sentido, la Iniciativa de la Franja y la Ruta está en condiciones de proporcionar la infraestructura y conectividad necesarias para cerrar la brecha digital entre naciones y empresas, en la medida en que los proyectos específicos respondan a las necesidades de competitividad y generación de mayores ingresos para las poblaciones incluidas.

La Iniciativa de la Franja y la Ruta es una gran esperanza para el futuro de América Latina, por ello debemos integrar esfuerzos para que los sectores relacionados con la educación, la salud y la vivienda sean ejes centrales de su diseño conjunto, a la par de la disponibilidad de la innovación tecnológica para las empresas de menor tamaño. De esta manera, dicha iniciativa puede generar mejoras en la calidad de vida de las personas, logrando no solo crecimiento económico, sino una mayor integración de los sectores productivos, otorgando más oportunidades a los sectores marginados históricamente en nuestras sociedades.

Por tanto, si América Latina coordina sus políticas de planificación, podrá aprovechar las oportunidades de financiación que ofrecen el Nuevo Banco de Desarrollo de los BRICS y el Banco Asiático de Inversión en Infraestructura. Asimismo, al aprovechar las ventajas que propone el comercio electrónico para la diversificación del comercio de estas empresas, el intercambio comercial podría crecer exponencialmente para las *mipymes* en el desafío de la Ruta de la Seda Digital, pero a su vez deberá estar acompañado de la infraestructura necesaria que pueda generar oportunidades a mediano y largo plazo. En este marco, la incorporación de las *mipymes* en la iniciativa no solo sería un punto de inflexión para mejorar los índices de calidad de vida de las naciones participantes, sino que contribuiría a que la Franja y la Ruta sea sustentable en el tiempo.

Por último, el circuito *win to win* que propone esta iniciativa deberá estar centrado no solo en el ganar-ganar de los países, sino también de las sociedades que la componen en su conjunto. Con esta actitud, esta iniciativa también podría formar parte de las políticas de Estado para varios países latinoamericanos, independientemente de los cambios en su política gubernamental.

•Glosario:

BDC	Banco de Desarrollo de China
	(también CBD, por sus siglas en inglés)
BICE	Banco de Inversión y Comercio Exterior
CEPAL	Comisión Económica para América Latina y el Caribe
IDH	Índice de Desarrollo Humano
IED	Inversión Extranjera Directa
Mercosur	Secretaría del Mercado Común del Sur
Mipymes	Micro, pequeñas y medianas empresas
OBOR	One Belt, One Road Initiative
	(en español, Iniciativa de la Franja y la Ruta)
OCDE	Organización para la Cooperación y el Desarrollo Económicos
	(también OECD, por sus siglas en inglés)
PIB	Producto Interno Bruto
	(también citado como PBI o Producto Bruto Interno)
Pymes	Pequeñas y medianas empresas
SELA	Sistema Económico Latinoamericano y del Caribe
TLCAN	Tratado de Libre Comercio de América del Norte

EPÍLOGO

Habiendo llegado hasta aquí, son tantas las palabras que quiero expresar que no sé por dónde empezar. Tal vez no hay nada que hacer, ni nada que decir, simplemente apreciar, apreciar aquel hermoso momento de la metamorfosis, en el que el capullo se transforma en una mariposa.

Sin embargo, el ver que el concepto ilusorio de un impulso momentáneo se ha convertido ya en un libro de realidad visible y tangible, hace que mi corazón no deje de saltar como en aquel momento en el que mi hija nació: esa mezcla de emoción y también de preocupación.

La emoción que siento es por la satisfacción de haber cumplido una misión.

En junio de 2017, es decir, dos semanas después de que finalizara el Foro de la Franja y la Ruta para la Cooperación Internacional, la Comunidad de Estudios Chinos y Latinoamericanos (CECLA) comenzó a fijarse y planificar el estudio de la relación entre la Franja y la Ruta y América Latina. La iniciativa surgió por las palabras dichas por el presidente Xi Jinping durante la reunión con su homólogo argentino, Mauricio Macri, cuando afirmó que "América Latina es una extensión natural de la Ruta Marítima de la Seda del Siglo XXI". Sin embargo, la motivación fundamental de este libro ha sido el sentido de la misión que la CECLA carga sobre sus hombros. La exitosa celebración del Foro de la Franja y la Ruta para la Cooperación Internacional ha suscitado un gran interés y atención entre los círculos político, académico y popular de América Latina. No obstante, una gran parte del pueblo latinoamericano aún no conoce la respuesta a preguntas básicas como: ¿Qué es la Iniciativa de la Franja y la Ruta? ¿Cuál es su relación con América Latina? ¿Cómo se pueden establecer mecanismos de cooperación con la Franja y la Ruta? Además, muchos latinoamericanos piensan que la Franja y la Ruta es una marca de ropa, y esto puede ser debido a que el nombre completo de dicha iniciativa incluye la palabra "seda". El gran interés de América Latina en la Franja y la Ruta y la grave falta de conocimiento sobre esta iniciativa marcan un fuerte contraste, y esto ha generado en la CECLA, cuyo propósito es el de mejorar el entendimiento mutuo entre China y América Latina, una misión en el sentido de "si yo no lo hago, ¿quién más lo hará?".

La preocupación que siento son por los nervios que se generan en mí cuando espero los comentarios de los lectores.

Aunque ya han pasado casi cinco años desde que se propuso en 2013 la Iniciativa de la Franja y la Ruta, esta sigue siendo un tema novedoso para el mundo, y más aún para América Latina. Explicar qué es dicha iniciativa y cuál es su relación con Latinoamérica ha sido nuestro objetivo principal al redactar este libro y es, sin duda, un gran desafío.

Por lo tanto, en esencia, este libro es un intento y una exploración sobre cómo se debería conectar la Franja y la Ruta con América Latina, e inevitablemente contendrá ciertas imperfecciones que podrían suscitar controversia. Pero pienso que lo importante no es esto, sino que la publicación del libro proporcione al menos una plataforma para hablar del tema. En ello radicará lo más valioso y significativo de esta obra.

Estoy seguro de que no soy el único que se siente emocionado y preocupado a la vez, ya que el resultado de este esfuerzo exploratorio ha sido la cristalización de un gran trabajo colectivo.

Antes que nada, quisiera agradecer a los integrantes de la CECLA, quienes durante todo el proceso de este libro, desde la planificación hasta la organización de artículos, la traducción, e incluso la edición y la publicación, han participado y han brindado una enorme contribución. Entre ellos quiero destacar a An Xinzhu, Jin Xiaowen, Lou Yu y Wan Dai. Sin su pasión y cariño por América Latina y su perspicacia no habría sido posible desarrollar este libro.

En segundo lugar, debo dar las gracias a nuestro socio estratégico: China Intercontinental Press, una editorial que tiene como objetivo "dar a conocer China al mundo y dar a conocer el mundo a China". Es, además, la editorial que ha publicado más libros en español y sobre el mundo hispanohablante en China. Con el fin de facilitar que los lectores latinoamericanos comprendan con más profundidad la Iniciativa de la Franja y la Ruta y su relación con América Latina, China Intercontinental Press ha aportado generosos recursos financieros para la publicación de la versión en español del presente libro. Jing Xiaomin, vicepresidente de la editorial, ha prestado atención, apoyado y guiado la traducción, edición y publicación del libro; mientras que Jiang Shan, directora del Departamento de Cooperación Internacional; y Song Ge, editora responsable del proyecto, han sido testigos, participantes y colaboradores de todo el proceso de preparación del libro. Su profesionalidad y dedicación proporcionaron una sólida garantía para su publicación.

Por supuesto, es imprescindible mencionar la gran labor desempeñada por los tres traductores profesionales con los que hemos contado para la versión en castellano del libro: el Dr. Lin Yue, investigador del Centro de Estudios de Asia Oriental de la Universidad Autónoma de Madrid (capítulos III, V y VI); la Dra. Luo Huiling, profesora de la Universidad Complutense de Madrid (prólogo, capítulos I, IV, VII y epílogo) y Santiago Bustelo, doctorando de la Universidad Fudan (en la traducción del portugués al castellano). Su actitud responsable y traducción precisa aseguran que las voces sobre la Franja y la Ruta sean transmitidas de manera correcta. Al mismo tiempo, no podemos olvidar la ayuda de Michael Zárate, especialista peruano y redactor subjefe de la edición en español de la revista China Hoy. Ha sido constante su apoyo a las actividades de la CECLA y al impulso de la comprensión mutua entre China y Latinoamérica, y ha sido él quien se ha encargado de la revisión y asesoría lingüística del libro.

En tercer lugar, nuestro agradecimiento especial va dirigido al señor Jorge Barakat Pitty, ministro de Asuntos Marítimos de Panamá, y al señor Diego Ramiro Guelar, embajador de Argentina en China, quienes han tenido la gentileza de escribir los prólogos. El ministro Barakat está plenamente convencido de que "Panamá será el receptor perfecto de la extensión natural de la Ruta Marítima de la Seda del Siglo XXI" y, por lo tanto, aceptó inmediatamente nuestra propuesta de que escribiera el prólogo del libro. Por su parte, el embajador Guelar es un activo promotor de la participación de Argentina en la construcción conjunta de la Franja y la Ruta, por lo que nos brindó su esencial apoyo desde la planificación del libro.

Por último, no podemos concluir sin expresar nuestra sincera gratitud a los precursores de los estudios latinoamericanos en China, quienes nos han ofrecido un apoyo perseverante en nuestra formación académica: el Dr. Yuan Dongzhen, subdirector general del Instituto de América Latina de la Academia China de Ciencias Sociales (ILAS-CASS) y vicepresidente y secretario general de la Asociación China de Estudios Latinoamericanos; la Dra. Wu Hongying, directora del Instituto de América Latina del Instituto de Relaciones Internacionales Contemporáneas de China; y el Dr. Zhang Fan, investigador de ILAS-CASS. Sin su ánimo y apoyo nos habría sido imposible realizar la aventura de publicar este libro.

Sin lugar a dudas, aún nos queda pendiente decirles gracias a todos ustedes, los lectores del libro. Cualquier comentario, sugerencia y crítica, nos serán de gran estímulo para seguir adelante.

Guo Cunhai

Cofundador y director

de la Comunidad de Estudios Chinos y Latinoamericanos (CECLA)

Beijing, 30 de agosto de 2018